국경의 로큰롤

옮긴이 | 배미영

영어영문학을 전공했고, 현재 영남대학교에서 강의한다. 역서로 샬롯 브론테의 『교수』(2003)가 있고, 남아프리카공화국의 아파르트헤이트를 고발한 에스키아 음파렐레의 『마라바스타드 2번가』를 출간할 예정이다. 최근 논문으로 「줌파 라히리의 『네임세이크』와 이주 시대의 상상계」가 있고, '영미 문화 속 개인의 등장'을 다루는 저서를 준비하고 있다.

국경의 로큰롤
―세계화 시대 이주와 시민권 문제

지은이 | 링쿠 센, 페칵 맘두
옮긴이 | 배미영
펴낸이 | 이명회
펴낸곳 | 도서출판 이후
편집 | 김은주, 신원제, 유정언
마케팅 | 김우정

첫 번째 찍은 날 2012년 6월 21일

등록 | 1998. 2. 18(제13-828호)
주소 | 121-754 서울시 마포구 동교동 165-8 엘지팰리스 1229호
전화 | 대표 02-3141-9640 편집 02-3141-9643 팩스 02-3141-9641
홈페이지 | www.ewho.co.kr

ISBN 978-89-6157-058-9 03330

이 도서의 국립중앙도서관 출판시도서목록(CIP)은 e-CIP홈페이지(http://www.nl.go.kr/ecip)와 국가자료공동목록시스템(http://www.nl.go.kr/kolisnet)에서 이용하실 수 있습니다.(CIP제어번호: CIP2012002629)

세계화 시대
이주와
시민권 문제

링쿠 센 · 페칵 맘두

배미영 옮김

이후

부차이브 맘두와
아룬 쿠마르 센의 영전에,

그리고

세상 모든
이주 노동자에게 바칩니다.

## ■ 이 책이 만들어지기까지

우리는 〈뉴욕레스토랑고용기회센터〉가 설립된 지 6개월 정도 지났을 때인 2002년 10월에 처음 만났다. 링쿠 센은 이 다인종 다언어 공동체가 9.11 이후를 사는 이민자들의 이야기를 대변하고 있으며 그들의 작업을 통해 매우 중요한 교훈을 얻을 수 있음을 즉각 알아챘다. 우리는 함께 이 책의 틀을 잡았고, 센은 2003년 1월부터 2008년 3월까지 자료를 모았다. 센은 수십 차례 인터뷰를 하고 여러 회의에 참석했으며 직접 조직 활동을 지켜봤다. 또한 언론 기사를 검토하고 조직 관련 기록물과 법률 서류를 분석했다. 맘두가 기억한 내용은 적어도 두 가지 이상의 자료를 가지고 반드시 확인을 거쳤다. 〈뉴욕레스토랑고용기회센터〉의 시위 대상이 된 기업과 레스토랑 소유주 가운데 인터뷰 요청에 응한 사람은 단 한 명도 없었다. 인용된 내용은 인터뷰, 당사자가 직접 기록한 것, 그리고 언론에 실린 말이며, 인용 출처는 대개 책 본문에 함께 실었다.

# 차례

# ■ 일러두기

1. 한글과 외래어 표기는 〈국립국어원〉 표준국어대사전 표기 및 '외래어 표기법'을 따랐다. 단, 원칙대로
   표기할 경우 현실과 지나치게 동떨어진 음이 나오면 실용적 표기를 취했다.
2. 단행본, 정기간행물에는 겹낫쇠(『』)를, 논문이나 기고문, 에세이 등에는 홑낫쇠(「」)를, 단체명과 영화명
   의 경우 꺾쇠(〈〉)를 사용했다. 그 외, 영문 단행본이나 정기간행물은 이탤릭체로, 영문 논문은 큰따옴표
   ("")로 표시했음을 밝힌다.
3. 본문 아래 주석은 모두 옮긴이의 것이며, 본문 가운데 옮긴이가 매끄러운 번역을 위해 첨언한 부분은 대
   괄호([ ])로 묶었다.
4. 본문에 나오는 '워싱턴'은 별다른 설명이 없을 경우 모두 워싱턴 주가 아닌 워싱턴 D.C.를 뜻한다.
5. 자주 나오는 단체명
   1) 이주자 및 노동자 조직
      〈공정한이민법개혁운동Fair Immigrant Reform Movement〉
      〈뉴욕레스토랑고용기회센터Restaurant Opportunity Center NY〉 * 줄여서 〈고용기회센터〉
      〈이주노동자지원연합(Immigrant Workers Assistance Alliance, IWAA)〉
      〈전국라라사협회(National Council of La Raza, NCLR)〉
      〈호텔레스토랑종사자 로컬100Local 100 of the Hotel Employees and Restaurant Employees〉 * 줄여서 〈로
      컬 100〉
   2) 레스토랑 업주 모임
      〈뉴욕주레스토랑협회New York State Restaurant Association〉
      〈미국레스토랑협회National Restaurant Association〉
   3) 반反이주 단체
      〈이민연구센터Center for Immigration Studies〉
      〈미국이민개혁연맹Federatin for American Immigration Reform〉
   4) 국가 기관
      〈고용평등기회위원회Equal Employment Opportunity Commission〉
      〈미국노동관계위원회National Labor Relations Board〉

# 세계화 시대의 문턱과 시민권 문제

9월 11일 아침 8시, 전날 오후 4시부터 자정까지 야간조 일을 한 마흔 살의 페칵 맘두는 아직 잠에 빠져 있었다. 아내 파티마는 집에서 네 블록 떨어진 유치원에 딸을 데려다 주고 다시 침대로 들어와 옆에서 자고 있었다. 맘두(페칵 맘두는 '맘두'라는 성姓으로 불렸다)는 세계무역센터 북쪽 타워 107층의 고급 레스토랑 '윈도즈온더월드(이하, 윈도즈)'에서 6년 동안 웨이터로 일했다. 1993년 세계무역센터 지하에서 폭탄 테러가 발생한 뒤 1996년 윈도즈가 재개장했을 때부터 거기서 일했다. 맘두는 갈색 눈이 크고 볼이 통통해 순한 인상을 풍겼고 사람들은 그런 맘두를 보면 마음이 편해진다고들 했다. 사람들의 신임을 받는 노조 지도자로서 맘두는 가끔 언쟁을 벌이기도 했지만 이런 부드러운 인상 덕에 강경한 성격이 가릴 때가 많았다.

맨 처음 걸려온 전화는 이탈리아에 사는 여동생 사이다의 전화였다. 사이다는 텔레비전부터 켜라고 했다. 두 번째 전화는 근처에 사는 남동생 하산이었다.

"형, 방금 쌍둥이 빌딩에 비행기가 충돌했어. 아이고, 건물 수리하는 동안 한
두어 달 일 못 할지도 모르겠네."

텔레비전을 켜고 맘두와 파티마가 무서운 일이 벌어졌다고 생각하던 중에 세 번째 전화가 왔다. 학교 가서 아이를 데려오라는 이웃의 전화였다. 파티마는 딸아이만을 데리러 서둘러 나갔다. 파티마가 돌아왔을 때도 맘두의 눈은 텔레비전 화면을 떠날 줄 몰랐다. 맘두는 파티마에게 말했다.

"저거 보이지, 무슬림 짓이라고들 할 거야."

파티마는 왜 그런 생각을 하느냐고 물었다.

"1993년에도 그랬으니까."

몇 년 전 일어난 세계무역센터 폭탄 테러 말이었다.

맘두는 아침도 먹지 않고 퀸즈 아스토리아의 집을 나섰다. 〈호텔레스토랑종사자 로컬100(이하, 〈로컬100〉)〉 노조 사무실이 8번가와 44번가 교차로에 있어 거길 가는 길이었다. 맘두는 노조 회원들과 명단 두 개를 만들었다. 하나는 그날 아침 윈도즈에서 〈리스크매니지먼트〉 직원들의 식사를 준비하고 있었을 직원들 명단이었고 또 하나는 그들이 사건 당시 있었을 법한 장소 목록이었다. 노조 간부들과 노조 활동가들은 다음으로 레스토랑 직원들과 그들의 가족을 찾는 일에 착수했다. 맘두는 윈도즈의 전 노조 위원장이던 이집트 이민자 동료와 짝을 지어 일했다. 두 사람은 병원부터 가서 누가 실려 왔는지 수소문했다. 그러나 세계무역센터에서 일하는 사람들의 가족은 많이 만났지만 실제 사상자들은 찾아내지 못했다. 그들은 뉴욕의 병원들이 몰려 있는 맨해튼 웨스트사이드로 갔다. 그때까지도 계속 울기만 하던 맘두의 동료는 네 번째 병원에 들른 뒤에 이제 더는 못하겠다고 했다. 동료가 집으로 간 뒤에도 맘두는 1번가와 30번가 교차로에 있는 시체 안치소로 가서 새벽 3시까지 그곳을 지켰다.

그 다음 날 밤 맘두는 케이블 뉴스 프로그램과 인터뷰를 했다. 맘두 같은 모로코 출신 친구 하나가 그 인터뷰를 보고 다음 날 전화를 해서 왜 자기들같이 일반적인 진짜 무슬림들이 한 게 아니라고 말하지 않았느냐고 따졌다. 맘두는 사람들도 벌써 다 알고 있다고 대답했다.

그 뒤로 닷새 동안 맘두는 거의 먹지도 자지도 못했다. 맘두는 "윈도즈에서 일했거나 윈도즈에서 일한 사람을 알고 계신 분은 노조로 전화 바랍니다"라는 글자판을 들고 시체 안치소 로비를 몇 시간 동안 돌고 또 돌았다. 9월 12일 맘두는 바텐더 보조로 일했던 마리오 페냐의 이름을 실종자 명단에서 뺄 수 있었으며 일주일 뒤 카운터 계산원 파히마 나사르를 찾아냈지만, 나머지 일흔세 명의 동료들은 결국 돌아오지 못했다.

테러 이틀 뒤 맘두와 파티마는 집 근처 가게인 '패스마크'에 갔다. 파티마는 머리에 히잡을 썼는데 3년 전 파티마의 어머니가 돌아가신 뒤부터 죽 쓰던 것이었다. 저녁이어서 가게는 한산했다. 생선을 사려는 사람은 맘두와 파티마밖에 없었는데도 파티마는 생선 코너 직원의 눈길을 끌려고 몇 분이나 애를 써야 했고 맘두도 아내와 같이 계산대에 내내 서 있었다. 결국 맘두의 인내심도 바닥이 났다.

"이보시오, 이 사람이 말을 걸잖소."

맘두가 직원에게 말을 했는데도 그 직원은 계속 못 들은 체했다.

"이 사람이 당신한테 뭣 좀 물어보겠다고 하잖소."

"당신들이 뭔 짓을 한지나 알아요?"

그것이 대답이었다.

"지금 무슨 소리 하는 거요?"

"세계무역센터 말이오."

웅얼거림에 가까운 소리였지만 맘두는 또렷이 들었다.

정신이 번쩍 들었다. 맘두의 눈이 커지고 작은 체구가 부풀어 올랐다.

"무슨 소리를 하는 거요? 우리가 뭘 어쨌다고? 당신은 잃어버린 사람이 아무도 없는 것 같은데, 나는 거기서 동료를 일흔세 명이나 잃었소. 그리고 당신, 도대체 당신이 지금 무슨 소리를 하는지 알기나 하는 거요?"

맘두가 고래고래 소리를 지르자 그 직원은 계산대에서 물러났다.

"관리자 데려 와요!"

맘두는 관리자에게도 소리를 질러 댔고 관리자는 사과했다. 맘두도 파티마도 두 번 다시 그 가게에 가지 않았다.

그날 이후로 맘두에게는 무언가 변화가 생겼다. 맘두는 가게 직원의 비난에 상처를 받았다. 그 비극이 일어나고 이틀이 지난 뒤 맘두는 자기도 얼마든지 죽을 수 있었다는 걸 깨달았다. 맘두는 동료들을 잃어 마음이 아팠고 무슬림이란 이유만으로 레스토랑 직원들의 죽음과 자신이 연결될 수 있다는 생각에 충격을 받았다. 맘두는 프랑스어를 아주 잘했기 때문에 그때까지만 해도 최고급 레스토랑에서 멋진 직업을 가진, 운 좋은 이민자로 살 수 있었다. 맘두는 돈도 벌고 남동생과 같이 살 겸 미국에 왔다. 모로코가 그립기는 해도 미국에서 결혼하고 두 아이도 미국 시민으로 태어났으니 미국인이 다 되었다고 생각했다. 파티마에게 는 사람들이 9.11을 무슬림 탓으로 돌릴 거라고 말하기는 했지만 맘두는 사실 지난 12년 동안 미국에서 살면서 흑인이나 아시아인 그리고 무엇보다 자기 자신 에 대해 일상적인 차별이 있다고 느껴 본 적이 없었다. 이제 맘두는 인생을 돌이 켜 보면서 전에는 제대로 보지 못했던 것들을 깨달았다. 그러나 맘두는 이 새로 운 깨달음이 미국에서 이주 노동자로 살아가는 자신의 삶을 바꿔 놓으리라고는 미처 생각하지 못했다.

### 담을 쌓을 것이냐, 허물 것이냐

이 책은 자신이 역사적 사건의 한 가운데 놓여 있음을 알게 된, 운이 좋다고 할 수는 있겠으나 어쨌든 평범한 이민자였던 페칼 맘두의 삶을 통해 오늘날의 이민에 대해 이야기한다. 맘두와 같은 상황은 미국 전역에 걸쳐 이민이라는 현 상과 현재 이민정책의 목적에 대한 치열한 논쟁을 촉발했다. 정치인과 전문 언 론인, 대중 조직들, 정책 자문가들은 허가 없는 이민을 차단하거나 미등록 이민<sup>■</sup> 을 합법화하거나, 둘 중 하나에만 초점을 맞추었다. 이런 논쟁은 서로 상관없는 여러 질문을 던진다. 미국 남쪽의 국경 장벽 높이는 어느 정도로 정해야 하나? 미등록 이민자들의 합법화를 허용해야 하는가? 만일 그렇다면 어느 정도까지 규제를 풀어야 하나? 이런 논쟁은 극도로 양분되었고 너무나 편협해 진짜 해결

---

■ 이 책에서는 불법 이민(자)(illegal immigration/immigrant)이라는 말을 쓰는 대신 'undocumented immigration/immigrant'라는 용어를 훨씬 더 많이 사용한다. 이 책에서는 'undocumented'를 문맥에 따 라 '미등록', '증명서 없는', '이민 서류 없는' 등으로 옮겼다. 경멸하려는 의도로 사용한 경우가 아니면 '불 법'으로는 옮기지 않았다.

책을 찾기 어렵다.

국경 장벽 대 사면이라는 틀은 더 근본적인 물음을 가린다. 미국은 엄청난 수로 몰려오는 이민자들을 계속 환영해야 하는가? 이 질문에 대해 이민자와 미국 시민 모두에게, 그리고 미국과 이민자 송출국 양쪽에 최상의 해결책을 약속해 줄 수 있는 인간적인 답을 하기 위해서는, 미래의 행동을 구축할 수 있도록 포괄적이며 완전히 새로운 틀이 필요하다.

상당히 많은 수의 사람들이 미국에서 새로운 가정을 꾸리고 있다. 매년 약 150만 명이 미국에 와서 일하고 산다. 이 중 약 40퍼센트를 차지하는 최다 단일 집단은 멕시코 출신이다. 나머지는 남반구 국가, 과거 동구권 유럽 국가, 인도, 중국, 필리핀, 쿠바, 베트남, 도미니카, 한국, 콜롬비아, 우크라이나에서 온다. 전 세계적으로 이민자들은 출신국 경제를 지탱하는 주요 원천이었다. 2006년에는 1억 9천만 명이 본국에 3천억 달러를 송금했다.[1] 이민자들은 자신들의 새로운 조국에도 어마어마한 경제적 기여를 한다.

인구 통계학자와 사회학자들은 150만 명에 이르는 이들 이민자의 3분의 2가 공식 인가를 받고 입국하는 것으로 추산한다. 나머지는 서류 없이 국경을 넘거나 관광 비자로 왔다가 눌러앉는다. 인구 통계국 조사에서는 이민자 신분 여부를 묻지 않기 때문에 미등록 이민자가 정확하게 얼마인지 아는 것은 불가능하다. 예상 가능한 미등록 이민자 수를 놓고 가장 일반적으로 인용되는 〈퓨히스패닉센터〉*는 인구 통계국이 보고한 총인구에서 시민권자와 합법적 영주권자 수를 빼서 산출한 수치로 계산한다. 한계가 있기는 하지만 인구 통계학자들은 투사 기법을 이용해 일반적으로 7백만 명에서 1천3백만 명에 이르는 미등록 이민자가 현재 미국에 거주하고, 매년 5십만 명 이상이 추가로 미국에 들어온다고 본다. 〈퓨히스패닉센터〉는 미등록 이민자 수를 2005년에는 1천1백1십만 명, 2006년에는 1천2백만 명으로 추산했다.[2]

---

* Pew Hispanic Center, 2001년 설립된 이민자 권리 옹호 싱크탱크.

이민 관련 주요 논쟁에 참여하는 이들은 하나같이 '이것 아니면 저것' 식의 입장을 취한다. 국경 수비를 강화하고 '불법 이민자'를 처벌하자는 한 축과, 미등록 이민자 신분을 합법화하고 이민법 체계를 개선하자는 또 한 축이 그것이다. 처벌을 주장하는 쪽이 내세우는 규제 이유는 세 가지다. 첫째, 증가하는 미등록 이민자 수를 감당할 수 없고 둘째, 미등록 이민자가 미국인의 심리적 · 사회적 정체성을 위협하며 셋째, 느슨한 이민정책 때문에 테러범들이 입국한다는 것이다. 이런 주장을 하는 규제론자들은 대체로 허가 없는 이민에 초점을 맞추지만 합법 이민을 제한하자는 안도 받아들이는 편이다.

국가 재정이나 경제적인 면만 주목하는 규제론자들은 공공 교육기관이 영어를 못 하는 수많은 사람들을 흡수할 여력이 있을지 걱정하며, 공공 병원이 미등록 이민자에게 응급 의료를 제공하는 것에 우려를 표한다. 또 고용주가 이민자에게 저임금을 지불하기 때문에 이민자들이 저임금 미국인 근로자의 평균임금을 깎아 먹는다고 주장하기도 한다.

반대론자들 중 다른 한 편은 문화 정체성 문제에 집중한다. 이민자들이 영어를 배우려 하지 않고 대가족으로 한데 모여 살기 때문에 주택과 아파트가 터져 나간다는 것이다. 또 이웃과 직장에서 겉돌아 '진짜' 미국인들에게 적대적이라고도 한다. 온갖 언어를 다 쓰면서 미국이라는 나라의 특성을 바꿔 버리고 결국에는 멕시코인이나 중국인들이 이 나라를 완전히 접수할 거라고도 한다. 이민자들이 미국인들과 너무 다르게 행동한다는 이유로 이민자들의 인간성까지 의심하는 지독한 사람들도 있다.

규제론자들이 마지막으로 내세우는 것은 '법과 질서'다. 이 주장은 단 한 차례라도 국경을 넘은 적이 있는 사람은 무조건 불법 체류자로 낙인찍는 데서 시작해 이민정책과 국가 안보를 동일시하는 것으로 끝난다. 이런 맥락에서 보면 이민은 그 자체가 범죄이며 테러 행위다.

그러나 기업과 이민자 권리를 옹호하는 쪽에서는 대체로 길게 보면 이민자들이 미국의 재원을 써 버리기보다는 창출하는 측면이 더 많다고 본다. 이민권 옹호자들은 미등록 이민자의 약 75퍼센트가 가짜이기는 해도 사회보장 카드가 있기 때문에 실제로 세금을 낸다는 사실을 지적한다. 그리고 이민자들이 토박이 미국인보다 오히려 공공 의료보험 자원을 평균적으로 훨씬 덜 쓴다는 연구 결과를 인용한다. 또 오늘날 이민자들은 과거의 이민자들과 정확히 동일한 속도로 미국 사회에 동화되고 있다는 증거를 제시하기도 한다. 이민자들은 미국에서 태어난 미국인보다 범죄율이 훨씬 낮다는 점을 지적하면서 이민을 사회적·문화적 위협이라고 규정하는 것은 과장이고 인종차별이라고도 말한다. 규제론자들보다 더 온정적인 태도를 보이는 건 사실이지만 이민권 옹호자들도 이민자들을 일만 죽도록 하는 1차원적 경제 행위자로 환원해 버리는 경우가 많다. 이민자들도 가족이 있을 텐데, 이 관점에서라면 이민자들은 괜찮은 문화라고 해 봤자 기껏해야 음식 문화 정도고, 사실상 내세울 만한 정치력도 없으며, 장기적인 경제성장을 가져다 줄 노동력을 빼고는 미국에 기여하는 게 없는 존재로 비칠 뿐이다.

이러한 경계, 다시 말해 미등록 이민자를 처벌하거나 이미 와 있는 미등록자는 합법화해야 한다는 범위 안에서만 논쟁을 벌이면, 미국 국민 대다수에게 가장 이롭고 효과적이며 인간적인 해결책은 나오지 않고 나오지도 못할 것이다. 논쟁의 두 축은 현란한 말 잔치만 벌이며 온갖 전략적인 이유로 세 가지 현실을 무시한다. 첫째, 세계화가 완전히 이루어지지 않아 기업은 일자리와 회사, 자본을 원하는 곳 어디로든 자유로이 움직일 수 있는 반면, 노동자들의 이동성은 국경과 이민법에 제한받는 현실을 무시한다. 둘째, 미국의 정체성이 영구적으로 변하지 않기란 불가능하고 바람직하지도 않다는 점을 무시한다. 미국 문화는 역사의 흐름에 따라 변했고 앞으로도 계속 변할 것이라는 게 현실이다. 셋째, 현재의 논쟁은 이민자와 미국 시민을 적대하게 만든다. 그러나 사실 둘의 운명이 서로 밀접히 연관되어 있다는 것을 무시하고 있다. 이 세 가지 맹점을 간과하면 우리는 제대로 된 정보를 얻지 못하고 결국 합리적이고 개혁적인 선택을 할 수 없을 것이다.

오늘날의 '세계화', 다시 말해 '신자유주의 경제'는 1980년대 마가렛 대처 총리와 로널드 레이건 대통령이 전 세계를 규제 없는 자본주의의 확장된 체계로 몰아넣기 위해 추진한 것으로, 노동자나 정부보다 기업에게 더 많은 탄력을 주는 것이 목적인 체제다. [여기에서 첫 번째 맹점이 생긴다.] 세계화의 작동 기제와 효과를 분명히 알아야 왜 수많은 사람들이 그저 생활비 정도를 벌기 위해 온 세상을 돌아다니며 고생하는지 이해할 수 있다. '세계화'에는 세 가지 주요 특징이 있다. 첫 번째, 세금을 적게 부과하고 공공서비스를 줄이는 작은 정부를 지향한다. 두 번째, 기업 규제를 완화해 노동자 수를 줄이고 환경오염 규제나 가격 규제를 푼다. 세 번째, 관세나 무역 장벽과 같이 본질적으로 국제 교역에 매기는 세금을 없애 새로운 상품 판매 시장을 개척한다. 1980년대 레이건 정부와 대처 총리 정부가 국제 금융 체계를 통제하던 때부터 〈국제통화기금(IMF)〉이나 〈세계은행World Bank〉 같은 국제 금융 기구에서 돈을 빌리려고 하는 나라는 자국 경제가 이 세 가지 원칙을 따를 수 있도록 무조건 '구조 조정'을 해야 했다.

그 결과 기업은 가난한 사람들과 그 밖에 수많은 사람들이 기대어 사는 공공 설비, 물, 토지, 의료 따위의 주요 자원을 다수 소유하게 됐다. 과거에는 정부가 관리하던 것들이었다. 이런 자원을 사용하기 위해 소비자들이 부담해야 할 비용은 점점 더 늘어났고 이는 남반구 국가들뿐 아니라 다른 국가들도 마찬가지였다. 외국 자본에 매력을 느낀 가난한 나라는 탈규제를 강요받았다. 기업은 법정 최저임금이 낮거나 노동조합의 힘이 약하거나 의료보험이 필요하지 않아서 기업 운영 비용을 최소로 줄일 수 있는 지역에 공장을 짓는 경향이 매우 강하기 때문이다. 〈세계은행〉과 〈국제통화기금〉이 요구하는 구조 조정 프로그램 말고도 "북미자유무역협정(NAFTA)" 같은 자유무역 협정도 일반적으로 그 가치나 실현 가능성 등에 아무런 의문도 제기하지 않고 이런 원칙들을 세운다. 기업은 낮은 노동비용을 강요하고 정부는 그런 요구에 굴복한다. 노동자들은 이 두 거대한 힘들 사이에 끼어 자신의 이익을 지키기 위해 대항할 힘조차 키울 수가 없다.

신자유주의 세계화는 사람들이 이주할 수밖에 없는 환경을 만들어 낸다. 바로 이 점을 알아차리지 못하면 미등록 이민자의 입국을 막는 그 모든 법들이 왜 실패하는지 알기 어렵다. 그 많은 미등록 이민자들은 이 신자유주의 세상에서 자신은 아니더라도 적어도 자녀만큼은 인간다운 삶을 살 수 있길 바란다. 그래서 최선의 기회라고 생각하며 불법으로 국경을 넘는 것이다. 미등록 이민자들은 합법적인 지위를 잃는 위험을 무릅쓰고라도 자신이 선택한 나라에 들어와 눌러앉는다. 유입국 입장에서 이들은 순전히 경제적 존재다. 기업이 요구하니까 제한된 수의 사람들에게만 '일시적' 노동 공백을 채우도록 허용하는 것이다. 그 공백을 메우는 일이 끝나면 이주자들이 집으로 돌아갈 거라고 생각한다.

사람들이 미국에 오는 진짜 이유를 계속 외면하고 이주자들의 행위를 "의도적으로 법을 어긴 것"이라는 식으로 개인의 일탈 문제 다루듯 하면, 국경 장벽을 높이 쌓고 또 국경을 넘는 일을 더 위험하게 만들어도 사람들은 계속 미국으로 들어올 것이다. 1980년부터 2000년 사이 미국은 국경 수비대 요원을 계속 증강 배치해 그 수를 세 배로 늘리면서 미국-멕시코 간 국경을 요새화하고 장벽을 쌓아 올렸지만 국경을 넘는 이주자들은 포기하지 않았다. 오히려 이런 조치들은 이주자들을 사막에서도 가장 최악인 지역으로 내몰았다. 2005년 한 해 동안 최소 473명이 그런 곳에서 사망했는데, 역사상 최다였다.[3] 그런 곳에서 죽는 것은 서서히 굶어 죽는 것보다 훨씬 더 고통스럽다는 말도 나온다.

두 번째 맹점을 살펴보자. 사람들은 문화 정체성과 국민 정체성이 변하지 않는다고 생각한다. 이런 가정 때문에 이민자들도 인간이라는 사실을 깨닫지 못하고 이민자들이 잠재적으로 문화와 정치에 기여하는 바를 부정하게 된다. 이민 규제론자들은 미국인이 1776년부터 ■ 지금까지 계속, 아주 비슷한 생각과 행동을 하며 살았다고 상상하는 것 같다. 이민 규제론자들은 미국인과 이민자들이 경제적 상황에서만 만나고 다른 식으로는 전혀 접촉하지 않는다고 생각한다. 9.11이라는 집단 트라우마에서 벗어나지 못한 대다수 미국인은 "누가 진짜 미국

---

■ 미국은 1776년 영국 식민지에서 독립했다.

인인가?'를 놓고 아주 특이한 정의를 만들어 그대로 믿어 버렸다. 즉 백인이고 기독교도며 언어는 영어밖에 모르고 햄버거만 먹어 대는 사람 말이다. 외국인에게는 낯선 사람이라는 것 말고도 위험한 사람이라는 굴레까지 씌워 버렸다. 우리는 또 우리의 두려움과 편견을 특정 외국인에게 덧씌웠다. 아랍인, 남아시아인, 무슬림은 모두 잠재적인 테러범이 되었고 멕시코인은 범죄자가 되었다. 아일랜드 사람은 차라리 나았다.

이런 시선 아래에서 선량한 이민자는 오로지 일만 하는 사람이고 나쁜 이민자는 법의 원칙을 전복시킬 궁리만 하는 사람이다. 친親이민론자들은 그저 열심히 일해 가족을 부양하고 싶은 게 이민자들 마음이라는 것을 강조하면서 문화 논쟁을 피하려 한다. 그러나 이러한 주장도, 이민자들에게 일을 허락한다면 그들의 문화나 정치적 생각은 그들끼리만 공유할 것이라는 가정을 하고 있다.

그러나 문화가 정체돼 있다는 생각은 허구다. 문화는 가만히 머물러 있는 것이 아니며 그러기를 바라서도 안 된다. 영어만 해도 영국과 무관한 곳에서 기원한 단어가 아주 많다. 정글jungle이라는 단어는 벵골어인 장갈jangal과 관계 있고 쉬먹shmuck도 사실 이디시어이며 검보gumbo는 오크라를 뜻하는 반투어 은곰보ngombo에서 왔다.▪ 햄버거와 핫도그는 푸짐한 독일 음식에서 유래한 것으로, 19세기 말 뉴욕 길거리에서 손님이 원하면 그게 뭐든 용감하게 다 만들어 주던 이민자들이 빵 사이에 고기를 철퍼덕 끼워 넣어 판 것이었다. 미국 재즈도 고대 아프리카의 전통 음악에 그 뿌리를 두었다.

이민자들이 미국을 변화시켰다면 미국도 이민자들을 변화시켰다. 미국 문학에 깊숙이 자리한 다양한 이민자 세대 사이의 충돌은 정체성의 변화가 불가피하다는 사실을 입증한다. 이민자들의 언어도 변했고 음식이나 교육, 정치적 성향, 낭만적 습성도 변했다. 이 모든 변화는 긍정적이기도 하고 부정적이기도 하다.

---

▪ '쉬먹'은 바보, 멍청이란 뜻. 이디시어는 유럽에서 미국으로 이민한 유대인이 쓰는 언어. 반투어는 아프리카 대륙 남부에서 널리 쓰이는 언어. 검보는 오크라(채소)를 넣은 수프.

변화라면 무조건 막겠다는 생각은 인정할 수도 없고 가능하지도 않다. 변화를 긍정적인 방향으로 몰고 가는 게 우리가 할 일이다.

　문화 변화 논쟁은 미국에 깊이 뿌리박힌 인종주의적 불안감을 반영한다. 백인이 여전히 다수이기는 하지만 인구에서 차지하는 비율은 확실히 줄어들고 있다. 캘리포니아 주, 뉴멕시코 주, 텍사스 주, 컬럼비아 특별구는 이미 백인 소수 지역*이며, 뉴욕 주, 메릴랜드 주, 미시시피 주, 조지아 주, 애리조나 주는 그 다음으로 백인 비율이 적다. 이주자들은 이미 미국에 들어와 살고 있으며, 이제 와서 이민을 완전히 철폐하거나 백인 이민만 허용한다고 해서 그 흐름을 바꾸지는 못할 것이다. 미국 사람을 계속해서 백인으로 규정하는 것은 인종주의를 제도화하는 것일 뿐이고, 이런 제도 아래에서는 백인만이 시민권이 주는 특혜와 권리를 누릴 자격이 있는 사람으로 간주된다.

　〔이민자를 적대하게 만드는〕 세 번째 맹점은 이민자와 미국 시민권자들이 제한된 자원을 차지하기 위해 경쟁하기 때문에 서로 상충하는 이해관계에 있다고 가정하는 데서 생긴다. 사실 우리의 이익과 운명은 서로 긴밀히 연관되어 있다. 기업 세계화에 대한 레이건과 대처식의 프로그램이 우리 모두에게 상처를 입혔다. 처벌 중심의 제한된 이민정책이 당장 미국인의 마음에는 들지 몰라도 사람들의 금고를 마술처럼 다시 채워 주거나 지난 시절 돈 잘 벌리던 일자리 수천 개를 다시 가져오지는 못한다. 예를 들어 "북미자유무역협정"은 미국 경제와 멕시코 경제 양쪽을 부흥시킬 열쇠라고 알려졌지만 일자리를 보장하고 환경을 보호하는 정책은 너무나 적었다. 그래서 기업들은 확실히 그 협정으로 이익을 얻었지만 양국의 노동자들에게는 분명 현실적인 해악을 가져왔다. 슬프게도 온갖 자료들은 "북미자유무역협정"이 이 협정과 관련된 모든 이들에게 재앙에 가까운 실패를 안겨 주었다는 사실을 보여 준다. 수백만 명의 멕시코 노동자들은 먹고

---

* majority-minority jurisdiction. 미국 전체 인구에서 다수인 백인이 거주자 가운데 소수인 행정 구역.

살기 위해 자국 내에서 떠돌거나 북쪽으로 이주해야 했고 미국 내에서도 75만 개의 일자리가 사라졌다.[4)]

불법 이민 문제에 처벌 위주로 접근하는 것은 미국인에게도 똑같이 해롭다. 우선 이민자 송출국의 상황을 바꾸려는 노력은 하지 않으면서 이민을 어렵게만 할 경우, 불법 이민이라는 큰 틀이 마련된다. 합법적으로 이민을 할 수 있거나 자기 나라에서 먹고살 수 있다면, 불법 입국을 택하려는 사람은 거의 없을 것이다. 둘째, 미등록 이민자들에게 자신의 권리를 보호할 수단이 전혀 없으면 고용주들은 그들의 노동력을 착취할 수 있고 노동자를 마음대로 고를 수 있을 것이며 결국 모든 사람의 노동조건이 악화될 것이다. 셋째, 잡힐 것이 두려워 지하로 내몰린 이민자들은 사기부터 마약에 이르기까지 온갖 범죄에 노출된다. 이는 법을 강화하기는커녕 약화시키는 결과를 가져올 것이다. 이민자들과 힘을 합하지 않으면 우리의 노동권이 침해받을 수 있고 공공선을 위해 쓸 수 있는 실질소득세도 그만큼 줄어들며, 무엇보다 자유롭고 개방된 사회가 가져다 줄 사회적·경제적 이점도 잃게 될 것이다.

## 이민을 완전히 새롭게 봐야 한다

세계화는 완전히 이루어지지 않았고 문화는 항상 변하는 것이며, 이민자와 미국 시민은 적대적 관계가 아니라 서로를 포용함으로써 얻을 것이 더 많다는 이세 가지 현실을 진지하게 끌어안는 것이 이민 논쟁을 긍정적인 방향으로 몰고 가는 열쇠다. 페칵 맘두는 9.11 이후 뉴욕에서 셀 수 없이 많은 레스토랑 업계 종사자들을 조직하면서 일반적인 이민자, 즉 유색인이며 저임금 일자리에 묶여 있고 서류가 없기 때문에 하루의 3분의 1은 법적으로 존재하지 않는 사람에 대한 국가적 논쟁이 어떤 결과를 가져왔는지 목격했다. 이들 이민자들은 뉴요커들에게 싼 값으로 훌륭한 음식을 제공하기 위해 엄청난 고통을 겪는다. 아파트 하나에 지독히도 많은 사람이 복닥거리며 사는 경우도 흔하다. 그렇지 않아도 적은 수입인데 고용주에게 갈취당하는 경우도 많다. 이민자들은 그렇게 적은 돈이나마 버는 대로 본국의 가족을 부양하기 위해 상당액을 송금한다. 이들은 레스토랑 업계에서 가장 위험한 일을 도맡아 하면서도 훈장인 양 갖는 거라곤 화상 흉터나 잘린 손가락뿐이다.

맘두는 이 나라 지역 경제를 성장시키는 가장 큰 원천 중 하나인 레스토랑 업계를 바꾸려 하면서 이전 시대 이민자들의 노력을 그대로 되풀이한다. 이민자들은 이 나라 번영을 등에 짊어지고 파업과 시위와 정치 행동으로 산업 시대를 바꾸어 놓았다. 레스토랑 산업은 나라 경제의 다른 분야에도 가르침을 준다. 레스토랑 산업은 저임금 이주 노동자가 새 나라에 파고들 수 있는 입구이자 전형이다. 따라서 레스토랑 산업은 신자유주의 세계화의 부정적인 영향에서 비교적 자유로울 수 있는, 그런 지역 경제를 세우는 데 아주 중요한 모델이다.

맘두가 이민자들과 관계를 맺으면서 토박이 미국인들과 멀어지기는커녕 더욱 가까워졌다는 사실은 역설적이다. 맘두는 예상하지 못했던 여러 사건을 겪으면서 모든 사람들에게 더 나은 환경을 만드는 열쇠는 사회적 위계질서의 최저점에 위치한 사람들, 즉 제일 욕을 많이 먹는 사람들에게 관심을 기울이는 것임을 알게 되었다. 맘두는 모든 사람이란, 주방 보조부터 일주일에 한 번 레스토랑에서 식사하는 뉴요커들과 법을 지키며 살려고 하는 레스토랑 주인에 이르기까지, 진짜 '모든 사람'을 뜻한다는 것을 배웠다. 이런 교훈을 얻기까지 맘두는 '미국인이 된다는 것'이 무엇인지에 관해 자신이 품고 있던 신화적인 믿음과도 싸움을 벌인다. 맘두는 또한 현재 그의 일에 자극을 주기도 하고 방해물이 되기도 하는 9.11이라는 사건과도 씨름할 것이다.

맘두가 뉴욕에서 조직을 만드는 사이 워싱턴의 이민자 권익 옹호 활동가 세실리아 무뇨스는 이민정책을 완전히 뜯어 고치기 위해 고군분투하고 있었다. 무뇨스는 9.11이 이민 논쟁에 미친 영향을 의회에서 제 눈으로 직접 지켜보았다. 포괄적인 이민법 개정안은 9.11 공격 바로 전날부터 국회에서 논의되기 시작해 결국 2007년 정기 국회에서 폐기됐다. 우리는 무뇨스의 시선을 따라 개정안 제출에서 폐기까지 이어진 연방 차원의 논쟁을 살펴보려고 한다.

맘두와 무뇨스의 이야기는 역설적인 진실을 드러낸다. 맘두는 뉴욕 길거리를 무대로 활동하며 그가 속한 공동체의 폭을 계속 넓혀 갔지만, 적절한 연방 정책에 대한 논의는 그 반대의 길을 갔던 것이다. 이민을 합법화하기 위해 의회에 제안된 안건의 범위는 좁아졌지만 단속 조치는 확대되었다. 이 전체 과정은 미국이 점점 더 편협한 공동체가 되고 있으며 다른 세상과 관계를 끊고 있다는 인상을 주었다. 이런 대립은, 이 나라 공무원들이 우리가 살고 있는 실제 공동체와는 매우 철저하게, 비극적일 정도로 절연되어 있다는 점을 암시한다. 여건만 되면 이민자 공동체들은 폭넓은 분석과 희망적인 해결책을 고안해 낼 수 있다. 국회의원들이 놓치고 있는 그런 해결책 말이다.

이민 문제를 해결하는 데는 새로운 프레임이 필요하다. 이 프레임은 미국 안에서 벌어지는 투쟁을 직시하고, 진보적이면서 인간적이고 효과적인 정책이라는 열매를 맺을 수 있는 세계적인 프레임이어야 한다. 이민 '문제'는 이민정책만으로 해결할 수 있는 것도 아니고 미국 안에서만 해결할 수 있는 것도 아니다. 사람들의 이동을 규제하기보다 용이하게 하고 값싼 노동력 이상으로 이민자를 존중하는 체제를 갖추면 우리는 먼 길을 갈 수 있다. 이런 정책이라면 임시 노동력 제공에 그치지 않는 합법 이민을 늘리고 이민자들의 노동권과 시민권을 보호함으로써 이민자들을 범죄에서 벗어날 수 있게 할 것이다.

그러나 개방된 이민정책도 국가들 사이에 존재하는 심각한 불평등을 해소하지는 못한다. 이 문제를 해결하기 위해 이민 유입국은 노동자의 임금과 권리를 깎을 것이 아니라 이민 송출국의 임금과 권리를 올리는 식으로 국가 간의 차이를 좁힐 필요가 있다. 정치적으로 불가능한 기획처럼 들릴지는 몰라도, 우리는 이미 무역과 전쟁, 외교에 기초한 전 지구적 정치·경제체제를 통해 완전히 새로운 세상을 만들어 낸 바 있다. 신자유주의라는 이름으로 말이다. 우리 앞에 놓인 임무는, 현재의 체제로 너무나 많은 이득을 얻고 있는 정치적·경제적 엘리트들뿐만 아니라, 대다수 사람들에게도 혜택이 돌아갈 수 있도록 세계화의 과정을 완수하는 것이다. 기업은 하향 평준화 경쟁을 벌이면서도 꼭대기를 향해 간다고 착각하게 만들어 노동자들을 헛된 다툼으로 내몬다. 우리는 이 순환을 종식시켜 지역적이고 초국가적 과세, 거버넌스,[*] 공공 서비스, 노동법 체계를 상상하고 건설할 수 있다.

맘두는 의도하지는 않았지만 이민과 경제를 새롭게 바라볼 수 있는 틀을 제공할 씨앗을 발견했다. 그것은 우연한 계기였다. 어린 시절의 맘두는 카사블랑카의 자기 집에서 3백 킬로미터 이상 떨어진 곳을 여행한다는 것은 상상조차 할 수 없던 아이였다. 그런데 모든 일이 늘 그렇듯이 어떤 큰 힘이 맘두 앞에 도전과 기회를 제시했다. 맘두는 그런 힘들에 어떻게 대꾸해야 하는지 알았고, 그렇게 대꾸함으로써 최선의 미국 전통에 따라 행동하는 법도 알게 됐다. 맘두가 알게 된 최선의 전통이란 힘든 시기가 닥치면 포용심을 발휘하는 미국의 독창적인 본능을 말한다. 맘두는 영웅도 아니고 범죄자도 아니다. 평범한 이민자일 뿐이다. 그가 길을 찾아낼 수 있다면 우리도 찾을 수 있을 것이다.

---

[*] governance. 원래 의미는 정부의 통치 방식이나 행위를 말한다. 그러나 오늘날 세계화와 분권화 등으로 정부 단독으로 해결하기 어려운 매우 복잡한 문제들이 발생하자 정부와 시민사회가 서로 협력해 해결하는 더 나은 국정 관리 방식으로 거버넌스가 새롭게 해석되고 있다.

1장

**고향을 떠나다**

세계화 시대
이주와
시민권 문제

자란 환경에서부터 이민을 결심하게 한 가정환경에 이르기까지 맘두의 사연은 맘두 세대에서는 여러 면에서 전형적이었다. 모로코를 떠나기 전부터 맘두의 인생은 정치적으로, 경제적으로, 그리고 문화적으로 매우 글로벌한 상황에서 형성되었다. 모로코는 맘두가 태어나기 직전에 독립했고 매우 가난했다. 그 시절, 모로코 국민들은 감격에 휩싸여 있었지만 낙관하던 미래는 좀처럼 찾아오지 않았다. 나라가 독립해 프랑스의 식민 통치에서 풀려났어도 모로코 왕정과 정치체제는 바뀌지 않았고 모로코 국민 대다수의 삶의 질도 개선되지 않았다.

맘두의 환경이나 그가 내린 결정은 가족들과 밀접하게 연관돼 있었다. 사실 맘두는 이민 2세대였다. 맘두의 부모는 모로코에 살며 시골에서 도시로 이주하는 일반적인 길을 이미 따랐다. 가족 중에서 남동생이 모로코를 가장 먼저 떠났고 그 다음이 맘두였다. 부모 세대나 맘두 세대나 이주할 결심을 한 것은 우선 생계 때문이었다. 그러나 이주는 모험과 변화를 기대하는 것이기도 했고 구습과 구태의연한 미래에서 벗어나고자 하는 바람이기도 했다.

이주하려는 사람들은 워낙 절망적인 상태기 때문에 일단 떠나기로 마음먹으면 지리적으로 가장 갈 만하면서도 이주자에게 호의적이고 활력이 넘치는 나라를 고른다. 다른 이주자들처럼 맘두도 사우디아라비아를 거쳐 미국으로 왔다. 이 나라 저 나라를 떠돌아다니는 것은 지극히 흔한 일이었다. 그렇게 옮겨 다니며 주로 엄청난 부자들 집에서 일했기 때문에 맘두는 흥청망청 호화롭게 사는 사람들을 볼 수 있었고 때로는 거기 끼어 보기도 했다. 어릴 때는 꿈도 꾸지 못한 부자들이 가까이 있었다. 그렇다고 돈 욕심이 생긴 건 아니었지만 맘두는 자기가 겪은 가난과 상상하기 힘든 부유함 사이에 있는 엄청난 거리를 알게 됐다. 맘두는 자기 가족을 위해 어지간히 먹고살 만큼은 벌어야겠다고 결심했다. 맘두가 제 발로 예전 모로코 시절로 돌아가는 일은 이제 없을 것이다.

맘두는 그렇게 떠돌면서 초청 노동자,* 미등록자, 영주권자, 그리고 미국 귀화 시민 등, 이민자로 겪을 수 있는 모든 삶을 다 살아 보았다. 대게 그렇지만 그에게도 새로운 나라에서 살아갈 길을 열어 준 것은 레스토랑이었다. 그리고 다른 유색인 이민자처럼 맘두도 업계 최저임금으로 일을 시작했다. 하지만 남들과 달리 맘두는 식당 홀 자리를 재빨리 차지했고, 그 덕에 업계 최고라 할 수 있는 자리에 오를 길이 열렸다. 세계에서 가장 유명한 레스토랑의 웨이터가 된 것이다. 시기를 아주 잘 탄 덕분이었다. 그가 1980년대 말에 미국에 온 것은 운이 좋았다고 할 수 있는데, 당시는 15년에서 20년 정도 뒤보다 미등록 이민자들을 훨씬 더 수월하게 받아들인 시기였기 때문이다. 게다가 여러 나라 말을 할 수 있고 다른 면에서도 유능했던 맘두의 능력을 높이 사 승진 기회를 준 레스토랑 매니저와 일할 수 있었던 것도 행운이었다.

맘두 가족의 이주 역사는 그의 아버지에서부터 시작한다. 아버지 부차이브 맘두는 1938년 시골을 떠나 도시로 나왔다. 부차이브는 카사블랑카에서 남쪽으로 60킬로미터 떨어진 가난한 마을에서 자랐다. 부차이브는 열네 살 때 두 형제와 아버지를 병으로 잃는 고통을 맛보았다. 이웃 대부분이 농부였지만 부차이브는 삼촌을 따라 시골 시장을 돌며 차와 설탕을 팔면서 장사하는 법을 배웠다.

젊었을 때 부차이브는 독립운동에 참여해 프랑스와 모로코가 '자발적인' 합

---

* guest worker, 일시 체류 허가를 얻어 입국하는 노동자.

의로 모로코를 프랑스의 보호령으로 만든 것에 항의하는 시위도 했다. 1931년 모로코 왕 모하메드 5세가 그 합의를 바꾸려고 하자 프랑스는 세네갈 식민지군을 동원해 서명하라고 협박했다. 부차이브는 시위대 한가운데에 있었다. 프랑스군의 포탄이 독립을 부르짖는 군중 속으로 날아오자 시위대는 공포에 휩싸였다. 부차이브는 그날 밤 시신들 사이에 누워 죽은 체해 간신히 살아남았다.

성인이 될 즈음 부차이브는 친구들이 시골을 떠나 돈을 벌기 위해 도시로 가는 것을 보았다. 그래서 자기도 카사블랑카로 가서 살아 보고 싶다고 어머니에게 말씀드렸다. 버스에서 내리자 묵을 데도 일할 데도 없었다. 그러나 부차이브는 결국 해냈다. 친절한 카페에 데려가 밤을 보내게 해 주고 아침이면 일거리를 구해다 주는 사람들을 어디서나 만날 수 있었기 때문이다. 결국 부차이브는 모하메디아의 프랑스인 농장에서 풀 깎는 일자리를 얻었고 곧 농장 감독이 되었으며 농장 안에 작은 집도 얻었다. 어머니의 성화에 못 이겨 일 년 뒤 고향으로 돌아갔지만 넉 달이 지나지 않아 카사블랑카로 되돌아왔다. 거기서 부차이브는 처음으로 미국 사람을 만났는데 유럽에서 일어난 전쟁에 참전한 미군이었다.

1942년 마침내 부차이브는 집이라 생각하고 살던 판잣집 옆에 자기 소유의 작은 잡화점을 열었다. 1953년에는 친구 하나가 부차이브에게 아이차를 소개해 주었다. 아이차도 시골에서 올라온 여자였다. 부차이브와 아이차는 '보호'를 거절했다는 이유로 프랑스가 모하메드 5세를 다시 추방한 바로 그 즈음 결혼했다. 부부는 일곱 명의 자녀를 두었고 그들 모두 죽지 않고 성인으로 자랐다. 50년이 흐르면, 그 자식들 중 네 명이 부모의 이주 여정을 따라 영원히 모로코를 떠나게 된다.

1956년 독립한 뒤에도 모로코 왕들은 서구 열강과 밀접한 관계를 유지했다. 부차이브는 그런 나라에서 2차 대전과 해방기를 거칠 때까지 가족을 부양했다. 부차이브의 가족이 살아온 이야기를 들어보면, 소수 특권층과 외국인들을 부자로 만들기 위해 너무나 많은 국가 기능을 사유화하고 민주주의와 진정한 발전을 철저히 등한시한 결과가 어떤 것인지 알게 된다. 이런 정책들 때문에 맘두의 어린 시절은 가난과 억압으로 얼룩졌고 그 때문에 맘두는 더 나은 삶을 찾아나서야 했다. 그가 사람답게 먹고살기 위해 물질적 수단을 원한 것은 분명하지만, 등 뒤를 걱정하지 않을 자유를 바란 것도 분명하다. 모로코를 벗어나면 바라던 것을 얻을 수 있는 기회가 엄청나게 많다는 소문을 좇아 결국 세계의 반을 떠돌았다고도 할 수 있다.

맘두는 1961년 6월, 부차이브와 아이차 부부의 넷째 아이로 태어난다. 모로코에 새 왕이 등극한 지 몇 개월 지나지 않은 때였다. 38년에 걸친 하산 2세의 통치는 훗날 '불과 철의 시대'로 알려지고 말지만, 당시만 해도 적은 피를 흘리고 독립한 상태였기 때문에 모로코는 제법 평온했다. 그 즈음 부차이브의 가족은 양철 판잣집과 비포장길 천지인 벤 므식*에 자리를 잡는다. 길이 너무 좁아서 차 한 대도 제대로 지나가기 힘든 곳이었다. 가족에게는 판잣집이 세 채 있는데, 먹고 자는 곳 말고 나머지 두 채는 잡화점이었다. 부차이브는 커피, 설탕, 차, 밀가루, 건조식품을 팔았고 맘두가 열 살이 될 때까지 30년 동안은 장사가 잘 됐다. 가게가 다른 동네와 인구가 밀집한 노천 시장 사이에 있었기 때문에 들어오고 나가는 사람이 많아 손님들도 꾸준했다. 맘두와 남자 형제들은 매일 일찍 일어나서 아버지를 도와 무거운 철문을 열었다. 맘두의 부모는 성격이 아주 달랐다. 아버지는 퉁명스럽고 목소리가 컸지만 어머니는 수줍음이 많고 집에만 붙어 있었다. 부부는 친구뿐 아니라 모르는 사람도 식사에 자주 불러들였다. 어떨 때는 저녁식사 자리에 열두 명이 함께 앉아 있기도 했다.

그러나 그들은 여전히 가난했다. 식구 아홉 명이 대충 가로세로 10미터 정도 되는 공간을 네 개 방으로 나눠 썼다. 겨울이면 엄청나게 춥고 여름에는 찜통이었으며 수도나 하수 시설이 없었기 때문에 아이들이 교대로 물을 길어 와야 했다. 모로코 어디에서나 볼 수 있는, 타일 수만 장을 붙여 만든 공중 분수에서 씻

---

* 카사블랑카 주에 속한 지역.

기도 하고 동네 함맘*에서 목욕하기도 했다.

아주 어릴 때부터 맘두는 장사꾼 기질 덕분에 자수성가한 아버지를 우러러 봤다. 가족들이 보기에 맘두는 정직하고 반듯한 아이였으며 형제들도 맘두를 괴롭히지 않았다. 형제 중에서는 맏형인 모하메드와 제일 친했는데, 모하메드는 맘두에게 수영과 운전을 가르쳐 주었다. 어린 시절에 그렇게까지 궁핍했던 것은 아니지만 맘두는 굴러갈 수 있는 재질이면 뭐든 가지고 축구공을 만드는 등, 장난감을 제 손으로 잘 만들어 냈다.

가난해도 아이들이란 항상 그렇듯이 맘두에게는 재미있는 게 많았다. 여름이면 아버지는 맘두를 카사블랑카에서 남쪽으로 70킬로미터 떨어진 시골 벤 하메드의 삼촌 집에 보냈다. 맘두는, 가업을 이어 시장에서 물건을 파는 삼촌을 따라 인근 마을을 돌아다녔다. 맘두는 봄베이에서 온 힌두 영화 보는 걸 특히 좋아했는데, 그런 영화에는 아시아와 중동의 문화가 섞여 있었고 비교적 저렴하게 즐길 거리가 됐다. 표값이 제일 싼 일요일 아침이면 맘두는 라제쉬 칸나, 리쉬 카푸르, 아미탑 바치찬 같은 발리우드 배우들에 푹 빠져들었다.

맘두는 일찍부터 돈 버는 법을 배웠다. 그는 열네 살 무렵 재활용품 점에서 유럽이나 미국에서 건너온 헌 옷가지나 폐기물 더미를 뒤져 팔 만한 걸 골라냈다. 그런 다음 집으로 가져와서 깨끗이 씻고 손을 본 뒤 값을 조금 더 올려 길거리에서 팔았다. 친구들은 맘두가 똑똑하고 야심도 있고 친절하다고 생각했다. 맘두는 옷 입는 감각도 있었다. 맘두가 입은 옷을 보고 사람들이 맘에 들어 하면 셔츠나 재킷을 바로 벗어 팔기도 했다. 사람들은 맘두가 입은 걸 보고 "그거 팔 거예요?"라고 자주 물었고 맘두는 웬만하면 다 팔았다. 한 번은 신던 운동화를 팔아 버리고 양말 바람으로 집에 걸어온 적도 있었다. 열일곱 살이 될 무렵 맘두는 가족 중 처음으로 은행에 계좌를 열었다. 맘두는 친구들에게 늘 자기 삶을 바꾸겠다는 포부를 말하고 다녔다. 그리고 부모님을 잘 모시고 희망을 잃어서는 안

---

* hammam, 증기 목욕탕.

된다는 소리도 했다.

그러나 맘두도 모로코의 정치·경제적 상황을 비켜갈 수 없었다. 하산 2세는 공립학교 제도 확대, 식량 보조금 지급, 공무원 임금 인상 같은 몇 가지 개혁을 시도했지만 당시 세계정세 때문에 이 개혁은 난관에 부딪혔다. 모로코의 경우 다른 곳보다 식민 통치가 가혹한 편은 아니었지만 여전히 프랑스가 모로코 경제를 손에 쥐고 있었다. 하산 2세는 치세 기간 내내 모로코 근대화와 정부 통제권 강화라는 두 가지 큰 바람을 가지고 통치했다. 모로코의 대규모 개발 사업은 맘두의 가정을 윤택하게 한 게 아니라 주머니 사정만 점점 어렵게 만들었다. 민주주의에 기초한 권리가 없었기 때문에 할 수 있는 게 거의 없었다. 가난과 정치적 탄압이 겹친 결과 맘두 또래의 수많은 모로코 청년들은 기회만 되면 나라를 떠났다. 모로코에서 청년들이 기대할 수 있는 최상의 직업은 공무원이었지만 채용 인원은 점점 줄었다. 사실 공직 사회는 거대한 부패의 온상이었다.

모로코 왕실의 계보는 예언자 마호메트까지 거슬러 올라간다. 모로코 왕실이 형식적으로는 왕정과 분리된 행정부를 만들었지만 독립 후에는 결과적으로 행정부와 왕정이 통합되어 버렸다. 암살을 우려한 하산 2세는 1971년 국회의원 선거를 중지시키고 비밀경찰을 만들어 반정부 시위자를 색출했다.

하산 2세의 야심찬 계획을 밀고 나가기에는 모로코의 경제력이 따라 주지 않았다. 독립 후에도 모로코는 서방 열강의 원조에 의지했다. 프랑스가 모로코를 보호령에서 풀어 줬을 당시 모로코의 독립은 상대적으로 쉬웠는데, 프랑스가 군사력을 알제리 봉기에 집중하기로 했기 때문이다. 그러나 유럽은 모로코가 독립하자 수입을 제한하는 등, 모로코 경제와 거리를 두었다. 하산 2세는 모로코 인구가 한창 증가할 때 〈국제통화기금〉의 원조를 받는 대가로 음식과 교육 같은 기초 분야의 예산을 삭감하는 데 동의했다. 1970년대 가뭄을 거치면서 농부들은 시골을 포기하고 도시로 나왔다. 그 즈음 식료품 값이 하늘 높은 줄 모르고 치솟아 설탕 37퍼센트, 버터와 우유 45퍼센트, 밀가루는 놀랍게도 76퍼센트까지 가격이 올랐다. 예산 삭감에다 식료품 값까지 상승하자 사람들은 시위를 벌였다.

모로코의 국민 탄압 기구도 서서히 움직이기 시작했다.[1]

이런 사건들에 맘두 가족도 영향을 받았다. 맘두 가족은 1971년, 정부가 카사블랑카 외곽에 새 공항을 짓고 다음에는 라바트-카사블랑카 사이에 4차선 고속도로를 놓을 거라는 소식을 들었다. 그들이 사는 동네도 결국 철거될 거라고들 했지만 맘두네는 30년 동안 살아온 집에 되도록 오래 남고 싶었다. 동네 주위를 빙 돌아 흰 벽이 올라가더니 고속도로 건설이 시작되었다. 오랜 세월 가게를 북적거리게 해 주던 유동 인구도 차츰 줄고 수입도 반으로 줄어들면서 맘두 가족에게는 정말로 어려운 시절이 들이닥쳤다. 궁핍해진 것은 맘두네만이 아니었다. 국가 재정은 대부분 서부 사하라를 장악하기 위한 전투에 투입되거나* 외국자본을 유치하기 위한 대규모 사회 기반 시설 건설에 쓰였다. 경찰과 군대는 대중과 폭도를 동일시하고 모두를 폭력으로 다스렸다. 맘두는 국가의 독재를 가까이에서 경험하면서 타인을 위해 정치적인 행동에 나서는 것은 매우 용감한 일이라고 생각했다.

맘두가 살던 지역은 1970년에 이르러 정부의 탄압에도 불구하고 노동조합원과 정치 활동가들에게 급진적 행동의 중심지가 되었다. 1970년대 초기에는 주로 대규모 시위와 파업을 벌였는데 1년을 끈 경우도 있었다. 나라 상황이 시위를 촉발했다. 『워싱턴포스트』는 그 지역 상황을 이렇게 보도했다. "문제는 금세 눈에 드러났다. 카사블랑카의 해변 휴양지와 세련된 나이트클럽에서 벗어나 차로 10분만 더 가면 보우쉬 은투프라는 인구가 조밀한 주택단지가 나온다. 그곳 아이들은 길거리에서 공이 아니라 죽은 쥐로 축구를 한다. 벤 므식도 마찬가지다. 수천 가구가 전기도 하수도도 없이 몰려 사는데 마치 레바논의 팔레스타인 난민촌 같다."[2] 맘두도 친구들과 어울려 유리창이나 깨는 시위에 가끔 나섰지만 그

---

* 모로코는 1970년대 말 에스파냐가 점령한 모로코 서쪽 사하라 지역에 모로코 국민 35만여 명을 이주시켜 그곳을 모로코 영토라고 주장했다. 결국 1976년 에스파냐는 그 지역에서 군대를 철수했지만 알제리 게릴라 조직과 모로코 사이에 반목을 조장한 셈이 되어 현재도 모로코는 인접국인 알제리, 모리타니와 영토 분쟁을 계속하고 있다.

건 도덕적 사명감이 아니라 젊은이다운 혈기 때문이었다. 그래도 한 번도 잡히지 않았기 때문에 맘두의 아버지는 아들들이 일만 열심히 하고 정치에는 신경 쓰지 않는 착한 자식들이라고 알았다.

맘두가 고등학교를 졸업한 직후 친척 한 명이 부차이브에게 맘두가 똑똑하고 능력도 있으니까 경찰에 지원하면 잘 해낼 거라는 말을 했다.

"넌 이제 뭐 할 거냐?"

아버지가 맘두에게 물었다.

"계속 공부하고 싶어요. 학교가 재미있고 공부도 잘하니까요. 계속 하고 싶어요."

맘두가 대답했다.

"그래도 언젠가는 일을 해야지."

부차이브가 비밀경찰은 어떠냐고 묻자, 경찰의 엄청난 부패상을 알고 있는 아들은 입을 씰룩이며 웃었다.

"왜 웃지? 내가 말도 안 되는 소리를 한다는 거냐?"

"아버지, 아버지는 열심히 사셨고 고생도 많이 하셨어요. 자식들을 잘 키워 내셨고 저희도 열심히 살아요. 그렇지만 경찰이 되면 뇌물로 생활비를 대야 할지도 몰라요."

맘두가 스무 살이 되고 2주가 지난 1981년 6월, 모로코 노동조합들이 식량 보조금의 부활을 요구하며 총파업을 선언했다. 파업에 나선 사람들은 휘발유 보이콧부터 시작했다. 누구도 휘발유를 사지 않았고 운전하는 사람도 없었다. 휘발유 보이콧은 공항, 철도역, 공장, 가게 등 카사블랑카 경제 전체를 효과적으로 마비시켰다. 정부는 보이콧을 무마하려고 고속도로로 버스를 운행하기 시작했고 맘두는 벽 위에 올라가 사람들이 돌을 던지는 것을 보았다. 총파업에는 지휘부가 있었지만 시위를 이끈 노조 중 카사블랑카 사람들의 좌절감을 예측하거나 통제할 수 있는 노조는 없었다. 결국 이틀 뒤 전면적인 폭력 시위가 벌어졌다. 군대는 탱크, 헬리콥터, 무장 차량을 동원했고 통행금지령을 내렸으며 특히 카사블랑카의 최극빈 지역에는 계엄령을 선포했다.

맘두는 그 사흘 동안 외출할 엄두를 내지 못했다. 폭력 시위 첫날 맘두는 사람들이 고속도로를 점거하고 차와 트럭을 불태우는 것을 자기 집에서 보았다. 경찰의 탄압이 가장 심하던 시위 둘째 날 맘두와 동생 하산, 그리고 친구 몇몇은 축구장 가장자리에 서 있었다. 그때 탱크 여러 대가 거리를 곧바로 뚫고 그들 쪽으로 돌진해 왔다. 맘두는 두 명이 총에 맞아 쓰러지고 사람들이 들판을 가로질러 반대편 판자촌으로 피해 달아나는 모습을 보았다. 탱크는 발포를 계속했고 들판은 금세 시신으로 가득 찼다. 폭동과 탄압이 밤새 계속되었고 그 다음날 아침까지도 이어졌다. 경찰은 그 뒤 며칠 동안 계속 시위 참가자들을 수색했다.

맘두 가족은 이웃집에 경찰이 들이닥쳐 아지즈 케탑을 데려갔다는 것을 알게 됐다. 케탑은 맘두가 어렸을 때 제일 친한 친구였다. 케탑이 오후 낮잠에서 깨 보니 자기 방에 온통 군인 천지였다고 한다. 그들은 케탑을 끌고 가 수감했다가 다음 날 아침에 풀어 주었다. 부차이브를 비롯한 동네 아버지들이 경찰서로 가서 케탑의 목숨을 구하려고 탄원한 덕분이었다. 케탑은 심한 충격을 받은 데다 두드려 맞고 이리저리 밀쳐지다 보니 멍투성이였지만 운이 좋은 편이었다. 맘두네와 알고 지내던 어떤 사람은 폭동이 끝나고 며칠 뒤, 카페에 앉아 있다가 끌려가서 징역 7년을 선고 받았다. 정부는 사망자 수를 66명으로 발표했지만 야당과 노조들은 637명이라고 봤다. 정부 발표보다 열 배 가까이 더 많은 사람들이 죽었다. 수천 명이 체포되었고 2천 명이 재판에 회부되었으며 십 대를 포함해 수백 명이 수감되었다. 길게는 10년 형을 선고받은 사람도 있었다. 〈국제통화기금〉은 모로코에 구조 조정 프로그램을 수용하고 식량 보조금을 없애라고 강요한 적이 없다며 폭동과 사망자에 대한 책임을 부인했다.[3] 맘두는 시위에 나선 사람들에게 동조하기는 해도 분위기가 너무 험악한 탓에 이따금 집회에 참여하는 것에 그쳤다. 맘두는 주로 공부에만 매진했다.

살림살이가 너무 쪼들려서 학교에 더 다닐 수 없게 되었다. 폭동이 일어났을 즈음 고속도로는 완공 상태였고 2미터 높이로 치솟은 장벽이 판자촌과 도로를 나눴다. 그 무렵 가게는 문을 닫은 거나 마찬가지였고 가족 대부분은 일자리를 잃었다. 맘두는 오후가 되면 고속도로 분리벽 위에 올라앉아 저 많은 차들은 어디로 가는지 자기는 도대체 언제 여기를 떠날 수 있을지를 생각하며 시간을 보냈다. 정부는 사람들에게 마을에서 6킬로미터 떨어진 새로 지은 벽돌 아파트로 이주하라고, 그러면 그 아파트로 저당을 잡을 수 있다고 선전했다. 새로운 주택 단지로 사람들을 이주시키기 위한 전략이었다. 그 아파트는 새로운 도시 공공 주택 개발이 낳은 결과물이었다.

새 아파트로 이주하는 것은 개인의 선택이라고 했지만 받아들이는 것 말고는 다른 방도가 없는 게 확실했다. 마침내 맘두가 살던 곳은 지상에서 사라졌다. 1980년대 중반이 되면 맘두네 집을 뺀 다른 판잣집은 모조리 철거되고 만다. 맘두 가족은 동네에 가장 마지막까지 남아 있었다. 이주는 갑작스레 이루어졌다. 딸들이 집을 비운 어느 날 부부와 아들들이 내쫓겼다. 맘두는 누이인 락비라와 사이다에게 이제는 떠날 때라는 걸 알려 주려고 남아 있었다. 그날 밤, 늦게 집으로 돌아가면서 락비라는 내내 흐느꼈고 맘두는 그런 락비라를 부축해 주었다.

전망이 가장 밝은 사람들은 먼저 이민 간 친척의 도움으로 더 나은 삶을 꿈꾸게 된 자들이었다. 맘두도 마찬가지였다. 남동생 하산이 마치 유행을 좇듯 영영 모로코를 떠나 버린 것이다. 하산은 원래 부모의 허락을 구하지 않고 제 갈 길을 가는, 예측이 어렵고 제멋대로인 아들이었다. 하산과 맘두가 어느 날 밤 길에서 어슬렁거리다가 이웃 한 명이 소형 혼다에 올라타는 것을 보았다. 사우디아라비아 왕가의 한 왕자에게 고용되어 호텔에서 왕자의 저택으로 현금과 물품을 배달하던 사람이었는데, 그날 밤에도 아주 큰돈을 전해 주고 오는 길이었다. 당시 열여섯 살에 불과했지만 하산은 기어이 그 돈이 어디로 전달됐는지를 알아냈다. 다음 날 하산은 같은 장소에서 그 이웃이 나타나기를 기다렸다가 일거리를 달라고 부탁했다. 그렇게 사흘을 따라다닌 끝에 하산은 사하라 사막으로 가젤 사냥을 나선 왕가 파티에 동행하게 됐다. 하산은 열다섯 살에 고등학교를 그만 둔 뒤로 그렇게 은근 슬쩍 일자리를 얻는 데 성공했다. 사우디아라비아 왕자에게 길을 안내하거나 심부름을 해 주는 일 따위였다. 1년을 그렇게 따라다니자 마침내 왕가 사람들이 하산에게 여권을 만들라 하고 1천 디람을 주면서 가족에게 갖다 주라고 했다. 하산은 그렇게 왕가 사람을 보증인으로 하여 모로코를 떠났고 일 주일 뒤부터는 집에 돈을 부쳤다.

맘두는 대학에서 물리학과 화학을 전공했고 브뤼셀로 유학가라는 제안도 받았다. 그러나 하산이 떠난 것에 엄청난 충격을 받은 어머니는 맘두가 그 제안을 받아들일까 봐 매일 같이 울었다. 맘두는 어머니에게 근심을 안기고 싶지 않아서 남기로 했다. 당시 하산은 어떻게 하면 형제들을 사우디아라비아로 데려올 수 있을지 머리를 굴리고 있었다. 하산은 제일 먼저 맏형인 모하메드의 근로 허가증을 발급받으려고 했지만 건강이 좋지 않다는 이유로 거부되었다. 결국 1985년 맘두가 할 만한 일이 생겼다는 전화가 왔다. 왕가의 공주 한 명이 집안일을 돌봐 줄 '관리인'을 찾고 있다는 것이었다. 여느 어머니처럼 아이차도 슬피 울었지만 전 같지는 않아서 맘두는 결심을 굳힐 수 있었다.

"울고 싶은 만큼 우세요, 어머니. 그래도 저는 갈 거예요."

이민자들은 보통 자기가 받은 교육이나 자기 바람보다 훨씬 단순한 일을 할 수밖에 없다. 맘두도 마찬가지였다. 맘두는 초청 노동자로 집을 떠났는데 그 제도 아래에서는 고용주의 힘이 절대적이다. 하지만 맘두는 세계에서 제일 부유한 나라에서 가장 큰 권력을 가진 집안과 연줄이 닿은 동생 덕에 상당히 수월한 일을 맡았다. 자랄 때는 모로코를 떠나 다른 곳에서 사는 것은 상상도 못 했지만 막상 떠나고 보니 자신이 단순히 물질적인 이익만 바라는 게 아니란 것을 깨달았다. 맘두는 소속감을 느끼고 싶었고 재미있고 독립적으로 살기를 바랐다.

1986년, 맘두는 사우디아라비아에 도착했다. 맘두는 당시 숱 많은 곱슬머리에 덥수룩하게 콧수염을 기른 스물다섯 살 청년이었다. 그러나 맘두의 몸은 웬만큼 먹고살 만한 나라에서는 보기 힘들 정도로 말랐다. 1986년이면 사우디아라비아에서 일하는 모로코 사람만 1만 1천 명에 달하던 시기였다.[4] 맘두도 그 중 한 명이었다. 맘두는 한 달에 400달러를 벌었다. 맘두의 신분과 여권은 고용주 관할이었다. 그래서 고용주의 서면 허가증 없이는 사우디아라비아 국내도 마음대로 여행할 수 없었다. 보증인을 잃으면 모로코로 돌아가야 했다. 쫓겨나지 않으려고 고용주에게 돈을 주는 사람도 있다는 것을 맘두는 알게 되었다.

엄청난 부자들을 가까이서 보는 건 처음이었지만 기대했던 흥미진진한 생활은 아니었다. 커다란 개인 방도 있고 먹고 싶은 대로 먹는 등 물질적 안락함에는 금세 적응했지만, 행복은 그게 다가 아니라는 생각이 들었다.

맘두는 조그만 저택에서 살았는데 거기서 할 수 있는 일이라고는 자거나 신문 읽는 것이 고작이었다. 관리인이라는 자리도 허울뿐이었다. 맘두를 고용한 공주는 아홉 살짜리 아들의 놀이 동무나 하라고 그를 부른 것이었다. 그래서 당시 맘두의 일상은 아이를 학교에 데려다 주고 숙제를 해 주고 스케이트를 타고 놀아 주는 것이 다였다. 돈은 많이 벌었지만 지루했고 독립했다는 느낌이 안 들었다. 2년이 지난 뒤, 집으로 가게 해달라고 부탁했지만 그때마다 거절당했다. 고용주는 끝내 맘두를 계약에서 풀어 주지 않았다. 그러나 사우디아라비아의 다른 곳에서 일하게는 해 주겠다고 했다. 맘두는 궁을 떠나 프랑스인 손님이 많이 찾는 고급 슈퍼마켓에서 저민 냉동육과 치즈 파는 일자리를 얻었다. 유럽, 아시아, 중동 출신 남자 열네 명이 함께 사는 단체 숙소로 거처를 옮긴 뒤에는 여러 문화가 섞인 집단에서 사는 게 어떤 것인지 처음으로 느껴 보았다.

새 직장을 얻고 나서 몇 주 뒤 맘두는 미국으로 가면 어떨지 생각해 보았다. 당시 동생 하산은 미국에 건너가 뉴욕의 레스토랑에서 일하고 있었다. 처음 비자를 신청했을 때는 거절당했다. 허물없이 지내는 친구 하나가 비자를 대신 받아 주겠다고 해서 맘두는 여권을 건네 줬다. 어느 날 아침, 여느 때처럼 일곱 시에 슈퍼마켓 문을 여는데 공주가 전화해서는 가족이 디즈니월드에 가는데 맘두도 함께 갔으면 한다는 말을 전했다. 그 집의 어린 왕자님이 맘두 없이는 가지 않겠다고 했다는 것이다. 문제는 다음 날이 출발 예정인데 맘두에게는 여권이 없었다. 다른 친구 한 명이 맘두를 태워 온 시내를 미친 듯이 헤맨 끝에 정오 쯤 여권을 가져간 친구를 찾아냈다.

다음 날 일찍, 맘두는 하인을 포함해 40명에 가까운 그 집 일행과 함께 공항에 도착했다. 올랜도 공항*에 내려서자마자 맘두는 설명할 수 없는 소속감을 느꼈다. 미국에 올 준비가 전혀 안 돼 있었고, 비밀경찰이 권력을 틀어 쥔 두 나라에서 평생을 산 사람이었다. 그러나 야자나무를 둘러보고 플로리다의 습기에 땀을 뻘뻘 흘리면서 맘두는 자유에도 어떤 냄새가 있다는 생각을 했다. 실은 모로코의 대기에 가득 한, 석탄 태우는 연기에서 나는 유황 냄새가 전혀 나지 않아서 그런 생각이 들었을 수도 있다.

'내가 살 곳은 바로 여기야.'

맘두는 생각했다.

왕가 가족은 자기들을 위해 두 채, 하인들을 위해 또 두 채의 저택을 임대했다. 임대료는 한 채당 하루 3천 달러였다. 맘두는 그 집 아들과 올랜도의 테마파크에서 놀거나 골프 카트를 몰며 한 달을 보냈다. 어느 날 온 가족이 레스토랑에 식사를 하러 갔다. 거기는 빈 식탁이 나면 대기하던 손님에게 호출기로 알려 주는 커다란 체인점이었다. 식당을 둘러보던 맘두는 손님들이 음식값을 낸 뒤 테이블에 돈을 남기는 걸 봤다. 운전기사에게 물어보고 나서야 맘두는 팁이 뭔지 알게 되었다. 아주 괜찮은 직업이라는 생각이 들었다.

공주 가족이 돌아갈 차비를 할 때 맘두의 인생을 바꿔 놓을 기회가 찾아왔다. 사우디아라비아로 돌아가 초청 노동자의 멍에를 쓰고 계속 살 수도 있었고 뉴욕에 있는 남동생과 합류할 수도 있었다. 당시에는 영원히 뉴욕에 있을 생각도 없었고 영구 비자를 얻을 수 있을지도 미지수였지만 하산이 어느 정도 문제를 해결해 주고 일자리도 구해 주면 당분간 뉴욕에 머물 생각이었다. 맘두는 공주에게 동생을 만나러 가게 여권을 달라고 해 보았다. 맘두가 도망칠 거라고 확신한 공주는 청을 거절했다. 사실 누구나 일단 미국에 오면 사우디아라비아로 돌아가

---

* 미국 플로리다 주의 국제공항.

얽매여 살거나 고국의 가난한 삶으로 돌아가느니 미국에 눌러앉으려 한다는 것은 공공연한 사실이었다. 맘두는 선택권이 별로 없는 사안에 매달리기보다 여권이 있든 없든 몰래 뉴욕으로 가자고 결심했다. 살기는 힘들어질 것이다. 신분증 없이는 오래 못 버틸 터였다. 하지만 어쩔 수 없다면 맘두는 시도해 볼 참이었다. 그렇게 마음을 먹고 있을 때 공주의 사위가 눈을 찡긋하고 고개를 끄덕이며 맘두에게 여권을 줬다. 맘두는 크게 안도했다.

맘두가 뉴욕에 오자 하산은 학교에 등록해서 신분을 관광객에서 학생으로 바꾸라고 조언해 주었고 맘두는 바루치 칼리지에서 영어 강좌를 듣기로 했다. 사실 비행 학교에 입학하고 싶었지만 그 꿈은 이루지 못했다.

조종사 대신 맘두는 레스토랑에서 일자리를 얻었다.


레스토랑이라는 입국 관문


맘두는 식당에 취업함으로써 이민자나 보통의 노동자들이 오랫동안 걸어온 길을 따랐다. 미국 최초의 고급 레스토랑은 1831년 존 델모니코가 뉴욕의 윌리엄 스트리트에 세운 델모니코 식당이다. 델모니코는 낮 시간에 '신속하고 정중한' 서비스와 화려한 분위기 속에서 기업인들에게 진짜 프랑스인 요리사가 만든 따뜻한 식사를 대접했다. 레스토랑이라는 개념 자체가 원래 프랑스에서 들어온 것으로, 프랑스 대혁명 뒤 과거 귀족들의 구속에서 '풀려난' 요리사들이 새 고객을 찾기 위해 연 것이 그 시초였다.[5]

미국 최초의 레스토랑 노동조합도 뉴욕에서 발족했다. 1885년 독일계 유대인 웨이터와 바텐더들이 호텔 내에서 최초의 요식업 종사자 노동조합을 조직한다. 이 노동조합은 훗날 〈로컬100〉으로 발전하는데, 그로부터 100년 뒤, 윈도즈 직원들도 〈로컬100〉의 뉴욕 시 지부에 가입한다. 그 뒤 〈세계산업노동자연맹〉*을 포함해 십여 개의 독립 노조가 생겼으며, 이들 노조는 하루 8시간 노동, 주당 20달러의 최저임금, 취업을 대가로 한 달 치 임금을 요구하는 '흡혈귀' 같은 중개업소의 폐지를 요구하며 1912년, 우후죽순 파업을 일으켰다. 당시 흑인을 노조원으로 받는 노조는 단 두 곳뿐이었는데, 〈로컬100〉이 그중 하나였다.

그러나 노조 내부는 내분과 부패로 혼란스러웠고, 동일 직종 노동자들을 경쟁적으로 가입시키려 했으며 다른 노조의 파업을 지지하지 않거나 고용주들과 결탁해 저임금 협정을 맺는 데 혈안이 돼 있었다. 1920년대에는 금주법으로 폭력배들이 활개를 치는데, 악명 높은 주류 밀매업자 아서 '더치 슐츠' 플레겐하이머 같은 자는 〈로컬100〉 지부 몇 곳의 노조 위원장 자리를 차지했다. 고용주는 플레겐하이머에게 돈을 주고 평화를 사거나 노조 내 분란을 사주하기도 했다. 플레겐하이머는 노조 선거에서 총으로 노조원들을 위협하기까지 했다. 조직범죄를 물리친 것은 이번에도 다른 지부 소속의 이주 노동자였다.[6] 〈로컬100〉의 해외 지부 사무실은 뉴욕에서 대대적인 청정 운동을 시작했다.

1950년이 되면 5만 명 이상의 레스토랑 종사자들이 〈로컬100〉 노조에 가입한다. 그러나 1980년대 들어 정부의 노조 파괴 정책과 노조 부패 조사 활동이 맞물리면서 〈로컬100〉도 타격을 입어 노조원 숫자는 점차 줄어들게 된다. 2000년에 이르면 호텔 레스토랑을 빼고 노조에 가입한 레스토랑 종사자 수는 1천5백 명까지 줄어드는데, 이는 전체 레스토랑 종사자의 1퍼센트에 해당한다.

노동자들이 집단으로 협상할 수 있는 역량은 취약해졌지만 이민자 수백만 명이 유입되면서 레스토랑 종사자 수는 폭발적으로 늘어난다. 21세기 벽두에 미국 레스토랑 업계는 제3세계에서 들어오는 이민자들이 기회를 잡을 수 있는 입구 역할을 했다. 온갖 인종과 민족들이 미국에 와 처음 얻는 일터가 레스토랑이었다. 로저 월딩어Roger Waldinger는 『아직도 약속의 도시인가?*Still the Promised City?*』에서 1950년대 제조업체들이 뉴욕을 떠나게 된 상황을 설명하면서 이로

---

■ Industrial Workers of the World. 1905년 미국 시카고에서 창설된 급진적인 노동운동 조직. 〈미국노동총연맹(AFL)〉이 자본주의를 인정하고 미숙련 노동자의 가입을 거부하자 이에 반대하는 사람들이 창설한 조직이다.

인해 1970년대 뉴욕은 극심한 일자리 부족에 시달렸다고 증언한다. 그러나 정부 일자리와 사무 전문직 일자리는 폭발적으로 늘었고, 방송매체, 운송업체, 광고업계, 대기업의 본사도 뉴욕에 남았다.[7] 숙련 노동자들에 대한 수요가 엄청났기 때문에 이들 숙련 노동자를 보조할 미숙련 노동자들에 대한 수요도 함께 는다.

　이 기간 동안 남부의 흑인이 뉴욕 시로 흘러들었고, 백인은 도시 외곽으로 빠져 나갔다. 그리고 30년 동안 매년 80만 명에 이르는 이민자들이 유입됐다. 흑인과 이민자들이 서비스직 수요를 채웠다. 노동자에 대한 수요가 많으면 임금이 높아져야 했지만 이민자와 미국 내 이주 인구가 뉴욕에 몰리면서 오히려 노동력이 과잉 공급되는 사태가 벌어졌다. 구직 경쟁은 치열해지고 임금은 점점 내려갔다. 사무 전문직 계층은 높은 봉급을 받는 반면, 서비스 업계의 임금은 점점 낮아져 뉴욕 시민의 임금 불평등은 극적으로 커졌다.


## 새로운 세상으로 열린 창, 윈도즈


　맘두의 웨이터 경력이 바로 이 역사적 사실을 반영한다. 수많은 이민자들에게 레스토랑 일자리는 하나의 관문이었고, 이들 중에는 고용주에게 심각하게 착취당하는 경우가 많았다. 그래서 미국에서 노조 설립 열기가 최고조에 달했을 때, 이들 레스토랑 이주 노동자들 역시 정치적 변화를 바라며 노조를 설립했다. 남들처럼 맘두도 배달원이나 버서＊로 일을 시작했다. 그러나 남들과는 달리 나중에는 뉴욕 최고급 레스토랑 여러 곳에서 일하는 행운을 얻게 된다. 버서에서 출발한 맘두는 금세 승진해 고급 프랑스 레스토랑 여러 곳에서 웨이터로 일했고 뛰어난 프랑스어 실력 덕에 식당 홀에서 손님을 직접 대하는 일자리도 얻었다. 그런 자리를 구하는 유색인 이민자가 극소수인 것을 감안하면 맘두는 특별히 운

---

＊ busser, 버스보이busboy라고도 한다. 하는 일은 테이블 세팅, 식사 후 식기 치우기 등으로, 웨이터를 보조한다. 레스토랑 내 직종은 45쪽 옮긴이 설명 참고.

좋은 사람이었다. 맘두는 참으로 다양한 곳에서 온 사람들과 함께 일했다. 그러면서도 일자리에 인종차별 문제가 얽혀 있다는 생각은 거의 해 보지 않았다. 레스토랑 홀에서 일하면서 사려 깊은 사장을 만나는 운도 누렸고, 뉴욕에서 사는 것이 마냥 좋았기 때문에 뒤를 돌아볼 일이 없었던 것이다. 사우디아라비아에서처럼 비밀경찰을 의식할 필요도 없었다. 인종차별을 당하기는 해도, 그저 모호하게 다가올 뿐이었다. 물론 흑인이나 아시아인들이 차별을 당하고 있다는 기사를 읽기는 했지만 자신에게 언짢은 일이 일어날 것이라고 생각한 적은 없었다.

맘두는 1991년까지 매디슨스퀘어가든"에서 유명 운동선수들에게 수천 달러짜리 식사를 서빙했다. 그 식당에서 노조에 가입했지만 그다지 참여하지는 않았다. 사실 상사와 사이도 좋았기 때문에 매디슨스퀘어가든의 매니저가 허드슨리버클럽의 운영을 맡아 옮기게 되자 맘두도 따라갈 정도였다. 허드슨리버클럽 식당에는 노조가 없었지만 맘두는 식당 사람들이 자기를 좋아하고 존중해 주기 때문에 상당한 융통성을 발휘할 수 있다고 느꼈다. 거기서 일하는 동안 인종차별로 승진 기회를 뺏겼다고 생각한 이집트인 동료가 〈고용평등기회위원회〉에 진정서를 넣어 맘두가 증인으로 소환된 적이 있었다. 맘두는 증언을 하면서도 내심 자기에게는 그런 일이 일어나지 않을 거라고 생각했다. 레스토랑이 개혁이 필요한 일터라는 것을 깨닫기까지는 아직 시간이 더 필요했다.

맘두의 유일한 고민거리는 자신이 미등록 이민자라는 사실뿐이었다. 학생 비자가 있었지만 이대로 살 수 없다는 사실은 알고 있었다. 맘두 주변의 이민자들은 1986년의 사면 조치로 혜택을 본 사람들이 많다는 이야기를 했다. 위조 서류로 합법 이민자 신분을 만들어 준다는 플로리다의 어떤 변호사 얘기를 듣고 맘두도 한번 시도해 보기로 했다. 불법인 건 알지만 다른 길을 찾을 수 없었다. 맘두는 그게 뉴욕에 남을 유일한 방법이라고 합리화했다. 맘두와 맘두 형제들이

---

■ 뉴욕 시에 있는 복합 스포츠 센터.

돈을 부쳐야 모로코의 가족 모두가 먹고살기 때문이기도 했지만 뉴욕 자체에 애착을 느끼고 있기 때문이기도 했다. 모로코로 돌아가 합법적으로 입국 허가를 기다릴 수도 있지만 그럴 가능성은 희박해 보였다. 그래서 맘두는 그 변호사를 찾아 올랜도까지 비행기를 타고 갔다. 그곳에서 맘두는 1986년 이전부터 미국에서 살았다고 기록한 서류에 서명한 뒤 매년 갱신해야 하는 임시 취업 비자를 얻었다. 그 비자로 영주권을 얻은 것은 아니지만 급한 일이 생겼을 때 모로코에 다녀올 수 있었다. 해마다 맘두는 가족이 아프다거나 죽을지도 모른다는 핑계를 만들어서 모로코에 갈 수 있는 출국 허가증을 받아 냈다. 그런 구실을 만들어 내려니 죄책감도 들고 운명에 발목을 잡혀 가족 중 누가 정말로 심각한 병에 걸릴까 봐 겁도 났다.

좋은 일도 있었다. 맘두는 파티마라는 아가씨와 오랫동안 전화 통화를 하며 사귀게 됐는데 그녀는 카사블랑카에서 멀지 않은 산업도시 시디 카셈에서 뉴욕으로 이민 온 여성이었다. 파티마는 사촌과 통화하기 위해 맘두가 사는 브루클린 집에 정기적으로 전화를 했다. 당시 맘두는 다른 모로코 사람 네 명과 함께 살고 있었는데, 그중 한 명이 파티마의 사촌이었다. 파티마는 키 크고 날씬하고 건강한 아가씨로 키는 맘두보다 좀 더 컸고 허리까지 내려오는 곱슬머리에 솔직한 성격이었다. 파티마는 외동딸로 자랐고, 아버지는 프랑스에 있는 휴양지를 관리 감독하는 일을 맡아 오래 집을 비우는 편이었다. 파티마가 뉴욕에 온 건 뉴욕 대학교에서 영어를 공부하기 위해서였지만, 돈이 너무 많이 들어 학교는 포기하고 에섹스하우스 호텔에서 침실 정리하는 일을 했다.

맘두는 파티마와 통화하며 종종 조언을 해 주기도 했다. 예를 들면 뉴욕 대학교는 너무 비싸니까 자기처럼 바루치 칼리지를 생각해 보라는 식이었다. 어느 날 파티마가 맘두가 사는 집으로 찾아왔을 때 맘두는 자신이 전화기 너머의 그 친구라고 밝히지 않았다. 그 다음 파티마가 전화했을 때에야 맘두는 "내가 바로 문 열어 준 사람이에요"라고 했다. 첫 데이트 때 맘두는 웨스트빌리지에 가서 파티마에게 저녁을 대접했다. 웨스트빌리지는 그가 일하는 식당과 파티마가 사는 집이 있는 곳이었다.

맘두와 파티마는 1995년에 결혼했다. 모로코로 가기 위해 또 급한 일을 꾸며 내 출국 허가증을 받으려고 하자 파티마가 "왜 계속 이런 식으로 하는 거예요?" 하고 물었다. 자기는 영주권이 있으니 남편인 맘두에게 영주권을 발급해 줄 수 있다는 것이었다. 맘두는 남자 체면에 그럴 수 없다고 생각했다. 남편이 부인을 돌보는 게 이치에 맞다고 생각하기 때문에 아내의 도움을 받는 건 질색이었다. 그러나 결국 맘두는 아내 뜻을 따르기로 하고 일을 도와줄 변호사를 찾았다. 부부는 맘두의 영주권을 신청하러 같이 갔다. 맘두는 신청서에 임시 취업 비자를 얻기 위해 거짓말한 사실을 인정한다고 쓰고 벌금을 물었다. 그러나 임시 취업 허가를 받았기 때문에 그 동안에도 맘두는 꼬박꼬박 세금을 내고 있었다.

1996년 윈도즈 레스토랑이 신장개업했다. 허드슨리버클럽 부사장은 그리로 자리를 옮기면서 맘두에게도 윈도즈에 지원해 보라고 했다. 윈도즈 레스토랑은 세계무역센터 북쪽 타워 106층과 107층을 합해 1천4백 평을 차지하는 초호화 대형 식당으로 문을 열었는데, 바닥부터 천장까지 통유리창이어서 맨해튼의 스카이라인을 굽어 볼 수 있는 곳으로 아주 유명했다. 관광객에게 인기 있는 곳이기 때문에 식당 소유주들은 여러 나라에서 온 외국 손님들을 잘 모시도록 다양한 출신의 직원들을 인종 구분 없이 고용하는 데 신경을 많이 썼다. 1993년의 테러[•]로 윈도즈도 피해를 입었고, 1996년에 식당을 새로 디자인하고 영업을 재개하기까지 많은 유명 전문가들의 도움이 있었다.

맘두가 윈도즈에서 일자리를 얻은 과정은 길고도 복잡했다. 먼저 고용 대리 업체에 가서 면접을 본 뒤 레스토랑 점심 메뉴를 담당하는 여성 매니저와 면접을 봤고 연회 담당 매니저와도 면접을 봤다. 세 차례 면접 끝에 맘두는 윈도즈에서 2주짜리 수습 프로그램을 이수할 자격을 얻었는데 거기서 주문을 넣고 음식

---

[•] 1993년 2월 26일 람지 유세프가 남쪽 타워 지하 2층 주차장에서 폭발물을 터뜨려 여섯 명을 숨지게 하고 천여 명의 부상자를 낸 사건.

과 와인의 질을 확인하는 훈련을 받았다. 윈도즈는 총괄 매니저, 홀 매니저, 헤드웨이터, 호스티스가 운영을 맡았고, 13개의 구역으로 나뉘어 구역마다 캡틴, 웨이터, 버서가 있었다.[*] 주방에서 각 구역으로 식사를 나르는 건 러너 몫이었다. 연수를 시작할 때는 마침 파티마가 첫 아이 이만을 출산할 즈음이었다. 맘두는 자신을 수습 프로그램에 넣어 준 매니저에게 출산 때문에 아내가 호출하면 전화를 걸 수 있게 해 달라고 했다. 그 매니저는 호출 받고 전화를 거는 즉시 해고라고 엄포를 놓았다. 다행히 이만은 맘두가 퇴근한 뒤 한밤중에야 태어났다.

수습 기간 마지막 날 매니저는 맘두가 탈락했다며, 컴퓨터에 주문을 입력하는 게 너무 느리기 때문에 윈도즈에서는 일할 수 없다고 했다. 맘두는 항의하려고 했지만 아무런 자격이 없었기 때문에 바로 포기해 버렸다. 맘두는 바 매니저와 윈도즈에 오기 전부터 알던 사이였는데, 그가 맘두에게 바에서 일하는 건 어떻겠냐고 제안했다. 그러나 맘두의 연수를 담당했던 매니저가 일주일 뒤 무슨 이유인지 마음을 바꾸는 바람에 맘두는 결국 아라카르트 웨이터로 윈도즈에서 일을 시작하게 됐다. 그곳은 맘두가 일해 본 식당 중에서 최고로 값비싸고 흥미 넘치는 식당이었다. 그는 매일 일하러 가서 창밖으로 날씨와 도시의 야경을 바라보는 것이 너무나 좋았다.

윈도즈의 직원들은 안정적이고 돈독한 관계를 유지했다. 그들끼리 유대도 튼

---

[*] 고급 레스토랑의 홀과 주방에는 다음과 같은 직종과 직종에 따른 임무가 있다. 호스트(호스티스)는 레스토랑에서 손님이 제일 먼저 만나는 레스토랑의 얼굴 같은 존재로, 외투나 소지품을 맡아 주고 테이블을 안내한다. 캡틴은 호스트(호스티스) 또는 헤드웨이터를 뜻한다. 웨이터(웨이트리스)는 손님을 좌석으로 안내하고 칵테일을 준비하고 전반적인 서빙을 하므로 손님의 이름을 잘 외우고 경우에 따라 외국어를 할 줄 알아야 한다. 프런트 웨이터는 양초를 켜고 물을 따라 주고 디저트 주문을 받는다. 메이터디는 프런트 웨이터에게서 주문을 넘겨받고 베이스 접시를 치우고 식사 준비를 한다. 백 웨이터는 버터를 준비하고 첫 코스와 주 요리 후 식기를 치우고 냅킨을 바꿔 주며 커피 주문을 받고 주류를 준비한다. 러너는 백 웨이터의 도움을 받아 앙트레를 서빙한다. 서버는 홀에서 일하는 사람을 일반적으로 칭할 때 쓴다. 아라카르트 웨이터는 메뉴에 없는 음식이나 손님 요구에 따라 조리된 일품요리를 주문받는 웨이터다. 버서(버스보이)는 웨이터 보조다. 셰프는 주방장, 수셰프는 부주방장이고 라인쿡은 주방의 각 부분을 맡은 조리사다. 바백은 바텐더 조수다.

튼해서 아이들 안부를 묻기도 하고 무슬림들은 기도하기 위해 계단참에 모이기도 했다. 좋은 일터여서 이직률이 낮았기 때문에 일도 열심히 하고 재직 기간도 길었다. 직원 대부분은 이런저런 식당에서 혹독한 경험을 한 터라 윈도즈가 레스토랑 업계에서 보기 드문 식당이라는 것을 알았고 소속감도 상당히 컸으며 앞장 서 일하려고 했다. 맘두는 이전보다 훨씬 더 많은 수입을 올려 1년도 안 돼 연봉으로 5만 달러를 받았다. 그렇게 벌 수 있다는 사실에 본인도 충격을 받았다. 그러나 윈도즈는 미국에서 가장 수익을 많이 내는 레스토랑이었고 세상에서 제일 유명한 레스토랑 중 한 곳이었다. 물론 그렇게 벌기 위해 열심히 일했다. 한가한 저녁시간이라고는 전혀 없었으며 부유한 고객들은 까탈을 부렸다. 그래도 맘두는 많은 돈을 벌었기 때문에 레스토랑이 돈을 벌려는 사람에게는 꿈의 직장이라는 생각을 오랫동안 가지게 됐다.

맘두는 동료들과 사이도 좋았다. 라인쿡이자 주방장인 세쿠 시비는 코트디부아르 출신이었다. 시비는 4개 국어를 할 줄 알았고 공립학교 프랑스어 교사 자격증을 따려고 공부 중이었다. 맘두는 시비가 속한 노조의 간부는 아니지만 일과 기도를 위해 넓은 계단참에서 자주 만났다. 역시 코트디부아르 출신인 압둘 트라오레는 조용한 타입의 노조 지부장으로 말은 거의 없어도 한번 말을 하면 영향력이 컸다. 맘두는 인도네시아 이민자인 우트조크 자이단, 퀴라소* 출신 페스트리 담당 주방장 슐라이카 라 크루즈, 어릴 때 아이티에서 건너온 부주방장 장에미 피에르와도 사귀었다. 맘두는 매니저 대부분과 사이가 좋았다. 맘두 부부에게 둘째 아이가 태어났을 때 직원들은 재커리아라는 이름을 지어 주었고 동료들 모두가 축하해 주었다. 맘두는 가족을 이루어 사는 것에 정말 만족하고 있었다. 레스토랑 일정 덕에 낮에는 집에 있을 수 있었는데, 파티마가 시키지 않아도 아이들 기저귀를 갈고 동화책을 읽어 주는 등의 일을 도맡았다.

---

* 카리브해 연안의 네덜란드령 안틸레스였다가 2010년 네덜란드의 자치국이 되었다.

윈도즈 경영자는 1997년 1월 1일자로 노조인 〈로컬100〉에 가입하는 데 동의했다. 맘두는 자신을 한 차례 해고한 적 있는 여자 매니저가 이상하리만치 직원들을 못 살게 구는 것에 신경 쓰기 전까지는 노조에 별 관심이 없었다. 하지만 그 여자 매니저가 권력을 함부로 휘두르는 것을 지켜보면서 얼른 노조가 생기기를 바라게 됐다. 맘두도 노조가 생기기 전까지는 그 매니저가 자기를 해고할까 봐 늘 불안에 떨어야 했다. 직원들에게 대표 교섭권이 생기기 전, 1996년의 마지막 며칠 동안 매니저들이 마구잡이로 직원을 해고했기 때문이다. 매니저들은 섣달 그믐날 저녁 근무 교대 한 시간 전에 마지막 직원을 해고했다. 맘두는 자기가 해고되지 않아 다행이라고 여겼고 곧 노조가 와서 보호해 주리라 생각하니 안심이 되었다. 맘두는 선거에 나가 노조 간부가 됐다. 맘두는 자기 부서의 웨이터와 버서 열여섯 명만 책임지면 됐지만 찾아오는 사람은 그 누구든 성심껏 대해 주었다. 맘두는 경영주에게 거의 매일 이런저런 직원을 해고해서는 안 된다고 이의 제기하고 시간표를 공정하게 배정해 줄 것을 요구하고 다니면서 곧 용감하고 고집도 세다는 명성을 얻었다. 또 직원이 실수를 저지르면 사장과 그 문제를 원만하게 풀 수 있는 방법을 찾도록 조언해 주는 일도 했다.

맘두는 전에는 전혀 관심이 없던 노조의 가치를 재빨리 파악했다. 다른 대부분의 근로계약처럼 윈도즈에도 파업 금지 조항이 있었지만 직원들은 자신들을 함부로 대하는 여자 매니저에게 대항할 수단이 절실했다. 그 여자 매니저가 마음대로 시간표를 바꿔 놓거나 훈계를 늘어놓는다는 항의가 3년 동안이나 빗발쳤다. 레스토랑 사장은 이런 불만에 대응하지 않았다. 그렇다고 직원들이 매니저가 해고되기를 바란 건 아니었다. 단지 자기들에게 미치는 영향력이 줄어들기만을 바랐을 뿐이다. 1999년 추수감사절에 윈도즈 직원들은 근로계약서상의 파업 금지 조항을 깼다. 직원들이 당하는 고통에 사장이 어떻게든 반응하게 만들기 위해서였다. 맘두와 다른 노조 간부들은 그날 오후 직원 휴게실로 갔다. 직원들이 모인 자리에서 맘두는 이렇게 말했다.

"잘 들어주십시오. 우리는 오늘 작업을 거부하기로 했습니다. 사장이 그 매니저 문제를 처리하기 전까지는 일하지 않을 겁니다."

1,200석이 예약된 그날 직원들은 작업 정지를 선언하고 메인다이닝룸*을 담당하는 총괄 매니저와 면담을 요구했다. 직원들은 여자 매니저에게 어떻게든 조치를 취해야 한다고 강력히 주장했다. 그 여자 매니저는 그날 당장 메인다이닝룸에서 밀려났고 4개월이 안 돼 윈도즈에서 영원히 사라졌다.

하지만 맘두는 동료들의 선의를 당연한 것으로 여겨서는 안 된다는 점도 금세 깨쳤다. 열두 명도 더 되는 버서들이 맘두가 자기들을 너무 몰아붙이고 끝도 없이 밀려드는 일거리를 완수할 것을 요구한다는 투서를 인사부에 낸 적이 있었기 때문이다. 그래서 회사가 조사에 착수했다. 여러 버서들의 고충을 풀어 주려고 노력했기 때문에 맘두는 탄원서에 서명한 버서 하나하나를 찾아가 꼬치꼬치 따지면서 도대체 뭐가 문제냐고 물어보았지만, 서명한 사람 중 몇 명은 자기들이 왜 거기 서명했는지도 모른다는 사실만 알아냈다. 맘두는 이 모든 것이 상사 대접을 해주지 않는다고 화가 난 캡틴이 꾸민 일이 아닌지 의심하게 됐다. 조사는 아무 것도 밝혀 내지 못한 채 끝나 버렸다.

2001년 봄 평생 폐기종에 시달려 온 맘두의 큰 형 모하메드가 모로코로 와 달라는 연락을 했다. 이제 죽을 날이 얼마 남지 않았으니 마지막으로 맘두를 보고 싶다는 거였다. 맘두는 한 달 휴가를 받아 모로코로 가서 매일 모하메드 곁을 지켰다. 맘두 덕분에 모하메드는 몇 달 만에 처음으로 바깥 공기를 쐬기도 했다. 맘두는 카사블랑카 남쪽 외곽 신주택 단지 부지에 70평 너비의 단독주택인 '빌라'를 새로 짓는 일에도 착수했다. 맘두는 부모님이 거기 살면서 자기 가족이 모로코에 올 때마다 함께 지내는 미래를 상상했다. 모하메드는 맘두의 마흔 번째 생일날 숨을 거두었고 맘두는 장례식과 뒤따르는 추모식에 참석하기 위해 다시 모로코를 찾았다.

---

* 고급 레스토랑에서 가장 큰 공간을 차지하며 정식 풀코스와 음악 같은 오락이 제공되는 곳. 정장 차림을 요구한다.

맘두가 두 번째 모로코 방문에서 돌아왔을 때 노조는 회사와 재협상할 준비를 하고 있었다. 노조 위원회 회의에서 직원들은 연금 문제를 얘기하면서 필요하면 파업할 수도 있다는 얘기를 나누었다. 당시 윈도즈는 미국에서 가장 돈을 많이 버는 식당으로 연간 3천7백만 달러에 이르는 수익을 올리고 있었다.[8] 돈은 잘 벌었지만 장래가 걱정이었다. 맘두는 직원들의 의견을 조사하고 파업이 길어질 경우 얼마나 결속이 잘 될지 판단하는 일을 맡아 착수했다. 그러나 맘두의 마음은 죽은 형 때문에 여전히 괴로웠다. 만일 모하메드가 모로코가 아니라 미국에 있었다면 병이 낫기를 바랄 수는 없어도 더 좋은 치료를 받아 좀 더 오래 살거나 더 편하게 죽음을 맞이했을 거라는 생각 때문이었다.

## 민주주의는 이제부터 시작이다

맘두의 이민 이야기는 전형적이기도 하고 특별하기도 하다. 여느 이민자들처럼 맘두도 탄압을 일삼는 정부와 부족한 일자리 때문에 자기 나라에서 쫓겨나다시피 했다. 일자리가 부족한 것은 부분적으로는 〈국제통화기금〉과 〈세계은행〉이 강요한 신자유주의 정책 때문이었다. 또 여느 이민자들처럼 맘두도 레스토랑에서 가장 낮은 일자리를 얻었고 신분을 합법화하기 위해 애면글면했으며 6년 이상을 합법적 신분의 가장자리에서 살았다. 맘두가 서비스직에서 일할 거라고는 꿈도 꾸지 않았던 것은 분명하다. 그는 과학 계통의 직장을 찾으려고 평생 열심히 공부했다. 그러나 그 꿈은 불가능한 것으로 판명됐다. 모로코에는 일자리가 별로 없었고 사우디아라비아와 미국에서는 전문직에 접근할 기회조차 없었다. 이런 것들은 이민자들에게는 흔한 경험이다.

하지만 어떤 면에서 맘두는 엄청난 행운아였다. 임금을 떼인 적도 없었고, 이민 서류가 없다고 체포된 적도 없었으며, 영주권이 있는 여성을 만나 결혼해 모로코는 물론 미국에서도 다른 이민자들보다 많은 돈을 벌었기 때문이다. 맘두 본인은 이 모든 일이 자기 노력의 결과라고 말할 수도 있겠지만 사실 그의 인생을 둘러싼 환경은 맘두가 전혀 통제할 수 없는 어떤 힘이 만든 것이다. 모로코에서 태어난 것도, 부모가 가난했던 것도, 그리고 미국에 온 이유를 꼬치꼬치 캐묻지 않던 시절에 미국에 온 것도 모두 맘두가 노력해서 된 것은 아니었다.

서비스업에 종사하는 수많은 사람들처럼 맘두의 직업도 그에게 엄청난 부가 어떤 건지 가르쳐 주었다. 맘두의 인생 최우선 관심사가 돈을 모으는 건 아니었지만 부자가 어디까지 부자일 수 있는지 알게 해 준 것이다. 맘두는 부자들 상당수가 직접 땀 흘려 그 돈을 모은 게 아니라는 것도 알았다. 유산으로 물려받은 사람도 있고 투자해서 수익을 낸 사람도 있었다. 맘두는 부자들 중에는 자신보다 더 자상하거나 더 똑똑하거나 더 창의적이지 않은 사람들도 있다는 것을 알았다. 맘두는 세상을 바라보는 새로운 시각을 얻었다. 그리고 가난하게 살지 않아도 되고 잘살 수 있는 기회가 그렇게 드문 것도 아니라는 점을 깨달았다. 그동안 자신에게는 기회가 없었을 뿐이었다. 모로코를 떠나 서비스직에서 일하며 이제 그 기회가 손닿는 곳에 다가온 것 같은 느낌을 받았다.

그러나 맘두가 물질적인 부유함에만 끌린 것은 아니었다. 처음 미국에 왔을 때 맘두는 민주주의를 누리며 사는 것이 어떤 것인지를 체험할 수 있었다. 모로코에서는 문자 그대로 너무나 겁에 질려 정치적 행동을 할 수가 없었지만, 노조 간부가 되면서 집단의 힘이 무엇인지 처음으로 맛보았다. 인간에게 부에 접근할 기회가 부여되지 않으면 가난이 가난을 낳는다는 것을 배움으로써 맘두는 자기가 속한 공동체의 삶에 충실하게 참여하는 것이 중요하다는 점도 알았다. 이런 저런 것들을 깨닫게 되면서 맘두가 다시 결핍과 제약이 가득한 삶으로 되돌아갈 가능성은 더욱 흐릿해졌다.

2장

# 9.11 이후, 우리와 그들

세계화 시대
이주와
시민권 문제

2001년 9월 12일 오전 10시 맘두는 〈로컬100〉의 본부로 향했다. 임시총회를 위해 2백 명 이상이 모이기로 되어 있었다. 가족들은 사랑하는 사람의 사진을 높이 들어 올렸다. 전날 아침 윈도즈의 식사 담당 직원들은 106층 연회실에서 〈리스크매니지먼트〉 직원들의 아침을 준비하고 있었다. 윈도즈 직원 중 73명이 사망한 것으로 최종 밝혀졌고 그것은 맘두의 머리에 평생 들러붙어 있을 숫자였다. 북쪽 타워 제일 꼭대기 층에서 뛰어 내리는 모습이 찍힌 '추락하는 남자'는 윈도즈 직원으로 추정됐다.

〈로컬100〉은 극심한 혼란에 빠져 있었다. 상근 비서 세 명이 전화를 상대하는 데만 일주일 꼬박 매달려야 했다. 유족들의 상실감이 맘두의 폐부를 찔렀다. 참 어리기도 했던 멕시코인 버서 텔모를 생각할 때 특히 심했다. 텔모는 어려운 형편에서도 자기보다 더 어린 부인과 갓난아기를 보살피며 긍정적으로 살던 사람이었다. 매일매일이 장례식이었다.

〈로컬100〉은 회원들과 그 가족의 문제를 처리하기 위해 웨스트 54번가 파이어 94번지에 독립된 사무실을 얻었다. 〈적십자〉의 공식 지원 센터를 보조할 목적으로 〈적십자〉와 협의하여 연 사무실이었다. 〈로컬100〉과 다른 두 개 노조가 이주 노동자들의 사고 수습을 도울 체계를 만들기 위해 〈이주노동자지원연합〉을 발족하고 맘두를 포함한 윈도즈 직원 세 명에게 참여해 달라고 했다. 이민자들과 그 가족들이 사무실로 쏟아져 들어와 주로 집세와 의류, 식료품비 등을 지원해 달라고 요청했다. 맘두는 〈적십자〉에서 사회 복지사 연수를 받았고 공인 자격증도 있었다. 맘두는 대부분이 아프리카 출신인 이민자들을 위해 프랑스어 통역을 해 주었으며 〈이주노동자지원연합〉으로 찾아온 사람들을 〈적십자〉로 안내했다. 맘두는 국토 방위군이 건물 주위를 에워싼 탓에 가족 지원 센터에는 불안감이 흐르고 있었다고 기억한다. 사람들은 출발점도 알 수 없는 길고 구불구불한 줄에 늘어서 있었다. 두 시간 기다리는 것은 예삿일이었다. 벽에는 친척들이 절박한 마음으로 붙여 놓은 실종자 사진들이 가득했다. 〈적십자〉는 가족이 실종된 사람들과 경제 사정이 곤란해진 사람들로 방문자를 구분했다. 이는 9.11 희생자들 사이에서 이주 노동자들을 구별하는 여러 특징 중 하나였다. 수천 명 중에서 상황을 정리할 사람을 찾아내기란 거의 불가능에 가까웠다.

〈적십자〉에서 일을 시작한 뒤로 맘두 안에는 자기 인종과 종교에 대한 걱정이 싹텄다. 노동자 한 명을 데리고 〈적십자〉를 찾아간 어느 날, 맘두는 자신의 불안감이 어디서 온 것인지를 알게 됐다. 데려간 노동자를 줄에 세워 놓고 맘두는 텐트 가장자리에 놓인 의자에 앉아 있었다. 곧 백인 경찰관 네 명이 나이든 백인 여성과 함께 다가왔다.

경찰들은 맘두에게 왜 〈적십자〉 신분증을 달고 있느냐고 물었다.

"그 신분증을 어떻게 얻었는지 알아야겠습니다."

"뭐라고요? 어떻게 얻었냐고요?"

맘두는 답했다.

"나는 사회 복지사입니다."

"이리로 잠시 와 주십시오."

경찰은 맘두를 데리고 〈적십자〉 사무실로 갔다.

맘두는 그로부터 한 시간 동안 자신이 어떻게 〈적십자〉에서 사회 복지사가 됐고 노조 간부가 됐는지, 어떻게 〈적십자〉 신분증을 갖게 되었는지 설명해야 했다. 맘두를 신고했던 그 백인 여성은 잠시 나갔다 되돌아왔다.

'미안한 기색 하나 없군. 자기가 테러범을 찾아낸 줄 알았나 봐.'

맘두는 그런 생각이 들었다.

맘두는 먼저 경찰에게, 그 다음에는 구역 담당자에게 상황을 설명했고, 그 담당자가 브루클린의 〈적십자〉 사무실에 전화를 넣어 맘두의 이름과 신분증 번호를 불러 주었다. 그렇게 통화한 뒤 담당자는 맘두에게 신원이 밝혀졌다고 알려 주었다. 이제 가도 된다는 것을 알고 나자 참았던 분노가 터져 버렸다. 항의할 기회를 놓칠 수 없었던 맘두는 그 자원봉사자 백인 여성에게 당신이 얼마나 터무니없는 짓을 했는지 아냐고 따졌다. 백인 여성은 미안하다고 했지만 맘두는 사과를 받아들이지 않았다.

"미안하다고 다 됩니까?"

"그냥 도움이 되려고 했을 뿐이에요. 더 이상 문제를 만들지 않았으면 좋겠네요."

그 여성은 그런 말을 남기고 가 버렸다.

## 9.11의 신성화

집단 트라우마는 항상 거대한 맥락에서 벌어지는 법이며 그 맥락은 집단 반응에 영향을 미친다. 낙관론자들은 생존자들이 서로 한데 뭉치고 돕는 가운데 재난을 통해 교훈을 얻으며 그 교훈을 인도주의를 위해 쓰리라고 기대한다. 생존자들끼리 결속하는 것은 사실이지만 그 유대의 본질은 정치적이고 사회적인 맥락에 지대한 영향을 받는다.

확고한 국민 정체성의 고리가 느슨하게 풀리는 이 세계화의 시대에, 집단 트라우마는 어떤 사건을 신성한 기억으로 만들어 국민 정체성을 복구하는 데 이바지한다. 철학자들은 이것을 기억의 '신성화'라고 한다. 생존자들의 공동체는 그 크기가 크든 작든, [내부의] 계층 차이를 허물고 트라우마를 겪은 사람들끼리 [외부와 구분되는] 벽을 쌓는 식으로 형성된다.

신성화 과정은 스토리텔링에 의거한다. 이야기는 반복될수록 더욱 신성해지고 원래 사건을 다르게 해석하거나 복잡하게 언급하는 일은 불가능해진다. 사건을 기억하는 행위와 함께 사건의 기억 그 자체를 둘러싸고 생존자 집단이 형성되며, 트라우마와의 관계가 그 사람의 핵심 정체성이 된다. 생존자 집단에 들어간다는 것은 리트머스 시험을 여러 차례 거친다는 뜻인데, 생존자로 규정되기 위해서는 대체로 사건을 정해진 방식대로 회상해야 한다.

문화 비평가 바바라 미스철Barbara Misztal은 집단 트라우마와 관련된 반응은 다른 사람들의 해석에 무조건 따를 것을 요구하는 경향이 있다고 한다.

이런 유형의 기억은 (…) 과거에 대한 신성하고 고정된 시각이라는 특징이 있고, 절대 복종을 요구하고 의무감을 부여하는 방식으로 작동한다.[1]

이런 과정으로 형성된 희생자 집단이 정치적 행동에 나서면 그 집단은 자기 집단의 이익에만 관심을 쏟고 타인과는 관계를 끊거나 심지어 남들이 자기 집단의 관심사에 따라야 한다고 요구하기도 한다.

그러나 이런 신성화된 서사敍事에서는 배제되거나 더 심하게는 부당한 비난을 받는 사람이 필연적으로 생기게 된다. 이런 사람들은 대항 기억을 만들어 내고 원래 사건을 다른 이야기로 해석한다. 그렇다고 해서 생존자들에 대한 공감을 거두는 것은 아니지만 그 공감을 다른 사람을 향해 확장한다.

"첫째 유형의 기억이 비타협적인 태도를 취하는 것과 대조적으로 둘째 유형의 기억은 단일한 행위를 강요하지 않고 사건을 더 다각도로 표현하며 그들 외부의 더 큰 공동체와 유대 관계를 맺게 한다."[2]

대항 기억 집단도 죽은 이를 애도하고 개개 희생자의 무고함을 인정하는 등, 주류 서사적 요소를 갖고 있다. 그러나 대항 기억 집단은 더 많은 사람들을 그들

공동체로 불러들이기 위한 해석을 찾으려고 분투하므로, 사건에 대한 새로운 치유법을 얻기도 한다.

9.11이 발생하기 전 40년 동안 미국인의 정체성은 세계적 추세에 따라 점점 더 큰 도전을 받았다. 경제적 세계화는 수많은 사람들을 경제적으로 더욱 취약하게 만들었고 그로 인한 이주 흐름이 한 나라의 인구 구성을 바꾸어 놓았다. 기술이 발전하고 기업이 전 세계를 샅샅이 뒤져 최대 이윤을 얻을 수 있는 곳을 찾아 나설 자유를 정책적으로 보장받으면서 산업 경제는 정보와 서비스 분야에 집중된다. 1965년, 유럽 이민자를 우대하는 제도를 없앤 이민법"이 발효되자 유색인 이민자들이 대규모로 이주해 와 대도시뿐만 아니라 시골이나 교외에도 정착했다. 인종차별이 덜한 이민정책이 경제적 세계화보다 더 긍정적인 발전을 가져온 것은 사실이지만, 이 모든 것들이 복합적으로 결합해 미국 사회에 심오한 불안감을 조성하는 결과를 가져온 것도 사실이다.

이제 미국에서 9.11은 지울 수 없는 집단 트라우마가 되었다. 9.11은 그 자체로 수만 명에게 크나큰 상처를 입히고 뉴욕 시에서도 가장 눈에 띄는 곳을 파괴한 아주 야만적인 공격이었다. 맨해튼의 강과 거주지가 유독성 먼지 입자로 뒤덮이면서 이제 이곳은 재난 지역이 됐다. 뉴욕 시민들은 세계무역센터가 서 있던 땅에 거대한 구멍이 생긴 것을 보고 크게 동요했다. 시민들은 예전의 집단적 자신감을 되찾기 위해 고군분투해야 했다. 9.11로 뉴욕뿐 아니라 미국 전역이 엄청난 경제적 타격을 입었다.[3]

이 사건에 대한 미국의 주요 반응은, 미국인의 인종적 원형을 미국에서 태어난 믿을 수 있는 백인으로 설정하고 외국인은 위험하고 사악하고 위협적인 존재로 규정하는 것에 기초하여 그날을 신성화하는 것이었다. 인종적 전형으로 완성되는 신성화 과정은 이민법 논쟁과 결합되어 미국인과 외국인을 서로 대립하게 만들고, 외국인의 입국을 제한해야 한다는 생각에 힘을 실어 주었다.

---

▪ 1965년 발효된 "하트-셀러법"을 말한다.

9.11 이후 정치적 담론에서 가장 두드러진 이 인종적 원형은 뒤이은 이민법 논쟁의 폭을 좁히는 결과를 가져왔다.

당시 가장 널리 퍼진 서사는 외부인 중에 여러 세대에 걸쳐 순수한 미국인이 세운 모든 것을 파괴하려는 사람이 있다는 것이었다. "그들은 우리의 자유 때문에 우리를 증오합니다"▪라는 말은 당연한 주문呪文이 되었다. 온 나라가 미국을 파괴하려는 외부인이 누구인지 규정하고 자기들 구역 안에 외부인같이 생긴 사람은 없는지 찾아내는 일에 혈안이 됐다. 내부 집단의 특징은 좀 더 분명하게 규정되었다. 내부인은 9.11로 무고한 미국이 엄청난 고통을 당했다는 생각에 어떤 이의도 제기하지 않는 사람이고, 모든 미국인이 같은 방식으로 9.11에 영향을 받고 또 그 사건에 대응하고 있다고 생각하는 사람이다. 이런 이야기는 정부에서부터 민간에 이르기까지 행동의 틀을 마련했다. 정부와 민간은 국가주의nationalism에 입각해 그들 행위에 정당성을 부여했다. 부시 대통령은 공격의 책임자를 찾아내겠다고 맹세한 지 6주도 지나지 않아 미국을 아프가니스탄 전쟁으로 몰아 넣었다. 의회는 "미국애국법"▪▪을 통과시키고 정부는 테러 관련 조사라는 이유로 시민의 자유를 유예할 힘을 얻었다.

부시는 9.11 공격이 모든 무슬림에 대한 비난으로 이어져서는 안 된다고 선언했지만 내부자 미국인과 외부인 사이의 선은 점점 더 또렷해졌고, "미국애국법", 증오 범죄, 래그헤드▪▪▪에 대한 인터넷 설전도 심각한 수준에 이르렀다. 〈미니트맨〉▪▪▪▪이라는 자경단은 미국-멕시코 국경을 순찰하기 위해 무장했다. 앤 카

---

▪ 조지 부시 대통령이 한 말.

▪▪ The USA PATRIOT Act, 2001년 10월 26일 발효된 대테러 법. 개인의 통신, 의료, 재정 등의 수색을 이전보다 훨씬 용이하게 하고, 이민자 억류와 추방 사유의 폭도 넓혔다. 개인 통신 감청을 확대하고 테러 혐의가 있는 외국인의 구금을 최고 7일까지 연장함으로써(이전 48시간) 인권 침해 논란이 크다.

▪▪▪ rag head, '걸레 조각을 덮어 쓴 머리'라는 뜻으로, 무슬림이나 시크교도처럼 머리에 터번을 쓰는 이들을 얕잡아 부르는 말.

▪▪▪▪ Minuteman, 원래 독립전쟁 당시 조직되어 영국군에 대항한 민병대를 가리키지만 여기서는 미국-멕시코 간 국경의 밀입국 상황을 감시하는 민간 조직을 말한다. 2005년에 설립됐다.

울터Ann Coulter 같은 보수 논객은 무슬림을 극단주의자와 연결시켰다. 카울터가 인종별 불심검문*을 옹호하며 한 말은 악명 높다.

> 모든 여행객이 미쳐 날뛰는 살인광이 될 수 있다고 보는 건 아니다. 우리는 살인광이 누구인지 알고 있다. 지금 환호하고 춤추는 자들이 바로 그들이다. 우리는 그 나라들을 공격하여 지도자를 죽이고 기독교로 개종시켜야 한다.[4]

미국 국기 판매량이 급증했다. 이민자 공동체도 미국 국기를 내걸었는데, 그 행위에는 미국에 대한 애국심과 폭력을 피하려는 이민자들의 감정과 바람이 뒤섞여 있었다.

이런 위기에 대한 가장 동정적인 반응조차 경제적 서열과 인종적 서열을 강화할 뿐이었다. 굳이 차별할 필요도 없었다. 세상에 널리 퍼진 솔깃한 이야기와 현재 상황만으로도 곧 어떤 결과가 나올지 알 수 있었다. 이에 대한 좋은 사례가 유족을 돕기 위해 의회가 조성한 9.11 희생자 보상 기금이었다. 의회의 동기는 정치적이라기보다 경제적인 것이었다. 의회가 항공사의 도산을 가져올 수천 건의 소송을 막기 위해 위자료와 임금 손실분을 대주기로 한 것이다. 사건의 규모와 성격 모두 전대미문이었기 때문에 이 기금도 신성화되어 최저 35만 달러에서 최고 400만 달러에 달하는 액수로, 총 70억 달러가 5천 가구에 전달됐다. 백인 두 명이 공모해 168명을 죽음에 이르게 한 1995년 오클라호마 시 연방 정부 청사 폭발 사건 이후 그런 기금이 조성된 적은 없었다. 사실 오클라호마 사건 때는 기금을 차등 분배하지 않았다. 그런데 9.11 사건에서는 사망한 사람마다 보상금을 달리 적용해 의회는 미국 국적의 백인에게 죽임을 당하는 것보다 외국인 무슬림 테러범의 손에 죽임을 당하는 것이 훨씬 더 나쁜 일이라는 인상을 은연중

---

* racial profiling. 경찰이나 이민 당국이 특정 인종을 표적으로 삼아 불심검문하거나 수색하는 것.

에 심어 놓았다. 기금 분배를 두고 희생자들에게도 서열이 있냐는 의문이 제기되었다. 소방관의 자녀들은 주주의 자녀보다 더 받아야 하는가, 덜 받아야 하는가? 접시닦이나 수위, 배달원의 자녀는? 미등록 이민자의 자녀는 한 푼도 받을 수 없는가?

온 나라가 9.11의 기억을 신성화하고 인종화하는 사이 맘두는 이민자들이 구호 단체를 찾아가도록 돕는 일을 시작했다. 그런 신성화 작업이 자신과 다른 사람들에게 미치는 영향을 직접 경험하면서 맘두는 자신만의 대항 기억을 형성하기 시작했다. 다른 이주 노동자들과 마찬가지로 맘두도 9.11 훨씬 이전부터 가난과 정치적 탄압으로 생긴 트라우마가 어떤 영향을 미치는지 알고 있었다. 그래서 9.11의 의미도 그만큼 폭넓게 바라볼 수 있었다. 맘두 본인이 이민자고 민족 정체성이 뒤흔들리는 경험에 익숙했기 때문에 그만큼 다양한 집단을 포용할 수 있었던 것이다.

## 9.11 이후의 미등록 이민자들

구호 과정에서 미등록 이민자들이 얼마나 주변적 존재였는지가 드러났다. 9.11 테러로 죽은 미등록 이민자는 250명으로 추산됐다. 부상을 당하거나 일자리를 잃은 사람은 셀 수도 없었다. 그런데 도움을 청하는 지원서를 쓴 미등록 이민자나 그 가족은 거의 없었다. 강제 출국이 두려워서이기도 했지만, 미국에서 먹고살기 힘들다는 이유로 자신의 지위를 드러냈다가 장차 영주권을 얻을 기회를 날려 버리고 싶지 않아서이기도 했다. 미등록 상태를 해결할 방법을 찾지 못하는 사람들이 여전히 많았다. 이들은 자기 이름으로 아파트를 빌리지도 못하고 현금을 받고 일하기 때문에 고용 상태에 있었다는 것을 증명할 월급 명세서 사본도 없었다. 맘두는 동료들 중 20퍼센트가 불법일 거라고 어림잡았다. 죽은 동료들 중에서 미등록 상태인 직원들이 73명 중 16명이었고, 이를 헤아려 보면 미등록 직원이 22퍼센트였던 것이다.

〈적십자〉나 다른 단체들은 미등록 노동자로 일하다가 피해를 본 사람들에 대해서는 아무런 대책이 없었다. 〈적십자〉의 자원봉사자는 대다수가 백인이었고 9.11 사건 후 봉사한 사람들 대부분은 뉴욕 출신이 아니었다. 맘두의 동료였고 바백으로 일하던 에콰도르 출신 미등록 노동자 마리오 페냐는 자신이 지원을 받을 수 있는지 확인하기 위해 두 차례나 〈적십자〉를 방문해야 했다. 처음에는 파이어 94번지에 있는 사무소에 갔다가 자원봉사자가 누군가에게 입국 서류가 포함된 신분 관계 서류를 제출하라고 하는 소리를 들었다. 겁에 질린 페냐는 두 시간이나 기다렸던 줄에서 얼른 빠져나왔다. 며칠 뒤 친구에게 규모가 큰 사무소에서는 신분을 확인하지 않는다는 얘기를 듣고 다시 가 보았다.

"어디 출신이죠? 영주권이 있나요?"

네브래스카 출신이라고 적힌 표찰을 단 〈적십자〉 자원봉사자가 물었다.

"그런 거 안 묻는다고 하던데요."

페냐가 대답했다.

"맞아요. 그냥 궁금해서요."

그 여자가 말했다.

페냐는 〈적십자〉에서 집세 보조금으로 4주간 주당 300달러를 받았다. 그 돈을 제외하면 페냐가 기댈 곳은 아무 데도 없었다.

미등록 이민자가 세금은 안 내면서 공공 기금을 거덜 낸다는 주장이 널리 퍼져 있다. 그러나 75퍼센트에 달하는 대다수 미등록 노동자들은 페냐처럼 사실상 임금이 기록된 상태에서 일한다.[5] 가짜 사회보장 카드를 만들어 쓰기 때문에 남들과 똑같이 소득세를 내고 메디케이드* 납입금과 사회보장 적립금도 낸다. 미등록 이민자가 내는 세금은 노년층과 장애인을 위한 사회보장 제도를 유지하는 데 쓰이고 실업 구제 기금이나 군대와 학교 같은 공공서비스 영역의 기금으로도

---

* Medicaid. 65세 미만과 저소득층, 장애인을 위한 국민 의료 보조 체계. 메디케어Medicare는 65세 이상 노인이 대상이다.

조성된다. 그러나 정작 미등록 노동자들은 신분을 드러내는 위험을 감수해야 하기 때문에 이런 제도의 혜택을 거의 누릴 수 없다. 페냐는 납세 신고를 하면 분명 세금을 환급받을 수 있는데도 납세 신고서 한 번 제출해 보지 못했고 실업수당도 신청해 보지 못했다. 나이가 들거나 몸에 장애가 생겨도 퇴직수당이나 장애 수당을 받지 못할 것이 분명하다. 미등록 이민자들과 이들을 채용한 고용주들이 환급받지 못할 과세로 사회보장 제도에 내는 기금만 70억 달러에 달하는 것으로 추산된다. 미등록 이민자들은 이 사회보장 제도를 이용해 보지도 못할 것이다. 전체 이민자를 다 더하면 이 액수는 5천억 달러에 달한다.[6] 페냐도 공공 의료보험이나 식품 지원 제도* 같은 공적 부조에 지원할 생각을 한 번도 해 본 적 없었다. 1996년의 "사회복지개혁법"은 노인층과 장애인만 제외하고는 합법 이민자에게도 복지와 식품 지원 제도, 메디케이드의 지원을 중단했다. 연방 주 아동 건강보험 프로그램 같은 제도는 미등록 이주자 자녀를 철저히 외면하며 합법적인 거주자의 자녀들도 거주 기간이 5년은 넘어야 지원받을 수 있다.

한편 이민권 옹호자들은 자기들 단체 회원 가운데 미등록 노동자인 사람이 다음과 같은 세세한 조사를 당한 경험이 있다고 보고했다. 한 노조 직원이 스물두 살의 멕시코 여성과 세 살배기인 여자의 딸을 데리고 〈적십자〉에 갔다. 〈적십자〉 자원봉사자는 어떻게 미국에 왔는지 서류는 어디 있는지 꼬치꼬치 캐물었는데 이유가 고작 50달러어치의 식료품 쿠폰을 발급하기 위해서였다. 세계무역센터 남쪽 타워의 카페에서 미등록 상태로 일했던 한 인도 출신 노동자는 탈출하다가 의식을 잃었는데 깨어 보니 적어도 수백 명에게 밟혀 왼팔이 완전히 못쓰게 된 상태였다. 그에게는 사회보장 카드도 급여 명세서 사본도 취업 비자도 영주권도 없었다. 미등록 노동자를 고용했다고 처벌받을까 봐 두려웠던 고용주 탓에 고용 서류마저 없었기 때문에 실업 급여 보험이나 사회보장 제도의 장애 수당도 전혀 신청할 수가 없었다. 차이나타운에는 이런 식의 사례가 수십 건이 더 있었다. 여

---

* food stamp. 정부가 저소득층을 대상으로 식품 할인권이나 식품을 살 수 있는 쿠폰을 발급해 주는 제도.

기에도 미등록 체류자가 많기 때문에 9.11 여파로 엄청난 타격을 입었다. 대다수 중국계 가정은 가족 중 일부가 싸구려 차이나타운 버스를 타고 매주 뉴욕 주 바깥으로 밥벌이를 하러 나가야 했기 때문에 한동안 [교통비를 내느라] 집세를 두 배 부담하는 셈이 됐다.[7]

기금을 분배하는 데는 이처럼 복잡한 원칙이 쓰였다. 결국 기존의 사회적 위계는 더욱 강화되었고 언론은 이에 "애도할 수 있는 사치an aristocracy of grief"[8] 라는 말을 만들어 냈다. 게다가 수령자들은 정부나 항공사를 고소하지 않는다는 약속을 하고 권리 포기 각서에 서명해야 했다. 모든 사람이 같은 아픔과 고통을 당했다. 그러나 경제적 구호 정책은 죽은 사람의 수입에 근거해 그 아픔과 고통의 경중을 나눴다.

최상층에서는 이런 일도 있었다. 구호 기금으로 희생자 한 명당 23만 1천 달러 이상은 보상해 줄 수 없다는 계획이 발표되자 금융 서비스 회사인 〈캔터핏제럴드〉는 강력히 항의했다. 그 회사 직원들은 23만 1천 달러보다 훨씬 더 많이 벌었기 때문이다.[9] 게다가 최초 원칙에서는 양육에 드는 시간을 제하고 가사 노동에는 전혀 가치를 부여하지 않는 과거 자료를 적용했기 때문에 여자는 남자보다 낮은 임금으로 책정되었다. 사망 당시 수입을 평생의 평균수입으로 잡았다며 이의를 제기한 사람들도 있었다. 프랭크 키팅Frank Keating은 『워싱턴포스트』에 "생명은 누구에게나 존귀하다"며, "납세자가 낸 돈이 가진 자와 못 가진 자를 차별해서는 안 된다. 세계무역센터에서 접시를 닦던 사람과 세계무역센터에서 식사를 했던 사람에게 차등 지급을 함으로써 정부는 공식적으로 불평등을 초래했다"[10]고 말했다. 보상금은 30만 달러에서 390만 달러까지 다양하게 나왔다. 보험에 가입한 사망자에게는 보상금을 줄여서 주고 개인연금에 든 사망자에게는 그대로 주겠다는 발표가 나오자 긴장은 더욱 고조되었다.

남보다 더 많은 돈을 받을 자격이 있는 사람이 따로 있다는 사고방식은 민간 영역에서 더욱 두드러졌다. 자선단체들은 모두 6억 7천6백만 달러를 모금했는데 이는 미국에서 단일 재난에 거둬들인 성금 액수로는 최고였다.[11] 민간 자선

단체들이 나름대로 정한 원칙에서도 생명의 가치가 다르다는 생각이 역력히 드러났다. 가령 〈전미부동산업협회〉는 1천 가구 이상에 집세와 대출금을 지원하기 위해 830만 달러를 기부하면서 이민자의 법적 상태를 확인하도록 명시했다.

"미국에 합법적으로 거주하는 가족들을 지원하고자 합니다."

스티브 쿡 대변인이 『뉴욕타임스』와 나눈 인터뷰에서 한 말이다.[12]

윈도즈 직원 중 미등록 노동자였던 사람들에게 이민자의 신분은 무엇보다 큰 문젯거리였다. 희생자 보상 기금 지급 대상에 미등록 노동자들도 포함되었기 때문에 이들도 수만 달러 혹은 수백만 달러의 보상금을 받을 가능성이 있었지만 은행 계좌 개설에 필요한 신분증이 없는 기막힌 상황에 처한 것이다. 코트디부아르 출신 다언어 교사이자 맘두의 직장 동료였던 세쿠 시비는 사건이 발생하고 며칠 안 되어 그런 처지에 놓인 여성을 노조로 데려왔다. 시비가 윈도즈에 일을 주선해 준 코트디부아르 사람 압둘 트라오레의 부인 아디자투 트라오레였다. 시비는 트라오레 부인에게 친구들이 해 줄 수 있는 것보다 더 큰 도움이 필요하겠다 싶어 데리고 온 것이었다. 맘두는 압둘 트라오레가 윈도즈 노조의 고용계약 위원회 위원을 내내 맡아온 것을 잘 알고 있었다. 두 사람은 계단참에서 같이 기도를 올리거나 가끔 식사를 하기도 했다.

트라오레 부인은 몸집이 자그마하고 차림이 깔끔했으며 영어는 거의 못하고 수줍음이 많아 보였다. 부인은 노조 사무실에서 집단 회의를 하는 동안 다리를 후들거리던 걸 빼고는 공포감이나 깊은 슬픔을 거의 드러내지 않았다. 통역을 하면서 맘두가 두 번씩 물어야할 때가 많았다. 압둘 트라오레과 아디자투 트라오레는 아비장에서 결혼했고 거기서 아내는 간호조무사로, 남편은 대규모 노천 시장에서 작은 점포를 열어 곡물을 팔았다. 1990년대 초 장사가 잘되지 않자 트라오레는 아내에게 코트디부아르를 떠나자고 설득했다. 트라오레는 프랑스와 미국에 비자를 신청했고 합법적 신분을 가질 수 있기를 바랐다. 미국 비자가 먼저 나왔고 트라오레는 임신한 아내를 아비장에 남겨 두고 떠났다. 트라오레 부인은 아이를 남겨둔 채 석 달짜리 관광 비자를 받아 1997년 미국으로 왔다. 두 사람 모두 비자를 받기는 힘들었던 것이다.

당시 트라오레는 새로운 법이 생겨 합법화의 길이 열리기를 바라면서 딸도 금방 미국에 데려올 수 있을 거라고 생각했다. 그래서 아내를 먼저 미국으로 부른 것이다. 그 사이 부부는 뉴욕에서 아이 둘을 더 낳았다. 9월 10일, 그들은 막 구입한 브롱크스 타운하우스에서 막내아이의 첫 돌을 축하해 주었다. 9월 11일 오전 4시 트라오레는 여느 아침처럼 윈도즈 출근 전에 『유에스에이 투데이』를 배달하기 위해 집을 나섰다가 그 뒤로 소식이 끊겼다.

시비가 병원을 돌아다니며 트라오레를 찾는 동안 트라오레 부인은 유족들이 소식을 기다리고 있는 〈적십자〉 사무실에 트라오레의 사촌과 같이 앉아 있었다. 줄리아니 뉴욕 시장도 거기서 사람들을 격려하며 가족을 찾는 이들과 함께 있었다. 매 시간마다 몇 차례씩 누군가 나와 발견된 생존자의 이름을 불러 주면 사무실에서는 환호성이 터졌다. 열다섯 명이 넘는 생존자의 이름이 불린 뒤 사촌이 흐느끼기 시작했다. 트라오레 부인은 두 번 다시 거기 가지 않기로 했다. 딸이 영영 아버지를 볼 수 없을 거란 생각에 부인은 어지럼증을 느꼈다. 주말에 아비잔으로 전화를 걸었을 때 딸은 하염없이 울었다.

남편의 사망을 확인할 길이 없다는 사실을 깨달은 뒤로 트라오레 부인은 아무 일도 할 수 없었다. 설사병까지 앓았고 사고가 일어난 한 주 내내 심장이 쾅쾅 뛰었다. 두 아이도 열이 있었고 가족 모두가 내내 눈물 바람이었다. 생존자 소식도 점점 드물게 들렸다. 트라오레 부인은 남편이 살아올 가능성도 점점 멀어진다고 생각했다. 너무 오래 기다리다가 전통 장례식을 치르지 못할까 봐 걱정도 됐다. 〔무슬림 전통에 따르면〕 원래는 사람이 죽은 그날 기도를 올리게 되어 있었다. 트라오레 부인은 미망인이 되고 바로 집밖으로 나왔기 때문에 이미 무슬림 전통을 어긴 셈이었다. 부인은 집안 남자들에게 이렇게 말할 생각이었다.

"남편은 106층에서 일했어요. 비행기가 꼭대기에 충돌했는데 뛰어내린들 어떻게 살아남을 수 있었겠어요? 그러니까 남편은 이제 여기 없어요."

트라오레 부인이 기도와 금식으로 추도식을 올릴 때가 됐다고 친척들을 설득하는 데는 3주나 걸렸다.

　트라오레 부인과 윈도즈 노조는 아비잔에 있는 딸을 미국으로 데려오는 길고 긴 여정을 시작했다. 먼저 트라오레의 딸이 비자를 발급받을 수 있도록 국무부에 신청서를 넣었다. 상원 의원 척 슈머Chuck Shummer의 도움을 받았지만 국무부는 미국에 합법적 보호자가 없고 불법체류할 수 있는 사람에게는 어린아이라 할지라도 비자를 발급할 수 없다는 원칙을 고수했다. 이런 상황을 참작하여 슈머 상원 의원은 국무부에 융통성을 발휘해 달라는 탄원서를 제출했다.

　"아주 드물고 특이한 사안에서는 예외를 둘 여지가 있어야 합니다. 그 가족에게 아무런 예외가 적용되지 않다니 매우 불운한 일입니다."

　슈머가 『뉴욕타임스』와 나눈 인터뷰에서 한 말이다.[13]

　윈도즈 노조는 외교 쪽으로 알아보기로 했다. 노조는 전에 윈도즈에서 일했던 한 미등록 노동자의 부인과 세 자녀가 임시 비자를 발급받을 수 있도록 에콰도르 주재 미국 대사관을 설득해 도운 일이 있었다. 국무부는 이민 교화국에서 인도주의적인 예외를 적용해 비자를 받아 아이가 어머니와 만나게 하는 것이 트라오레 부인의 유일한 희망이라고 단언했다. 트라오레 부인을 돕던 노조 변호사가 곧 전화를 걸어 딸에게 아비잔의 미국 대사관에 직접 출두해 비자를 신청하라고 했다. 바로 그 다음날 비자가 나왔고 2002년 1월에 트라오레의 사촌이 코트디부아르로 가서 딸을 데려왔다. 트라오레 부인은 딸을 마중하기 위해 인형 하나를 사고 친구 몇 명과 함께 존에프케네디 공항으로 갔다. 그러나 비자를 받은 것은 첫 단계에 불과했다. 트라오레 부인은 시간이 지나 신분이 '유예' 상태라는 서류를 받게 됐다. 유예 상태란 영주권을 받을 수 없고, 이민당국이 입국한 것을 알고는 있으나 추방령을 내리지는 않는다는 뜻이다. 그러나 이런 신분이 되면 새로운 법이 제정돼 합법적인 신분을 획득할 수 있는 기회가 올 때까지 기다릴 수 있고 지위를 합법화할 기회도 생긴다.

9.11로 뉴욕의 문화적이고 경제적인 위계에서 최하층을 차지하고 있던 이민자들의 삶이 적나라하게 드러났다. 윈도즈에서 일할 때부터 그랬지만 그때는 그냥 지나칠 수 있는 문제였다. 가난과 폭력, 미등록이라는 신분 자체가 이민자들이 9.11을 해석하는 방식에 근본적인 영향을 미쳤다.

〈이주노동자지원연합〉의 예정된 활동 기간이 만료되어 가면서 윈도즈 직원들과 가족과 친구들, 그리고 레스토랑 업계 동료들에게 도움이 더 필요하다는 사실도 확실해졌다. 정부는 일시적인 위기관리 차원에서 상황에 대처하고 있으나 윈도즈 직원들이 절실히 필요로 한 것은 정치적 변화였다. 비정기적 직업 훈련이나 현금 보조는 그들의 불안정한 삶에 장기적으로는 아무런 변화도 가져다주지 못할 터였다. 부상당한 직원 가운데는 사건의 여파로 우울증을 앓거나 불안 장애에 시달리며 치료를 받는 사람들도 있었다. 이들에게는 직장과 집과 건강보험, 그리고 합법적 지위가 필요했다. 이것은 약으로는 치료할 수 없는 것들이었다.

맘두의 동료들 중에는 이민자로서 쓰라린 일들을 겪은 덕분에 그들 문제의 본질을 체계적으로 바라보게 된 사람들이 있었고 결국 이것이 대항 기억을 만들어 냈다. 예를 들어 윈도즈 연회실 서버 아타우르 라만은 9월 11일이 43세가 되는 생일이기도 했는데, 자기 인생에서 큰 트라우마로 남은 사건 세 가지를 들려주었다. 피비린내 나는 내전 끝에 파키스탄에서 방글라데시가 독립한 뒤 라만은 정교분리와 민주국가를 주장하는 시위에 동참했다. 그가 지지한 당은 잠시 권력을 쥐었지만 1975년의 군사 쿠데타로 전복되었다. 이미 내전과 정부의 탄압으로 친구와 친척 여러 명을 잃는 경험을 했는데도 그 당의 지도자가 자리에서 쫓겨나 살해되자 라만은 엄청난 충격을 받았다.

"계속 거기서 살면 절대 미래가 없을 거라는 두려움이 일었죠."

라만은 1979년에 뉴욕으로 왔고 마침내 윈도즈에서 일자리를 얻었다. 1993

년 람지 유세프가 세계무역센터에 폭탄을 터뜨려 여섯 명이 사망하고 윈도즈 레스토랑이 3년간 문을 닫았을 때 라만은 그 근처에 살고 있지도 않았다. 그러나 그 사건은 라만에게 지대한 영향을 미쳤다. 라만은 윈도즈가 금세 다시 문을 열거라 생각하고 1년 동안 다른 일은 하지도 않았다. 부인이 일하는 것도 막았기 때문에 결국 엄청난 카드 빚이 쌓였다. 실업수당도 복지 수당도 신청하지 않았고 정부는 보상금을 주지도 않았다. 윈도즈는 3년 뒤 문을 열었지만 전에 일하던 직원들이 모두 복직하기까지 기나긴 싸움을 치러야 했다.

2001년 친척이 전화를 걸어 와서 비행기가 세계무역센터 건물에 충돌했다고 알려 주었을 때 라만은 근본주의자들이 자기 뒤를 졸졸 따라다니는 건 아닌가 하고 생각할 정도였다.

"조국을 떠난 것도 그것 때문이었는데 여기까지 와서 이 꼴을 당하다니."

라만은 그런 생각마저 들었다.

이런 일을 두 번씩이나 당하자 라만의 반응도 그만큼 격렬할 수밖에 없었다. 라만은 일할 의지를 상실했고 끝없는 불안감에 시달렸다. 항우울제를 계속 복용했고 부작용 때문에 처방을 자주 바꾸었다. 잠을 너무 많이 자기도 하고 아예 자지 않을 때도 있었다. 악몽을 꾸고 집중을 못했다. 일상으로 돌아가기 위한 계획을 세울 수가 없었고 시도조차 하기 힘들었다. 라만은 여러 치료법 중에서 9.11 희생자를 위한 상담 치료를 선택해 몇 차례 받아 보았지만 마음이 편해진 것은 상담 후 몇 시간뿐이었다.

9.11 테러로 피해를 입은 사람들 가운데는 가난에 시달리며 자라 위험을 무릅쓰고 국경을 무단으로 넘어온 이들도 있었다. 국경 수비 대원 수를 늘려도 매년 국경을 넘은 사람들의 수는 줄지 않았다. 대신 사람들이 점점 더 멀고 위험한 길을 택하면서 미국-멕시코 국경 근처에서 사망하는 사람들의 수는 1995년 이후 거의 두 배로 늘었다.

세계무역센터 건물 근처 랜치원 레스토랑에서 일했던 마누엘 구티에레스[14]는 멕시코 네스아칼코요틀 출신이다. 구티에레스는 거기서 건설 노동자 아버지가 손수 지은 방 두 칸짜리 집에서 자랐다. 형제들 모두 십 대부터 돈벌이를 시작했고 번 돈의 절반가량을 부모에게 갖다 주었다. 구티에레스는 이미 미국에 가 있는 사촌에게 설득당해 1998년 미국행을 결심했다. 사촌은 코요테<sup>*</sup>와 줄이 닿았는데 1천2백 달러만 내면 된다고 했다. 구티에레스는 강을 헤엄쳐 건너거나 사막을 가로질러 넘어가려다가 목숨을 잃은 사람 이야기도 들어 알고 있었고 국경 수비대의 총에 맞아 죽은 사람 얘기도 들었지만 긍정적으로 생각하기로 맘먹었다. 보석 디자이너로 재능을 보이던 구티에레스는 그 직업에 걸맞지 않게 덩치가 컸다. 구티에레스는 친구와 사촌과 함께 길을 나섰고 셋은 절대 떨어지지 말자고 맹세했다. 그들은 고향인 시골에서 비행기를 타고 대도시로 나와서 국경도시 나코로 가는 택시를 탔고 거기서 같은 처지에 있는 사람들 60명과 그들을 안내해 줄 코요테 보조를 만났다. 구티에레스는 마실 물 4리터와 어머니가 만들어 준 멕시코식 샌드위치인 토르타, 과일 조금을 챙겨 갔다. 처음에 어떤 남자가 돈을 좀 깎자고 하자 긴장감이 조성되기도 했다.

그들 무리는 아침 8시 애리조나로 가는 사막을 가로지르기 위해 일렬로 늘어서 출발했다. 코요테는 절대 말하지 말고 따라오기만 하라고 지시했다. 구티에레스 일행은 중간쯤에서 출발했지만 덩치 큰 사촌의 걸음이 느린 데다 금세 지치는 바람에 뒤로 처졌다. 그들은 농부와 국경 수비대가 설치한 가시 철조망을 일곱 번이나 넘어야 했다. 그때마다 사촌이 웅크리고 통과할 수 있도록 친구와 구티에레스는 철조망을 벌려 주어야 했다. 구티에레스 일행은 오전 10시, 마침내 나머지 일행 중 마지막으로 고속도로를 달려 건너갔다. 그 길을 건너면 그들을 호텔로 데려다 줄 밴이 기다리고 있을 터였다.

그때까지만 해도 만사가 순조로웠다. 그런데 밴 세 대 중 구티에레스가 탄 마지막 밴이 출발한 지 몇 분 되지 않아 고장이 나 버렸다. 운전수가 휴대폰으로

---

<sup>*</sup> 돈을 받고 멕시코인들이 국경을 넘게 해 주는 사람.

전화를 걸더니 세단 한 대가 와서 그들을 호텔로 실어 갔다. 차 한 대에 열다섯 명이 끼어 타야 했기 때문에 서로의 몸이 짐짝처럼 겹쳐졌다. 구티에레스는 뒷좌석에 타 두 사람 위에 누웠다. 운전수는 경찰이 추적 중이라는 전화를 받자 곧 속도를 높여 도로를 이리저리 회전하며 미친 듯이 달렸다. 그렇게 달리던 중 구티에레스가 고개를 들어 보니 거대한 트럭 한 대가 그들의 차 바로 오른쪽으로 달려오고 있었다. 구티에레스는 충돌 사고를 당한 사람들 이야기를 떠올렸고, '이렇게 죽는구나' 하고 생각했다. 운전수가 차량을 통제하지 못해 거의 뒤집힐 뻔 했지만 구티에레스는 운이 좋았다. 그는 돈이든 안전이든 큰 대가를 치른 편이 아니었다. 코요테는 적게는 1천 달러에서 많게는 4천 달러까지 요구했다. 에콰도르나 중국에서 오려면 1만 달러까지 낸다는 얘기를 들을 적도 있었다. 한 번은 에콰도르에서 온 여자를 만났는데, 3년마다 에콰도르로 돌아가야 해서 그때마다 1만 달러씩을 쓴다는 거였다. 그런 사정이면 절대 돈을 모을 수 없겠다는 생각이 들었다. 일단 뉴욕에 자리를 잡은 뒤 구티에레스는 절대 멕시코로 돌아가지 않았다. 체포되는 위험을 감수할 수 없었기 때문이다. 구티에레스는 미국에 2년만 있다가 돌아가 자기 사업을 다시 시작할 생각이었지만 2001년 당시는 이미 계획과 달리 1년이 더 지나 버린 상태였다.

구티에레스와 비슷한 여정으로 에콰도르에서 멕시코를 거쳐 미국 애리조나에 도착한 윈도즈 바백 마리오 페냐는 미등록 노동자라는 신분이 바뀌지 않으면 끝없는 불안감을 느끼며 살 수밖에 없다는 사실을 깨달았다. 페냐는 에콰도르 쿤차에서 열 명의 형제 가운데 태어났다. 페냐는 열여섯 살 때 공장에서 경첩 만드는 일을 시작해, 열여덟 살이 됐을 때는 식료품점에서 일하면서 대학에 들어갔다. 페냐는 학교를 포기하고 일을 계속하면서 보너스가 나올 때마다 차곡차곡 모았다. 그러다가 1987년, 3천 달러를 들여 형을 따라 뉴욕으로 건너왔다.

윈도즈에 오기 전에 페냐는 식료품 배달이나 조경일, 버스보이, 공사장 막일 등, 미등록 이민자가 할 만한 일을 닥치는 대로 했다. 날품을 팔기 위해 길모퉁이에 서서 자기를 데려갈 사람이 올 때까지 기다리거나 일자리에 지원했다가 이민 서류를 가져오라는 소리를 들을 때마다 페냐는 불법체류라는 신분이 마치 꼬리표처럼 붙어 다니는 기분이었다. 윈도즈 바백으로 시간 당 7.5달러를 벌면서 하루 벌어 하루 먹고사는 위험한 삶이 일시적으로 유예되었다. 윈도즈 직원 신분증을 받는 순간 페냐는 "됐어, 이제 난 안전해" 하고 혼잣말을 했다.

이들 중 누구도 9.11 직후 안정적인 일자리 찾지 못했고 누구도 전에 배운 일이나 하고 싶은 일을 할 수 없었다. 아디자투 트라오레를 노조로 데려온 세쿠 시비는 9.11 당시 서른아홉 살이 된 윈도즈의 라인쿡이었다. 코트디부아르 아비잔에서 태어난 시비도 학생운동을 하다가 정부의 탄압을 피해 1996년 미국에 왔다. 고국에는 형제만 열네 명에 이르는 대가족이 있었다. 9.11 이후 여덟 달 동안이나 무직 상태였던 시비는 온갖 직업 훈련 프로그램에 참가했지만 막상 알고 보면 일자리가 없거나 터무니없는 임금을 주는 곳만 있었다. 페냐는 퀵북스라는 컴퓨터 프로그램을 배웠고 소방 안전 관리와 응급 소생술을 할 수 있는 안전 요원 자격증을 땄다. 하지만 노조도 없는 보안 회사에서 시간당 8달러짜리 일을 하면서는 먹고살 수가 없었다. 연수를 담당했던 감독관은 페냐에게 충분한 자격이 된다며 시간당 10달러를 받는 프로그램 수퍼바이저를 제안했다. 키가 193센티미터인 시비는 차라리 택시 기사를 하기로 맘먹었다.

9.11 성금이 바닥나자 구티에레스는 중국 음식점에 취직해 하루에 10시간에서 11시간 동안 야간 배달을 하며 일당 50달러를 받았다. 나중에는 같은 임금으로 식재료 준비하는 일을 했다. 구티에레스도 고졸 학력 인증 예비반이나 컴퓨터 연수 같은 온갖 취업 준비 프로그램에 참여했다. 페냐는 러시아 차를 파는 '티룸'이라는 찻집에서 시간제로 일곱 달 동안이나 일했는데 퇴직금도 없이 일주일의 예고 기간 끝에 해고되었다. 그래도 계속 이일저일 찾아다녔지만 그즈음에는 어디서나 서류를 요구했다. 2003년이 될 때까지 페냐가 한 일이라고는 초밥 식당의 연회 담당 매니저가 부르면 즉시 달려가 최저임금보다 조금 더 받으며 파티 준비를 도와준 것뿐이었다.

기억이 신성화 과정을 거치면 생존자의 소속감은 폐쇄적이 되면서 외부 공격에서 자신과 자신의 기억을 지키는 것이 가장 중요한 일이 된다. 생존자들은 두려움 때문에 타인과는 벽을 쌓고 자신과 같은 트라우마를 겪은 사람들만 공동체에 들어오도록 허용한다. 생존자들이 자기 정체성을 확장해 남들의 공감을 받아들이고 정치적 연대를 쌓아 올리려면 먼저 사건과 관련된 기억을 고정하지 말아야 하고 그 사건이 극적인 것도, 특별한 것도 아니며 살면서 벌어질 수 있는 온갖 사건 중 하나일 뿐이라고 생각할 수 있어야 한다.

미국에서는 9.11의 기억을 신성화하려는 충동이 거시적인 차원과 미시적인 차원 모두에서 일어났다. 미시적 차원에서는 9.11 생존자를 위한 성금이 그날 세계무역센터 건물에 있었던 사람들에게만 엄격히 한정되어 전달된 점을 들 수 있다. 이를 위해 성금을 받을 자격이 있는 사람과 그렇지 않은 사람을 가리는 판단이 먼저 내려졌다. 이런 판단은 수위의 자녀들보다 주주의 자녀들에게 수백만 달러를 더 준 연방 희생자 보상 기금의 보상책에서도 두드러지게 드러났다. 민간 자선단체들도 이와 비슷한 노선을 따랐다. 사실 기금을 분배하는 행정 직원들은 민간단체들이 9.11 기금으로 엄청난 돈을 기부했기 때문에 테러로 직접 피해를 입은 사람들을 더 찾지 못해 안달이 나 있었다. 그럼에도 기금을 전달한 재단 이사장이나 기부자들은 건강 문제나 실직, 주거지 개선처럼 점점 확대되고 있는 광범위한 체제상의 문제로까지 기부금의 용도를 확장하지 않았다.

거시적 차원에서 보면, 의회와 대통령의 정치적 결정으로 희생자 미국의 둘레에 선이 그어졌고 그 선은 무슬림, 남아시아인, 일반 이민자들을 점점 더 주변으로 내모는 데 악용됐다. 시민의 자유를 짓밟는 처사를 합리화하기 위해 매우 중대한 판단이 여기서도 또 한 번 내려졌다. 첫째, 대중문화에서 불법이라는 말이 인간과 가족을 수식하는 사례가 늘었다. 어떤 사람이나 가족이 '불법'이면 그들은 비이성적인 방식으로 테러리즘과 결부되었다. 미국인들은 미국의 외교정책이 아니라 이민 서류가 없는 특정한 유색 이민자를 향해 자기들의 공포를 투사하고 감시를 집중했다. 법과 행동을 통해 이민자들을 미국에서 몰아낼 구실을 찾고 있던 단체나 개인은 이런 생각을 악용했다.

법을 어기게 된 앞뒤의 사정이 밝혀져 혐의를 벗은 미등록 이민자들도 있다. 맘두는 이런 논쟁을 자신의 경험에 비추어 생각해 보았다. 맘두는 '법'에 대해 그렇게들 부들부들 떠는 것이 과장된 건 아닌가 하는 느낌을 받았다. 가난한 나라 출신들은 고등교육을 받은 전문가라 할지라도 절대 합법 이민자 지위를 받지 못했다. 소위 범법자라 불리는 사람들은 윈도즈에서 몇 년 동안이나 열심히 일한 능력 있는 직원이자 좋은 사람들이었다. 본인이 그런 일을 직접 겪었기 때문에, 맘두는 원래는 정직한 사람들이 자신과 가족을 부양하기 위해 거짓말을 할 수밖에 없는 상황을 짐작하고도 남았다. 엄청난 행운이 아니었다면 윈도즈 직원 누구라도 그날 죽을 수 있었다는 것을 맘두는 잘 알았다. 만일 비행기가 오후 4시에 충돌했더라면 자신도 거기서 죽었을 것이다. 더 아슬아슬하게 죽음을 비껴간 사람들도 있었다. 테러 공격 이틀 전 시비는 어떤 직원이 토요일 밤에 마리아치 밴드에서 연주가 있다며 일요일 근무와 바꿔 달라고 해서 그날 아침 근무를 면한 덕분에 목숨을 건졌다. 마리오 페냐는 청구서 처리를 하느라 지각한 덕에 살았다. 살아남은 사람들은 모두 운이 좋았을 뿐이었고 그들 모두는 그 행운에 감사해야 한다고 느꼈다.

그날 이전에도 윈도즈 직원들에게는 이런저런 골칫거리가 있었고 맘두는 그런 문제는 살면서 영원히 계속되리라는 것을 잘 알고 있었다. 그러나 맘두는 [테러가 발생하기 하루 전] 9월 10일, 이민 서류가 없다는 이유로 부당한 비난을 받아야 했던 사람들에게 그 처지를 바꿀 수 있는 절호의 기회가 있었다는 사실은 알지 못했다. 맘두가 전혀 몰랐던 이유는 이 드라마가 저 먼 곳, 워싱턴에서 일어나고 있었기 때문이다.

3장
# 우리는 범죄자가 아니다

세계화 시대
이주와
시민권 문제

2001년 9월 10일 세실리아 무뇨스Cecilia Muñoz는 여섯 명의 이민법 전문 변호사들과 함께 백악관에 들어섰다. 라티노*들과 사이가 좋다고 알려진 부시 대통령이 최근 국내 정책 보좌관들에게 무뇨스 등의 변호사들을 만나 새로운 이 민정책을 입안해 볼 것을 지시한 것이다. 텍사스 주지사 시절 부시 대통령은 영 어 전용을 추진하는 법안에 서명하지 않았고 공화당에 라티노 당선자들을 대거 영입했다. 대통령 선거 공약에는 이민귀화국을 친화적이고 좀 더 정중한 기관으 로 만들겠다는 항목도 들어 있었다. 부시 대통령은 2000년 〈라틴계미국시민연 맹League of United Latin American Citizen〉에서 다음과 같이 연설함으로써 이민 정책에 대해 미국인 대부분이 가지고 있던 관대한 시각을 표현했다.

"다른 수많은 이민자들처럼 라틴계 이민자들도 아이들에게 더 좋은 미래를 만들어 주고 싶다는 바람으로 미국에 왔습니다. (…) 이민은 풀어야 할 문제가 아니라 성공 적인 국가를 상징합니다. 새로운 미국인들은 이웃으로 환영받아야 하지 낯선 사람들 이라는 두려움의 대상이 되어서는 안 됩니다."

---

▪ 멕시코나 남미 출신 미국인 또는 미국 거주자를 히스패닉이라고 하며, 라티노(남자)나 라티나(여자)라고 부 르기도 한다. 성별 없이 칭할 때는 라티노다.

부시 대통령은 더 개방적인 이민 제도를 지지하는 한편 이에 저항하는 정치적 압력에도 대응했다. 기업체와 부시의 선거구에서 상당한 비율을 차지하는 라티노들 모두 합법 이민의 확대를 바랐다. 그러나 이민자를 무작정 옹호하다가는 공화당의 이민 규제론자들과 갈등을 일으킬 수도 있었다.

수백 개의 지부를 두고 라티노와 저임금 노동자를 지원하는 33년 역사의 초당파 라티노 조직인 〈전국라라사협회〉* 정책 부국장 무뇨스는 이런 갈등을 잘 알고 있었다. 무뇨스의 역할은 의회에서 매년 쏟아져 나오는 이민 관련 법령의 좋은 점은 극대화하고 나쁜 점은 최소화하는 것이었다. 두 달 전 『뉴욕타임스』는 부시 대통령과 멕시코 대통령 비센테 폭스Vicente Fox가 미등록 상태로 미국에서 살고 있는 멕시코인 3백만 명의 지위를 합법화하는 안을 만들고 있다는 소식을 전했다.[1] 무뇨스는 그때부터 약속을 이행하라고 행정부를 압박해 왔다. 그리고 이번 회의를 통해 대통령의 지지를 등에 업고 필요한 절차를 밟을 수 있으리라는 희망을 품었다. 백악관의 국내 정책 보좌관들은 노동부, 교육부, 보건복지부와 협력하고 있었다.

그러나 하이힐과 몸에 딱 붙는 어두운 색 정장으로 빈틈없이 차려입은 백악관 보좌관이 합법화 안을 만드는 게 아니라 불법 이민을 끝장내는 데 관심이 더 쏠린 것을 차리기까지는 얼마 걸리지 않았다. 무뇨스와 동료들이 서류가 없는 이민자들을 합법화할 구체적인 방도를 제시할 때마다 그 보좌관은 미래의 이민자를 원천봉쇄할 검문 방안을 논의하자고 말을 돌렸다. 무뇨스는 전에도 그녀를 상대한 적이 있어서 이 보좌관이 희한하게도 합법화에는 전혀 관심이 없다는 것을 눈치 챘다. 두 시간이 좀 못 걸린 회의 끝에 나온 것은 아무 것도 없었다.

무뇨스는 그다지 놀라지 않았고 좀 더 희망적인 다음 날의 회의를 준비했다. 그 회의에는 사우스다코타 주 민주당 상원 의원 톰 대슐Tom Daschle과 매사추

---

* The National Council of La Raza, 히스패닉의 취업이나 교육 개선을 위해 1968년 결성된 초당파 비영리 단체. 히스패닉에 기반한 단체로는 최대 규모다.

세츠 주 민주당 상원 의원 테드 케네디Ted Kennedy, 미주리 주 민주당 상원 의원 리처드 게파트Richard Gephardt의 보좌관들이 나오기로 되어 있었다. 이 의원들은 미국에서 최근 18개월 동안 최소 90일을 근로한 이민자에게는 무조건 합법 지위를 부여할 것을 요구하는 정책 제안서를 이미 발표한 상태였다. 제안서에는 기업체가 원하는 초청 노동자 제도도 포함되었지만 기업체가 반대하는 초청 노동자 노조 결성권에 관한 내용도 들어 있었다. 또 합법 신분 이민자의 가족 방문 비자 신청이 밀려 있는 상황을 타개하겠다는 내용도 들어 있었다. 무뇨스는 게파트 의원의 참모장인 커샌드라 버츠와 이 법안의 제출을 협상할 계획이었다.

사실 무뇨스는 국회의원들이 합법화 문제를 두고 이민법 운동 활동가들과 만나자고 했을 때 놀랐다. 무뇨스는 1990년대 말부터 새로운 합법화 프로그램이 필요하다는 판단하에, 동료들과 조용히 논의를 해오던 차였다. 1986년 제정된 "이민관리개혁법"은 합법화를 규정한 마지막 법이었으며 서류 없는 이민자 300만 명에게 미국 시민이 될 수 있는 길을 열어 주었다. 20년이 지나자 미등록 이민자들이 다시 증가해 약 900만 명에 이르렀다. 부시가 합법화 공약을 제시하기 전까지 무뇨스는 적어도 5년은 시간을 들여야 워싱턴에서 또 한 번의 합법화 안이 나올 수 있을 거라고 생각했다.

그러나 2001년 9월 11일의 그 회의는 영원히 열리지 못했다. 10년 동안 좋은 분위기 속에서 낙관적으로 계획했던 법안이었다. 무뇨스는 그로부터 꼬박 1년이 지난 뒤에야 합법화 문제로 되돌아갈 수 있었다. 그러나 합법화 안이 워싱턴의 주목을 조금이라도 끌어 법안 추진 일정을 재개할 수 있으리라고 기대하기까지 또 5년의 세월을 추가로 허비하게 된다. 그 세월 동안 무뇨스는 이민자에게 덧씌워진 테러범의 이미지를 벗겨 내기 위해 헛된 시간을 낭비해야 했다. 9.11의 충격에 휩싸인 나라는 한 순간에 전쟁 국가로 돌변하고 있었다.

## 환영받는 사람은 따로 있다

흔히들 "미국은 이민자의 나라"라고 한다. 그러나 이 말은 엄청난 오류를 숨기고 있다. 아메리카 원주민이 땅을 강제로 내놓아야 했고, 아프리카 흑인 노예들이 강제 노동에 시달린 사실은 은폐하면서 이 나라가 폭력 없이 자발적으로 정복되었다고 주장하는 셈이니 말이다. 하지만 농노제나 귀족정, 대학살에 이르기까지, 출신국의 신분제도에서 탈출해 이 땅에 온 사람들을 조상으로 둔 수많은 미국인들에게 이 말은 여전한 진실이기 때문에 미국이 이민자의 나라라는 이미지는 아직도 굳건하다.

미국의 이민정책이 항상 특정 출신국을 선호하기는 했지만 그래도 미국은 건국 이래 줄곧 수천만 명의 이민자를 환영하고 통합했다. 충돌도 있었지만 세월이 흐르면서 미국은 여러 나라 출신 사람들이 모여 살고 함께 일하며 각자의 문화를 보태 새로운 미국 문화를 형성했다. 도가니와 같은 다문화 사회임을 스스로 인정한 것이다. 대부분의 이민자가 제일 먼저 대도시에 터전을 잡으면서 대도시 사람들은 이민자와 함께 지내는 데 익숙해졌다. 사실상 모두의 조상이 이민자였기 때문에 미국의 국가 이미지에서 환대의 원칙은 매우 중요했고 보통의 미국인들은 이민을 대개 긍정적인 시선으로 바라보았다. 맘두도 이런 개방적인 자세 덕을 아주 크게 본 사람이었다. 1980년대 말에 이곳에 왔을 때 뉴욕 사람들은 대체로 맘두에게 친절했다.

그러나 이런 수용의 자세는 현실이라기보다 희망 사항인 경우가 더 많았다. 미국의 역사는 당대의 '진짜 미국인' 이미지에 부합하지 않는 사람들을 배제하려는 시도로 점철돼 있다. 그리고 이민자 처우도 언제나 인종별로 달랐다. 유럽 출신 이민자는 세월이 흐르면서 정당한 지위를 얻은 반면 멕시코나 다른 제3세계 이민자들은 그렇지 못했기 때문에 인종별 위계도 변하고 인종에 대한 규정도 변했다. 직접적인 배제, 절차상의 예외, 입국 조건에 차이를 두는 등의 방법을 복합적으로 적용하고 노동력 수요나 경제적 불안, 전쟁, 외국인 혐오증 등에 의

거해 연방법은 이민자 수를 늘리거나 줄였다.

이상적인 미국인 상을 앵글로색슨계 백인 신교도로 설정함으로써 차별 대우는 정당화되었다. 사실 모든 유럽인들이 백인으로 간주된 것도 아니었다. 1840년대 아일랜드 대기근으로 촉발된 대규모 이민에 토착주의자들은 격렬하게 저항했다. 아일랜드 사람들은 신체적으로나 문화적으로나 흑인과 유사한 취급을 받았다.[2] ■ 아일랜드인들이 미국의 인종적 또는 민족적 위계에서 백인이라는 안정된 지위를 얻기까지는 한 세대 이상이 지나야 했다. 19세기 말의 이민자들은 주로 이탈리아인, 폴란드인, 헝가리인, 유대인이며 여러 남유럽과 동유럽 국가 출신들이었는데, 새 이민자가 유입될 때마다 그들은 미국에서 태어난 백인보다 열등하다는 주장이 고개를 들었다.[3] 새로운 이민자에 대한 비난은 매번 반복됐다. 영어를 배우려 하지 않고, 미국인 기업에 정치적이고 경제적인 요구를 하고, 찢어지게 가난하다 보니 '공공의 짐'이 되고, 미국에서 태어난 노동자의 임금을 깎아 먹고, 추잡한 성행위나 즐긴다는 것이었다. 지금처럼 그때도 환영받지 못하는 이민자들은 갱생할 수 없는 범죄자와 동일시되었다.

나날이 발전하던 미국은 매번 선호하는 출신국을 바꿈으로써 노동력 수요에 대처했다. 서부 개척기, 특히 대륙 횡단 철도를 건설하던 1800년대에는 중국인들을 계약 노동자로 끊임없이 데려왔다. 멕시코 사람들은 1848년 미국-멕시코 전쟁이 끝나고 100년 가까운 시간이 지나서도 미국 내를 마음대로 돌아다닐 수 있었다. 20세기 초 특히 1910년 멕시코혁명이 발발한 뒤에는 수만 명의 멕시코인들이 일자리를 찾아 국경을 넘어왔다. 1907년 〈딜링엄위원회Dillingham Commission〉는 남유럽과 동유럽에서 오는 이민자들은 미국 사회에 심각한 위협만 초래할 것이라고 경고하면서 미국 남서부의 노동력 부족을 해결할 최선책으

---

■ 1840년대에 아일랜드 전역을 휩쓴 감자잎마름병으로 발생한 대기근. 토착주의에서 '토착' 민은 원주민인 인디언이 아니라 독립 당시 13개 주 거주민들과 그 후손을 가리킨다. 이들은 아일랜드 이민자들이 가톨릭 신자고 그들이 공화주의를 거부한다고 봤기 때문에 거부 반응이 몹시 컸다.

로 멕시코 노동자를 꼽았다.

그러나 토착주의자들의 공격에서 안전한 사람들은 아무도 없었고 특히 생김새가 미국인과 아주 다르게 생긴 이민자들은 외국인 혐오 범죄의 쉬운 표적이 되었다. 중국인 노동자들의 이동을 제한하는 여러 법이 발효되었다.[4] 가령 그 시대 이민 규제론자들의 대승리라 할 수 있는 1882년의 "중국인이민금지법"은 10년간 중국인의 이민을 허용하지 않고 허가받지 않은 중국인 이민자는 즉각 추방할 수 있으며 중국인의 귀화를 금지하는 법이었다. 그 법은 결국 아시아·태평양 지역 국가까지 확대되었다.

제1차 세계대전과 불안정한 노동 상황이 이민을 억제하자는 대중의 의지를 더욱 키웠다. 1920년과 1924년의 이민법은 연간 이민자 수를 15만 명으로 제한했는데 그때까지 해마다 유입되던 이민자의 4분의 1에도 못 미치는 숫자였다. 이 법은 미국이 취한 이민정책 중에 가장 엄격한 것이었다. 이 이민법은 영국, 독일, 아일랜드에는 쿼터를 많이 할당하고 러시아와 이탈리아 이민은 제한했다. 이민자들이 불법 입국하는 사례가 너무나 많아서 이탈리아 이민자를 욕되게 부르는 말인 '웝wop'의 어원을 둘러싸고 전설이 생길 정도였다. '웝'의 진짜 어원은 에스파냐어 '후아포guapo'인데 에스파냐에서 이탈리아인 농장 일꾼을 얕잡아 부를 때 썼던 말이다. 그러나 오늘날까지도 수많은 이탈리아계 미국인들은 '웝'을 '입국 서류가 없는without papers'의 줄임말로 알고 있다.

1929년 의회는 입국 서류 없이 미국에 들어온 사람은 경범죄로, 계속 체류하면 중범죄로 다루기로 정했다. 하지만 수천 명의 남유럽과 북유럽 사람들은 서류 없이 계속 들어왔다.[5] 쿼터 정책을 위반한 죄로 이민자들이 억류되거나 추방되자 사회개혁주의자들이 사소한 위반을 저지른 장기 체류자들을 돕는 일에 가담했다. 사회개혁주의자들은 오랫동안 미국에서 유대를 맺어온 사람들을 가족과 이웃에서 떼어 놓는 것은 부당하다고 보았다. 이민법 때문에 어쩔 수 없이 가난에 시달리고 남들과 섞이지 못할 뿐이니 미국은 그들을 처벌하지 말고 추방 명령을 철회하는 것부터 시작해 그들의 처지를 도울 방도를 찾아야 한다고 주장

했다. 이들은 여러 가지 변화를 이끌어 내 이민자의 신분을 바꿀 수 있는 권한을 이민국에 부여했다.[6]

멕시코인들은 이런 자유화 정책에서 제외되었다. 명시적으로 배제되어서가 아니라 합법 지위를 얻을 수 있는 통로에 접근할 방법이 거의 없어서다. 1930년 대와 1940년대에 만들어진 유럽 이민자 관련 제도는 점점 더 많은 유럽인에게 자유로운 신분을 부여했지만 그 사이 멕시코인과 관계된 제도는 여전히 규제 중심이었다. 유럽인들은 미국에 와서 영원히 눌러 살 수도 있었지만 멕시코인들은 제2차 세계대전 중에 입안한 브라세로 프로그램*처럼 초청 노동자 제도를 통해 임시로 노동력을 제공하러 오는 데 그쳤다. 이 임시 초청 노동자 프로그램은 1964년 폐지되기 전까지 450만 명의 멕시코인들을 끌어들였다. 브라세로 프로그램은 고용주에 의해 철저히 악용되었다. 노동자들은 더 이상 인력이 필요하지 않다는 결론이 나면 언제든 추방될 위기에 처했다.[7] 어떤 조사에 의하면 이 시기, 미등록 멕시코 이민자 수는 〔프로그램 시행 전보다〕 6천 퍼센트 증가했다. 그리고 1954년 웻백** 작전이 펼쳐졌다. 이는 미국에서 이민자를 추방하기 위해 벌인 최초의 대규모 이민자 색출 작전이었다. 첫날에만 4천 명이 체포돼 추방되었다.[8] 이런 식의 인종 정책이 계속 이어지면서 같은 불법 이민자 처지인 유럽인들은 내버려 둔 채 멕시코인에게만 불법 이민자의 이미지가 씌워져 오늘날까지 이어져 오고 있다.

1960년대의 민권운동과 여러 진보적 운동은 미국의 정치판을 바꾸어 놓았고 공직자들도 노골적으로 이민자를 차별하는 정책은 지지하지 않게 되었다. 1965년 의회는 "이민귀화법"과 "이민개혁관리법"을 개정하여 1920년대 이후 시행된

---

■ Bracero Program. 1949년 처음으로 시행된 미국-멕시코 간 협정으로, 국경 지대 목화 농장의 노동력 부족 문제를 해결하기 위해 멕시코 노동자들을 계절 노동자로 고용할 수 있게 했다. 농업 분야에 국한된 초청 노동자 제도라고 보면 된다.

■■ wetback. 미국-멕시코 국경을 형성하는 리오그란데 강을 헤엄쳐 밀입국하는 멕시코인을 가리키는 말로 강을 건너면서 옷이 젖은 데서 유래한 말이다.

국가별 쿼터제를 폐지했다. 동시에 의회는 고정돼 있던 이민자 수를 늘렸다. 그 결과 이민자의 절대 수가 증가했고 과거 이민이 금지된 나라 출신 이민자 수도 증가했다. 그러나 새로운 이민법은 인종차별을 명시적으로 드러내지 않으면서도 선호국에 특혜를 주었는데 이는 결국 인종차별 효과를 발휘했다. 선호하는 이민자 출신국은 일부 변하기도 했으나 특정 나라를 선호한다는 사실은 변하지 않았다. 새 이민법은 전문 기술이 있는 이민자를 원했기 때문에 가난한 사람에게는 불리했다. 또한 미국에 가족이 있는 사람의 이민에 특혜를 주어 기존의 인종 구성 양상을 더욱 강화했다. 이미 미국에 와 있는 사람만이 가족의 이민에 보증을 설 수 있었다. 결국 서류 없이 이민 오는 사람은 계속 늘어났다. 예산이 부족한 이민당국이 합법 지위를 얻으려는 사람들의 서류를 쌓아 놓기만 하면서 미등록 이민자 수를 늘리는 데 한몫을 하기도 했다.

## 있고 싶은 곳에 있을 권리

1986년의 합법화 프로그램은 레이건 행정부가 미등록 이민자의 현실에 실용적으로 대처한 결과였다. 무뇨스도 1980년대 말 〈가톨릭자선협회Catholic Charities〉에서 일하면서 수천 명의 지위를 합법화하는 데 도움을 주었다. 그래서 2001년 7월 부시 대통령과 비센테 폭스 대통령이 미국에 거주하는 미등록 멕시코인들에게 합법적 지위를 주고 그들에게 "자신을 대변할 권리"를 부여할 것처럼 행동하자 놀라고 흥분했다. 2001년 당시 무뇨스는 그 소식을 밀워키에서 열린 〈라라사협회〉 전국 연차 총회에서 들었다. 그 다음 날 애리조나 주 공화당 상원 의원 존 맥케인John McCain은 이미 미국에 와서 살고 있는 사람들에게는 어떻게든 해결책을 마련해 줘야 한다는 사실을 알고 있다고 말했다.[9] 『뉴욕타임스』와 『워싱턴포스트』도 합법화를 지지하는 사설을 실었다.[10] 몇 주 뒤 부시 대통령은 멕시코인 말고 다른 이민자들도 합법화할 가능성이 있다고 말했다. 대통령은 "미국에 와 있는 모든 사람들이 고려 대상"이라고 했다.[11]

부시의 공약 치고는 진보적이고 놀라운 발걸음이었다. 그러나 백악관은 즉각 행동에 나서지 않고 몇 주 동안 뒷걸음질만 쳤다. 부시의 합법화 약속으로 들떴던 분위기는 시기상조였음이 드러났다. 8월 초가 되자 백악관 대변인은 "여러분의 기대를 맞추기 어렵게 됐습니다. (…) 9월에도 어떻게 될지 확실히 답해 드릴 수가 없습니다"[12]라고 발표했다. 8월 말 부시 대통령은 기자들에게 폭스 대통령과 어떤 원칙이든 이끌어 내겠지만 9월로 예정된 폭스 대통령의 방문에 맞춰 완전한 안을 내놓지는 못할 것이라고 했다.[13]

무뇨스는 절호의 기회가 사라지고 있다고 느끼면서도 정부에 그동안 발표했던 건 지키라고 요구했다. 무뇨스는 사람들의 기대만 부풀려 놓고 포기하는 건 현명하지 못한 처사라고 부시 대통령에게 경고했고 합법화는 사면이나 마찬가지라는 인식에 대해서도 반박했다. 무뇨스는 기자들에게 이렇게 말했다.

"레이건 재임 시에도 합법화 정책을 시행했지만 하늘이 무너지지는 않았습니다. 사람들은 기업의 행태는 이해할 수 있다는 식으로 전부 넘어가려고 합니다. 도대체 진짜로 법을 어기는 건 누굽니까? 기업체가 이런 사람들을 고용하고 이리로 오라고 부추긴다는 건 어린애도 아는 사실입니다. 법을 바꿔서 이민자들을 합리적으로 대우해야 합니다."[14]

미등록 이민자들이 이런저런 범죄에 연루될 수 있는 현실에 대해서도 상당한 논의가 이루어졌지만 이는 미국인 다수가 불법 이민을 차단하기를 바란다는 결론으로 이어졌다. 불법 입국을 저지하기 위해 만든 법은 상징적일 뿐이었다. 입국 서류가 없어도 사람들은 계속 넘어 왔고 고용주는 노동자 신분을 확인해야 하지만 노동자를 통제할 필요가 없으면 대부분 법에서 눈길을 돌렸다. 이민법 체제 전반은 늘 자금이 부족하고 시대에 뒤처져 있었다. 온 나라가 틈만 나면 이민자들을 범죄자 취급했기 때문에 무뇨스와 동료들은 이민자들이 합법적 지위를 얻을 수 있도록 체제 자체를 개혁하는 일에 어려움을 겪을 수밖에 없었다.

그런 상황에서도 이민법 논쟁은 무뇨스가 예측한 것보다 훨씬 더 빠른 속도로 진행되고 있었다.

9월 11일, 무뇨스가 톰 대슐 상원 의원의 대기실에 앉아 비행기가 쌍둥이 건물에 부딪히는 장면을 보고 있을 때 커샌드라 버츠가 뛰어들어 왔다.

"5번 채널로 돌려봐요. 펜타곤에도 비행기가 충돌했대요!"

채널을 돌리는데 버츠가 "저 가봐야겠어요"라고 했다. 그 뒤 무뇨스는 버츠가 국회로 돌아가게 내버려 둔 것을 2년 동안이나 자책했다. 무뇨스가 상원 의원 사무실 건물을 나가려고 할 때 보안 담당관이 다른 비행기 한 대가 국회의사당으로 향하고 있다고 알려 줬다. 무뇨스와 동료들은 가장 가까운 곳에 있는 〈전국이민포럼Nation Immigration Forum〉 사무실로 갔다. 대혼란 속에서 무뇨스는 어머니의 전화를 받는데 어머니의 울음소리를 듣고 적잖이 놀랐다. 괜찮다고 어머니를 안심시킨 뒤 남편을 찾아서 집으로 가겠다고 했다. 무뇨스는 택시를 잡아타고 도시를 가로질러 회의를 기다리고 있던 남편에게 갔고 둘은 그의 차로 집에 왔다. 아들 집에 와 있던 무뇨스의 시어머니는 원래 다음 날 런던으로 돌아갈 예정이었는데 거실 텔레비전에 못 박혀 있었다. 무뇨스는 묵주를 꺼내 돌리면서 명상에 잠겼다. 부부는 당시 여섯 살과 아홉 살이던 두 딸을 학교에서 데려왔다. 학교는 일찍 문을 닫았다. 마침 그날은 날씨가 정말 좋았다. 그래서 무뇨스는 큰딸과 오래 전부터 약속했던 자전거 타기를 가르쳐 주기로 했다.

"오늘 자전거를 배우면 나중에도 오늘을 행복한 날로 기억하지 않겠니?"

무뇨스가 딸에게 말했다.

오후 4시 어머니가 다시 전화를 걸어 와서 조시 로젠탈이 남쪽 타워에 있었는데 연락이 끊겼다고 했다. 무뇨스는 아홉 살 때 로젠탈을 처음 만났다. 로젠탈은 오빠의 고등학교 시절 좋은 토론 상대였으며 가장 친한 친구였다. 자라면서 무뇨스는 종종 그들과 포커 게임을 했고 꽤 자주 이겼다. 그렇게 그들 가족은 더욱 가까워졌다. 로젠탈은 어머니가 수술을 받게 됐을 때 잠시 무뇨스 집에 머물기도 했고, 자신이 다닌 대학의 멘토를 무뇨스에게 소개해 주기도 했다. 로젠탈의 동생이 갑작스런 심장병으로 죽었을 때는 모두 함께 슬퍼했다. 로젠탈을 마지막으로 본 것은 무뇨스 부모의 결혼 50주년 파티에서였다. 시간이 흐르면서 정부가 국가 안보를 핑계로 9.11 희생자들을 들먹이며 인종별 불심검문을 정당화해야 한다고 말하는 소리를 들을 때마다 무뇨스는 점점 더 심한 고통을 느꼈다.

그러나 무뇨스는 자기 가족의 이민사를 떠올리며 계속 앞으로 나아갔다. 연갈색 곱슬머리에 마른 체격인 무뇨스는 디트로이트에서 태어나 주민 대부분이 친척들이고 중산층인 교외의 볼리비아 이민자 마을에서 부족함 없이 성장했다. 친할아버지는 1920년대에 미시건 대학에 다녔고 볼리비아 라 빠스에 유일하게 현관 앞 포치가 있는 주택을 짓겠노라고 큰소리치며 고향으로 돌아갔다. 부모는 1950년대에 결혼식을 올린 직후 미국으로 왔다. 아버지는 1940년대에 대학에 입학했지만 졸업을 하지 못했는데 미국에서 못다한 공학 공부를 마무리했다. 볼리비아가 정치적 혼란에 빠지자 겁이 난 부부는 미시건에 눌러 살기로 했다. 볼리비아 내정이 안정될 즈음 무뇨스의 아버지는 자동차 회사에서 일하고 있었고 자녀는 네 명이었다. 아버지는 쿠바 미사일 위기에 대한 케네디 대통령의 연설을 들은 뒤 잠자는 아이들을 바라보며 아내에게 말했다.

"우리 돌아갈까?"

"여기가 우리 집인 걸요."

무뇨스 어머니의 대답이었다.

무뇨스는 흑백 분리가 철저한 라보니아라는 마을에서 에스파냐어를 쓰는 것 말고는 남들과 별 다를 것 없는 백인 가정에서 자랐다. 어머니는 에스파냐계였고 피부가 흰 편이었으며 아버지는 인디오 피가 섞이기는 했어도 파란 눈이었다. 특별히 인종차별을 당한 적도 없었다. 매우 극적인 사건이라고 해 봐야 폭력과는 무관하고 우습거나 쓸쓸한 사건이었다. 부모가 처음 살았던 아파트의 주인이 어느 날 그들이 에스파냐어로 말하는 것을 듣고는 자기 집에서 "멕시코 말"을 쓴다고 따진 적이 있었는데 터무니없이 무식한 소리였다.＊ 어릴 때 알고 지낸 라티노 사람들은 모조리 친척이었고 추수감사절이면 마흔 명에 가까운 사람들이 무뇨스네 집에 모여 칠면조를 먹고 볼리비아 음악을 연주했다.

무뇨스가 처음 민권운동을 알게 되자 부모는 자신들도 그런 운동에 나선 적이 있다고 얘기해 주었다. 그러나 무뇨스는 고등학생이던 어느 날, 그 사건이 벌어지기 전까지는 민권운동이 자기와 관련 있는 문제라고 생각해 보지 않았다. 그 날 남자친구가 무뇨스의 집에 왔다가 무뇨스의 아버지가 중앙아메리카에서 벌어지는 전쟁과 관련해 미국이 취한 행태가 끔찍하다고 말하는 것을 들었다.

"세실리아, 만약 우리가 참전하면 너희 부모님은 가둬 놔야 할 것 같아. 도대체 어느 나라에 충성할지 알 수가 없잖아."

무뇨스는 누군가가 자기 가족이 완전한 미국인이 아니라고 생각할 수 있다는 사실에 엄청난 충격을 받았다.


이민법과 형법의 통합


1965년의 "이민귀화법"은 국가별 쿼터를 없애고 과거 이민을 금지한 모든 나라에 문호를 개방했다. 새로운 이민자들이 서서히 미국의 인구 구성비를 바꾸자 새롭지만 매우 익숙한 토착주의의 역공이 시작됐다. 오늘날의 토착주의자들은 이민자를 범죄자로 만들어 격리하자는 새로운 해결책을 들고 나온다. 그들은 미등록 노동자를 고용하면 불법이라고 규정하고 합법 이민자까지 추방할 수 있도록 범죄 유형을 확대했으며 합법이든 불법이든 이민자들이 공공서비스를 받을 길을 차단해 버렸다. 이들은 9.11 이전부터 이미 테러리즘의 위협을 이민이라는 현상과 한데 묶어 버렸는데, 법학자 줄리엣 스텀프Juliet Stumpf는 이 현상을 가리켜 "크리미그레이션"▪이라고 불렀다.[15]

1980년대와 1990년대의 크리미그레이션하에서 연방 정부와 주 정부는 국경

---

▪ 멕시코를 비롯해 남미의 다수 국가는 에스파냐의 식민 통치 영향으로 에스파냐어가 국어다.

을 무단으로 넘거나 비자법을 위반하는 사람들을 처벌하기 위해 수많은 법을 새로 만들어 냈는데, 이는 이민법을 형법으로, 이민자를 범법자로 탈바꿈시키려는 의도였다.

크리미그레이션의 충동은 커졌다가 작아졌다가를 반복했다. 그 충동이 표면으로 떠오를 때면, 항상 강력한 인종차별적 요소가 끼어 있었다. 크리미그레이션에 찬동하는 시기에는 인종차별적인 선동이 만연해 논쟁이 벌어지는 곳마다 열기가 과열됐기 때문에 정책 입안자들과 일반 시민들은 정책의 의미를 제대로 파악하기 어려웠다. 9.11 테러는 그런 충동에 기름을 끼얹은 셈이었고 무뇨스의 일은 더욱 어려움에 처했다. 희생자 추모의 날이 지정되었다. 무뇨스가 자기 일에 다시 집중하기까지는 일주일이 걸렸고 미등록 이민자들이 합법적 지위를 받을 수 있는 가능성이 영원히 사라졌다는 것을 깨닫기까지는 더 긴 시간이 필요했다. 국가 안보와 별개로 이민법을 논하는 게 과연 가능할지 여부는 아예 알 도리가 없었다.

크리미그레이션의 시각으로 사태에 접근하면 보통 사람들은 눈치채지 못하는 심각한 문제가 새로 생길 수 있다. 첫째, 이런 식으로 접근하면 시민권은 기본권과 헌법상의 관리에 있어서 필요조건이 되어 버리고 심지어 정당한 법적 절차에 따를 권리 같은 기본권마저도 영향받을 가능성이 있다. 둘째, 법적 권리를 누릴 수 있는 사람과 누릴 수 없는 사람들 사이를 가를 때 인종차별적 요소가 강한 영향력을 발휘하게 된다. 인종차별은 이민자의 출신국에 따라 일관성 없이 적용되고 인종에 대한 고정관념에 기대고 있다. 시민권을 보장받을 권리가 따로 있다고 한다면, 외모 말고 무슨 다른 기준이 있겠는가? 크리미그레이션은 미국인과 이민자들을 서로 반목하게 만드는 심각한 결과를 초래했지만, 미등록 이민자의

---

■ crimmigration, 범죄crime와 이민immigration, 또는 형법criminal law과 이민법immigration law을 합쳐서 부르는 말로, 이민의 범죄화, 이민법의 형법화를 가리키는 말이다. 이 책에서는 때에 따라 풀어쓰겠지만 대부분 원음 그대로 적었다.

수도 등록 이민자의 수도 줄이지 못했다. 게다가 공동체 내에는 해결이 불가능할 정도로 아주 심각하고 인종적인 분열이 생겼다. 위기에 처하면 거대한 사회체제를 건드리기보다는 특정 인종 집단을 표적으로 삼는 것이 더 쉬운 법이다. 진짜 해결책은 따로 있는데도 비판으로부터 사회 체제를 보호하기 위해 외국인에게 범죄자의 탈을 씌워 사람들의 시선을 돌려놓는 것이다.

이런 흐름은 실제로 현실화되어 기업에 대한 제재, 국경 수비 증강, 범죄자 추방의 증가를 불러왔고, 테러 혐의가 있는 사람의 기본권을 제한하고 이민자에게 제공되던 공공서비스를 중단했다. 1986년의 "이민개혁관리법"은 수백만 명의 미등록 이민자에게 합법적 신분을 주었지만 알면서도 미등록 노동자를 고용한 기업주에게 벌금이나 징역형을 가하는 제재 조치도 만들었다. 이러한 제재 조치가 실제로 악덕 고용주에게 효과가 있었는지는 의문이다. 실제 미등록 노동자를 고용했다고 기소된 고용주는 매우 극소수였기 때문이다. 조사 결과, 기업 제재 같은 조치는 오히려 이주 노동자들이 임금 체불을 당하거나 노동 착취를 당해도 항의하지 못하게 하는 데 더 큰 영향을 발휘했다. 상황 자체가 이민자를 쫓아내는 데 더 혈안이 돼 있었기 때문에 미등록 이민자들은 기업이 임금이나 산업 안전상의 법을 어겨도 노동부에 신고하기를 꺼렸다. 산업계 전체의 노동자 구성에서 이민자가 다수를 차지하게 되자 노조 설립을 저지하기 위해 추방하겠다고 위협하는 경우도 많았다.[16]

노조 측은 업주가 나서서 이민국에 미등록 노동자들이 노조를 설립하려 한다고 신고한다며 비난했다. 노조와 합의한 대로 임금을 올리고 노동조건을 개선하는 것보다 차라리 벌금을 내는 게 더 싸게 먹히기 때문이다.[17] 의회도 국경 수비대 예산을 대폭 증액했다. 1986년에서 2002년 사이 국경 경찰은 세 배로 늘어났고 국경을 순찰하는 시간도 여덟 배 증가했다. 그러나 실제 체포율은 1980년대 초기의 33퍼센트에서 계속 떨어져 2002년에는 5퍼센트였다. 이민 억제를 주장하는 이들은 불법으로 국경을 넘는 사람들이 점점 줄고 있다고 주장했지만 체포당하지 않을 새로운 방법을 찾아냈다고 보는 게 맞다. 이 새로운 방법은 훨씬 위

험할 게 분명했지만 이민 서류 없이 국경을 넘는 사람들은 계속 늘었다.[18]

일부 이민 규제론자들은 재정 불안 쪽에 관심을 두고 공공 자산은 한정돼 있으니 이민자들이 사용하지 못하게 해야 한다고 말한다. 이러한 공격은 이민자가 "공공의 짐이 될 가능성"이 있다던 과거의 주장을 상기시킨다. 미등록 이민자들은 응급 의료나 예방접종, 재난 구호를 제외하면 사실상 연방 차원이든 주 차원이든 어떤 혜택도 받지 못한다.[19] 이민자에게 공공 기금이 새나가는 것을 막아야 한다는 이 개념은 1996년 제정된 "개인책임과노동기회법"에 명문화됨으로써 복지 체계를 완전히 뒤집어 놓았고 합법 이민자들마저 식품 지원 제도, 메디케이드, 노인과 장애인을 위한 사회보장 수입 보조금을 받지 못하게 만들어 전국의 노령 이민자들을 자살로 내몰았다. 의회는 엄청난 압박을 받은 뒤에야 노인과 장애인에게는 사회보장 수당을 지불하기로 했다.

1980년대 후반부터 이민법 위반을 범죄로 다뤄 이민자 추방이 용이해지도록 연방 정책이 바뀌었고, 기존 범법 사유에 이민법 위반을 추가해 합법 거주자와 이민 서류를 준비하던 미등록 이민자도 추방하는 사태가 벌어졌다. 여기서 문제는 단순히 범죄가 아닌 것을 범법 사유에 추가했다는 데 있는 게 아니다. 중대 범죄는 줄어드는데 범죄 목록은 늘어나고, 처벌은 더 가혹해지는 양상으로 정부 방침이 흘러간다는 게 문제다. 1990년의 이민법에서 가중 중범죄는 무조건 최소 5년 형량의 강력 범죄로 규정했는데, 만일 이민자가 같은 범죄에 대해 이민법 말고 다른 법령으로 기소된다면 형량은 훨씬 줄어든다.

이런 경향 때문에 결국 법 앞에 이류 계층이 생겼다. 미국에서 상당 기간 산 사람까지 포함해 외국인으로 이루어진 이 계층은 미국 시민보다 더 적은 권리를 가진다. 재판이나 기소 절차도 없이 변호사 한 번 만나 보지도 못하고 그냥 추방되는 경우도 있었다. 이민 법정은 형사 법정보다 행정 위주로 운영되어 변호사를 선임할 권리를 보장하고 있지 않기 때문이다. 추방은 미국에서 가정을 꾸리고 직장에 다니고 이웃을 사귄 이민자들에게는 망명이나 다름없었다. 1965년에 이민법을 개정하면서 1920년대의 규제 정책 상당수를 없앴는데, 여기서 가장 중요하게 고려한 것이 바로 그런 유대 관계였다. 그러나 이민자의 피부색이 달라지면서 가족의 유대에 대한 정상참작도 자취를 감췄다.

마지막으로 1996년의 "대테러및효과적인사형집행법"은 "테러를 억지하고 희생자에게 정의를 찾아 주며 효과적인 사형 집행 등의 목적을 위해" 만든 법이었다. 이 법으로 일단 테러가 발생하면 정부는 영장 없이도 구속할 수 있게 됐다. 이 법은 대놓고 이민자를 표적으로 삼지는 않았지만 후일 이민자 수천 명의 민권을 빼앗는데 이용되었다.

추방할 수 있는 범법 행위의 수가 늘어나면서 결과적으로 외국인은 불법이든 아니든 헌법의 기본권마저도 보장받을 수 없는 사람이 됐고 미국인과 외국인은 점점 더 멀어졌다. 이런 도식으로 미국인들은 어떤 사람들에게는 아무런 권리를 주지 않아도 되고 경범죄라도 종신형을 받을 수 있다는 생각에 익숙해졌다. 형기를 감옥에서만 치르는 것은 아니다. 출소 후에도 부수적인 처벌을 가해 제한된 삶을 살도록 강제하는데, 이것은 이민자나 사회에서 소외된 사람들에게만 주로 적용된다. 아프리카계 미국인 출소자는 투표권을 행사하지 못하고 반드시 공영주택에서만 거주해야 하며 얻을 수 있는 직업도 정해져 있다. 그마저도 주 당국의 허가를 받아야 한다. 이처럼 이중으로 처벌하는 법이 여러 주에서 통과되면서 아프리카계 미국인들은 엄청난 고통을 당했다. 9.11 이후 활동가들의 민권도 제약을 받으면서 활동에 지장을 받았다. 시민 자격이 모자라는 계층을 만들어 내는 순간 정부는 자꾸 더 많은 사람들을 그 계층에 포함시키려고 한다.[20]

이런 정책들을 바탕으로 이민법과 형법의 통합, 즉 '크리미그레이션'의 본질이 근본적으로 완성되었다. 크리미그레이션 아래에서는 합법 이주자도 일반 시민만큼 헌법상의 권리를 활용할 수 없고 허가받지 못한 이민자들은 말 그대로 아예 권리 자체가 없다. 이민법 위반은 형법 위반보다 증거 제출의 의무가 적기 때문에 정부는 테러 용의자를 체포하고 구금할 때 이민법을 점점 더 많이 이용하게 됐다.[21] 이민자들에게는 권리가 거의 없기 때문에 이들은 형사 사법 체계가 아니라 이민 법정에서 재판을 받았고 결과적으로 사생활 보호의 권리, 유죄를 시인하지 않을 권리, 경우에 따라서는 법적 절차에 따라 재판받을 권리마저 보장받지 못했다.


## 9.11의 충격


9.11 이후 무뇨스가 합법화 논의는 당분간 물 건너갔다는 것을 받아들이기까지 시간이 좀 걸렸다면, 마크 크리코리언Mark Krikorian은 대번에 그러리라 짐작했다. 크리코리언은 "이민은 줄이고 이민자는 환영하자"를 구호로 삼는 싱크탱크인 〈이민연구센터〉의 이사다. 단체 이름은 중립적이지만 크리코리언은 이민 규제 운동의 핵심 인물이다. 상근 직원이 얼마 되지 않아도 〈이민연구센터〉는 이민 규제를 정당화하는 연구를 엄청나게 많이 수행했고 크리코리언도 언론 인터뷰 때마다 〈이민연구센터〉의 연구 결과를 상당히 많이 거론한다. 같은 주장을 펼치는 사람들에 비하면 크리코리언의 스타일은 격렬하다기보다 지적인 편이다. 하지만 핵심 주장은 똑같다. 오늘날 미국에서는 대규모 이민을 절대 받아들일 수 없다는 것이다.[22]

놀라운 점은, 크리코리언 자신도 20세기 초 터키에서 벌어진 집단 학살▪ 당시 죽음을 피해 탈출한 아르메니아 이민자의 손자라는 사실이다. 크리코리언의 조부는 집단 학살이 자행되기 전에 아르메니아를 떠났다. 할머니 중 한 명은 노예로 팔려갔지만 결국 탈출해 프랑스에서 가정부로 일 하다가 미국으로 왔다. 크리코리언은 아르메니아어로 말하면서 자랐지만 자신이 완전한 이중 언어 사용자는 아니라고 말한다. 플레처 국제 관계 학교를 나와 러시아령 아르메니아에서 2년간 살기도 했던 크리코리언은 이중 언어 교육에 반대하는 로비 단체인 〈미국

---

▪ 아르메니아인 집단 학살 사건을 말한다. 19세기 말에서 20세기 초 오스만제국(현재 터키)에 거주하는 소수민족인 기독교계 아르메니아인이 대량으로 살해되었는데, 최소와 최대 추정치에 큰 차이가 있다. 터키는 20만 명이 죽은 것으로 보지만 아르메니아 측이 파악한 사망자는 200만 명이다.

영어U.S. English)에서 일자리를 구하려고 했다. 〈미국영어〉에는 일자리가 없었지만 〈미국이민개혁연맹〉의 소개로 단체의 소식지를 편집하는 일거리를 맡았다. 크리코리언은 버지니아 셰넌도어 밸리의 신문사에서도 잠시 일했으며, 그러다가 언론 쪽으로 수완이 있는 이사가 필요했던 이민 규제 단체인 〈이민연구센터〉로 옮기게 된 것이다.

크리코리언은 오늘날 이민자들이 과거 자기 부모와 조부모 세대와 달리 미국화의 길을 걷지 않는다는 점에서 반反이민을 부르짖는다. 크리코리언은 자기 어머니가 어릴 때는 게티즈버그 연설문을 암기했어야 했다는 일화를 자주 들면서, 오늘날 다문화 영향을 지대하게 받는 대도시 학교들이 이민자들에게 게티즈버그 연설문을 가르치기나 하는지 모르겠다고 말한다. 크리코리언은 현대 기술 문명이 발달하면서 용이한 이동 수단과 세계적인 통신수단 덕택에 새로운 이민자들이 고국과의 연을 끊고 미국에 충성심을 갖기가 어렵게 되었다고 생각한다.

9월 11일 무뇨스가 국회에서 회의가 시작되기를 기다리고 있을 때 크리코리언은 자기 사무실에 앉아 있었다. 어차피 교통이 꽉 막힐 텐데 모조리 사무실을 박차고 나가는 게 바보짓 같다고 생각했다. 크리코리언은 텔레비전 앞에서 꼼짝 않고 있다가 그날 오후 한 기자의 전화를 받았다. 그 기자는 이번 테러 공격으로 부시의 이민 합법화 안은 끝장났다는 결론을 이미 내린 상태였고, 크리코리언도 동의했다. 9월 17일 신문에 크리코리언의 말이 실렸다.

"불법 거주하는 멕시코 외국인들을 사면해 주겠다는 생각은 말도 안 됩니다. 이미 효력을 잃었어요."[23]

테러범 열아홉 명 중에서 여섯 명이 만료된 관광 비자와 학생 비자를 가지고 있었다는 게 밝혀졌다. 이로써 이민 제한 운동은 테러 위협과 외국인을 연관 지으며 천군만마 같은 힘을 얻었다. 비자 발급은 이민 자체와 무관한 사안인데도 말이다.[24] 무뇨스의 조직과 대척점에 있는 〈미국이민개혁연맹〉이나 〈이민연구센터〉 같은 조직은 때가 왔다고 생각했다. 크리코리언은 미국에 입국하는 무슬림 수를 알 수 있는 자료를 끌어 모으는 한편, 잠재적 테러범을 줄이려면 무슬림들을 불심 검문하기보다는 합법 이민 자체를 줄여야 한다고 주장했다.

그동안 이민에 우호적이던 사람들도 입장을 바꾸기 시작했다. 론 운츠Ron Unz 같은 사람도 이중 언어 교육에는 반대했을지라도 이민에 대해서는 찬성하는 입장이었는데 태도를 바꿨다. 특히 미국 유대인의 반감이 컸다. 그들은 피난민으로 미국에 들어와 온갖 차별을 받다가 결국 미국 사회에 동화된 오랜 역사를 지닌 사람들이었다. 무뇨스는 그동안 단단한 동맹이라 생각했던 〈미국유대인협회American Jewish Committee〉에서 온 전화를 받고는 큰 충격을 받았다. 그들은 가족 초청 이민정책을 지지하는 입장을 바꿔야 하지 않을까 고민하고 있다는 말을 전했다. 9.11이 일어나기 전에 크리코리언은 〈미국유대인협회〉 정책 이사의 생각을 돌려놓으려고 통화를 한 적이 있었다. 그러면서도 큰 기대는 품지 않았다. 그런데 9.11이 발생하자 오히려 그 정책 이사가 크리코리언에게 먼저 연락을 했다. 정책 이사는 현재 이민법이 미국 유대인에게 미칠 영향을 9.11 테러와 연관 지어 분석하고, 더 나아가 유럽에서 벌어진 유대 교회당 파괴와 반유대주의자들의 공격마저 9.11 테러와 연관 지은 보고서를 크리코리언에게 보냈다. 크리코리언은 〈미국유대인협회〉의 초청으로 협회 이사들 앞에서 연설까지 했다. 크리코리언은 이 협회의 양면적인 태도를 알아차렸다. 회원들은 그동안 개방적인 이민정책을 지지했던 역사를 확실히 자랑으로 여기고 있었지만 아랍인들이 미국에 대거 입국하는 것은 걱정하고 있었다. 그러나 크리코리언은 아랍인만 겨냥해 이민을 막는 정책은 오늘날 같은 다문화적 정치 환경에서는 불가능하다는 사실을 알고 있었다.

그러나 아랍인과 무슬림을 솎아 내자는 안을 지지하는 미국인들이 점점 늘어났다. 여론조사 결과 안보 차원에서 특정 인종을 불심검문하고 이민을 제한하는 것에 찬성하는 사람들이 더 늘어난 것으로 드러났다. 테러 공격 며칠 뒤 실시된 〈시엔엔〉과 〈유에스에이투데이〉, 〈갤럽〉의 공동 여론조사 결과 대다수 미국인들이 아랍계 사람들을 표적으로 한 몇 가지 질문에 지지 의사를 표했다. 아랍인은 미국 시민권을 가진 사람이라도 더욱 철저히 조사해야 한다는 문항에 58퍼센트가 찬성했고 아랍계에게는 특별한 신분증을 줘야 한다는 데 49퍼센트가 찬성했다. 32퍼센트에 해당하는 사람들은 '특별 감시'도 아무 문제없다고 답했다.[25]

정부의 조치가 그 뒤를 따랐다. 9월 중순에서 11월 말 사이에 FBI가 수천 개의 무슬림 가구를 찾아가 '자발적인' 설문조사를 실시했다. 그 결과 FBI는 5천 명의 무슬림, 남아시아인, 아랍계 요주의자의 명단을 만들고 1천2백 명의 무슬림 남성들을 가족에게 알리지도 않고 변호사 접견권도 허용하지 않은 채 비밀 구류 시설에 기한도 없이 가두었다. 그러나 테러와 연루돼 최종 고발된 경우는 극소수였고 유죄 판결이 난 사례는 단 한 건도 없었다. 이민 관리국 직원의 책상에서 합법 신분 판결만을 기다리다가 추방되거나 제 발로 이 나라를 떠난 사람의 수는 헤아릴 수도 없다. 난민의 입국도 즉각 전면 중단됐다. 9.11 테러범 중 난민 신분으로 미국에 입국한 사람은 한 명도 없었는데 말이다.

## 인종별 불심검문

세실리아 무뇨스는 이민정책과 국가 안보를 한데 묶는 것을 저지할 효과적인 방도를 궁리하면서 남은 2001년을 보냈다. 무뇨스는 국무부가 부적절한 사람에게 비자를 발급하지 않을 묘안을 찾아낼 것이라 기대하면서 "미국애국법"의 반이민 정서와 억압적인 규제 정책을 누그러뜨리기 위해 비자 발급과 이민 자체를 구별했다. 무뇨스는 무차별적인 조사를 실시하면 합법이든 불법이든 이민자들은 지하로 깊이 내려갈 수밖에 없는데, 이들을 그림자 바깥으로 끌어내야 경찰이 잠재적인 테러범을 찾아낼 수 있는 건초더미의 크기를 줄일 수 있다고 주장했다. 변호사들이 "미국애국법"에서 최악의 요소 상당수를 가려냈지만 정부가 테러와의 싸움이라는 명목으로 미국 거주자를 탐문하고 구류하고 정당한 법적 절차를 부여하지 않는 것을 막을 방법은 없었다.

10월 어느 날 밤, 무뇨스는 보수 논객 패트릭 부캐넌*과 토론을 앞두고 〈시엔엔〉 방송국 그린룸에 앉아 있었다. 분장을 받던 무뇨스는 부캐넌이 9.11이 이민법 논쟁에 미친 영향에 대해 분장사와 신이 나서 큰 소리로 떠드는 것을 들었다. 논쟁거리가 생겨서 부캐넌은 신이 났겠지만 무뇨스의 머릿속에는 시크교도, 남아시아인, 무슬림들이 공격당하는 장면이 그림으로 그려졌다.

9.11이 야기한 증오 범죄로 첫 번째 살인 사건이 발생했지만 언론의 주목을 거의 받지 못했다. 눈에 잘 띄는 터번을 쓴 시크교도들은 인종차별주의자들의 표적이 되었다. 그들은 엄청난 공격을 당했는데 9월 15일 하루에만 적어도 두 건의 살인 사건이 일어났다. 그날 어떤 남자가 "9.11에 책임이 있는 걸레 쪼가리 뒤집어 쓴 놈들, 내 손에 다 죽었어"라며 몇 시간을 떠들고 돌아다녔다. 발비르 싱 소디는 애리조나 주 메사의 자기 소유 주유소 바깥에서 그만 그 남자의 총에 맞았다. 같은 날 편의점 주인인 파키스탄 사람이 댈러스에서 총에 맞아 사망했다. 그를 죽인 사람은 며칠 전에도 자기 옆을 지나던 인도인 남자 한 명을 살해했고 나중에 방글라데시 사람 한 명의 눈도 멀게 했다는 것을 시인했다.

"나는 9.11이 일어난 뒤 모든 미국인들이 원하면서도 할 용기가 없었던 일을 대신 했을 뿐입니다."

살인범은 이렇게 말했다.

부캐넌이 옆 자리에서 떠벌리는 것을 듣던 무뇨스는 그렇게 죽은 사람들과 자신의 남편을 생각했다. 남편은 남아시아 출신이었다. 성실한 남편이자 아버지인 그는 가족 여행을 떠날 때면 공항의 가방 검사는 자기에게 맡기라며 아내와 딸들에게는 저쪽에 가서 앉아 기다리라고 하는 사람이었다. 무뇨스는 남편에게 쏟아지는 의심스러운 눈길을 자주 마주했다. 제1차 걸프전이 발생했을 때가 특히 심했다. 사람들은 저 남자는 왜 저렇게 가방이 많은지, 저 가방을 전부 기내로

---

* Patrick Buchanan, 미국 정치인이며 방송 진행자. 보수주의자.

들고 갈 건지 궁금해들 했다.

토크쇼가 시작됐다. 먼저 부캐넌 순서였다. 부캐넌은 무뇨스가 말할 때도 자꾸 끼어들어 전체 토론 시간의 3분의 2를 가로챘다. 부캐넌의 주장은 현재 연간 90만 명의 이민자 수를 연간 25만 명으로 줄여야 한다는 것이었다. 부캐넌은 앞으로 이민자들은 미국에 대한 충성심을 입증하는 시험을 거쳐야 한다고도 말했다. 그것은 1996년 이민법에서 불법으로 규정한 시험이었다. 그러고 나서 부캐넌은 합법화 논쟁으로 말길을 돌렸다.

"부시 대통령과 폭스 대통령은 9.11 전에 3백만 명을 사면하겠다고 했고 민주당은 1천1백만 명을 사면하라고 했습니다. (…) 완전히 미친 소리죠. (…) 9.11 이후 우리는 완전히 다른 세상에 살고 있어요."[26]

부캐넌은 특히 이라크, 아프가니스탄, 사우디아라비아같이 테러범을 숨겨 주는 나라에서 입국하는 사람 수를 "줄여야" 한다고 주장했다. 안전을 확보하려면 길에서 마주치는 낯선 사람을 특별히 감시해야 한다고도 했다. 매년 미국을 "침범하는" 50만 명의 멕시코인들을 막기 위해 국경에 군사를 배치할 것을 멕시코에 요구해야 한다고도 말했다. 부캐넌은 저 "활짝 열린 국경"과 자유무역이나 세계화를 동일시하면서도, 미국인들이 서로 감시하는 것에 무뇨스가 반대하자 그걸 깔아뭉개려고 시청자들에게 잿더미가 된 세계무역센터 모습을 상기시켰다.

이민이나 미국 남부 국경과 테러 행위는 사실 아무 연관이 없음에도 부캐넌은 어떻게든 연관성을 끄집어내려고 9.11 테러를 감정적으로 이용했다. 무뇨스는 바로 그런 태도 때문에 이민자들이 비난을 받고 공격당하는 거라며 부캐넌을 반박했다. 인종별 검문과 특정 인종을 늘 의심해야 한다는 부캐넌의 주장은 과거 전쟁을 치르면서 이미 나온 것이었다. 제2차 세계대전 당시 일본계 미국인들을 집단 수용 시설에 가뒀을 때도, 매카시 의원이 제기한 의혹 때문에 민권이 광범위하게 침해당한 시절에도 같은 주장이 제기됐다.▪ 그런 법 때문에 미국은 끝내

수치스런 일을 저질렀고 늦게라도 그 법은 파기되었던 것이다.

부캐넌은 9.11을 '자유무역'과 연관지었다. 이로써 세계화로 국민 정체성이 흔들리면서 미국인이 느끼게 된 불안감이 어느 정도인지를 보여 주는 시금석이 바로 9.11 공격이라는 걸 부지불식간에 드러내 버린 셈이었다. 부캐넌은 경제적 세계화가 노동자에게 미치는 영향력에는 관심을 두지 않고 경제적 세계화는 곧 국경을 여는 것이라고 잘못 규정하고 있었다. 그러면서 타자에 대한 두려움을 확산시켜 국경을 여는 것에 반대할 구실을 얻어 냈다. 국경은 기업 투자를 위해, 즉 사람이 아니라 돈을 위해서만 열려야 한다는 입장이었다. 공포에 질린 사람들은 이민과 테러의 관계가 눈가림일 뿐이라는 건 깨닫지 못하고, 이민 제한이 테러를 막는 데 아무 소용이 없다는 것도 깨닫지 못할 것이다.

"그런 식으로 주장하면 당분간은 기분이 좀 나아질 정책이 나올 수도 있겠죠."

무뇨스는 시청자들이 상식적으로 반응하기를 기대하며 필사적인 기분으로 답변했다. 무뇨스는 스튜디오를 나설 때부터 마음을 단단히 먹었지만 자신의 자상한 남편이 부캐넌 표 애국심에 물든 누군가와 맞닥뜨리는 장면을 상상하며 집으로 오는 길 내내 눈물을 흘렸다.


의도하지 않은 결과


2002년 9월 11일, 무뇨스는 일 년 전에도 함께 일했던 변호사들과 회의를 가졌다. 그들은 그날 꼭 회의를 열어야 하냐며 불평했지만 일단 모이자 커샌드라 버츠가 분위기를 잡았다.

"일 년 전에 만났으니까 일 년 뒤에 다시 모인 거예요. 우리가 할 일은 바로 이

---

▪ 제2차 세계대전 때 일본이 진주만을 공격하자 미국은 태평양 연안 지역에 거주하는 일본계 미국인 약 11만 명을 집단 시설에 수용했다. 1988년 당시 대통령 레이건은 이 조치에 대해 공식 사과했다. 1950년 상원 의원 조셉 매카시는 국무부에 공산주의자가 있다고 발언했고 이를 시작으로 온 나라가 반공 열기로 들끓었다.

겁니다. 이 일이 중요하니까 하는 거고 앞으로도 계속 여기 매달릴 겁니다."

한 달 뒤 정부는 특별 등록 제도를 시행하여 테러범을 숨긴다고 의심되는 국가 출신 무슬림 남성들에게 지문을 등록하러 오라고 통보했다. 그런 나라 수는 최종 33개국이었고 정부가 실효가 없다고 제도 자체를 폐기하기 전까지는 모로코와 방글라데시도 포함되어 있었다. 2002년 11월 26일, 부시 대통령은 장관급 수장을 둔 국토안보부를 창설하고 이민귀화국을 그리로 귀속시켜 이민관세청으로 이름을 바꾸는 새 법에 서명함으로써 이민자와 범죄자를 동일시하는 조치에 한 걸음 더 다가갔다.

크리미그레이션은 사법 체계와 이민법 체계에서 가장 가혹한 요소를 가져왔다. 그 결과 미국 사회에 강한 유대를 느끼면서도 정작 본인은 미국 사회에서 소외되는 수많은 사람들을 양산해 냈다. 사람들은 일단 범죄자를 격리시켰다고 안도감을 느낄 수 있겠지만, 안도감에서 오는 이득보다 소외감에서 오는 해악이 더 클지도 모른다. 이민자와 테러범 사이에는 아무런 합리적 연관성이 없고 미등록 이민자가 일반 미국 시민보다 범죄율이 높다는 의미 있는 증거도 없다.

'국경 안보'를 놓고 토크쇼를 하고 전쟁을 벌이고 인종별 검문을 하는 것은 모든 미국인들에게 안전하다는 감각을 주기 위해서이지만, 실은 아주 위험한 역효과를 낳을 뿐이라는 주장도 있다. 〈이주정책연구소Migration Policy Institute〉는 2003년 6월에 발표한 한 보고서에서 "9.11 이후 실시된 이민자 불심검문으로 테러범 조사에 협조할 수도 있는 공동체들을 소외시키고 위협함으로써 실제로 이 나라는 대단히 큰 위험에 빠졌다"[27]고 밝혔다. 이 보고서는 아무리 이민법을 엄격하게 제정한다 해도 비행기 납치범들은 유럽에서 비자를 받아 미국에 입국할 수도 있기 때문에 테러범을 막는 데는 한계가 있을 거라는 점도 명시하고 있다.

맘두가 정치인들 사이에 벌어진 협상을 알 리는 만무했지만 그래도 9.11 이후 경찰의 포위망이 뉴욕 시 전체로 퍼지면서 어떤 결과를 낳았는지는 목격할 수 있었다. 난민 허가가 중단된 뒤로, 친한 친구의 망명 신청이 기약 없이 늦춰진 것이다. 남아시아인과 아랍계 무슬림 수백 명이 변호사 접견이나 가족 면회도 허락받지 못한 채 브루클린 구치소에 억류되어 있다는 이야기를 들은 적도 있다. 이민 서류 없는 멕시코인들과 방글라데시인들은 합법적 지위를 얻으리라는 희망을 거의 포기한 채 뉴욕 시 레스토랑의 주방으로 계속 밀려들어왔다.

이민을 제한하는 정책은 이민자들이 미국에 영원히 정착하지 못하게 하면서도 이민자들이 계속 오는 건 막지 않는다. 이민자 입장에서는 자국의 상황이 미국에 와서 받을 수 있는 처벌보다 더 심각하기 때문에 미등록 이민자 수가 계속 느는 것이다. 규제론자들은 사실상 수많은 이민자들의 삶을 비참하게 만드는 시도는 멈추지 않으면서 이민자 유입을 막을 방법은 진지하게 고민하지 않는다.

주류 언론인이나 정치인들 가운데 규제론자들은 적어도 일부 사람들에 대해서는 앞으로 영원히 문을 닫을 궁리를 하고 있다. 그들이 낸 제안서는 온갖 합리화로 가득하다. 불법 이민에 초점을 맞추었지만 궁극적으로는 모든 이민을 규제하는 게 목적이다. 규제론자들은 미등록 이민자들이 법을 어기고, 평균임금을 깎아 먹고, 미국에서 태어난 노동자의 일자리를 빼앗고, 공공서비스를 이용하면서도 세금은 내지 않고, 테러를 일으키려고 미국에 들어온다고 주장한다.

이런 주장에도 일말의 진실은 있다. 미등록 이민자가 이민법을 어긴 것은 사실이다. 그러나 규제론자들은 중요한 사실을 여러 개 숨기고 있고 그나마 나머지 주장은 완전히 엉터리다. 이민법은 인종차별주의에 근거해 만들어졌고 적용되었으며, 임금이 내려간 가장 큰 이유는 미국이 자국의 노동법을 제대로 지키지 않아서다. 미등록 이민자의 절대 다수를 포함해 전체 이민자들은 세금을 낸다. 이민을 규제한다고 해서 테러를 막을 수 있다는 아무런 증거도 없다. 그러나 진실이든 아니든, 이런 논쟁들은 미국인 사이에 최악의 공포와 인종 편견을 불러일으켜 여론의 틀을 형성해 버렸다. 규제론자들은 자신들의 주장을 합리화하는 한편, 더 나은 삶을 살기 위해 역경을 헤치고 미국에 온 조상을 둔 사람들에게 사다리 끝에 올라선 뒤 그 사다리를 걷어차라고 말하고 있다.

4장
# 이주 노동자를 위한 조직

세계화 시대
이주와
시민권 문제

〈이주노동자지원연합〉에서 일을 마무리할 때쯤 맘두는 레스토랑 직원들에게 일시적인 구호를 넘어 정치적 힘이 필요하다는 것을 깨달았다. 〈로컬100〉은 날마다 노동 착취를 당하는 수천 명의 레스토랑 노동자를 지원할 새로운 조직을 설립하는 일에 도움을 주었다. 〈로컬100〉은 자금을 투자할 만큼의 여력은 없었지만 조언을 해 주고 몇 달 간 사무실 공간을 빌려 줄 정도는 됐다. 윈도즈의 직원들, 특히 맘두에게는 영구 조직을 만들 때 꼭 필요한 지도자 자질이나 인간관계망, 업계에 대한 지식이 있었다. 그러나 설립 작업이 순조롭게 진행되기 위해서는 경험 있는 조직가가 필요했다. 한때 〈로컬100〉에서는 재능 있는 젊은 인도계 미국 여성이 거둔 성과가 화제가 된 적이 있었다. 10월 초 〈로컬100〉의 조직가 한 명이 그녀에게 음성 메시지를 남겼다.

　사루 자야라만Saru Jayaraman은 당시 스물여섯 살이었고 로스앤젤레스 외곽의 노동자 가정에서 자란 1세대 인도계 미국인이었다. 사루의 아버지는 컴퓨터 기술자였지만 자신이 받은 교육에 어울리는 일자리를 찾지 못해 1973년 인도에서 뉴욕 로체스터로 이민 왔다. 사루의 어머니와 언니는 1년 뒤에 아버지를 뒤따라 왔고 사루는 가족이 다시 합친 뒤 미국에서 태어났다. 사루가 6학년일 때 가족은 로스앤젤레스 동남쪽에 위치한 휘티어라는 작은 도시로 이사 갔다. 사루가 어릴 때 아버지는 〈혼다〉의 하청업자로 일했고 월급도 괜찮았다. 하지만 안정적인 일은 아니었다. 아버지는 사루가 대학에 들어간 뒤 실직했고, 그 뒤로는 대부분 실업자 신세였다. 사루의 어머니가 학교에서 시간제 보조 교사로 일해 버는 돈이 부부의 주된 수입이었다. 사루의 외모에서 가장 두드러지는 부분은 완벽한 아몬드 모양의 커다란 연갈색 눈이다. 앞으로 살짝 나온 섬세한 턱 선을 보면 대단한 의지력의 소유자라는 것을 알 수 있다. 사루는 집에서 반항아였지만 동시에 지도자이기도 했다. 사루는 때때로 가족을 모아다 놓고 꼭 뭔가를 가르쳐 줬다. 대개는 자기도 배운 지 얼마 안 된 공예품 만들기 같은 거였다.

고등학교 시절, 활동적이던 사루는 지역 병원에서 자원봉사를 하거나 학생회에서 일했다. 대학 과목을 선이수했고 대입 준비반이었으며 전 과목에서 에이 학점을 받는 학생이었지만 사루가 다닌 학교는 학생의 90퍼센트가 치카노였다. 사루는 교사나 상담원들이 이곳 학생들은 십대모가 되거나 감옥에 가거나 기껏 잘 돼 봐야 커뮤니티 칼리지˚나 갈 운명이라고 얘기하는 소리를 자주 들었다. 학교에는 학생군사교육단(ROTC) 프로그램이 있었는데 모집 정원이 많아 상당수가 그 과정을 밟아 입대했다. 사루는 자신이 백인이 아니라는 사실을 절감해야 했다. 졸업식에서 학생 대표로 연설을 하게 된 사루는 졸업생들에게 자신들이 어떤 사람인지 세상에 제대로 알려 주자고, 범죄자나 미혼모로 끝날 인생이 아니라는 것을 보여 주자고 강력하게 호소했다.

대학과 대학원을 다니면서 사루는 명석하면서 지식도 풍부한 서비스 프로바이더˚˚의 자질을 갖춰 나갔다. 학부생 시절에 이미 저소득 계층 소녀들을 대상으로 한 리더십 개발 프로그램을 만들어 활동했는데 사루가 만든 이 프로그램은 현재 10개 도시에서 시행 중이다. 사루는 예일 법학 대학원과 하버드 법학 대학원, 하버드대 케네디 공공 정책 대학원, 이렇게 세 곳에 입학 허가를 받았다. 사루는 예일대를 설득해 자신만의 맞춤형 대학원 과정을 만들었다. 예일에서 법학

---

˚ community college. 지역을 기반으로 실용 기술을 주로 가르치는 2년제 대학.
˚˚ service provider. 집단을 조직하고 집단 활성화를 위해 여러 가지 활동 프로그램을 만들고 이끄는 사람.

대학원 과정 절반을 마치고 케네디 대학원에서 2년을 공부한 뒤, 다시 예일로 와서 나머지 18개월을 마치는 과정이었다. 예일대와 케네디 대학원은 아예 이 과정을 공식적인 연합 과정 프로그램으로 만들었다.

사루는 예일 법학 대학원에서 정치적 행동주의를 알게 됐다. 케네디 공공 정책 대학원에서는 그런 활동을 더 많이 접했고 여러 단체의 조직가나 조직 전공 교수들과 훨씬 더 지속적인 관계를 맺을 수 있었다. 당시에는 학문적인 접근에 그쳤지만, 사루는 사람들이 자기 처지를 바꾸려면 집단적인 힘이 필요하다는 사실을 차츰 배워 나갔다. 전체 사회가 바뀌지 않으면 개인 행동만으로는 현실에서 변화를 일궈 낼 수 없다는 사실을 깨닫게 된 것이다.

사루는 새로운 전망에 설레며 예일로 돌아왔다. 그리고 뉴헤이븐 공영주택 세입자들을 도와 공영주택을 민영화하려는 연방 프로그램 "호프6"에 반대하는 조직을 만들었다. 또 예일 법학 대학원의 부교수 제니퍼 고든Jennifer Gordon과 함께 농장 노동자 조직에 대해서도 조사했다. 당시 롱아일랜드에 거주하는 이민자 가운데 특히 미등록 이민자 수가 차츰 늘어나고 있었다. 고든 교수는 이들 미등록 이민자들의 정치 행동을 도울 목적으로 공동체를 조직하는 "워크플레이스 프로젝트Workplace Project"를 시작하려 하고 있었다. 사루는 법학 대학원 마지막 해에 브루클린에 거주하면서 일주일에 이틀은 롱아일랜드에서 고든 교수의 작업을 돕고 나머지는 학교에 다녔다. "워크플레이스 프로젝트"는 이민자들의 조직 설립에 법적 도움을 주는 매우 혁신적인 프로그램으로 알려졌고, 이 프로그램을 수립한 고든 교수도 더불어 유명해졌다. 사루가 처음 맡은 일은 법 관련 프로그램을 짜는 것이었다. 나중에는 교육 프로그램을 재구성하는 일도 맡아 사람들이 변호사에게 의존하기보다 스스로 조직할 수 있도록 도왔다.

〈로컬100〉이 레스토랑 노동자 조직에 대해 알아보려고 전화했을 때 사루는 이미 "워크플레이스 프로젝트"를 그만두고 브루클린 칼리지에서 학생들을 가르치면서 롱아일랜드의 양극화된 이민정책과 사투를 벌인 경험을 글로 쓰던 중이었다. 사루는 당시 이민자들을 받아들이려 하지 않는 롱아일랜드 노조와 한창 싸우던 중이었고 노조 간부가 되고 싶지도 않아 통화 내용에 관심을 기울이지 않았다. 그러나 〈로컬100〉은 사루에게 계속 전화를 했다. 마침내 사루는 한번 만나보기나 하자고 했다. 사루는 2월 어느 날 오후 〈이주노동자지원연합〉 사무실에서 처음으로 맘두를 만났다. 마침 윈도즈 직원 한 명이 서른다섯 번째 생일을 맞은 참이라 노조원들이 케이크를 꺼내 왔다. 그날 생일의 주인공은 마지막 순간에 근무시간을 바꾼 덕분에 9.11 테러에서 살아남을 수 있었다. 그래서 생일은 그에게 특별히 가슴 아픈 날이었지만 사루가 그 사실을 알 턱이 없었다.

맘두는 계속 농담을 늘어놓았다. 특히 그 해의 미스 유니버스인 드니즈 엠 키뇨네스가 사무실에 찾아온 것을 두고 "야, 이제 우리도 유명한 사람들이 되었다고!" 하며 웃음을 그치지 않았다. 사루는 맘두의 밝은 성격 덕분에 이 작은 모임이 떠안은 부담이 그만큼 가볍게 느껴진다는 사실을 알았다. 그리고 맘두가 어떤 직책을 맡았는지는 몰라도 지도자는 맘두라는 사실을 파악할 수 있었다. 생일 파티를 접을 때가 되자 맘두는 사람들에게 지시도 하고 직접 뒷정리도 했다. 모임은 그야말로 인종 전시장이었다. 아프리카인, 아프리카계 미국인, 남아시아인, 라티노, 아랍인들이 다 모여 있었다. 사루는 눈에 보이지는 않지만 그들 사이에 흐르는 친밀감과 서로에 대한 애정을 알아차리고 크게 감동했다. 사루는 "워크플레이스 프로젝트"에서 일하는 게 아주 좋았다. 그러나 그런 단일 인종뿐인 환경에 있다 보면 9.11 이후 경찰의 수사망에 쫓기는 무슬림들이나 아랍인들에게 동정심보다는 아이러니를 느낄 때가 더 많은 게 사실이었다. 생일 파티가 끝나고 서로 소개를 마치자 사루는 맘두에게 〈이주노동자지원연합〉에서 나오면 뭘 할 계획이냐고 물었다. 맘두는 새 조직 설립 작업을 맡아 달라는 부탁을 받은 건 말하지 않았다. 당시 맘두는 생활비로 연봉 3만 4천 달러는 부족하다고 생각해 제안을 거절한 상태였다.

뭔가 새로우면서도 이토록 다양한 인종의 조직을 만들 수 있다는 가능성에 자극받은 사루는 〈로컬100〉이 제안한 일을 맡기로 했다. 그러나 이번에는 〈로컬100〉이 사루에게 어떤 계획과 아이디어가 있는지를 물으면서 사루를 기다리게 했다. 사루는 새 조직의 전략을 어떻게 규정할 것인지를 간단한 메모로 설명하고 잠정적인 조직표도 그려 보였다. 그러다가 사루에게 전화한 노조원이 맘두와 공동 이사를 맡는 게 어떠냐고 물었다. 사루에게는 문제될 게 없었다. 그러나 곧 지금까지 경험상 중산층 출신 전문 조직가와 노동자가 공동 직책을 맡는다는 게 눈가림용인 경우가 많았음을 기억해 냈다. 전문가가 아무런 반응도 얻지 못하는 힘이나 휘두르는 동안 노동자는 얼굴 마담 노릇을 하는 경우가 많았던 것이다. 결국 사루는 이사로, 맘두는 윈도즈 시절 수입보다 적은 연봉 5만 3천 달러에 고용 창출 조정관으로 채용되었다. 사루는 4만 7천 달러를 받기로 했다. 사루는 기금을 조성하는 놀라운 능력을 아낌없이 발휘해 6개월에서 1년 사이에 프로젝트를 궤도에 올리기에 충분한 기금을 마련했다. 그 돈 가운데 〈로컬100〉에서 나온 것은 한 푼도 없었다. 〈로컬100〉은 재무 대리인으로서 새 조직이 비영리 조직으로 인가받을 때까지 기금을 관리하고 임금을 지불하는 일만 담당했다.

원래 맘두는 〈이주노동자지원연합〉의 일이 마무리되면 컴퓨터 네트워크 일을 시작하려고 했다. 맘두는 9.11 전부터 모로코 출신 전문가에게 관련 수업을 들었다. 그 전문가는 자기 동포가 같은 분야에서 일할 수 있도록 돕겠다는 마음이었다. 그럼에도 맘두가 계약서에 서명한 이유는 새 프로젝트에 대한 호기심도 있고 9.11 이후 생긴 약간의 무기력증도 작용했기 때문이다. 사루를 만난 뒤 맘두는 이 일이 어떤 결과를 낳을지 두고 보기로 했다. 사실 맘두는 컴퓨터 기술자 시험도 치지 않은 상태였기 때문에 다른 일이 없으면 실업자 신세로 지내야 할 처지였다. 멕시코 사람처럼 에스파냐어를 유창하게 하는 이 열정적이고 똑똑한 아가씨와 함께 일하면 어떤 기분일까, 맘두는 호기심이 생겼다.

2002년 4월 8일 사루와 맘두는 맨해튼 중간 지구의 〈로컬100〉 연금국에 공간을 빌려 사무실을 마련했다. 2주 뒤에는 아래 층 사무실로 옮겨야 했고 한 달 뒤에는 현재 "그라운드 제로"로 불리는 세계무역센터 부지 근처 트라이베카*의 허드슨 스트리트 99번지로 다시 옮겼다. 첫날 사루와 맘두는 노조 위원장 사무실에서 따로 만났다.

"우리가 여기서 뭘 해야 한다고 생각하세요?"

"〈이주노동자지원연합〉에서 했던 일을 하는 거죠. 사람들에게 일자리를 구해 주고 먹고 살 돈을 지원하는 것 말입니다."

맘두가 대답했다.

사루는 새 조직을 설립하는 구상을 이야기했다.

"사람들이 자기 상황을 스스로 바꿀 수 있는 힘을 갖게 하는 게 유일한 해결책이에요."

"그런데 집세도 못 내는 사람들을 어떻게 조직한다는 거죠?"

윈도즈에서 동료들을 위해 투쟁해 본 경험은 있었지만 맘두에게 힘이란 함께 한다는 것 이상의 의미는 없었다.

"더 이상 잃을 것이 없을 때, 그때가 조직 설립의 적기예요."

사루는 맘두에게 미국 역사상 가장 중요한 라티노 지도자로 알려진 세자르 차베스César Chávez의 이야기를 해 주었다. 차베스는 이주민 농장 노동자 집안에서 자랐고 노숙을 하며 학교를 서른여덟 곳이나 전전하다가 8학년 때 학교를 그만 두었다. 청년기 상당 기간 동안 차베스는 농장 노동자들의 삶을 바꾸겠다는 꿈을 품었다. 차베스는 1950년대에 노조 조직가로서 꿈을 이룰 방법을 배웠고, 마침내 〈지역서비스기구Community Service Organization〉의 대표가 되었다. 그러나 〈지역서비스기구〉는 농장 노동자들의 문제를 외면했다. 차베스는 대표직을 버리고 캘리포니아 델라노에 비폭력 직접 행동의 원칙을 따르는 새로운 조직을 수립하기로 했다. 차베스가 만든 건 노조가 아니었다. 이미 한 차례 노조가 농장 노동자들에게 한 약속을 깨뜨리는 것을 보고 상심했기 때문이다.

차베스는 비록 자신들의 전략 중 하나가 노조원들의 궁핍한 삶을 부각시키는

---

▪ Tribeca 또는 TriBeCa, 뉴욕 로어맨해튼의 커낼 스트리트, 웨스트 스트리트, 브로드웨이, 비이지 스트리트로 구획되는 지역. 'Triangle below Canal Street'의 첫 음절을 따 만들었다. 9.11 이후 이 지역에 활력을 불어넣기 위해 2002년부터 트라이베카 영화제가 열린다.

것이기는 하지만 회원들에게 회비는 걷어야 한다고 주장했다. 그리고 차베스는 수년 동안 자신을 포함해 모든 조직가와 자원봉사자들이 주당 5달러씩은 수당을 받게 했다. 〈전미농장노동자협회National Farmworker Association〉는 포도 재배지인 델라노에서는 파업을, 포도가 판매되는 도시 지역에서는 보이콧을 벌였다. 역사상 최초로 농장 노동자들에게 여론의 관심이 모아졌다. 1969년 델라노의 포도 재배업자들은 〈농장노동자조직위원회연합United Farmworkers Organizing Committee〉과 역사적인 계약을 맺었으며 이 단체는 훗날 〈농장노동자노조연합United Farmworkers Union〉이 되었다. 난생 처음 듣는 이야기였기에 맘두는 당연히 기운이 솟았다.

"노조 간부로서 당신이 할 일은 사람들을 조직하는 거예요. 하지만 지금 당장은 노조 회원이 아닌 노동자들을 상대해야 합니다."

사루가 말했다.

그 뒤 몇 달 간 맘두와 사루는 9.11과 테러, 가족을 주제로 사무실에서 이런저런 이야기를 많이 나누었다. 그러는 동안 사루가 맘두에게 가지고 있던 의심도 서서히 사라졌다. 사실 사루는 맘두가 다른 남성 이민자들처럼 자기 자리를 빼앗으려 할지도 모른다고 생각했다. 사루의 나이가 어리고 여자였기 때문이다.

"그러면 조직 이름은 뭐로 해야 할까요? 우리가 할 일이 뭐죠?"

첫 번째 직원회의를 열며 구성원들에게 물었다.

"레스토랑 노동자들을 조직하려고 하잖아요."

"그러면 〈레스토랑조직센터(Restaurant Organizing Center, ROC)〉가 되겠네요."

"그리고 여긴 뉴욕(NY)이고."

"어, 그러면 락-뉴욕(ROC-NY)이네."

팀원들은 그 줄임말이 맘에 들었고 뉴욕 시를 뒤흔드는 상상을 했다. ▪

그런데 사루가 노조 전체에 새 조직의 이름을 회람시키자 맘두는 '조직'이라는 단어를 다시 한 번 생각해 볼 것을 권했다. 맘두는 '조직'이라는 말이 대치 상황을 떠오르게 하고 기업이나 고용주, 정부에 적대감을 불러일으킬 수도 있다는 점을 지적했다. 사루는 팀과 다시 의논해 '조직' 대신 아주 미국적인 '기회' 란 말을 쓰기로 했다.**

전에 사루는 기업 세계화를 이해시키기 위해 직접 게임을 만들어 새 활동가들과 정치 교육 모임을 가진 적이 있었다. 그 게임은 집단을 둘로 갈라 각각을 독립된 나라라고 하고, 다국적 신발 제조업자의 공장을 자국에 유치하도록 협상하는 것이었다. 나라마다 노동자, 정부, 실제 공장을 운영하는 하청업자인 제3자로 역할을 나눈다. 그리고 나라별로 기업에 가격을 제시하고 기업은 가장 이윤이 많이 남는 나라를 선택한다. 그러면 각 나라에서 세 역할을 맡은 사람들이 상대국 노동자에게는 돈이 얼마 돌아가고 하청업자에게는 얼마 돌아가고 정부에는 세금과 기타 납부금이 얼마씩 돌아가는지를 검토한다. 기업을 유치하려면 당연히 이들은 기업에 가장 이윤이 많이 돌아갈 제안을 해야 한다.

사루는 게임을 마무리할 때 쯤, 기업에 이윤을 가장 손쉽게 돌릴 수 있는 방법이 무엇일지 활동가들에게 물었다. 정부 역할을 한 사람이 나서서 정부가 노동자들과 하청업자에게 그들이 받게 될 몫을 그냥 독단적으로 제시하는 게 제일 쉬운 방법이라고 말했다. 그 말을 듣자마자 맘두는 즉시 모로코의 가난과 세계화를 연결할 수 있었다.

"저는 지금껏 모로코에 기업이 들어오는 게 정말로 좋기만 한 거라고 생각했어요. 실제로 어떻게 작동하는 건지는 전혀 몰랐습니다."

맘두가 고백했다. 활동가 토론회는 지난 세월 미국이 후원했던 여러 독재국가의 지도자들과 그런 나라에서 돈벌이를 한 회사들, 지금 뉴욕의 식당에서 일하는 그런 나라 출신 이민자들 이야기로 이어졌다.

---

- 락(ROC)이 '뒤흔들다' 라는 뜻을 가진 단어 'rock' 과 소리가 같은 데서 떠오른 발상이다.
- ** '(고용)기회opportunity' 도 영문자 'o' 로 시작하므로 〈뉴욕레스토랑고용기회센터〉의 영문 약칭은 변함없이 'ROC-NY' 다. 앞으로 책에 나오는 'ROC-NY' 나 'ROC' 는 모두 〈고용기회센터〉로 옮겼음을 밝힌다.

맘두는 전에 윈도즈에서 일했던 사람들을 새 조직으로 불러들이는 일에 착수했다. 그 결과 에콰도르 출신 미등록 이민자 마리오 페냐와 내전을 피해 이민 온 방글라데시 사람 아타우르 라만이 조직에 고용됐다. 우트조크 자이단도 들어왔다. 자이단은 어느 날 일자리를 찾아 돌아다니다가 우연히 맘두를 만났는데 훗날 〈고용기회센터〉의 조직가 자리까지 오른다. 윈도즈 부주방장이었으며 무뚝뚝하고 레게 머리가 어깨까지 내려오는 아이티 출신 장 에미 피에르도 합류했다. 여러 나라 말을 할 줄 아는 세쿠 시비는 그 즈음 교사의 꿈을 잠시 접고 택시 운전을 하고 있었다. 시위가 있으면 참여했지만 늘 오는 건 아니었다.

〈고용기회센터〉를 조직하던 처음 1년 반 동안 맘두는 싸우는 법을 배웠다. 윈도즈에 있을 때는 고용 문제가 하나 터지면 문제 당사자인 노동자 한 명을 위해 싸웠다. 주로 맘두 홀로 싸워야 했다. 그러나 〈고용기회센터〉에서 배운 것은 **노동자와 레스토랑 업계의 관계를 형성하는 명시적이고 암시적인 법칙들을 바꾸기** 위해 여러 노동자들과 함께 싸우는 법이었다. 일이 바뀌면서 맘두는 윈도즈 동료 직원들을 위해 시간을 내는 일과 모든 레스토랑 노동자들을 위한 조직을 설립하는 일 사이에서 균형을 잡기 위해 애써야 했다.

〈고용기회센터〉는 네 가지 활동을 하기로 했다. 그중 세 가지가 전략적 고민에서 나왔다면 남은 한 가지는 윈도즈와 어떻게 계속 밀접한 관계를 유지할 것이냐의 문제였다. 〈고용기회센터〉는 레스토랑 노동자들에게 직업 훈련 기회나 좋은 일자리를 소개해 주면서 이들을 노조에 가입시켰다. 그리고 주방에서 일하는 사람들을 착취하는 레스토랑 업주에게 항의하는 시위를 시작했다. 또 새로운 공공 정책 수립을 기대하며 레스토랑 업계 전반의 노동조건을 분석하는 연구 프로젝트도 시작했다. 그 과정에서 노동자들을 공정하게 대우하려고 하는 업주와 접촉하기도 했다. 맘두는 레스토랑 종사자 위계의 가장 밑바닥에서 벌어지는 일들이 다른 모든 사람들의 이득과도 관련이 있다는 사실을 깨달았다. 법을 준수하고자 하는 업주나 좋은 음식을 먹고 싶어하는 손님들과도 관련된 문제였다. 윈도즈 출신 미등록 노동자들은 새 조직에서 가장 활발하게 활동했다. 그들 대부분이 무직 상태이거나 불완전 고용 상태이기도 했지만 새로운 조직에 들어와 사회체제의 불공정함을 날카롭게 인식하게 됐기 때문이기도 했다.

〈고용기회센터〉는 이 세 가지 전략〔노조 가입 독려, 항의 시위 조직, 노동조건 연구〕으로 9.11 사건에서 벗어나고 있었다. 그러나 〈고용기회센터〉와 윈도즈의 관계는 끝난 게 아니라 두 개의 프로젝트와 연관되어 있었다. 먼저 그들은 윈도즈 직원 중 살아남은 미등록 노동자들의 지위를 합법화하는 일에 전념했다. 그러던 어느 날 맘두가 레스토랑을 만들자는 아이디어를 냈다. 레스토랑을 만든다는 이 두 번째 프로젝트를 통해 윈도즈 레스토랑을 기념할 수도 있고 9.11의 여파로 경제적 고통을 겪는 레스토랑 종사자들을 고용할 수도 있을 터였다. 그러나 시간이 흐르면서 윈도즈에서 일한 경험과 기억은 흐릿해져 가는 반면, 조직이 책임져야 할 역할은 점점 커지고 있었다. 첫 번째 프로젝트는 명백히 윈도즈와 관계있는 문제였지만 뒤따르는 여러 프로젝트는 윈도즈 직원들에게 일자리를 주선해 주는 수준을 넘어서는 문제를 다뤄야 했다.

이 기간 동안 맘두는 새로운 것을 많이 배웠다. 쉽게 배운 것도 있지만 받아들이기 힘든 것도 있었다. 첫째, 맘두는 당장 서로를 필요로 하는 사람들을 연결해 주고, 그렇게 조직된 집단이 레스토랑 산업의 노동조건에 공개적으로 개입할 수 있도록 지도하는 법을 배워야 했다. 시위 계획을 짜면서 미묘한 점들을 익혀야 했고 요구 사항을 꼼꼼히 가려내어 주장하는 법, 고용주의 불법 행위를 지적해 협상에 나서도록 그들에게 압력을 가하는 법도 배워야 했다. 이렇게 어려운 사항 말고도 조직가 역할에 적응해야 하는 문제도 있었다. 자기 자신을 잊어야 할 만큼의 책임감을 견뎌야 했고, 가정적이던 삶이 흔들릴 만큼 새로운 일정을 소화해야 했다.

사루는 원래 새로운 조직을 설립하는 일을 맡기로 했지만 처음에는 서비스 관련 일부터 시작했다. 9.11 이후 거의 6개월이 지났는데도 실업수당 지급 신청을 한 노동자 수는 전년도의 두 배를 조금 웃도는 수준이었다. 그런데 놀라운 것은 레스토랑 업계가 다른 산업 분야보다 좀 더 빨리 원래 상태를 회복했다는 점이다. 레스토랑 업계는 2001년 10월 일자리 1만 2천3백 개를 잃었지만 두 달이 지나지 않아 일자리 4천6백 개를 회복했다. 그래도 전체로 보면 일자리 약 8천 개가 사라진 셈이고 전직 윈도즈 직원들은 이 현실을 절감하고 있었다.

맘두의 공식 직함은 '고용 창출 조정관'이었고 처음 맡은 일은 이전 동료들을 위해 자금을 모으고 새로운 일자리를 찾아 주는 것에 집중되었다. 처음 벌인 프로젝트 중 하나는 전직 윈도즈 직원들과 가족들을 지원하기 위해 모금한 기금을 분배하는 일이었다. 노조는 뉴욕 대학교 근처 저드슨 기념 교회에 이 기금의 관리를 맡겼다. 사루와 맘두는 기금 관리를 맡은 사람들을 도와 주 정부에서 보상금을 받지 못한 미등록 노동자들에게 특별 실직수당을 지급했다. 나중에 이 기금은 2년 동안 노동자들의 의료보험으로도 지급됐다. 맘두는 이 돈으로 〈고용기회센터〉 사업 초기에 참여한 직원들의 봉급 체계도 만들었다.

일자리를 찾아 주는 업무를 시작하면서 맘두는 당사자인 노동자들이 서로를 도울 수 있도록 했다. 맘두는 식당 일을 주방 담당과 홀 담당으로 구분해 일자리 나누기 집단을 두 개 만들었다. 맘두는 테러로 사망한 멕시코인 동료 러너 텔모의 이름을 홀 담당 집단에 붙였다. 맘두는 "이 모임 이름은 텔모 모임입니다"라고 선언했다. 일자리 풀pool은 사람들이 한곳에 모여 서로 빈자리가 생긴 식당 정보를 나누는 것으로 구축할 수 있었다. 맘두는 이런 방식으로 1백 명이 넘는 이전 동료들에게 일자리를 찾아 주었다. 레스토랑 종사자들이 능력을 키울 수 있도록 바텐더 강좌나 컴퓨터 강좌를 여는 등, 직업 훈련 프로그램도 새로 시작했다. 사람을 모으는 것은 일도 아니었다. 과거 윈도즈 직원들은 계속해서 들렀고 그들의 요구도 엄청났다.

〈고용기회센터〉의 첫 시위는 이렇게 일자리를 나누는 회의를 하다가 기획되었다. 〈고용기회센터〉가 공식 출범하기 전부터 윈도즈 직원들 사이에서는 노체 식당에 대한 얘기가 무성했다. 노체는 윈도즈 소유주였던 데이비드 에밀이 타임스 스퀘어에 개장하려고 준비 중인 라틴 풍 레스토랑 겸 나이트클럽이었다. 노체는 2002년 초에 직원을 구하기 시작했다. 이 레스토랑은 3층으로 돼 있고 각

층마다 바가 따로 있으며 3층에는 만찬을 위한 작은 식당이 있었다. 에밀은 윈도즈에서 일했던 매니저 몇 명을 고용했지만 라인 스태프▪로 다시 고용한 사람은 열여섯 명에 불과했다. 게다가 윈도즈에서는 직원들의 출신이 그렇게나 다양했는데 이번에 고용된 사람은 대부분 백인이었다. 윈도즈 노조의 친구 한 명이 노체에 누구는 고용되고 누구는 고용되지 않았는지 계속 알려 줘서 맘두도 내용을 잘 알고 있었다. 그들은 에밀과 만나 윈도즈 직원들을 더 고용해 달라고 요청했다. 에밀 사장은 윈도즈 직원들만 따로 지원하고 면접을 볼 수 있도록 날짜와 장소를 정해 알려 주겠다고 약속했다.

맘두는 집에서 에밀이 보낸 편지를 받아 봤다. 〈고용기회센터〉에 첫 출근한 날이었다. 노체 식당에 일자리를 열어 주겠다던 약속을 번복하는 편지였다.

우리 집안은 윈도즈온더월드의 소유주였습니다만, 노체의 지분은 크지 않습니다. (…) 그럼에도 윈도즈온더월드와 우리 집안의 관계를 고려하여 노체 소유주는 다른 지원자를 받기 전에 전직 윈도즈 직원들의 지원서부터 받는 것에 동의하였습니다. (…) 노체가 윈도즈보다 규모가 훨씬 작기 때문에 윈도즈에 있던 일자리 상당수가 노체에는 존재하지 않습니다.

윈도즈 직원 수십 명은 4월 19일 오전 10시에서 오후 3시 사이 밴더빌트 와이엠시에이 빌딩에서 면접을 봤다. 며칠 뒤 모두 고용하지 않겠다는 연락을 받았다. 맘두도 〈고용기회센터〉에서 일하고는 있었지만 전직 윈도즈 직원들이 어떤 대접을 받고 어떤 결과를 얻을지 궁금해 지원한 상태였다. 과거 윈도즈의 매니저였다가 이제 노체에서 직원 채용을 담당하게 된 사람들은 맘두를 잘 알고 있었다. 맘두의 면접은 5분 만에 끝났다. 맘두 역시 채용 탈락 편지를 받았다. 당시

---

▪ line staff, 동종 업무를 처리하는 부서에서 책임자와 하위직으로 구성된 조직. 레스토랑에서는 구역 담당 매니저 아래 웨이터, 서버, 버서 등이 포함된다.

에는 어떻게 대응해야 할지 몰랐다. 결국 〈고용기회센터〉는 에밀에게 후속 접견을 요청했다. 〈고용기회센터〉는 에밀의 변호사들과 법률 회사 사무실에서 한 차례 만날 수 있었다. 그러나 변호사들에게서는 자기들도 할 수 있는 게 없다는 대답만 들었다.

노조원들은 9.11 이후 겪은 일에다 분노까지 더해져 격해진 상태였다. 사루는 노체 레스토랑 앞에서 에밀 사장에게 윈도즈 직원들을 더 고용할 것을 요구하는 시위를 벌이자고 제안했다. 물론 노체는 윈도즈보다 훨씬 작은 레스토랑이기 때문에 윈도즈 직원 수백 명이 모두 재고용될 수 있을 거라고 기대하는 사람은 없었다. 그들이 분노한 까닭은 에밀이 윈도즈 직원들 중에서도 백인 직원과 백인 학생만 가려 뽑고 유색인종과 이민자 직원은 제외했기 때문이다. 또 새로 개업하는 식당에 노조 간부들이 오는 것을 막으려고 윈도즈의 라인 스태프를 고용하지 않은 것이라는 추측도 나왔다. 〈고용기회센터〉도 이제 막 첫발을 내디딘 조직인 만큼, 운동으로 근육을 키우듯 집단행동으로 능력을 키울 필요가 있었다. 결국 공공장소에서 시위를 하자는 사루의 제안이 채택됐다.

〈고용기회센터〉는 첫 번째 시위를 준비하기 시작했다. 노체가 문을 열기 2주 전에 약 50여 명의 전직 윈도즈 직원들이 노체 앞에서 피켓 시위를 했다. 맘두가 구호를 선창했는데 너무나 마음이 편안해서 맘두 스스로도 놀랐다. 윈도즈 직원들은 구호를 외치며 자신의 윈도즈 정체성을 재확인했다.


데이비드 에밀, 우리는 당신을 위해 일했어
이제 우리 가족을 먹여 살려 줘!


우리는 윈도즈온더월드
우리 모습을 드러내고 우리 말을 듣게 하자
일자리를 되찾을 때까지!

맘두는 확성기로 소리 지르고 대규모 집단을 이끄는 일 자체가 즐거웠다. 그들의 시위는 『데일리뉴스』와 『뉴욕타임스』에 실렸다. 에밀도 자기 나름의 논리를 펴면서 사업 감각이 전혀 없는 사람들에게 시달리는 희생자의 모습으로 기사에 등장했다. 에밀은 기사에서 이렇게 말했다.

"사실 이런 규모의 레스토랑에 과거 직원들을 전부 고용할 수는 없지 않습니까. 불행하게도 자기들에게 능력이 있는지 없는지, 노체에 일자리가 있는지 없는지 생각도 하지 않고 무조건 노체에서 일할 자격이 있다고만 생각하는 전직 윈도즈 직원들이 많습니다."[1]

에밀은 음식을 서빙해 본 경험이 없거나 합법적인 이민 서류가 없어서 고용할 수 없는 사람들이 일부 있다고 했다. 그러나 맘두는 자신을 포함해 고용을 거부당한 여러 사람이 윈도즈에서 1만 달러짜리 와인 병을 다루고 수백 달러짜리 음식을 서빙했던, 아주 능력 있는 웨이터라는 것을 알고 있었다. 이민 서류 문제라면, 똑같은 사람들이 윈도즈에서는 아무 문제없이 몇 년 동안 일했다는 것도 알고 있었다. 이것은 9.11 이후 세상이 얼마나 바뀌었는지 알려 주는 신호였다.

노체가 개장하는 날 밤, 한 번 더 시위를 하기로 했다. 맘두는 매일같이 몇 시간씩 전직 윈도즈 직원들에게 개장 날 함께하자는 전화를 걸었다. 개업 전날 팀원들이 피켓을 만들고 노랫말을 적은 종이를 복사하고 있을 때 에밀에게서 전화가 왔다. 〈고용기회센터〉와 면담하고 싶다는 내용이었다. 그 다음날 아침 노체에서 만나기로 했다.

사루와 맘두는 노조 대리인 한 명과 함께 노체로 갔다. 사루는 인도 풍 자수가 놓인 화사한 분홍 치마 차림이었다.

"정말 멋진 치만데요. 그런데 구멍 난 거 알고 있어요?"

노조 대리인이 그 말을 툭 던졌다.

사루와 맘두, 노조 대리인은 식당 층에 올라가 작은 무대 앞 테이블에 자리를 잡았다. 사루는 구멍이 안 보이게 앉으려고 머리를 굴렸다. 그러나 에밀이 윈도 즈 직원 열다섯 명을 더 뽑아 총 서른여섯 명을 고용하고 새 직원들이 맡을 연회 서비스를 추가하기로 결정했다고 하자 치마 때문에 당황했던 것도 잊어버렸다.

맘두는 누군가에게 한 대 얻어맞은 것처럼 멍했다. 계획을 짜고, 그것을 실천 하고, 시위대를 이끄는 일도 나름대로 즐거웠지만 열다섯 명이나 더 고용하리라 고는 감히 생각하지 못했던 것이다. 물론 맘두 일행이 원한 건 그게 전부는 아니 었다. 그러나 맘두는 노동자 한 명을 위해 자기 혼자 끙끙거리는 일과 여럿이 함 께 싸우는 일은 완전히 다르다는 것을 깨달았다. 모임이 끝나고 맘두와 사루 단 둘이 식당에 남았다.

"세상에, 우리가 해냈어요, 우리가 해냈다고요!"

맘두가 사루에게 말했다. 누가 먼저랄 것도 없이 서로를 껴안았다.

그날 오후, 사루와 맘두는 노체 앞에서 기다렸다가 모여드는 센터 회원 수십 명과 노조 간부들에게 시위가 취소되었다고 알렸다. 그러나 에밀이 나타났을 때 맘두는 야유를 참을 수 없었다. 다른 장점 덕분에 급한 성질을 잘 다스릴 수 있 었지만 가끔씩 치솟아 오르는 분노는 맘두도 어찌할 수 없었다. 맘두는 에밀이 옳은 결정을 내려 기뻤지만 그렇다 하더라도 이런 시위를 벌이기 전에 진작 그 런 결정을 내려야 했다고 생각했다.

"개수작 떨지 말란 말이야!"

맘두는 자신의 전 고용주 등에 대고 말했다. 노동운동에 종교적인 지원을 해 주던 랍비 한 명이 맘두를 옆으로 끌고 가서 타일렀다.

"여보게, 일단 결정을 받아들였으면 뒷말을 하면 안 된다네. 이제 내버려 두시 게나."

랍비는 충고했다. 맘두 성격상 내버려 둘 수 있는 성질의 것은 아니었지만 랍 비의 말을 듣고는 바로 마음을 가라앉혔다. 그 뒤로도 맘두는 랍비의 충고를 영 원히 마음에 새겼다.

노체 건은 〈고용기회센터〉의 첫 집단행동이라고 보는 게 맞지만 사실 시위라

기보다는 중재에 가까웠다. 또 레스토랑 업계에 대한 명확한 분석에 기초한 행동이라기보다 9.11 이후 깊어진 감정의 골이 상당 부분 영향을 끼친 결과였다. 에밀은 뉴욕 레스토랑 업계에서 악덕 업주와는 거리가 먼 사람이었다. 어쨌든 이 승리를 통해 사람들은 함께 행동하는 맛을 알게 됐고 무엇보다 〈고용기회센터〉라는 신생 조직이 하나로 단결할 수 있는 계기가 됐다.

노체 건에서 거둔 승리와 언론 보도로 힘이 난 회원들은 친구들과 친척들을 데려오기 시작했다. 다음 시위는 〈고용기회센터〉가 미등록 노동자들의 권리를 옹호하는 단체로 굳건히 서는 기회가 됐다. 어떤 노조원이 자기 친구를 한 명 데려왔는데, 그는 웨스트빌리지의 판게아라는 레스토랑 겸 바에서 접시닦이로 일하는 멕시코인 미등록 이민자였다. 몇 주 동안 임금을 받지 못해 밀린 임금을 달라고 했다가 단박에 해고되었다는 것이다. 그는 센터 사람들이 모인 자리에서 자기 이야기를 들려 줬고 노체 이후 적극적이 된 회원들은 새로운 시위를 벌이는 것에 만장일치로 동의했다.

금세 위원회가 꾸려졌다. 회원들은 요구 사항을 적은 편지 초안을 잡았으며 기한 내 답변이 없으면 판게아 레스토랑 앞에서 아주 떠들썩하게 시위를 하기로 결정했다. 이번 시위에 대한 언론의 관심은 전보다 덜했지만 에스파냐어 전용 텔레비전 방송국 기자가 레스토랑 사장을 인터뷰하자마자 사장은 이 문제를 해결하고 싶다는 메시지를 기자를 통해 전했다. 사루가 사장을 만나러 갔다. 사장은 밀린 임금 전액에 해당하는 수표를 써 주었고 사루는 수표를 들고 걸어 나왔다.

에스파냐어를 쓰는 언론들은 이 사건을 대서특필했고 덕분에 라티노들이 더 많이 몰려들었다. 기자들에게 미등록 이민자에 대한 질문을 여러 차례 받으면서 사루와 맘두는 명확한 답변을 확립해 나갔다. "**노동법은 이민 서류가 없는 사람들에게도 직장 내 권리를 보장해야 한다.**" 미등록 노동자들도 최저임금을 보장받아야 하고 초과근무 수당을 받아야 하며 건강과 안전을 지켜 줄 장비를 지급받아야 한다. 휴식 시간도 보장받아야 하고 산업재해를 당하면 보상금도 지급받아야 한다. 그리고 이들에게도 노조를 설립할 권리가 있다. 물론 노동 허가를 받지 못한 사람이 대부분이지만 서류가 없다고 해서 기본적인 노동권을 부여하지 않으면 고용주는 미등록 노동자들을 노예나 다름없이 부리면서 내키는 대로 봉급을 주고 내키는 대로 일을 시켜 결국 모든 미국 노동자들의 노동권이 훼손될 것이다. 특히 이민 서류가 없다고 사람들을 착취하는 관행이 자리 잡으면 고용주들이 직원을 쉽게 해고하고 쉽게 구하는 식으로 전권을 휘두르게 돼 다른 레스토랑 노동자들도 손해를 본다. 게다가 법을 지키는 고용주들에게도 불공정한 경쟁이 된다. 봉급이나 초과근무 수당, 보상금, 기타 정직하게 돈을 벌려면 감수해야 할 비용이 상대적으로 더 높아지기 때문이다. 직원들에게 병가를 주지 않는 고용주들이 손님에게 내놓는 음식의 위생에 신경 쓰지 않을 것은 명명백백하다. 물론 노동자들이 합법적인 지위를 인정받지 못한다는 게 더 심각한 문제다. 이는 다른 업계도 마찬가지로 풀어야만 할 문제였다.

새로운 조직이 생겼다는 소식이 퍼졌다. 호수에 카바나스라는 50대 미등록 멕시코인 이민자가 한 회원의 손에 이끌려 왔는데, 그는 브루클린에 있는 소규모 식료품점인 자이언트팜에서 '에펙티보' 즉, 현금으로 급료를 받고 일했다고 했다. 카바나스는 호흡기 질환으로 2주 동안 입원했다. 주당 40시간만 일해야 한다는 의사의 진단서를 들고 직장으로 돌아오니 사장은 60시간 일하지 않을 거면 젊은 사람으로 교체하겠다고 했다. 〈고용기회센터〉가 조사해 보니 식료품점 사장은 카바나스와 다른 직원들에게 최저임금과 초과 수당을 제대로 지급하지 않고 있었다. 이를 제대로 계산하면 사장은 직원들에게 10만 달러를 더 지불해야 한다는 사실이 드러났다. 사루는 카바나스와 함께 식료품점의 다른 직원들을 한데 불러 모았고 결국 여섯 명 중 다섯 명이 시위에 동참하기로 했다. 그러자 사장은 단체 행동에 대한 보복으로 그중 한 명을 해고했다. 직원들과 〈고용기회센터〉 사람들은 똘똘 뭉쳐 거리로 나갔다.

자이언트팜에 대한 시위는 2002년 10월에 시작해 그해 겨울 내내 매주 이어졌으며 전직 윈도즈 직원들도 시위에 참여했다. 결국 사장은 〈고용기회센터〉와 만나긴 했는데, 회의 도중에 몸이 안 좋다며 돌아가 버렸다. 〈법률자문과교육을 위한 푸에르토리코기금Puerto Rican Legal Defence and Education Fund〉의 도움으로 직원 다섯 명이 소송을 제기했다. 시위가 계속되고 소송까지 제기되자 결국 사장은 중재인의 도움을 받아 사루와 맘두를 만나겠다고 했다. 사건은 미지급 임금 5만 달러와 해고된 직원의 복직으로 일단락됐다. 카바나스는 일자리를 지켰다는 데 안도했다. 카바나스가 불법으로 국경을 넘은 것은 1991년의 일이었다. 9.11이 일어나고 직장 구하기가 훨씬 더 어려워졌지만 그렇다고 국경을 넘어 되돌아가자니 그건 더 위험한 일이 돼 버렸다. 만일 시위가 성공하지 않았으면 카바나스에게는 아무런 선택의 여지가 없었을 것이다.

그러나 자이언트팜은 레스토랑이 아니었다. 〈고용기회센터〉는 레스토랑 업계를 바꾸겠다는 사명에서 멀어질 위험이 있었다. 대규모 레스토랑으로 방향을 틀 필요가 있었고 머지않아 그런 기회가 왔다. 파크애버뉴 컨트리클럽 주방에서 일하는 멕시코인이 찾아온 것이다. 그 클럽은 파크애버뉴와 27번가 교차로에 있는 겉이 아주 번지르르한 스포츠바였다. 레스토랑과 연회실이 있었고, 텔레비전 50대와 생방송 라디오 텔레비전 방송국도 있었으며 일 년 내내 유명 스포츠 스타들이 드나드는 곳이었다. 2002년 『뉴욕매거진』은 좌석이 6백 개에 이르는 이곳을 최고의 스포츠바로 꼽았다.[2] 소유주 스티븐 슈밀크는 증권회사인 리먼브러더스의 설립자 리처드 A. 슈밀크Richard A. Schmeelk의 아들이었다.

그 멕시코인은 18개월 치의 출퇴근 시간 기록 용지와 이제는 쓸모없어진 월급 명세서를 가져왔다. 멕시코인은 사루와 면담을 한 뒤, 전 · 현직 직원 다섯 명을 더 데리고 왔다. 슈밀크에게서 총 6만 달러에 달하는 초과 수당을 지급받지 못한 사람들이었다. 〈고용기회센터〉는 행동 계획에 아주 조금이지만 매우 중요한 수정을 가했다. 곧장 시위에 뛰어들기 전에 피켓도 구호도 노래도 부르지 않고 그냥 요구 사항을 적은 편지를 여러 사람이 함께 가서 조용히 전달하기로 한 것이다. 그리고 답신을 보낼 시간을 일주일 주기로 했다. 스포츠바 쪽에서 얘기 좀 하자는 식으로 어떻게든 응답이 오면 그들은 시위와 소송 같은 행동을 미룰 생각이었다. 응답도 없고 반박도 없으면 그들의 행동은 정당해지는 것이다.

고용주에게 일을 바로 잡을 기회를 주는 것도 중요했지만 처음부터 문제를 외부에 알리는 게 더 중요했다. 그래서 편지는 우편으로 보내지 않고 여러 사람이 직접 전달하기로 했다. 악덕 고용주들은 오랫동안 사람들 눈에 띄지 않게 나쁜 짓을 해 왔다. 노동자들이 얼마나 착취당하고 있는지 아무도 몰랐기 때문에 숨어서 얼마든지 그런 일을 할 수 있었던 것이다. 게다가 〈고용기회센터〉는 시위를 시작하기 전에 단결할 시간이 필요했다. 기존의 회원과 새로 가입한 회원들이 모두 함께한다는 생각을 가지려면 그저 회의에 참석해 머리로 익히는 데 그쳐서는 안 되고 행동을 준비하고 실천하면서 몸으로 익혀야 했다.

회원 서른 명이 클럽의 저녁 식사 시간대에 편지를 전달했지만 슈밀크는 아무런 반응을 보이지 않았다. 〈고용기회센터〉 사람들은 매주 시위에 나서는 한편, 〈뉴욕대학교 이민권상담소〉에 자문을 구해 연방 소송을 제기할 방법이 있는지도 알아봤다. 또 유력한 보험회사를 설득해 그 클럽에 예약한 파티 두 건을 취소하게 했는데 클럽이 입은 손해는 약 3만 달러였다. 그러자 슈밀크가 전화를 걸어 와 〈고용기회센터〉 사무실에서 만나자고 했다. 슈밀크는 미지급 임금을 4만 5천 달러로 깎고 나서 동의서에 서명했다. 그렇게 사무실을 나간 뒤 슈밀크에게서는 아무런 소식이 없었다. 그러고서는 얼마 지나지 않아 시위에 참여한 직원 한 명을 해고했다. 〈고용기회센터〉는 시위를 재개하고 노동 착취와 보복 해고 혐의로 소송을 제기했다.

그해 6월의 어느 목요일 오후, 맘두는 클럽에 전화를 걸었다. 사장을 만나려고 했지만 헛수고였다. 맘두는 접수원을 닦달해야 했다.

"스티븐 슈밀크 씨 계신가요? 〈레스토랑고용기회센터〉의 맘두가 전화했다고 좀 전해 주세요. 없다고요? 저는 맘두라고 하는데, 어, 여보세요? 아니, 남길 말이 있냐고 묻지도 않고 끊는 거요?"

접수원은 지시받은 대로 하는 것뿐이었지만 맘두는 클럽이 이 문제를 피해가게 내버려 둘 수 없었다. 압박 수위를 높이기 위해 할 수 있는 일은 다 해 봤다.

"〈레스토랑고용기회센터〉 맘두에게 전화하라고 좀 전해 주세요. 전화 안 하면 우리는 시위에 들어갈 겁니다."

그 전화를 걸고 나서 일주일 뒤 슈밀크는 시위에 가장 적극적으로 참여한 델피노 레알도 해고해 버렸다.

그 다음 노조원 회의에서 레알은 그저 자기 권리를 지키려고 했을 뿐인데 해고를 당했다고 이야기했다. 사루는 슈밀크가 시간 끌기 작전을 쓰는 거라고 지적하면서 "슬슬 시위를 해야 할 때 같네요" 하고 말했다. 회원들 중 어떤 남자는 시위에 바쳐야 할 시간 때문에 낙담한 듯 이마를 탁 치면서도 씩 웃었고 한 여자는 환호를 지르면서 왼손 주먹을 아래위로 흔들었다. 시위야말로 조직에 소속감을 갖게 만드는 가장 큰 계기였다. 사람들의 반응을 지켜보며 사루는 기뻤다. 일을 시켜 놓고 수만 달러나 갈취하고는 입을 싹 닦는 사람 뒤를 쫓는 데, 마음에 걸릴 건 아무 것도 없었다.

〈고용기회센터〉의 시위를 보고 현재 미등록 상태인 노동자뿐 아니라 예전에 윈도즈에서 일했던 사람들까지 모여 들었다. 에콰도르 바백 마리오 페냐는 새 조직에서 맘두와 함께 가장 적극적으로 일하는 사람 중 하나였다. 검은 색 생머리를 약간 긴 스포츠형으로 깎은 페냐는 파크애버뉴 컨트리클럽에서 벌어진 시위에서 핵심 역할을 했다. 페냐는 어느 날엔가, 경찰이 나무 바리케이드 여섯 개를 쳐놓은 시위 구역 바깥으로 몇 발짝 떼보기도 했다

"이것은 불법이다, 범죄다, 초과근무 수당을 지급하라!"

페냐는 파크애버뉴 컨트리클럽 쪽으로 구호를 외쳤고 다른 사람들은 그들의 시위를 설명하는 안내문을 행인들에게 나눠 주었다.

페냐는 델피노 레알이 일한 대가를 받을 권리가 있는 것처럼 자신도 시위할 권리가 있다고 생각했다. 9.11 이후, 페냐가 떠안아야 할 위험 부담은 더 커졌고 집단적으로 행동할 필요가 있었다. 시위를 마치고 집으로 갈 때 페냐는 늘 조심했다. 신호등이 파란불일 때만 길을 건넜고 길에 뭘 버리지도 않았다. 다른 사람과 구호를 외치고 노래를 부를 때는 1미터도 안 되는 곳에 경찰 다섯 명이 서 있어도 괜찮았지만 혼자일 때는 경찰과 마주치고 싶지 않았다.

맘두는 페냐가 9.11 테러에서 살아남은 뒤로 자기에게 더 잃을 게 없다는 자
각을 하게 됐고, 거기서 용기를 얻은 거라고 생각했다.

"아무리 미등록 노동자일지라도 권리는 있습니다. 자기에게 권리가 있다는 걸
알면 일어서야 합니다."

맘두가 말했다.

"만일 추방된다 해도 죽는 것도 아니고, 또 여기 있는 사람들 모두를 추방할
수도 없지 않습니까, 사람들은 그렇게 말합니다."

9.11이 일어나고 나서 1년 반이 흘렀는데도 페냐는 여전히 미등록 신분이었
고 일거리도 있다 말다 했다. 하지만 에콰도르로 돌아가지 않고 바루치 칼리지
에서 영어 강좌를 들으면서 〈고용기회센터〉에서는 컴퓨터, 바텐딩, 와인 강좌를
들었다. 부모는 돌아가셨고 부양할 자식도 없으나 영어는 할 줄 알았다. 페냐는
이제 자신의 지위를 바꾸어 줄 사면 같은 건 기다리지 않았다. 이런저런 일자리
를 전전하며 혼자 먹고살 만큼은 벌었다. 페냐 자신을 증명하는 건 윈도즈 직원
신분증이 아닌 학생증이지만 윈도즈 신분증은 아직까지 주머니에 있었다. 페냐
는 목줄에 학생증을 매달아 셔츠 단추 사이로 집어 넣어 둔다. 페냐의 학생증은
페냐의 심장 바로 아래에 있다.

"이거 백만 달러짜리 신분증이라고요. 이젠 어떤 상황에서라도 이걸 사용할
겁니다."

3주가 지났는데도 슈밀크가 여전히 약속을 지키지 않자 센터는 시위를 금요
일 저녁 7시 반으로 잡았다. 그런데 시작부터 뭔가 잘못되었다. 뉴욕에서 매주
금요일 밤 시위에 사람이 많이 모이기란 쉬운 일이 아니다. 가장 열심히 참여하
던 사람들도 지겨워했다. 2백 명 이상은 올 거라 생각해 시위 구역을 설치했는데
40분 동안 고작 일곱 명이 왔다. 행인들도 전단지를 받지 않으려 했다. "도대체
뭐가 불만인 거죠?" 하고 묻는 사람도 있었다. 클럽 지배인은 클럽 옆문에 서 있
으면서 냉소를 보냈지만 그래도 기자들에게 한 마디 하고 싶은 기분은 아닌 것
같았다. 센터를 지지하는 사람 한 명이 몇 사람과 함께 클럽에 들어가 테이블을

차지하고 앉았다가 슈밀크를 보고 떼먹은 돈 갚으라고 말한 뒤 주문도 하지 않고 나왔다. 그러나 서빙하는 사람에게 주는 팁은 빼먹지 않았다.

그런데 8시 10분이 되자 학생 150명이 나타났다. 〈노동착취사업장에반대하는 학생연합United Students Against Sweatshops〉 총회에 참석하러 뉴욕에 와 있던 학생들이었고, 시위는 젊은 학생들의 무한한 에너지 덕을 좀 봤다. 학생들이 부른 시위 노래는 〈고용기회센터〉 노래에 비하면 히피풍이 강했다. 〈고용기회센터〉는 1930년대의 인기곡을, 학생들은 1970년대에 유행한 노래를 사용했기 때문이다. 학생들은 〈케이시앤더선샤인밴드KC and the Sunshine Band〉의 "셰이크 유어 부티Shake Your Booty"에서 곡조를 빌려 온 노래를 특히 좋아했다.

페이페이페이
페이페이페이
페이 유어 워커스!
페이 유어 워커스!▪

시위 구역으로 사람들이 몰려들기 시작했다. 지나가는 택시들은 지지의 뜻으로 경적을 울렸다. 그 블록 근처 사람들은 전부 전단지를 받아 갔다. 클럽은 버서 두 명을 내보내 시위대의 주장을 반박하는 전단지를 돌렸다.

이 시위꾼들은 파크애버뉴 컨트리클럽에서 일하는 사람들이 아닙니다. 이들은 우리 클럽과 고객들을 괴롭히기 위해 〈고용기회센터〉에서 시간당 보수를 받고 시위에 나온 사람들입니다. 우리 클럽 직원 대부분은 주당 40시간 이상 일하지 않습니다.

---

▪ 〈케이시앤더선샤인밴드〉는 1970년대 디스코풍 노래로 인기를 끈 그룹이고 '페이 유어 워커스'란 직원들에게 밀린 임금을 갚으라는 뜻이다.

길거리에서 들리는 말도 달라졌다. 담배를 피우려고 클럽에서 나온 키 큰 금발 여자 하나는 아예 피켓라인에 함께 서 있을 태세였다.

"이런 일을 할 수 있는 여력이 있다는 게 정말 놀라워요. 창피해서 저 안에서 술을 마시고 있을 수가 없었어요. 다시는 여기 안 올 거예요."

지배인은 [클럽 옆문이 아닌] 정문 쪽으로 가더니 바깥으로 몸만 내밀고 담배를 피웠다. 자세로 보아 스트레스를 심하게 받는 듯했다. 식당 안에서는 웨이터 한 명과 버스보이 한 명이 반쯤 내려놓았던 하얀 프릴 커튼을 두어 번 획획 당겨 창을 완전히 가려 버렸다. 안에서 시위 장면을 못 보게 할 작정이었다. 시위대는 우렁찬 함성으로 환호성을 질러 거기에 맞대응했다.

그렇게 시위를 하는데도 스티븐 슈밀크는 여전히 대응하지 않았다. 그러나 소송이 노동자 편에 유리하게 판결이 났고 슈밀크는 밀린 임금을 지불해야 했다. 〈고용기회센터〉는 2003년 10월 회원 모임에서 가로 90센티미터, 세로 60센티미터짜리 수표 복사본을 만들어 파크애버뉴 컨트리클럽 노동자들에게 전달했다. 이 행사는 나중에 〈고용기회센터〉의 전통으로 자리 잡아 나갔다.

1년 6개월도 안 돼 승리를 네 차례나 거두자 〈고용기회센터〉 회원들과 활동가들은 자신들이 무적이라는 기분이 들었다. 〈로컬100〉에 비하면 자금은 훨씬 빠듯하지만 휴가나 병가, 체불 임금, 점심시간, 합리적인 시간 기록계, 노조 가입 노동자의 고용 보장, 그리고 합의 사항을 1년 동안 지킬 권리 등, 노동자들이 원하는 건 무엇이든 이뤄 낼 수 있을 것 같았다. 그러나 〈고용기회센터〉와 〈로컬100〉 사이에는 중대한 차이가 있었다. 사업장 내에 노조를 설립하려면 일반적으로 선거같이 훨씬 엄격한 절차를 따라야 했다. 노조가 선거에서 승리하면 회사 측과 노동조건을 협상할 수 있는 단체교섭 부서를 만들 수 있고 그러면 개별 협상을 하지 않고도 노조원 전체의 임금과 수당을 일괄 결정할 수 있다. 노조는 또 단체교섭 부서 회원 전원에게서 회비를 자동으로 걸을 수 있고 거기서 직접 기금이라는 안정적인 재원을 확보할 수 있다. 그런데 노동자 센터는 노조가 아니기 때문에 〈고용기회센터〉는 단체교섭 부서도 구성할 수 없었고 회비도 걸을 수가 없었다.

〈고용기회센터〉는 과거 공식 노조에 가입했건 가입하지 않았건, 많은 이주 노동자들이 걸어온 길을 따라가고 있었다. 유럽 출신 이민자들의 노동력은 산업 시대의 연료였기 때문에 그들에게는 노조를 설립할 명분이 있었다. 윈도즈 직원들이 가입했던 〈로컬 100〉은 이주 노동자들이 설립한 것이었고 다른 노조에서 가입을 거부당한 흑인 노동자들을 가입시켜 준 최초의 노조였다. 다른 업계를 살펴보면, 유대인 여성이 상당수 포함된 이민자들이 〈국제여성의류노동자노동조합International Ladies Garment Workers Union〉을 설립하고 시카고, 보스턴, 클리블랜드 등에서 회원 10만 명이 참여한 파업을 여러 차례 일으킨 적이 있다. 그 가운데에는 매사추세츠 주 로렌스에서 섬유 공장 노동자 23만 명이 주 당 6달러의 최저임금을 요구하며 자발적으로 파업에 들어간 사례가 있는데, 이는 미국 역사상 가장 큰 규모의 파업이었다. 1911년에 발생한 트라이앵글 블라우스 공장 화재로 146명의 여성 노동자들이 사망했는데 이들 장례식에는 조문객만 10만 명이 모여 들었다. 이 공장 노동자의 60퍼센트는 학살을 피해 미국으로 건너 온 동유럽 유대인들이었다. 화재 사건의 여파로 뉴욕 주에서는 노동법이 개정되었으며 뉴딜 정책을 수립하는 데도 영향을 미쳤다. 임금 개선과 노동조건 개선을 촉구하기 위해 모인 사람들은 작업 정지, 파업, 거리 행진을 벌였으며, 그 결과 하루 8시간, 주 5일 노동, 최저임금 보장, 노조 설립 등의 권리를 인정받게 된다. 오늘날까지 이어지는 가장 근본적인 노동권이 바로 이 시기 수립된 것이다.

파크애버뉴 컨트리클럽 시위를 마친 다음 사루와 맘두는 소규모 시위로 단발의 도움을 주는 데 그쳐서는 안 된다고 생각했다. 또 노조를 조직하는 데는 무관심한 채 그저 자기 문제만 해결하면 그뿐이라는 마음으로 시위가 이용되는 것을 원하지 않았다. 그래서 앞으로 있을 시위에 보탬이 되는 방향으로 규칙을 세워 노동자들에게 제시하기로 했다. 지원을 바라는 노동자는 반드시 3회 이상 정치 교육 모임에 참석해야 한다. 또 돈만 바라고 싸워서는 안 되며 계속 레스토랑에서 일할 사람이어야 했다. 왜냐하면 이들 조직의 목표는 결국 레스토랑을 내부에서부터 개혁하고 노동자와 소유주 사이의 권력 역학 관계를 바꾸려는 것이기 때문이다. 사루는 마침내 참여에 필요한 과정을 열한 가지 단계로 정리했다. 노동자들이 어떤 상황에 처해 있는지 살피고, 결정을 내려야 할 모든 사항들을 빠짐없이 밝힌 다음, 회원들의 합의를 얻어 내고 최종 합의점을 가지고 협상을 벌인다는 게 그 내용이었다. 시위에 적극적으로 참여하는 노동자는 물론이고 레스토랑에서 일하는 모든 노동자들을 변화시키려는 의도였다.

규칙을 정한 뒤 〈고용기회센터〉는 상당수가 라티노인 레스토랑 주방 노동자들을 조직하는 일을 계속 이어 나갔고 인종차별에 반대하는 주장도 처음으로 펼쳤다. 쓰리가이즈에서 일하는 멕시코인 주방 노동자 두 명이 그들을 찾아왔다. 쓰리가이즈는 어퍼이스트사이드에 있는 최고급 그리스 레스토랑으로 당시 법무장관 엘리엇 스피처 같은 유명 인사들이 정기적으로 아침식사를 하러 오는 곳이었다.

쓰리가이즈에서 일하는 두 노동자가 겪고 있는 문제는 초기 시위에서 주목했던 임금이나 노동시간 같은 분명한 성격의 문제와는 좀 달랐다. 이들은 밀린 임금이나 초과 수당을 못 받는 어려움보다는 인종차별이 더 큰 문제라고 했다. 멕시코 직원은 아예 홀에서 일할 기회를 잡지 못한다는 것이었다. 쓰리가이즈는 그리스인 직원에게는 휴가를 주면서 멕시코인 직원에게는 휴가를 주지 않았다. 한 명 예외가 있었는데 그 사람은 멕시코인이지만 그리스 사람같이 생겼고 퇴임한 육군 장교였다. 센터를 찾아온 사람 중 한 명은, 피부가 너무 까맣고 너무 못생겨서 웨이터는 안 된다는 말까지 들었다고 했다. 그렇게 적대적인 분위기이다 보니 한 번은 싸움이 붙어서 어떤 웨이터가 버서 한 명의 귀 뒤를 주먹으로 후려친 일도 있었다고 했다. 〈고용기회센터〉에서 첫 시위가 있자 쓰리가이즈 주인이 만나는 데 동의했고 센터 사무실에서 회의가 열렸다. 몇 달에 걸쳐 협상한 결과 과거 인종차별에 대한 위자료, 승진, 유급휴가, 병가, 노사 간 분규 처리 수단을 마련하는 것으로 결론이 났다.

2년 뒤 앤서니 드팔마Anthony DePalma 기자는 『뉴욕타임스』에 기사를 실었다. 그 자신도 미등록 이민자 출신이면서 쓰리가이즈를 개업했고, 현재는 그 레스토랑을 소유하고 있는 존 잔니코스John Zannikos의 삶과 오늘날 보통 주방 노동자의 삶을 비교하는 내용이었다. 과거에는 미등록 이민자 세대가 중산층으로 정착할 수 있었던 기회가 분명 있었다. 드팔마는 오늘날 미등록 이민자들도 같은 기회를 잡을 수 있는지 알아보고 싶었다.[3] 잔니코스는 1950년대에 뉴욕에 불법으로 들어왔다. 다른 그리스 출신 이민자들이 그에게 일자리와 기회를 주었고 마침내 잔니코스는 쓰리가이즈를 개업할 수 있었다. 그 후 몇 년 사이 지점이 열 몇 개로 불어났다. 잔니코스는 문맹에다 미국에 왔을 때는 주머니에 달랑 100달러뿐이었던 사람이다. 그는 식당을 개업한 뒤, 전형적인 그리스풍이라고 생각되는 것은 모조리 거부했다. 자기 식당을 '다이너'*라 부르지 못하게 했고 그리스 풍경 사진 한 장 벽에 걸지 않았으며, 직원들이 껌을 씹거나 손님을 '자기 honey'라고 부르는 것도 금지했다. 잔니코스는 한 번 추방됐다가 1956년 다시 어찌어찌해서 미국에 들어온 뒤에도 식당으로 경제적 입지를 굳혔다.

　이와 대조되는 사례로 34세의 후안 마누엘 페랄타가 있다. 페랄타는 지금껏 15년 동안이나 최저임금으로 일했다. 그의 아버지는 늘 미국에 가는 꿈을 꾸었지만 평생 꿈을 이루지 못했다. 아버지는 페랄타가 펑크 난 타이어나 수리하며 살지 않게 하려고 돈을 빌려 아들을 미국에 보냈다. 페랄타는 몇 년 동안 쓰리가이즈에서 일했는데 잔니코스를 그리스 말로 존경의 뜻을 담고 있는 "바바 유니"라고 부를 정도로 그와 사이가 좋았다. 그러나 다른 직원과 근무 시간을 바꿨다는 이유로 잔니코스는 페랄타를 해고했다. 페랄타 대신 일할 사람은 넘쳤다. 페랄타는 고용 관계 서류가 없었기 때문에 실업수당도 받을 수 없었다. 드팔마의 기사를 보면 페랄타는 2004년 한 해 동안 2만 4천 달러를 벌어 가족을 부양했다고 한다. 페랄타는 아내와 두 아이와 함께 퀸즈의 한 아파트에서 사는데, 멕시코

* diner. 레스토랑에 비해 규모가 작고 음식 값이 싼 대중식당.

인 가족 두 가구와 집을 나눠 쓰고 있었다.

　전문가들도 페랄타 같은 사람이 이 사회에 잘 적응해 중산층이 될 수 있을지에 대해 의견이 갈린다. 오늘날의 경제 상황에서 교육을 받지 못한 저임금 노동자가 계층 상승을 이룰 만한 일자리는 거의 없다. 게다가 미등록 노동자가 워낙 많아 일자리 경쟁이 치열하다. 그러나 노동자들에게 합법적인 신분만 보장한다면 이 상황이 완전히 달라질 수 있다고 보는 사람들도 있다. 페랄타도 언젠가 "자녀들이 남들처럼 완벽한 영어 발음에 좋은 교육을 받으며 아메리칸 드림을 이룰 수 있는"[4] 날을 맞을 수 있다는 것이다. 불법 신분과 열악한 조건의 일자리는 순환 관계에 있다. 이민 서류가 없기 때문에 고용주들은 노동조건을 개선하지 않고 잉여 노동자는 계속 양산돼 불평등한 경쟁이 벌어지는 것이다. 만일 합법적 신분이라면 이들은 어떤 직장에서든 임금을 더 올려 달라는 협상을 할 수 있을 뿐만 아니라, 일터 내에서도 점점 더 좋은 자리에 올라 보수도 좋고 팁도 받을 수 있는 레스토랑 홀로 승진할 수 있을 것이다.

　이처럼 더 큰 문제들이 〈고용기회센터〉를 기다리고 있었다. 사루와 맘두도 식당 사장 한 명 한 명을 상대로 시위를 해서는 레스토랑 업계 전체를 파악할 수 없다는 것을 인식했다. 사루와 맘두는 세 번째 핵심 프로젝트에 착수했다. 뉴욕 레스토랑 업계 전체를 조사해 어떻게 돌아가는지 파악하고 새로운 공공 정책을 개발하는 데 도움이 될 만한 보고서를 작성하는 일이었다. 〈노동자교육협회 Consortium for Worker Education〉 대표인 브루스 허먼Bruce Herman이 사루와 맘두의 프로젝트를 지원했다. 맘두가 고용 창출 조정관이라는 직위를 유지할 수 있게 기금을 조성해 준 것도 바로 이 협회였다. 한 번씩 턱수염을 바짝 깎거나 염소수염을 기르곤 하는 40대 백인 남성 허먼은 노동운동을 공부한 학생이었고 〈미국노동총연맹 산업별조합회의〉▪의 여러 기관에서도 일했지만 노조에

---

▪ 〈산업별조합회의(AFL-CIO)〉는 1955년 12월 미국의 양대 노동조합 조직인 〈노동총연맹(AFL)〉과 〈산업별조합회의(CIO)〉가 합병하여 성립된 세계 최대의 노동조합 조직이다. 소속 노동자 수는 약 1천3백만 명이다.

서 일한 적은 한 번도 없었다. 허먼은 산별 조직 전문가였다. 즉, 사업장 수준이 아니라 산업 분야 전체에 영향을 미칠 수 있게 전략을 짜는 데 정통한 사람이라는 얘기다. 처음 만났을 때부터 허먼은 맘두가 레스토랑 산업 전반을 정확하게 알고 있으며 가까이 지내는 레스토랑 종사자들도 많다는 것을 알아보았다.

허먼은 사루와 맘두에게 일단 레스토랑 산업 꼭대기부터 밑바닥까지 조사하고 분석할 수 있는 계획표를 짜 보라고 했다. 그 결과가 나오면 어떤 정책을 선택할지 알 수 있을 거라고 했다. 허먼도 똑같은 방법으로 의류 업계를 분석한 적이 있었다. 사루와 맘두에게 자신들의 프로젝트가 좋을 결과를 낼 거라는 예감이 왔다. 이들은 〈도시정의센터Urban Justice Center〉와 〈정의를위한브레넌센터Brennan Center for Justice〉 연구원들과 접촉을 시도했다. 〈도시정의센터〉 측은 노동자 면담을 맡기로 했고 〈브레넌센터〉는 레스토랑 노동자 통계 프로그램 작성을 돕기로 했다. 맘두는 설문지를 들고 거리로 나설 회원들을 모집했다. 조사 결과가 의미 있으려면 적어도 노동자가 5백 명은 필요했다. 그와 동시에 레스토랑 경영자들과도 접촉했다. 소위 '뒷골목에서 장사하는' 사장들을 통제하는 데 동참할 '큰 길에서 장사하는' 사장들과 관계를 맺은 것이다.

이런 포괄적인 연구를 하다 보니 〈고용기회센터〉는 그들이 하는 일이 업계에서 아주 중요하다는 것을 깨달았다. 〈고용기회센터〉 말고 유일하게 목소리를 내는 단체는 〈뉴욕주레스토랑협회New York State Restaurant Association〉였다. 회장인 찰스 헌트는 레스토랑 산업이 공정하게 운영되고 있는지 감시하는 소임에 충실한 사람이었다. 헌트는 접시닦이로 시작해서 식당 소유주로 성공할 수 있는 유일한 길이 바로 외식업이라고 본다. 그러나 이윤이 적어 근로자들의 임금 인상 요구가 통하지 않는다고도 한다. "전국 레스토랑 중에 세전 수익이 5퍼센트 내지 6퍼센트인 곳은 운이 좋은 겁니다. 규모가 크고 손님이 많이 온다고 해서 반드시 수입이 많은 게 아니거든요." 허먼이 『뉴욕프레스』 기사에서 한 말이다. 그러나 맘두와 사루는 뉴욕의 레스토랑 평균 수익률은 10퍼센트고 지난 20년 사이 레스토랑 산업의 수익과 일자리가 250퍼센트나 증가한 사실을 알고 있었

다. 이에 반해 근로자의 임금은 정체 상태였으며 연간 2만 달러 이하를 버는 사람들이 대부분이었다.[5]

시위는 활기차고 진행도 빨랐지만, 윈도즈 레스토랑과 관련된 일은 점점 골칫거리가 되었고 성과도 별로 없었다. 9.11의 의미를 재규정하려는 이들의 노력은 이 테러 사건을 국가주의의 시각으로만 바라보는 일반적인 반응과 정반대에 있었다. 2002년, 기념일을 잘 챙기는 전통대로 윈도즈 직원들은 테러 발생 1주년 기념식을 준비했고, 뉴욕 시의 공식 행사에 참여하지 말고 자신들만의 기념식을 열자는 결정을 내렸다. 소방관이나 경찰관, 그 건물에 있던 주식 중개인의 희생과 비교하려는 것은 아니었지만 상당수가 이민자였던 죽은 동료들이 다른 사람들을 구하려고 얼마나 큰 역할을 했는지 알리고 싶었다. 기념식을 열기 위해 허가서를 내려고 찾아간 시청에서 공무원들이 드러낸 반감은 아주 충격적인 것이었다. 하지만 그 때문에 자신들만의 기념식을 반드시 개최하겠다는 결심을 더욱 굳히게 되었다. 윈도즈 직원들의 친구들, 그리고 살아남은 직원들 수백 명이 그라운드제로에서 8백 미터 정도 떨어진 트라이베카의 허드슨리버파크에 모였다. 희생자 한 명 한 명의 이름이 불릴 때마다 사람들은 꽃 한 송이를 강으로 던졌다. 맘두는 기념식에 아들과 딸을 데려 갔다.

윈도즈 직원들은 부시 행정부가 이라크 전쟁으로 폭주하는 것에도 분노했다. 연방 정부가 자신들과는 아무 상관없고 테러 억지와도 아무런 상관없는 전쟁을 정당화하기 위해 자신들의 상실감을 이용한다고 느꼈다. 여전히 자금 사정은 빡빡했지만 윈도즈 직원들은 2002년과 2003년 초 세 차례에 걸쳐 돈을 모아 미니밴을 빌렸고 반전 시위가 벌어지는 워싱턴으로 갔다. 대다수가 미등록 노동자였기 때문에 경찰의 주의를 끌 수 있는 대규모 시위에 참여하는 것은 여전히 두려웠다. 하지만 9.11에서 살아남은 자신들이 이라크 침공과 정복을 치유책으로 보지 않는다는 사실을 알리는 게 의무라는 생각이 들었다.

미국의 9.11 신화화는 미등록 상태인 윈도즈 가족들에게 끔찍한 영향을 미쳤다. 〈고용기회센터〉는 윈도즈에서 사망한 직원 가족의 신분을 합법화하는 일에 최선을 다했지만 다른 프로젝트와 비교하면 성공적이지 못했다. 윈도즈에서 페스트리 담당 주방장으로 일하던 슐라이카 라 크루즈는 이런 가족들을 데리고 〈사면위원회Amnesty Committee〉를 찾아가는 일을 담당했다. 총 열여섯 가구였는데, 미망인, 사망한 직원의 형제자매들, 미국에서 태어난 아이까지 포함해서 자녀들로 구성된 가구였다. 코트디부아르에서 딸을 데려 오려고 싸웠던 아디자투 트라오레는 처음 찾아온 사람 중 하나였다. 라 크루즈는 이 사람들이 입법부를 찾아가는 게 좋을지 사법부를 찾아가는 게 좋을지 알아보기 위해 〈도시정의센터〉 변호사들과 회의 일정을 잡았다.

변호사들은 우선 개별 법안을 발의해 줄 국회의원을 구하기 위해 뛰어다녔다. 개별 법안은 이민법의 예외 조항으로, 질병이나 사망 같은 예외적 상황에서 합법적인 체류를 허가하는 것을 뜻한다. 1999년에도 의회는 민주당과 공화당이 공평하게 발의한 열일곱 건의 개별 조항을 통과시킨 적이 있다. 공화당의 테네시 주 상원 의원인 프레드 톰슨Fred Thompson 같은 경우 훗날 대통령 선거 운동 때 미등록 이민자를 가장 지독하게 공격했지만 교통사고로 남편과 아이 하나를 잃은 부인과 남은 세 자녀가 암 치료를 받으러 미국에 올 수 있도록 후원한 적이 있다. 페르시아 만에서 벌어진 걸프전이 끝나고 민주당 웨스트버지니아 주 하원 의원 닉 라할Nick Rahall은 걸프전 중에 쿠웨이트에서 미국으로 피난을 온 쉰네 개 가구에 합법 신분을 부여하는 개별 법안을 발의하기도 했다. 이들이 전쟁 중에 미국인을 숨겨 주었다는 이유로 이라크 정부의 공격 대상이 되었기 때문이었다. 그러나 〈사면위원회〉와 변호사들이 뉴욕 주의 모든 하원 의원들에게 호소했건만 개별 법안을 발의해 줄 의원을 찾을 수가 없었다.

한번은 어떤 동료가 사루에게 유비자(UVISA)라는 행정 제도를 살펴보는 게 어떠냐고 귀띔했는데, 그것은 〈도시정의센터〉에 새로 온 한국계 미국인 변호사 윤해영도 한 차례 고려해 본 적 있는 사항이었다. 범죄 피해자를 위해 만든 유비자는 가정 폭력에 시달리는 이민자들이 미국 체류 허가를 받아 가해자에게 반대 증언을 할 수 있게 해 주는 제도다. 〈고용기회센터〉는 9.11을 범죄로 규정할 수 있을지, 희생자 가족들 모두가 살인 사건에서 살아남은 사람의 자격으로 이 비자 신청을 할 수 있을지 고려해 봤다. 사루는 미국의 대외 정책이 9.11과 관련 있다고 이데올로기적으로 해석했기 때문에 이 사건을 범죄라고 부르는 데 의문을 품었지만 맘두는 너무나 당연하다고 생각했다.

"그들은 살인자예요. 죄 없는 사람들을 죽였으니까 당연히 범죄 아닙니까."

맘두가 말했다.

유비자는 합법 체류를 보장해 시민권도 취득할 수 있게 한 비자로, 2000년에 실시되었지만 연방 정부는 신청과 지원에 대한 지침조차 발표하지 않았다. 신청이야 할 수 있지만 판결이 나지 않은 채 무조건 대기하는 상황에 빠질 수도 있었다. 그래도 유예 신분이 되면 합법적으로 일을 할 수 있기 때문에 일단 한 번 시도해 볼 가치는 있었다. 그러나 유예 처분을 받는 과정에서 조사 담당관이 특정 증인을 요구하도록 유도해야 하고 또 그 증인은 그 가족의 신분을 증명해 줄 수 있어야 한다. 일단 그 과정만 통과하면 신청자는 미국에 체류할 수 있다. 윤해영은 자카리아스 마사우이* 사건을 맡은 연방 검사를 설득했다. 검사는 마침 법정에서 증언해 줄 증인을 찾고 있던 참이었는데 윤해영은 검사에게 9.11 당시 가족을 잃었거나 부상을 당했거나 직장을 잃은 사람들이 포함된 다른 12건의 신청서를 검토해 마사우이 사건의 증인으로 받아 줄 것을 요청한 것이었다.

윤해영과 사루 둘 다 이 일을 다루면서 변호사로서 갈등을 느꼈다. 그들은 마사우이가 유죄인지 무죄인지 확신할 수 없었다. 그리고 수천 명의 남아시아인과 무슬림과 아랍인들이 가혹한 억류 상태에 처해 있는 데다 정당한 법적 절차를 거칠 권리조차 유례없이 차단당한 상황이었기 때문에 [마사우이가 무죄일 수도 있다는 생각이] 유비자 건 전체에 어두운 그림자를 드리웠다. 그러나 다른 선택의 여지가 거의 없었으므로 그들은 움직이기로 했다. 특별 검사는 세 건 만이 증언

---

* Zacarias Massaoui, 9.11 사건을 함께 모의한 인물로, 가석방 없는 종신형을 선고받아 현재 콜로라도 주 플로렌스 연방 교도소에 수감돼 있다.

능력이 있다고 보았다. 마지막에 가서 그들의 증언이 채택되거나 한 건 아니었다. 아디자투 트라오레는 그 세 건에 포함된 운 좋은 경우였고 어쨌든 그 모든 노력 끝에 트라오레는 마침내 유비자를 신청할 수 있었다. 정부가 유비자 지침을 내놓기 전에는 비자가 나오지 않을 것이고 트라오레의 신청서는 서류더미 속에 끼어 있을 것이다. 그래도 트라오레는 유예 신분을 얻었고 윤해영은 매년 그 신분증을 갱신해 주었다.

승리와 좌절이라는 다소 상반된 성적에도 〈고용기회센터〉는 이 사면 시위를 특유의 낙관적인 태도로 다루었다. 〈고용기회센터〉의 가을 소식지에는 〈사면위원회〉의 보고서가 실렸고 보고서 제목은 "경축! 〈사면위원회〉 계속 진군하다!"였다. 센터는 세 건의 신청서가 접수된 것을 자축했고 다른 사람들의 신청서도 접수되도록 법무부 차관을 계속 압박하겠다고 다짐했다. 『뉴욕타임스』에도 기사가 실렸고 그라운드제로에서 열린 기자회견도 성공적으로 마무리했다. 보고서는 이런 말로 맺었다.

"여러분들의 도움으로 해가 바뀌기 전에 자격이 있는 회원들의 신청서가 모두 승인된 것을 축하할 날이 올 겁니다!"

그러나 사면 건은 조직이 끝까지 매듭짓지 못한 유일한 시위가 되었다. 나라 전체의 분위기 때문에 도저히 불가능했던 것이다. 9.11 이후 국회의원들은 미등록 이민자들에게 너무나 옹졸한 태도를 보이며 개별 법안을 발의하거나 상당 수준으로 개입하려는 시도조차 하지 않으려고 했다. 보수주의자들이 미국의 '열린 국경'과 비행기 납치범 문제를 계속 연결시키고 있어서 개별 법안이 발의된다 해도 국회에서 통과될지 의문이었다.

〈고용기회센터〉는 설립 18개월 만에 회원 1천 명을 보유하게 되어 〈로컬100〉에서 독립할 수준에 이르렀다. 〈고용기회센터〉는 주로 재단 등에서 지원을 받아 스스로 기금을 마련했다. 또 센터 명의로 세금을 내면서부터 〈로컬100〉이 비영리 부문에 지원하는 재정을 더는 받지 않게 되었다. 〈고용기회센터〉는 사무실도 따로 얻었다. 벽이 온통 쪽지와 포스터와 사진으로 뒤덮여 빈틈을 찾을 수가 없는 3미터×4.5미터 너비의 공간에 직원 일곱 명이 비집고 들어가 일했다.

사루와 맘두는 1년 반 동안 마찰 없이 서로에게 도움을 주는 관계로 발전했다. 처음 만나고 나서 한 동안은 차츰 우정을 쌓으며 상대의 능력과 사는 방식을 존중하고 칭찬을 아끼지 않았고 심각한 의견 불일치는 한 번도 없었다. 맘두가 회원들에게 자신들을 이런 처지로 내몬 사회 체제에 전투적인 자세로 임해야 한다고 강하게 몰아붙이면 사루도 꼭 그대로 맘두를 지지했다. 맘두는 만일 사루가 그들 조직에 합류하지 않았다면 자신은 〈이주노동자지원연합〉에서 6개월 일한 뒤 다른 사람들처럼 정규직 일자리를 찾아 나섰을 거라고 생각했다. 퇴근하고 지하철까지 함께 가는 건 두 사람에게 습관이 되었다. 다른 동료 한 명도 같이 끼어 가던 어느 날 밤 맘두는 이렇게 말했다.

"사루가 우리 중에서 제일 가난한 거 알아요? 그런데도 제일 열심히 싸우는 사람이에요."

사루의 봉급이 제일 적다는 말이었다.

그러나 그들 조직도 인사 문제와 인종 문제로 어려움을 겪었다. 슐라이카 라크루즈가 플로리다로 이사 간 뒤 회원 가족 담당으로 새로 들어온 조직가와 관계가 원만하게 풀리지 않은 것이다. 간발의 차로 9.11에서 살아남았다는 죄의식과 충격 때문에 계속해서 고통을 당하던 한 조직가는 사표를 냈다. 맘두와 사루는 잘 지냈지만 다른 직원들, 특히 남자 직원들은 사루의 직설적인 성격과 일주일에 65시간을 일하면서 다른 사람도 그러기를 바라는 태도를 못마땅해했다.

사루와 맘두는 조직이 여러 인종으로 구성될 수 있도록 노력했지만 라티노들이 점점 더 많이 들어오는 것은 막지 못했다. 윈도즈에서 부주방장이던 아이티 출신 장 에미 피에르는 2003년 봄에 어떤 자리에 지원했다가 떨어졌는데, 하필 그날 우연히 사무실에 나왔다가 투표단이 된 사람들이 대부분 라티노라는 사실을 알게 됐다.

"인종차별 당한 겁니다. 나는 일주일에 네 번이나 자원봉사를 해 왔는데 에스파냐어 쓰는 사람을 뽑았어요. 〈뉴욕고용기회센터〉는 〈라티노고용기회센터〉가 돼 버렸어요."

피에르가 항변했다. 마음이 상한 데다 여전히 실직 상태이던 피에르는 한 동안 센터에 나오지 않다가 맘두가 구슬린 끝에 다시 나왔다.

맘두는 나중에 세쿠 시비를 채용했다. 테러 사건으로 아직도 비탄에 잠겨 있었고 여러 사람과 어울리기 힘들어하던 시비는 그동안 운전을 하면서 사람들과 관계를 끊고 살았다.

"여보게, 택시 운전이 얼마나 힘든 일인데, 언제까지 그 일만 할 수는 없잖아. 시비, 여기 와서 같이 일하면 좋겠어. 할 만할 거야."

맘두는 시비와 통화하면서 그렇게 말했다.

시비는 싫다고 했지만 남편이 택시 운전보다 안정적인 일자리를 갖기 원했던 아내와 얘기한 끝에 마음을 바꿔 2003년 10월 〈고용기회센터〉의 일원이 되었다. 그러고 나서 얼마 뒤에 정치 조직에서 일할 생각을 가지고 있던 법대 학생이 인턴으로 들어왔다. 이름은 레카 이니로, 인도계와 이탈리아계의 후손이었다.

조직이 커지면서 〈고용기회센터〉는 윈도즈와 관련된 기억을 다소 분열증적으로 간직하게 됐다. 근본적으로 다인종 환경을 유지하기 위해 한편으로는 윈도즈 출신을 기본으로 할 필요가 있었다. 윈도즈는 주방은 물론 홀에서도 전 세계에서 온 아주 다양한 이주 노동자들이 일하던 매우 특이한 레스토랑이었다. 레스토랑 업계는 홀과 주방이 윈도즈보다는 좀 더 인종적으로 나뉘는 게 보통이고, 가장 낮은 임금을 받는 사람들은 중국인, 아프리카인, 라티노, 방글라데시인이었다. 센터에 찾아오는 사람은 대부분 멕시코 사람들이었다. 풍부한 인맥 덕분이었다. 전형적인 센터 회의에는 베네수엘라 사람 네 명, 콜롬비아 사람 두 명, 가나 출신 두 명, 인도 사람 두 명, 방글라데시 출신이 한 명, 모로코 사람 두 명, 아이티 사람이 한 명, 그리고 멕시코 사람 여덟 명이 참석했는데, 이만큼 인종 구성이 다양했던 것은 윈도즈 출신이 많았기 때문이었다.

그러나 〈고용기회센터〉가 윈도즈 출신만을 위한 조직으로 남는 데는 한계가 있었다. 윈도즈 레스토랑이 더 이상 존재하지 않는다거나 새 회원을 충원하지 못해서가 아니었다. 9.11 사건과 심정적으로 연결돼 있다는 감정은 일부만 공유했고 또 그들에게만 지속될 것이기 때문이다. 〈고용기회센터〉가 앞으로 나아가려면 과거에 대한 신성한 기억보다는 미래를 위한 싸움이라는 토대 위에서 똑같이 강력한 정서적 유대를 느껴야 했다. 그 점에서는 윈도즈에서 사망한 직원의 유족들도 예외가 될 수는 없었다. 유족들은 센터의 다른 활동에는 참여하지 않았고 앞으로 나아가는 것을 매우 힘들어했다. 센터 직원과 이사회가 함께 한 연수회에서 유가족들을 정책 위원회에 참여시킬 수 있을지 논의할 기회가 있었는데 한 직원이 이런 지적을 했다.

"유가족들은 우리와 어울리려고 하지 않아요. 우리를 보는 것 자체가 너무나 슬픈 일이거든요."

연수 기간 동안 가장 중요한 사업은 바로 미래와 과거 사이의 긴장에 주목하는 것이었다. 그러나 그것은 예상치 못한 생채기마저 드러내고 끝났다. 센터 초창기에 맘두는 사루에게 레스토랑을 하나 열어 윈도즈와 또 다른 레스토랑에서 일자리를 잃은 사람들을 고용하면 어떻겠냐고 물은 적이 있었다. 맘두와 친구들은 그들만의 레스토랑을 개업하겠다는 꿈을 항상 간직하고 있었고, 당시 유가족 다수는 상당액의 9.11 구호 기금을 수령한 상태였다. 어쩌면 레스토랑에 투자할 마음이 생길 수도 있는 것이다. 사루는 그 아이디어가 "꽤 괜찮다"고는 생각했지만, 그건 체제를 바꾸는 게 아니라 체제 속에 들어가 일하는 거나 마찬가지였고 경제적인 이익을 내야 하는 일에는 관심이 가지 않았다. 사루가 그 아이디어에 대해 해 줄 수 있는 말은 조합식 레스토랑이면 좋겠다는 것 정도였다. 맘두도 동의했다.

9.11 1주년 기념식을 치른 직후 맘두는 주간 행사표에 세 번째 회의를 끼워 넣고 조합식 레스토랑 설립에 관심 있는 사람들을 모았다. 윈도즈 출신 열두 명을 포함해 아타우르 라만, 마그디 라비브, 장 에미 피에르가 최초로 합류했다. 이 사업은 한동안 윈도즈를 떠오르게 했고, 윈도즈에 대한 기억은 활력을 불어넣기도 했지만 장애로 작용하기도 했다.

맘두가 스스로에 대해 가졌던 이미지는 상당한 변화를 겪었다. 직원 연수 때 맘두는 5개년 계획을 발표하면서 전에는 한 번도 생각해 보지 않았던 말이나 아이디어를 사용했다. 맘두는 누구나 받고 싶어하는 자가트*의 별 다섯 개짜리 등급처럼, 〈고용기회센터〉도 좋은 레스토랑에 그런 걸 부여할 수 있기를 바란다고 했다. 또 5년 뒤에는 윈도즈 생존자들 중 미등록 노동자들이 모두 사면받고 나아가 다른 사람들도 사면받았으면 좋겠고, 또 개인적으로 "저 에스파냐어 할 줄 알아요."라고 말하는 것이 목표라고 했다. 태어나서 처음으로 맘두는 돈벌이를 위해서가 아니라 다른 목적으로 자신의 카리스마를 최대한 이용할 기회를 잡았고, 그렇게 돼서 행복했다.

맘두는 자기 일의 여러 가지 측면을 즐겼다. 시위도 재미있고 사람들과 계속 관계를 맺는 것도 좋았다. 뉴욕 명사들의 식사를 서빙하는 대신 명사들과 함께 회의 테이블에 앉았다. 언론 기사 때문에 맘두는 친구들 사이에 아주 유명해졌고 밤에 집에 가서 파티마에게 그들이 해낸 일을 얘기해 주는 것도 좋았다. 그러나 시간이 흐르면서 변하는 것도 있었다. 조직가의 삶은 한 가지 일만 하면 되는 웨이터의 삶과는 근본적으로 달랐다. 길고 예측할 수 없는 시간이 맘두를 힘들게 했다. 가족에 대한 애정이 점점 깊어지면서 하루가 다르게 커가는 아들딸과

---

* Zagat. 1979년 팀 자가트와 니나 자가트가 만든 레스토랑 평가서. 프랑스의 미슐랭 가이드 같은 평가를 한다. 2011년 9월 〈구글〉이 인수했다.

같이 주말을 보내거나 자전거 여행에 나서지 못해 아쉬워졌다.

맘두의 정체성에는 또 하나의 변화가 생겼다. 2004년 7월 13일 아침, 지방 법원에 가서 미합중국에 충성을 맹세하고 미국 시민이 된 것이다. 일단 파티마와 아이들과 같은 국적을 갖고 싶기도 했고 영주권보다는 시민권이 더 안전하다고 생각했기 때문에 9.11 직후부터 귀화 과정을 밟았던 것이다. 시민권을 획득하는 순간 그 엄청난 시간의 무게가 맘두에게 고스란히 전해졌다. 그래도 맘두는 눈물을 보이지 않았다. 지난 2년 사이 자신의 국적에서 직업까지 모든 것이 바뀌었다. 맘두 자신이 의도한 건 아니었지만, 이 새로운 인생은 다시 되돌릴 수 없는 것이었다. 맘두는 그 모든 것을 끌어안을 준비가 되어 있었다.

5장
# 조합식 레스토랑, 그 험난한 꿈

세계화 시대
이주와
시민권 문제

공동으로 소유하는 레스토랑을 만들어 보자는 맘두의 아이디어는 과거와 미래 양쪽에서 영감을 얻었다. 정서적 호소력이 매우 큰 혁신적인 기획으로 출발한 것이다. 과거와 관련해 레스토랑은 희생된 윈도즈 직원들에게 바치는 기념비였다. 직원들 누구나 자기 소유의 식당을 여는 꿈을 가지고 있었기 때문이다. 그리고 전직 윈도즈 직원들과 9.11 이후 실직 상태인 사람들에게는 지분을 갖는 직원이 될 기회기도 했다. 미래와 관련해 조합식 레스토랑은 인종차별 없이도 최고급 레스토랑을 운영할 수 있다는 걸 보여 줄 방법이었다. 유령처럼 존재하던 직원들이 소유자가 되어 노동조건과 관련된 문제에서 고용주와 동등한 지위에서 말할 수 있는 방법이기도 했다. 레스토랑 수입의 일부는 앞으로 조합 레스토랑을 더 늘릴 자금으로 활용할 수도 있을 터이다.

이 안건을 놓고 맘두와 사루는 말할 것도 없고 수많은 사람들이 엄청난 양의 시간과 돈과 에너지를 쏟아 부었다. 50명 이상의 회원들이 몇 년에 걸쳐 기금을 조성하고 조직을 꾸리는 일에 앞장섰다. 이탈리아인들이 세운 조합식 레스토랑 몇 곳이 수만 달러를 투자했다. 끝도 없이 생기는 자잘한 일거리를 해결하기 위해 변호사들과 요리사들, 그리고 학생들이 자신들의 시간을 기부했다. 이렇듯 여러 방면에서 지지를 이끌어 내기는 했지만 조합식 레스토랑은 일반적인 레스토랑을 설립하는 일과는 너무나 달랐다. 자금이 충분하지 않았고 최고급 요리사도 모집하기가 어려웠다.

결국 이 기획에 불을 지폈던 서로 다른 두 동기가 마침내 충돌했다. 〈고용기회센터〉와 반대파 회원들의 갈등은 다음과 같은 문제에서 시작되었다. 이 조합식 레스토랑은 누구를 위한 것인가? 9.11에서 살아남은 전직 윈도즈 직원들만을 위한 것인가, 아니면 레스토랑 종사자 모두를 위한 것인가? 이런 갈등이 대개 그러듯이 논쟁은 결국 장차 레스토랑에서 나올 이윤을 어떻게 분배하느냐에 집중되었다. 뉴욕이라는 대도시에서 레스토랑을 새로 개업할 때 생길 수 있는 여러 문제들에다가 부가적인 갈등까지 겹치자 조합식 레스토랑 설립 자체가 엎어질 지경까지 갔다. 반대 측은 자신들의 요구를 정당화하기 위해 윈도즈를 계속 들먹였지만 사루와 맘두를 포함한 나머지 관계자들은 충분히 예상할 수 있는 그런 문젯거리에 대비가 되어 있지 않았다. 정치적인 주장을 할 수 있는 조직을 세우고자 하는 열망과 더불어 가능하면 윈도즈 수준의 레스토랑을 만들어야 한다는 압박감에 사로잡혀 있었기 때문에 그들은 성공에 꼭 필요한 창조적인 유연성을 발휘하지 못했다. 이 일로 교훈을 얻어 앞으로는 나아지겠지만 그 과정에서 피를 흘리는 일은 피할 수 없을 것 같았다.

이런 갈등은 맘두에게 9.11 이후로 가장 큰 정서적 위기를 안겨 줬다. 이 일로 가까운 친구들 몇을 잃었고 한동안 센터 상근 대표직도 내놓아야 했다. 사루와도 계속 다퉜고 그 때마다 맘두는 조직을 떠나겠다고 으름장을 놓았다. 맘두는 이 기획의 성격 자체를 놓고 개인적인 질문을 던져 봐야 했다. 자신은 왜 조직가가 되었는가? 단지 무기력증에서 벗어나려고 윈도즈에서 곧장 〈고용기회센터〉에 몸을 던진 것인가, 아니면 이제는 더 큰 문제를 해결해야 할 때라는 생각이 들었기 때문인가? 매일 이렇게 일하는 것은 과거 때문인가, 미래 때문인가?

거대한 꿈과 차가운 현실

사실 레스토랑 사업은 엄청난 열정에서 시작됐다. 조합식 레스토랑 설립에 관심 있는 사람들이 모이는 주간 회의는 처음에는 열다섯 명으로 출발했다. 거의 모두가 윈도즈에서 일했던 사람들이었다. 그들은 윈도즈에서 사망한 동료들에게 헌정하는 기획이라고 생각했기 때문에 윈도즈 수준으로 아름다우면서 중요한, 그런 레스토랑을 상상했다. 또 최고급 레스토랑에다 온갖 인종의 사람들이 모여 일하는 곳이기를 바랐다. 장소는 그라운드제로 근처가 좋았다. 이 사업으로 레스토랑 업계 전반을 바꾸자는 얘기도 오갔다. 자신들이 레스토랑 주인이 되고, 사다리 꼭대기로 올라서고, 그 누구도 '보스'가 아닌 일터를 만들 생각에 푹 빠져 있었다. 그리고 그런 꿈을 확장시키고자 했다. 또 다른 조합식 레스토랑을 설립할 때 종자돈으로 쓸 수 있도록 일정 부분을 신탁에 맡기기로 한 것이다.

이들이 본받을 수 있는 전례를 찾던 중에 첫 번째 현실의 벽이 들이닥쳤다. 미국 전역의 협동조합을 지원하는 〈산업협동조합협회Industrial Cooperatives Association〉 본부가 보스턴에 있다는 것을 알아낸 뒤, 센터 직원 한 명이 〈산업협동조합협회〉의 안내로 에티오피아 식당을 방문했을 때였다. 그 식당은 여성 세 명이 설립했고 그 셋이 사장이자 직원이었다. 식당은 작고 어두침침했으며 레스토랑이 아니라 테이크아웃 전문점에 가까웠다. 원래 〈고용기회센터〉는 점심시간을 주요 시간대로 손님을 받을 계획이었다. 그곳을 안내한 협회 측은 그 세 여성들 사이에는 끊임없이 결정해야 할 사안이 있었고 그것 때문에 그들이 몹시 힘들어한다는 얘기도 해 주었다. 센터를 대표해 간 사람은 크게 실망했다. 세 명으로 시작해서 다른 직원은 더 두지도 못하고 영업도 그렇게 힘들면 직원이자 사장인 사람이 열 명도 넘는 상황에서 어떻게 최고급 레스토랑을 만들 수 있단 말인가?

"그런 식당은 우리 레스토랑과는 아주 달라."

맘두는 에티오피아 식당과는 전혀 다른 레스토랑이 가능하다는 확신을 가지고 있었다. 최고급 레스토랑 말고 다른 것은 꿈도 꾸지 않고 몇 년 동안 매달렸기 때문에 맘두는 누구보다도 자신들의 레스토랑 개념에 집착했다.

희망에 부푼 조합식 레스토랑 회원들은 〈산업협동조합협회〉에 1만 5천 달러를 지불하고 식사 담당 일부터 자금 모집까지, 자신들의 아이디어에 타당성이 있는지 조사해 달라고 의뢰했다. 조합식 레스토랑 회원들은 금세 소규모 비영리 단체, 학생 단체, 노조 등을 위한 행사로 꽉 짜인 일정표로 바쁘게 돌아갔다. 센터 행사나 반전 시위 현장에서 스파게티를 팔아 조금씩 기부금을 모으면서 석 달 만에 필요한 만큼의 돈을 모았다.

그러나 조사 결과가 나오자 그들은 멈칫했다. 〈산업협동조합협회〉 보고서는 자금력 있고 경험이 풍부한 레스토랑 사장을 파트너로 참여시키지 않으면 조합식 레스토랑은 실패할 거라고 단언하고 있었다. 맨해튼 지역 레스토랑 업계의 연간 수입은 지난 2년 사이 거의 10억 달러가 줄었다. 보고서에는 "현재 경제 사정과 로어맨해튼의 상황을 참작하면, 〈고용기회센터〉만이 유일하게 참여하는 레스토랑 벤처 기업은 운영이 상당히 어려울 것이고 실현 불가능해 보인다"고 나와 있었다. 협회 측은 차라리 급식 업체를 설립해 보라고 했다.

그러나 회원들은 자신들과 9.11의 관계가 너무나 특별하고 진지해서 꿈을 포기할 수 없다며 계속 파고들었다. 〈산업협동조합협회〉는 계속 추진할 거면 레스토랑 설립 과정에 대해 조언해 줄 수 있는 경험이 풍부한 레스토랑 경영자를 찾아보는 게 어떠냐는 답을 내놓았다. 회원들은 이 충고에 따라 자신들의 모든 연줄을 동원해 일급 요리사나 레스토랑 사장들과 접촉해 보았다. 그러나 시간을 내 줄 사람은 아무도 없었다.

조합식 레스토랑 사업은 이렇게 난항에 빠지는가 싶더니 맘두가 〈노동자교육협회〉 대표 브루스 허먼에게 전화를 걸면서 전환기를 맞았다. 허먼은 그동안에도 계속 도움을 줬는데 특히 레스토랑 전체를 조사하는 기획 같은 데서 크게 도움을 받았다. 허먼은 이탈리아에서 1년을 보낸 적이 있었다며, 이탈리아에서는 조합식 레스토랑이 유별나기는커녕 조리 기구 업체, 건설 업체, 수송 업체에 이르기까지 대다수가 조합식으로 운영된다는 정보를 알려 주었다. 허먼은 자신의 이탈리아인 멘토에게 연락을 취했다. 오스카 마르키시오Oscar Marchisio는 현대의 르네상스형 인간이라 할 수 있는 사람이었다. 마르키시오는 이탈리아에서 가장 큰 식품 조합 회사의 생산품을 거래하면서 사회적 책임을 지는 기업들 상당수에 지분을 가지고 있기도 했다. 허먼은 마르키시오에게 〈고용기회센터〉와 윈도즈 직원들, 조합식 레스토랑에 대해 얘기해 주었다. 마르키시오는 반드시 돕겠다고 약속했다.

석 달 후 허먼은 마르키시오와 이탈리아 조합식 레스토랑 사장 이반 루세티를 그들이 묵고 있는 어퍼이스트사이드의 호텔에서 만나 센터로 데려갔다. 이들은 센터에서 하루 꼬박, 그리고 그 다음 날 반나절 동안 회의를 했다. 몸집이 작고 백발이 성성한 60대의 루세티는 1977년 동업자 아홉 명과 〈코오페라티바 이탈리아나 디 리스토라치오네 푸드그룹〉을 설립했다. 아홉 명은 제2차 세계대전 후 새로 제정된 이탈리아 헌법에 명시된 협동조합 설립에 필요한 최소 인원이었다. 아홉 명이 동등하게 30달러씩 출자했는데 그들 모두 공립학교와 지역 정부에 인맥이 풍부했다. 이 푸드그룹은 성장을 거듭해 연간 3억 5천만 유로의 수입을 올리는 회사가 되었고 레스토랑, 학교 급식, 치즈 공장, 와인 제조업으로 사업을 계속 확장해 프랑스, 벨기에, 중국에까지 지사를 두게 됐다. 이탈리아에 있는 조합원만 7천5백 명이었다.

〈고용기회센터〉는 루세티에게 트라이베카에 레스토랑 자리로 봐 둔 곳을 소개하면서, 자신들이 세우려는 벤처 레스토랑에서 윈도즈가 차지하는 의미가 크기 때문에 세계무역센터가 있던 곳 근처에 레스토랑을 짓고 싶다는 사연을 들려주었다.

루세티는 감동했다. 이탈리아 좌파이기도 한 루세티는 이라크 전쟁으로 돌진하는 부시 행정부와는 정반대로, 9.11과 관련해 무언가 긍정적인 일을 해 보자는 데 관심이 있었다. 루세티가 직접 한 말은 아니지만 허먼은 그 순간 루세티가 "좋았어, 우리 계획을 부시 눈에 찔러 줄 기회야" 하고 생각한다는 인상을 받았다. 루세티는 뉴욕에 조합식 레스토랑을 세우는 일에 일조할 수 있다는 생각에 들떴다. 루세티 본인도 항상 자기 회사의 시장을 넓힐 기회를 찾고 있던 참이었다. 그러나 루세티는 무엇보다 윈도즈 직원들의 다양한 출신지에 가장 큰 매력을 느꼈다.

루세티 회사의 본부는 볼로냐 근처 레기오 에밀리아에 있다. 이 지역은 이탈리아에서도 이민 온 사람들이 가장 많이 몰려 사는 곳이며, 그 대부분은 북아프리카와 동유럽에서 왔다. 루세티는 뉴욕이 남아메리카, 인도, 모로코, 아프리카 등, 온갖 나라에서 온 사람들로 가득하다는 사실을 알고 이탈리아로 이민 온 사람들을 통합할 묘책을 세울 때, 이들의 노력에서 배울 점이 없을까 궁리했다. 이탈리아에서 이민은 1980년대부터 시작된, 매우 최근에 일어난 현상이었다. 조합식 업체는 원래 공통의 역사와 문화를 가진 사람들이 세우기 용이한 방식이기 때문에 루세티는 이토록 다양한 출신들이 어울려 조합을 설립하려는 센터의 경험에서 뭔가를 배우고 싶었다.

루세티는 〈고용기회센터〉 회원들에게 이탈리아를 방문해서 그들의 계획을 설명하고 지나온 이야기를 들려 달라고 요청했다. 가능한 많이 와주기를 바라지만, 여행 경비는 직접 부담해야 할 거라고 했다. 넉 달 안에 회원 열여덟 명과 직원 세 명, 인턴 한 명이 여행할 수 있는 충분한 경비가 모였다. 그들은 통역사의 자격으로 허먼을 위한 비행기표도 샀다.

뉴욕 사람들은 일주일 일정으로 레기오 에밀리아에 도착해 성대한 환영을 받았다. 이탈리아 사람들은 그들을 실어 나를 버스 한 대를 전세 냈고 숙식비를 제공하겠다고 나섰다. 최고급 식사도 양껏 대접했다. 루세티의 회사가 식료품 협동조합이니 어찌 보면 당연했지만, 그들의 방문은 지역 신문에도 실릴 정도였다. 그들은 매일같이 치즈 공장, 와인 제조업체, 카페테리아 같은 여러 종류의 조합식 업체를 방문했다. 매일 밤 9시까지 이어지는 긴 회의에서 이탈리아 사람들은 제품 생산 기술은 물론 인간관계, 봉급 체계, 직위 서열에 이르기까지 회사를 설립하는 데 필요한 세세한 부분을 알려 주었다. 뉴욕 사람들은 거기 가서야 루세티의 회사가 다른 무엇보다 눈에 확 띄는 이윤을 내는 회사라는 사실을 알았다. 맘두와 루세티는 둘 다 프랑스어를 할 수 있었기 때문에 자본주의와 혁명이라는 주제를 놓고 많은 이야기를 나누기도 했다. 미국 레스토랑에서 직원들이 받는 대우에 대해서도 열띤 토론이 이어졌다. 맘두는 이탈리아 노조에 모로코 사람이 극히 소수만 가입해 있다는 사실에 놀라지 않았다. 대낮 길거리를 배회하는 실직한 모로코 사람을 봤을 때도 마찬가지였다.

루세티는 민주주의에 대한 뉴욕 손님들의 생각이 다소 제각각이라는 인상을 받았다. 열여덟 명이 있으면 열여덟 명 모두 하나같이 자기들 벤처 회사에 대해 서로 다른 생각을 가지고 있었다. 게다가 루세티 회사 사람들은 주로 조합의 주주가 되는 방식에 관심이 더 컸다. 회원들은 그냥 사업 자금을 내고 동등한 의사 결정권을 가지는 게 전통적인 방식이었다. 그런데 뉴욕 사람들이 그런 식으로 하지 않겠다고 하자 깜짝 놀랐다. 윈도즈 직원들이나 레스토랑 종사자 대부분은 투자금이 넉넉하지 않기 때문에 센터가 큰돈을 출자하면 조합원들은 '노동에 따른 소유권 분배 방식'[*]으로 자신들의 지분을 가져갈 거라는 얘기였다. 주주가 되고 싶은 회원들은 조합 설립 작업과 〈고용기회센터〉의 회의와 시위, 그리고 레스토랑 서빙에 자기 시간을 투자하기만 하면 된다는 것이다. 이탈리아 사람들은 아무리 센터가 현금을 출자해 조합 설립에 드는 경화 비용[**]을 보탠다고 해도 그런 방식은 통하지 않을 거라고 대놓고 말했다. 루세티는 그들에게 높은 수준의 책임을 요구하는 다른 투자자들의 존재도 생각해야 하며, 이미 충분히 힘든 일에 복잡한 요소를 덧보태고 있다는 경고도 했다.

이런 만남으로 뉴욕 사람들 내부의 문제가 표면으로 떠오르기 시작했고 훗날 그 정도는 더욱 심해진다. 조합식 레스토랑이 무엇인지, 어떤 식으로 운영해야 하는지에 대해 열여덟 명의 생각이 다 달랐다. 매일 밤 일정이 끝날 때마다 간략

---

[*] sweat equity system, 투입한 노동에 따라 이윤이나 지분을 공평하게 분배하는 제도. 국내에서는 '땀의 균형', '땀의 자본', '땀의 분배' 등 다양하게 옮긴다. 이 책에서는 명사형으로 옮기기도 하고 문장 안에서 풀이하는 방식으로 옮기기도 했다.
[**] hard money, 미국 달러화나 스위스 프랑화처럼 금이나 다른 화폐로 자유로이 교환되는 통화.

한 요약 설명을 듣기는 했지만 자기주장이 강하지 않은 회원도 있고 언어 장벽도 있는 데다가 생소한 주제라고 생각해 이탈리아 사람들과 직접 대화할 기회를 거의 갖지 못했고, 결국 토론의 상당 부분에서 제외돼 버렸다.

뉴욕에서 온 손님들이 떠나기 전에 루세티는 레스토랑을 개업할 장소, 기타 자금 문제, 총주방장 같은 몇 가지 사항이 제대로 정리되면 자기 회사가 50만 달러를 투자할 의향이 있다는 점을 주지시켰다. 루세티는 뉴욕 사람들은 그들끼리 일을 진행하게 하고 자기들은 따로 미국 시장에 뛰어들자고 동료들을 설득했다. 그런데 매우 심각한 저항이 있었다. 미국인들의 조합식 레스토랑에 가장 긍정적인 반응을 보인 사람이 바로 루세티였지만 그 자신조차 의구심은 있었다. 다른 곳보다 상당히 많은 임금을 주고 세계 여러 나라의 음식을 팔고 공동으로 운영하는, 저들이 꿈꾸는 그런 레스토랑이 뉴욕의 정치적·경제적·사회적 분위기에서 제대로 정착할 수 있을까? 이탈리아 사람들은 〈고용기회센터〉가 이념적으로는 정당하지만 기획이 현실화될 수 있을지는 확신할 수 없었다. 사업 계획은 계속 변경되었다. 결국 루세티의 회사는 자기들에게 아무런 결정권도 없다면 투자할 수 없다고 결론지었다. 루세티는 레스토랑에 투자할 조합 협의체를 만들었고 장차 자문 역할도 하겠다고 말했다. 또 허먼에게 협동조합의 재정 담당 파트너로 자신들을 대변해 달라고 요청했다.

미국으로 돌아온 지 한 달이 되지 않았을 때 조합식 레스토랑을 준비하는 협동조합 측에서 스테판 마일바가남이라는 걸음이 빠르고 매우 직설적인 스리랑카계 캐나다 사람을 채용했다. 그는 뉴욕 최고급 레스토랑 중 하나인 대니 메이어 레스토랑에서 일한 적이 있었다. 마일바가남은 조합식 레스토랑 설립 담당 직원이 되었다. 협동조합은 루세티에게 뉴욕에 와서 레스토랑 자리를 봐 달라고 편지로 초청했다. 그러면서 두 곳의 후보지를 상세히 설명하고 전에 그 자리에서 영업하던 레스토랑들은 실적이 좋았고 장소가 아닌 다른 문제로 문을 닫은 거라고 확실하게 밝혔다. 비영리 단체나 지역 법학 전문 대학원 변호사들이 시간을 기부해 센터 변호사로 활동 중이었는데, 그들은 〈고용기회센터〉, 이탈리아

쪽, 그리고 협동조합의 관계를 규정하는 작업에 들어갔다.

그때 쯤 협동조합 설립에 최대의 문제가 발생했다. 센터는 2003년에 허드슨 리버파크에서 치른 9.11 기념식에서 새로운 레스토랑 계획을 발표했다. 그런데 언론은 윈도즈 사람들의 이야기에서 '조합'의 의미를 제대로 알아듣지 못했을 뿐만 아니라 그것을 미국식 자본주의를 비판하고 포섭하려는 뜻으로 받아들였다. 조합 모델을 놓고 언론에서 논란이 벌어지던 중에 구태의연한 방식으로 이야기가 정리됐다. 억눌려 숨죽이고 살던 사람들이 아메리칸 드림을 상징하는 레스토랑을 하나 열어 승리를 구가한다는 얘기 말이다. 온갖 기사가 다 나왔는데 그중 『피플』에는 이렇게 실렸다. 새로 개업하는 레스토랑 이름을 '트라이베카 윈도즈'라고 지었고 그 꿈을 실현하기 위해 350만 달러를 모아 230평의 식당 부지를 얻었다는 것이다. 너무 감정에 치우친 기사였다.

2004년 초가 돼서야 겨우 레스토랑을 열 만한 기본적인 사항들을 한데 모을 수 있었다. 9월에 개업할 예정이었지만 새로운 문제가 들이닥쳤다. 레스토랑 장소 선정과 투자자 모집, 회원들의 참여, 총주방장 모집이 그것이었다. 문제가 점점 더 복잡해지는데 스테판 마일바가남 같은 전문가에게만 일을 맡기자 회원들의 참여는 더욱 더 저조해졌다.

장소를 찾는 일은 정말 큰 골칫거리였지만 사업 성공 여부가 거기에 달렸다고 할 만큼 중요한 사안이었다. 2004년, 그들은 그라운드제로에서 아주 가까운 그리니치 스트리트에서 레스토랑 하나를 찾았다. 센터는 일단 임대 후 구매하는 방식으로 계약한 뒤 나중에 86만 달러에 사기로 했으며 최초 임대 계약서를 작성할 때 10퍼센트의 예약금을 내기로 계약서를 작성했다. 뒤이어 예약금도 냈다. 맘두는 바로 그 레스토랑에 앉아 소유주들과 협상했다. 최종 계약서에 서명하기 전 맘두는 건물의 실제 소유주가 바뀐 임대 계약 내용을 승인했다는 사항을 문서화하길 원했다. 레스토랑 소유주들은 그렇게 해 주겠다고 약속했지만 막상 맘두와 마일바가남과 다른 변호사들이 최종 계약서에 서명하러 갔을 땐 서류가 준비되지 않았다. 그들은 말했다.

"그런 서류 없이 거래하지 않겠다면 예약금 돌려 드릴 테니 그냥 돌아가시오."

맘두는 잠깐 따로 얘기 좀 하자고 했지만 상대편은 나가 버렸다. 맘두 측 변호사는 어쩐지 냄새가 나니 이 거래를 그만두라고 했다. 상대측과 다시 만난 자리에서 맘두는 "좋소, 돈을 돌려주시오. 이 계약 더는 진행하지 않겠습니다" 하고 통고했다. 맘두는 그쪽 변호사의 셔츠 주머니에서 나온 수표가 자신들이 준 수표란 것을 알아보았는데, 그때 레스토랑 소유주 한 명이 예약금을 돌려주기 전에 센터 측이 계약을 철회했다는 것을 입증하는 서류에 서명해 달라고 했다. 그쪽 변호사는 그 다음날 서류를 준비하겠다고 했다. 그런데 다음날 맘두가 그들의 사무실로 갔더니 아무런 대답이 없었다. 결국 예약금 반환 소송이 해결되는 데는 3년이나 걸렸다.

그 사이 레스토랑을 임대하지 못한 결과는 엄청났다. 재정 관련 거래를 할 때마다 대부업자 측은 레스토랑의 미래에 대한 확실한 대답을 요구했다. 그런 거래조차 시작부터 잘못된 경우가 많았다. 350만 달러면 더 좋겠지만 적어도 250만 달러는 있어야 레스토랑을 열 수 있었다. 맘두에게는 자금을 마련할 세 가지 방책이 있었다. 민간단체의 9.11 기금, 공익 성향의 〈로어맨해튼 개발공사〉, 그리고 일반 은행 대출이었다.

〈고용기회센터〉는 레스토랑과 앞으로 세울 협동조합을 위해 우선 9.11 기금에 1백만 달러를 신청했다. 기금 측은 몇 가지 조건만 충족하면 센터 정직원에게 자금을 할당하겠다고 했지만, 문제는 그 조건이 계속 바뀐다는 것이었다. 처음에는 기금 측에서 사업 관리자를 고용하라고 했다. 그래서 마일바가남을 고용하자 이번에는 레스토랑 장소를 확정하라고 했다. 센터가 장소를 찾아낸 뒤 기금요청 서류를 보내자 이번에는 두루뭉술한 거부 편지가 와서 센터는 충격에 빠졌다. 협상은 계속 이어졌다. 결국 기금 측은 〈고용기회센터〉 몫으로 2년간 35만 달러를, 마일바가남의 임금으로 6만 달러를 주었을 뿐이다. 거기에 협동조합 몫은 없었다.

다음으로 알아본 것은 〈로어맨해튼 개발공사〉로, 9.11 이후 로어맨해튼 지역을 활성화하기 위해 설립된 공익성이 강한 회사였다. 공사 측은 사실상 대놓고 거절하지는 않았지만 아무런 답도 주지 않았다. 맘두는 힘이 빠지고 슬펐다. 이런저런 기금이 있어도 마땅히 받을 자격이 있는 사람에게는 돈을 주지 않는다는 생각이 들었다. 레스토랑 사업을 아주 잘 해낼 수 있지만 남들 다 하는 식으로는 절대 그들만의 식당을 열 수 없는 9.11 생존자들 말이다. 『데일리뉴스』 칼럼니스트 에롤 루이스와 나눈 인터뷰에서 맘두는 그 심경을 이렇게 털어 놓았다.

"돈에 접근하기가 너무나 힘듭니다."

루이스는 그 말이 무척 절제된 표현이라고 봤다. 루이스는 공사 측이 투명하지 않다고 비판했다. 뉴욕 시의회 공청회를 열어 기금 분배 방식을 설명해야 하는데 매번 그 과정을 생략했다는 것이다. 그러자 공사는 자신들은 시민들의 이의 제기에 일일이 응답했다고 주장했다. 그러나 사실 대부분은 지역 모임에 불과했고, 그것마저도 초청받은 사람들만 참석한 기이한 토론회였다는 게 드러났다. 루이스는 "기금을 놓고 왜 특정 주장만 수용하고 나머지는 배제됐는지 아무도 모른다"며 기사를 이어 나갔다.

트라이베카 영화제는 〈개발공사〉로부터 3백만 달러를 받았지만 윈도즈 직원들은 제로였다.[1]

윈도즈 직원들은 그들이 보낸 질의서에 대한 최종 대답을 들으려고 〈로어맨해튼 개발공사〉 이사회에 갔다. 윈도즈 직원들이 이사장 자리로 다가가자 사장은 보좌관에게 회의가 있으니 돌려보내라고 지시했다. 결국 회담을 가지기는 했지만 역시 돌아온 대답은 없었다. 맘두는 포기할 수밖에 없었다.

일반 은행은 대개 아무 관심이 없었다. 2004년 가을, 〈고용기회센터〉가 레스토랑 업계 전반에 대한 포괄적 연구 결과를 발표하기 위해 "레스토랑산업정상회의"를 개최하자 〈에이치에스비시 은행〉에서 나온 사람이 약간 관심을 보이기는 했지만 곧 수그러들었다. 맘두는 사업 계획서를 들고 이 은행 저 은행을 돌아다

넜다. 돌아오는 것은 거절뿐이었다. 당시 경기로 봐서 레스토랑은 성공할 수 없다는 은행의 말을 맘두는 받아들일 수가 없었다. 결국 레스토랑 사업을 수렁에서 구해 낸 것은 비영리 금융업자와 보조금 지급 단체였다. 그런 사람들 열일곱 명이 총 120만 달러를 투자했고 그렇게 해서 모인 돈은 최종적으로 220만 달러였다. 〈가톨릭자선협회〉도 임금을 지급하는 데 필요한 자금을 지원했다.

## 윈도즈에서 컬러즈로

이러한 난관을 뚫고 그들은 비틀비틀 계속 앞으로 나아갔다. 마그디 라비브가 여러 인종이 모여 일하는 레스토랑에 꼭 맞는 이름을 지어왔다. '컬러즈'였다. 회원들은 집안 대대로 내려오는 조리법을 기본으로 한 글로벌한 메뉴 개발에 착수했다. 2004년 9월 11일의 기념식은 여느 해보다 한결 가벼운 분위기에서 열렸다. 행사 중에 센터의 활동을 집중 보고하는 시간이 있었는데 기념식 자체만큼이나 오래 진행되었다. 관례대로 아침 8시 30분 경 서른여섯 명 정도가 허드슨리버파크에 모여 첫 번째 비행기가 남쪽 타워에 충돌한 시각인 9시 17분에 시작될 기념식 준비를 했다. 9시가 되자 사람들이 점점 더 많이 몰려왔다. 맘두의 딸 이만과 아들 재키를 포함한 아이들 너덧 명이 뛰어다니고 야외 테이블 위에는 음식이 차려졌다. 맘두가 서툰 에스파냐어로 "토도스, 옴브레스"라고 더듬더듬 말하자 사람들이 왁자하게 웃었고 누가 "옴브레스 이 무헤레스"▪라고 고쳐주었다. 사루가 파크애버뉴 컨트리클럽에서 시위를 이끌었던 두 명에게 6만 5천 달러짜리 수표를 확대한 것을 전달하는 행사를 마지막으로 기념식이 끝났다.

라비브는 협동조합 보고서를 나눠 주면서 "먹는 건 잠깐 신경 끄고" 조합에 동참할 사람은 자기 옆으로 오라고 부탁했다. 약 스무 명이 참여했다. 라비브는 두

---

▪ 에스파냐어. 앞의 말은 "신사 여러분"이고 뒤의 말은 "신사 숙녀 여러분"이다.

가지가 필요하다고 말했다. 하나는 다시 한 번 서로 뭉치는 것, 둘째는 9.11 이후 새 일자리를 찾아 모두가 존엄성을 지키고 서로 존중하며 일할 기회를 누리는 것, 그것이었다.

라비브는 "우리 레스토랑은 초과근무가 없고 직원이 건강보험에 가입할 수 있으며 다른 식당의 모범이 될 것입니다"라고 말했다. 텔레비전과 소파가 있는 직원 휴게실도 마련해 쉬는 시간이면 앉아서 신문이나 책을 읽을 수도 있다고 했다. 부인이 병원에 입원하면 직원이자 사장인 사람은 하루 쉴 수도 있을 것이다.

"좋은 생각 아닌가요? 이런 식당이면 왜 사람들이 일하러 오지 않겠어요?"

라비브는 모인 사람들에게 질문을 던졌고 대답은 예상 가능한 것이었다.

"자, 여러분 한번 해 봅시다. 미루면 안 됩니다. 죽은 내 동료 한 명 한 명을 위해 나는 눈물을 흘립니다. 남을 돕고자 하는 이 멋진 조직을 주셔서 신이시여, 감사합니다. 저는 이걸 자유를 향한 여정이라고 봅니다. 레스토랑 직원은 일주일에 7일, 하루에 열네 시간이나 열여섯 시간씩 일해도 된다고 하는 사람들은 도대체 뭐 하는 사람들입니까?"

모인 사람들은 모두 2004년 말까지는 레스토랑이 반드시 문을 열 것이라고 확신했다.

그들에게 닥친 마지막 문제는 회원들의 지속적인 참여였다. 2004년 8월 협동조합 회원들에게 회의 참석을 호소하며 보낸 편지에 사실상 아무런 응답이 없자 센터는 총지배인과 총주방장을 구하고 기금 조성, 식사 담당 등, 사업과 관련된 전반적인 업무를 논의할 새로운 위원회를 만들 계획을 세웠다. 단체 운영 생리상 '새로운 위원회'를 만들 필요가 있다는 건 대개 회원들이 예전 위원회에 나오지 않는다는 뜻이다. 식사 담당 건은 직원을 구하지 못해 고생이었다. 이미 1년 반이나 질질 끌었고 앞으로도 끝날 기미가 보이지 않는 사업에 계속 관심을 보이기는 쉬운 일이 아니었다. 협동조합에는 회원이 서른다섯 명이나 있었지만 대부분의 일을 처리하는 건 극소수였다. 그 사이 이란계 미국인 바텐더이자 노동법을 공부하는 학생인 베즈하드 파스다르가 맘두와 사루 친구의 추천으로 협동조합에 들렀다가 조직에 합류하기로 했다. 파스다르는 금세 가장 헌신적으로 일하는 지도자 중 하나가 되었다.

일이 정관 작성이나 돈 문제 협상같이 점점 전문적인 단계에 이르자 회원들은 익숙하지 않은 아주 복잡한 토론을 벌여야 했다. 그들은 법학 교수나 지역 개발 전문가들과 공동으로 작업하는 소위원회를 만들어 노동자가 노동자이자 사장이 되는 법이나 회원이 합의를 도출하는 방식같이 협동조합의 온갖 기능을 세세하게 반영하고 있는 초안을 잡는 지루한 과정을 거쳤다. 조합식 레스토랑의 노동자이자 주인이 되려면, 100시간을 투자해야 하고 '레스토랑 종사자의 정의'라는 〈고용기회센터〉의 사명에 헌신할 것을 맹세해야 한다는 조항이 회원 만장일치로 의결되었다. 협동조합 회원들이 나중에 부자가 되어 직원을 착취하면 어쩌나 하는 우려가 있었기 때문에 회원의 헌신 정도를 입증하기 위해 땀 흘려 일한 만큼 가져간다는 조건과 맹세라는 조항을 넣은 것이다. 이 조건을 충족하려면 〈고용기회센터〉가 벌이는 시위나 회의에 참석하거나 협동조합과 관련된 일을 하면 됐다.

모두 적극적으로 결정에 참여하고 서명도 했지만 투자금 분배에서 마찰이 생겼다. 투자금 분배는 서로 보완적인 두 가지 안이 있었다. 우선 '땀의 분배' 개념이 집중 공격을 받았다. 누가 언제부터 일을 시작했는지 계산하는 것을 놓고 회원들 사이에 격렬한 논쟁이 있었다. 물론 지난 몇 년 동안 몇 번 오지도 않은 사람들은 이득을 보고, 시작 때부터 일처리에 자기 시간을 많이 들인 사람들에게는 실망스런 얘기였다. 회원들은 식사 준비 시간에 대해서는 보수를 받았지만 다른 일에 들인 시간에 대해서는 대가를 받지 못했다. 나중에 그걸 두고 노동 착취라며 "원하지 않는 일을 노예처럼 하게 만들었다"고 항의한 사람도 있었다. 미등록 노동자 한 사람은 체포될까 봐 겁이 나서 시위에 참석하지 못한 거라고 했다.

두 번째 문제는 레스토랑 수입금을 어떤 식으로 나누느냐였다. 이탈리아 사람들과 〈고용기회센터〉가 각각 50만 달러를 출자하고 노동자 개인으로는 돈을 전혀 내지 않기로 했기 때문에 원칙적으로는 두 투자자가 수입을 50대 50으로 나눠 가지는 게 맞지만 그렇게 되면 사장이자 직원인 사람들은 한 푼도 가져가지 못한다는 얘기가 된다. 〈고용기회센터〉는 이탈리아 사람들과 센터가 각각 수입의 10퍼센트를 직원들 몫으로 떼 주면 노동자들은 수입금 20퍼센트에서 출발하고, 센터와 이탈리아 측은 각각 40퍼센트로 시작할 수 있다고 설득했다. 시간이 흐르면 직원들은 그 20퍼센트를 이용해 이탈리아 사람들의 주식을 사들일 수 있을 것이며, 결국 60퍼센트의 지분을 가지게 된다는 이야기였다. 〈고용기회센터〉는 그들 몫의 40퍼센트를 미래의 협동조합을 위한 기금으로 조성할 계획이었다.

이익을 나누자는 이 제안을 놓고 협동조합은 투표에 들어갔지만 사람들은 윈도즈의 기억을 다시 끄집어내며 재고해 볼 것을 요청했다. 회원들의 주장은, 센터가 레스토랑에 투자하는 돈이 윈도즈 생존자를 지원하기 위해 따로 조성된 성금이라는 거였다. 그렇다면 자신들에게 그 기금에 대한 전적인 권리가 있으니 돈이나 시간을 더 투자할 필요도 없다는 거였다.

사람들에게 투자 약정서에 서명하러 나와 달라고 한 날, 사루는 조합 회원 회의에서 기금의 출처를 설명하고 9.11 기금에서 나온 돈은 한 푼도 포함되지 않았다는 것을 분명히 했다. 사실 그 돈은 이미 오래 전에 바닥이 났던 것이다. 사루는 센터가 그동안 들인 엄청난 시간과 자원을 하나하나 보여 주고 조합식 레스토랑 프로젝트의 수혜자들이 조직의 사명에 계속해서 기여해야 하는 이유를 설명했다. 그런데 한 회원이 자신은 레스토랑 소유주 자격으로 앞으로의 센터 시위에는 동참하지 않을 수도 있다며 서명을 거부했다. 서명하지 않으면 협동조합 회원이 될 수 없었다.

센터 내에서 의견을 조정하는 역할을 하고 협동조합 창립 회원들 상당수와 아주 좋은 관계를 유지해온 세쿠 시비가 중재에 나섰다. 시비와 또 다른 직원 한 명, 맘두, 사루, 또 불만으로 가득한 회원들이 '그린룸'에 자리를 잡았다. 기다란 초록색 테이블이 있다고 그렇게 부르는 방이었다. 그들은 우선 협동조합의 긍정적인 면과 부정적인 면을 목록으로 작성하고 왜 지금까지 그런 점이 드러나지 않았는지 알아보자고 했다. 회원들은 긍정적인 면으로는 지금껏 아주 열심히 일해 온 것과 사업 자체가 '정의'를 지향한다는 점을 꼽았다.

하지만 조직 내 통제권의 문제가 있었다. 일한 만큼 가져가는 원칙과 재정 문제 말고도 에스파냐어로 말하는 회원들에게는 언어 문제가 있었다. 전에 마일바가남이 레스토랑에서 일할 사람은 영어를 써야 할 거라고 한 적이 있었다. 회원들이 사루에게 항의하자 사루는 마일바가남을 두둔했다. 사루는 총지배인을 구해야 하는데 지시 사항이나 전달 사항을 영어에서 에스파냐어로 바꿔 하겠다고 나서는 사람을 구하는 건 현실적으로 불가능하다고 말해 줬다. 센터도 언어 문제를 나름대로 조정해 회의 때마다 통역을 했는데 두세 가지 언어로 통역해야 할 때도 자주 있었다. 그러나 바쁘게 돌아가는 레스토랑과 주방에서는 공통의 언어가 필요할 게 분명했다. 사루와 맘두는 합리적이라고 생각했지만 에스파냐어를 쓰는 사람들은 그것을 엄청난 배신으로 여기고 영어만 사용해야 하는 건 인종차별이라는 생각까지 했다. 시비는 공통의 언어가 필요하다는 걸 잘 알고 있었다. 업신여긴다는 인상을 주지 않고 상황을 잘 설명할 방법이 있을 거라는 생각은 들었지만 반발을 누그러뜨릴 방법이 무엇일지 확실히 떠오르지 않았다.

2004년이 얼마 남지 않은 어느 날 그들은 마침내 행운을 잡았다. 마일바가남이 어떤 부동산업자에게서 괜찮은 레스토랑 자리가 있다는 소식을 들은 것이다. 사루와 맘두는 그 얘기를 듣자마자 거기가 어딘지 알 것 같았다. 바로 센터가 체불임금 지불을 요구하는 시위를 최초로 벌인 판게아 식당이었다. 그해 마지막 날 맘두는 임대 계약서에 서명했다.


긴장이 고조되다


여러 난관도 많았고 또 2005년 초에는 상당히 흔들리기도 했지만 협동조합은 단결력이 강하고 상당히 헌신적인 회원들이 포진한 단체였다. 그들에게는 윈도즈에서 부주방장이던 아이티 사람 장 에미 피에르가 있었고 방글라데시의 내전을 피해 이민 온 아타우르 라만도 있었으며 언제나 같이 붙어 다니는 두 니카라과 여인 레티셔 리오스와 네레이다 페냐도 있었다. 보석 디자이너 마누엘 구티에레스, 당시 유일한 백인 회원이던 퀸즈 식당 출신의 이탈리아계 미국인 하워드 크리스티안센, 길 건너 밀레니엄 힐튼 호텔에서 객실 청소를 하다가 세계무역센터가 붕괴되는 것을 지켜본 50대의 아프리카계 미국인 그레이스 길버트도 그들 가운데 있었다. 윈도즈에서 웨이터 일을 하다가 지금은 센터 직원이 된 우트조크 자이단도 빼놓을 수 없다. 이들 핵심 회원들 가운데는 이란계 미국인으로 노동법을 공부하는 학생인 키다리 베즈하드 파스다르나 맘두가 데려 온 모로코인 친구 모하메드 카디리 같이 세계무역센터에서 일한 적 없는 사람들도 포함되어 있었다.

조합에는 역력한 긴장감이 흘렀다. 센터 직원들은 영어를 공통 언어로 굳히기 위해 ESL* 강좌도 개설할 계획이었지만 영어 전용 원칙으로 감정이 상한 사람은 아직 많았다. 협동조합과 조합이 속한 전체 조직 사이에는 점점 굵은 선이 그어졌다. 협동조합 회원들은 센터가 주최하는 시위 현장에 차츰 나오지 않았다. 직원 한 명이 센터의 정책 위원회에 조합의 상황을 정기적으로 보고해 달라고 요청할 정도였다. 조합원들이 센터의 사명을 잊어버리고 있다는 게 이유였다.

센터의 직원과 이사회는 윈도즈와 센터의 관계를 대중들이 얼마나 중요하게 생각하는지 아주 잘 알고 있었다. 그러나 윈도즈 직원들의 참여가 점점 뜸해지고 매번 이미 끝난 사안을 다시 거론하자 센터 직원과 이사회는 윈도즈와 센터를 동일시하던 태도를 포기해야 할지 고민에 빠졌다. 수동적인 윈도즈 직원들을 새로운 조합 회원으로 교체해서 조합 내 윈도즈 출신이 다 합쳐도 전체의 20퍼센트밖에 되지 않으면 도대체 어떻게 될 것인가?

"언론에서 윈도즈에서 일했던 사람들이 지금 여기 얼마나 되냐고 물으면 뭐라고 해야 하죠?"

---

* ESL, English as a Second Language의 약자. 영어가 모국어가 아닌 사람에게 영어를 가르치는 강좌다.

직원 한 명이 던진 질문이었다.

2월 경, 이런 갈등이 협동조합과 회원 회의에서도 불거지기 시작했다. 의견은 양쪽으로 팽팽히 갈렸고 다수는 중간자적 입장이었다. 2005년 2월 14일, 열다섯 명 정도 되는 회원들이 모였다. 그들은 몇 가지 당황스러운 문제를 놓고 분한 감정에 젖은 채로 긴박한 논쟁을 벌이고 있었다. 맘두는 잃어버린 8천6백 달러의 예약금을 되찾는 문제로 회의를 연 뒤 식당의 식사 준비 건으로 넘어갔다. 이 일에는 인원이 모자랐다. 지원자가 있냐고 물어도 아무런 반응이 없자 마일바가남이 순번제로 하자고 했다. 그때 장 에미 피에르가 질문을 던졌다.

"벌써 2년이 지났어요. 식사 문제도 제대로 처리 못하면서 레스토랑은 도대체 언제 연다는 겁니까?"

마일바가남은 손님에게 내놓을 메뉴가 두 가지 밖에 없기 때문에 어렵지 않을 거라고 했다. 식사 준비 업무를 하면 '땀의 분배'에 따라 시간을 적립하는 건 물론이고 시간당 10달러를 지급받을 거라고 했다.

"거기에 대해 다른 분들은 모두들 어떻게 생각하세요?"

자이단은 '거기'라고 얼버무리며 질문을 던졌다.

"다른 의견 있으신 분?"

누가 불쑥 소리쳤다.

"괜찮네요."

뒷자리에 있던 한 청년이 수줍어하며 질문을 던지기 시작했다.

"그러니까 저 사람 시간 말해, 당신은 노동 소유 분배라고 해, 소유권 분배가 있는 사람은, 어 그러니까……."

그 청년은 자기 생각을 제대로 표현하지 못했다.

"여러분, 맘에 들지 않는 게 있으면 큰소리로 좀 얘기해요."

파스다르가 말했다.

땀의 분배 문제는 순번제 근무를 놓고 의견이 대립하면서 화젯거리에서 밀려났다. 바로 그때 사루가 들어왔다. 원래 사루가 회원 회의 때 들어오면 일제히

박수가 터져 나오는 것이 보통이었는데, 그날은 그저 왔냐는 식의 아는 체가 다였다.

"어, 뭐예요, 도대체 무슨 인사가 그래요?"

사루가 말했다.

사루는 사기꾼 레스토랑 주인에게 뺏긴 돈을 되찾을 계획을 세우려고 협동조합에 온 터였다. 공동의 적에 집중하면서 잠시 사람들의 유머 감각이 돌아왔지만 일부는 여전히 냉담한 반응을 보였다. 사루는 조합원들이 돈을 되찾으려 노력하는 과정에서 어느 정도 그들의 정치적 사명감을 되찾기를 바랐다.

"우리가 지금 뭘 하고 있는지 알고 계시죠?"

"시위죠."

사람들은 요구 사항을 적을 때면 아주 할 말이 많았다.

"우리가 받아야 할 돈을 지불하라."

"이자도 지급하라."

"공개 사과하라."

"점심도 한 끼 사라."

파스다르의 농담이었다.

하지만 요구 사항을 적은 편지를 직접 갖다 주는 일에 나서는 사람은 아무도 없었다.

"아무도 돈 받는 데 관심이 없으면서 이건 왜 한 거죠?"

사루가 말했다.

"저요, 저요, 할 줄 알았는데."

맘두가 거들었다.

네 사람이 손을 들었다.

"제대로 하려면 적어도 네 명이 더 필요해요."

사루는 일단 거기서 멈췄다.

"사람도 있어야 하고 시위 허가도 받아야 하고 전단지도 돌려야죠."

"친구들이랑 여동생이랑 고양이랑 개라도 데려와야겠네."

그레이스 길버트가 말했다.

누군가가 총회에 가서 지원자를 모집해 보겠다고 말했다. 사루는 틈을 놓치지 않았다.

"그 사람들이 뭐라고 나올지 아시잖아요. 센터 사람들은 여러분에게 시위에 나와 달라고 했어요. 하지만 여러분 협동조합 회원들은 나오지 않았죠. 만약 센터 회원들이 여러분 시위에 나온다면 그 회원들은 다음 번에는 여러분도 자기들 시위에 나올 것이라 기대할 거예요."

2주 뒤에 총회가 열렸고, 센터 회원과 협동조합 회원 사이는 또다시 벌어졌다. 50명이 넘는 회원들이 작은 사무실에 꽉 들어차 방 공기가 뜨끈뜨끈할 지경이었다.

마일바가남이 협동조합 보고서를 발표했다.

"직원이 더 필요합니다. 사무실 관리자 로자 파나에게 지원서를 주세요."

마일바가남은 사루와 맘두에게 도와줘서 고맙다고 했다. 자이단이 일어나서 처음에는 레스토랑 자리 때문에 돈을 다 써 놓고는 이제는 돈 찾는 일을 도와 달라 하냐고 말했다.

파스다르가 말했다.

"여태껏 회원들 기분이 별로 좋지 않았다는 얘기 많이 들었습니다. 그게 굉장히 신경 쓰여요. 지금 조합에 가입한 모든 분들 한 명 한 명도 그렇고 우리도 일을 많이 했습니다. 우리가 이룬 일의 40퍼센트가 센터의 업적이 됐죠. 부디 우리를 지지해 주시고 우리가 열심히 일하고 있다는 걸 알아주시길 바랍니다. 또 이 일을 해내기 위해 여러분의 시간을 많이 투자해 주십시오. 저는 센터와 협동조합 간의 반목은 이제 그만 끝났으면 합니다."

에스파냐어를 쓰는 네레이다 페냐가 통역을 대동하고 퍼블릭씨어터 근처 이스트빌리지에서 찾아 낸 식당 자리에 대해 보고하려고 앞으로 나왔다. 페냐는 거기가 아주 넓고 큰 멋진 공간이라고 했다. 협동조합 회원들은 지난 주 금요일 건축가와 모임을 가졌다.

"매우 독특하고 흥미로우며 아름다운 결과물을 만들어 낼 것 같아 정말 기뻐요. 하지만 다른 회원들도 계속 나오셔야 해요. 그냥 말, 말, 말만 해서는 되는 일이 아니거든요. 할 일이 정말 많아요."

파스다르가 협동조합이 어쩌다가 윈도즈에서부터 시작됐는지 다시 설명하기 시작했다. 개업 전까지 시간이 얼마 남지 않았음을 지적하는 회원도 있었다. 주방장은 구했는지? 내놓을 식사는 정했는지?

"식당이 문을 열면 협동조합 회원들은 뭘 가져가는 거지요?"

최근에 들어온 회원이 질문했다.

조직에 가장 오래 몸을 담았던 회원들이 협동조합 일에 온 신경을 다 쓰고 있는 상황인데, 별로 하는 일도 없다고 비난받자 파스다르는 아이러니를 느꼈다.

"우리의 꿈이 실현된다면 그러니까 협동조합이 출범하면 우리가 벌어들이는 돈의 40퍼센트는 센터 몫입니다. 우리는 회의와 시위에 참석해야 하고 바텐더 강좌를 열고 조리 강좌를 개설하고 새 사업에 대해 배우고자 하는 사람들을 가르쳐야 합니다. 협동조합의 개설이 〈고용기회센터〉가 이 사회에게 공헌할 수 있는 일 가운데 하나라고 회원들 모두 이해해 주셨으면 합니다. 우리는 이미 도움을 많이 받았잖습니까."

맘두와 사루가 동시에 끼어들었지만 사루가 맘두를 제치고 말했다.

"그 40퍼센트는 〈고용기회센터〉로 바로 가는 게 아니라 앞으로 다른 협동조합을 만들 자금으로 신탁에 맡길 거라는 점을 분명히 밝힙니다."

맘두는 〈고용기회센터〉 회원들이 지금까지 별로 들어보지 못한 단호한 어조로 말했다.

"이걸 분명히 밝히고 싶습니다. 다른 위원회도 있고, 그분들도 일을 많이 합니다. 그래도 매달 말에 하는 회의에는 나와야 합니다. '우린 바빠요'라는 핑계는 통하지 않습니다. 한 사람 한 사람 모두 참여해야 합니다."

2주 뒤 자이단과 파스다르가 센터에 불만을 토로하고자 협동조합 회원들을 불러 특별 회의를 열었다. 참석자는 일곱 명에서 여덟 명 정도 됐다. 이 작은 무리는 센터 사무실로 가서 자신들의 요구 사항을 제시했다. 이들은 센터에서 배운, 참여에 필요한 열한 가지 단계 중 세 번째 단계에 따라 "법적 수단을 찾아" 변호사 아서 슈워츠를 대동하고 나타났다. 그들은 협동조합과 센터 사이에 일이 오갈 때, 민주주의 원칙이 결여된 채로 진행되고 있다고 화를 냈지만 사실 제일 관심을 둔 사안은 수익금을 배분하는 문제였다. 그들은 노동에 따라 지분을 나누는 방식으로 처음 정한 20퍼센트가 아니라 33퍼센트를 받고 싶어했다. 맘두와 마일바가남은 화가 나서 그 자리를 떠났지만 사루는 민주적이지 못하다고 또 불만을 늘어놓을 것 같아 남아서 두 시간 동안이나 그들의 얘기를 들어 주었다.

그 뒤 사루, 맘두, 마일바가남을 포함해 불만에 찬 다른 5명의 회원들이 모여 언어와 투명성 문제는 억지라는 데 의견을 모았지만 재정 문제는 해결되지 않았다. 이탈리아 사람들이 자기들 몫을 더 내놓지 않는다면 〈고용기회센터〉가 내놓아야 할 판이었다. 사루는 자기 생각에 이미 쉰 번은 한 말을 또 해야 했다. 즉 센터 몫의 수입금은 다른 노동자들이 레스토랑을 열 때 도움을 주기 위한 것이며, 단돈 한 푼도 조직의 경비와 직원 임금으로 나가서는 안 된다는 얘기였다. 회의에 참석한 한 사람이, 알지도 못하는 누군가가 새로운 협동조합을 연다는데 왜 자기 돈을 대 줘야 하는지 도저히 모르겠다고 했다.

이러지도 저러지도 못 하는 상황에 처하자 사루는 두 집단이 모두 동의하는 중재자를 구하자는 제안을 냈다. 센터는 최근에 인종차별 관행이 사라진 지역에서 30년 동안 일한 경험이 있는 사람을 고용했다. 그는 협동조합 회원들의 억울한 사연을 목록으로 작성하고 일이 생산적으로 돌아가고 사적인 공격을 피할 수 있도록 규칙을 정하는 작업에 들어갔지만 불만으로 가득 찬 위원회는 그런 모임에 거의 참석하지 않았다. 그 다음의 정기회의에 회원들이 나타났을 때 마일바가남, 파스다르, 그리고 앞으로 다른 협동조합 만드는 일에 반대하는 한 회원이 완전히 자제력을 잃고 회의 내내 고함을 질러댔다. 맘두는 상황을 더 악화시키지 않으려고 사무실 문을 잠그고 혼자 있기로 했다. 반대파들이 문을 쾅쾅 두드리며 당장 나오라고 고래고래 소리쳤다. 일한 만큼 분배하기로 합의한 거 아니냐고 누가 이의를 제기하자 파스다르가 악을 썼다.

"내가 서명하기 전에는 아무도 서명 못 해!"

중재자는 그들을 다른 방으로 데려가려고 했지만 결국 회의를 접을 수밖에 없었다. 다음 날 그 중재자는 사표를 냈다. 사무실 건물 주인은 파스다르가 또 한번 건물을 뒤집어 놓으면 안 된다고 경고했다. 한 달 뒤 〈고용기회센터〉 이사회는 설립 후 최초로 회원을 제명하는 안을 통과시켰다.

불만이 많은 회원들은 브루스 허먼에게 이탈리아 측의 도움을 받을 수 없겠냐고 물어봤다. 허먼은 반대파 여러 명과 몇 시간 동안 이야기를 해 보고 나서 그들 중 재정 문제에 대해 제대로 아는 사람이 하나도 없다는 사실을 알게 되었다. 그들은 식당 수익으로 이탈리아 사람들 몫의 지분을 사거나 배당금을 지불하는 데 써야 하는 이유를 전혀 이해하지 못하고 있었다. 또한 현재보다 높은 수준의 임금을 받더라도 몇 년 동안은 전혀 수익을 올리지 못할 수도 있다는 걸 이해하려 하지 않았다. 어떤 사람은 허먼에게 자기는 자기 몫의 지분으로 파크애버뉴에 아파트 한 채를 살 계획이고 레스토랑이 개업하자마자 배당금을 받으면 과테말라로 돌아가 은퇴 생활을 할 거라는 회원도 있다고 했다.

허먼은 이탈리아 측에서 재정 문제와 기타 사안들이 반드시 타결되어야 한다는 엄격한 지시를 받았다. 이런 문제들이 다시 불거지면 발을 뺄 수도 있다는 말도 들었다. 반대파들은 루세티와 다른 몇 명의 전화번호를 알려 달라고 했다. 허먼은 이탈리아 시간이 여섯 시간 빠르다는 점을 누누이 말하며 전화 번호를 알려줬지만, 나중에 이탈리아에서 전화를 받은 사람이 새벽 두 시에 잠에서 깼다는 말을 들었다.

소수의 반대파는 이탈리아 측에서 아무런 지지도 얻어 내지 못했다. 그들은 협동조합의 정기회의 바로 직전에 〈고용기회센터〉 사무실 앞에서 시위를 벌이기로 했다. 센터 직원들은 긴장 속에 회의 준비를 했다. 오후 한 시, 맘두는 오후 늦게 회의에 나오기로 돼 있는 아이티인 협동조합 회원과 통화를 하고 있었다.

"좀 일찍 나와주세요. 세 시 전에요. 서둘러 봐요. 저 사람들이 시위하러 오고 있다고요. 여러분들이 기자들을 상대해야 할지도 몰라요. 우리는 할 입장이 아니에요."

6월의 화창한 날 오후 한 시, 파스다르가 자신의 미츠비시 SUV 차량 양쪽에 〈고용기회센터〉는 거짓말쟁이'라는 스티커를 붙이고 나타났다. 그들은 시위대 옆에 늘 세워 놓는 거대한 풍선 쥐*를 빌리려고 노조 세 군데에 전화를 걸었지만 모두 거절당했다. 결국 허드슨 스트리트 99번지의 사무실 앞에 경찰 바리케이드를 치고 빨갛고 노랗고 주황인 풍선을 하나씩 묶어 띄웠다. 에스파냐어 방송국 두 곳에서 대기하고 있었지만 채널41 방송은 시위가 시작하기도 전에 자리를 뜰 차비를 했다. 파스다르는 〈고용기회센터〉 티셔츠 차림으로 차에서 나왔다.

반대파들은 자기들을 '사원주주파워협동조합'이라고 칭하며 요구 사항을 제시했다. 내용은, 파스다르와 맨 처음 땀의 분배 방식에 반대한 회원의 제명을 철회하고, 회원 승인 없이는 어떤 원칙이나 내규도 바꿀 수 없고, "회원들의 땀으로 자기들 배를 채우려고 하는" 20 대 40 대 40의 지분 분배를 재고하고, 언어 차별과 인종차별과 '언어 폭력'도 중단하라는 것이었다. 그들은 언론 보도 자료에 협동조합 회원 대다수(사실 그 요구서에 서명한 사람은 아홉 명뿐이었지만)와 선거로 뽑힌 협동조합 이사 여섯 명 중 다섯 명이 〈고용기회센터〉를 소송하기로 결의했다고 주장했다. 그들은 사루가 협정문에 서명할 것을 강요했고 서명하지 않은 사람에게 앙갚음을 했다고 주장했다.

〈고용기회센터〉는 자기들과 생각이 다른 회원들의 동의를 받지도 않고 계약을 맺었으며, 그 결과 수백만 달러를 들인 레스토랑에서 나오는 이윤의 40퍼센트가 센터 몫

---

* inflatable rats. '노조 풍선쥐'라고 한다. 미국에서 시위대들이 시위 현장에 등장시키는 거대한 풍선 쥐. '쥐'는 무노조 업체를 풍자한다.

이 되고 노동자들은 빚을 다 떠안을 처지가 되었다.

사실 〈고용기회센터〉와 이탈리아 측에서 각각 10퍼센트씩을 기부하기로 의결했기 때문에 노동자들은 투자금의 80퍼센트만 갚으면 되는 상황이었다. 미등록 상태여서 시위 현장에 나오기가 두렵다던 회원은 반대자들이 배포한 보도 자료에 연락책으로 이름이 실렸다. 맘두의 모로코인 친구 카디리는 언론 인터뷰에 응했다. 카디리는 자신이 조직이 출발할 때부터 참여했다고 말하면서 조직의 지도자들은 우리 모두가 하나라고 했지만 "이제 우리는 하나가 아닙니다. 갈렸어요. 왜 이렇게 되었는지 모르겠습니다" 하고 말했다.

카디리는 마일바가남을 비난했다. 도대체 저 사람은 어디서 튀어나온 사람인가? 왜 저 사람이 우리를 갈라놓고 있는가? 카디리는 또 사루가 얼마나 버는지 알고 싶었고 투자금 대부분을 갚아야 하는 것에 반대했다.

"눈앞에 돈이 보이면 사람은 변합니다."

카디리의 말이었다.

오후 1시 15분 파스다르가 확성기를 집어 들었다. 구호는 자극적이었지만 일사분란하지는 않았다.

"〈고용기회센터〉는 물러가라! 맘두는 거짓말쟁이! 사루와 맘두는 사임하라!"

다음 표적은 허먼이었다.

"브루스 허먼이 우리를 팔아먹었다!"

## 컬러즈의 미래

심각한 선택을 코앞에 둔 상태였다. 게다가 사루와 맘두 사이도 지난 2년 동안 크게 변해, 둘 사이 갈등이 서로를 갈라놓을 정도로 깊어졌다. 처음 2년 동안 편안했던 동지 관계는 다소 격하고 도전적인 관계로 변했다. 사루는 차츰 맘두의 가족이 되어 파티마와도 자주 어울리고 아이들을 한 번씩 극장에 데려가기도 했다. 그래도 둘 사이에는 갈등이 많았고 그건 센터의 굵직굵직한 일 때문이 아니라 일하는 방식의 차이 탓일 때가 더 많았다.

사루는 맘두가 센터 일에 시간을 좀 더 투자하고 해야 할 일의 목록을 작성해 약속도 잘 챙기고 좀 더 빨리 움직이기를 바랐다. 그러나 맘두는 고분고분 따르지 않았고 화가 나면 사무실을 박차고 혼자 나가 버렸다. 자연히 지하철까지 함께 걷는 둘만의 의식도 뜸해졌다. 맘두는 자신의 노력을 알아주지도 않는데 조직 일에 시간을 더 투자하고 싶지 않았다. 아이들이 커 가면서 아빠를 더욱 필요로 했기 때문에 특히 그랬다. 2005년에 그와 파티마는 셋째 아이를 낳았는데 죽은 맘두 형의 이름을 따 모하메드라고 지었다. 당시 여덟 살이던 재키는 테러 이후로 아무 이유 없이 겁에 질릴 때가 있었고 아빠에게 전화하는 일도 점점 잦아졌다. 맘두가 전화를 받지 않으면 재키는 파티마에게 누가 또 아빠 건물을 폭파한 거 아니냐고 물었다.

6월 11일 늦은 오후 사루와 맘두는 잭슨하이츠에 있는 델리팰리스 식당에서 만났다. 맘두가 주말에는 집이 있는 퀸즈를 절대 벗어나지 않으려고 했기 때문에 사루가 저 멀리 포트그린에서 와야 했고 그래서 30분이나 지각했다. 내부 갈등이 조직을 찢어 놓고 있었고 맘두가 믿을 만하다고 생각했던 사람들은 전혀 다른 모습을 드러낸 상황이었다. 맘두는 그날 아침 카디리를 만났다. 파티마는 나가지 말라고 했고 사실 만나서도 카디리의 마음을 돌려놓지 못했다. 맘두는 함께 온 자이단에게 이렇게 말하면서 대화를 끝냈다.

"옳고 그른 것도 구별 못하는데 기도가 무슨 소용인가. 기도하지 말게."

자이단이 반대파에 들러붙어 있는 것도 맘두로서는 받아들이기 어려웠다.

반대파들은 다른 협동조합 회원들에게 자신들의 행동에 동참하라고 계속 압력을 가했다. 어떤 회원은 누가 자기 아내에게 전화를 걸어 사루와 맘두가 그렇고 그런 사이라는 말을 흘렸다고 전해 주었다. 사루가 그 다음 주 워싱턴에서 개최되는 총회에서 연설을 하게 되자 그들은 시위로 소란을 피우겠다고 경고했다. 사루는 할 수 없이 마지막에 연설을 취소했다. 모든 사람이 끔찍한 편집증에 시달렸고 사루는 맘두네 집에서 그들 가족과 며칠 밤을 같이 보내야 했다.

맘두와 사루는 레스토랑 개업을 포기하는, 감히 생각해서도 안 되는 일을 놓고 이야기를 나눴다.

"여기서 그만 두면 돈을 엄청 잃게 되겠죠."

맘두가 말했다.

사루는 식당 앞에 시위대를 놔두고 어떻게 영업을 할 수 있을지, 그걸 보고도 투자자들이 계속 붙어 있을지 짐작조차 할 수 없었다. 그러나 잠시 후 사루는 9월에 센터가 레스토랑을 개업하면서 기금 마련 파티를 열 때쯤이면 반대파도 힘을 잃고 사라질지 모른다는 예측을 내놓았다. 그러더니 맘두에게 반대파를 업무방해로 고소하는 건 어떻겠냐고 물었다. 맘두는 절대 그래서는 안 된다고 했다.

"사루, 난 싫다고 했잖소. 회원들과 대립하고 싶지는 않다고요. 나는 당신과 달라요. 난 그냥 이 일에 휘말린 사람이잖소."

요사이 맘두는 다툴 때마다 사루에게 당신은 이 일을 선택한 사람이지만 나는 어쩌다 보니 떠맡은 것이고, 따라서 얼마든지 물러날 수 있다고 넌지시 말했다.

"고소 건, 한번 생각이나 해 보라는 말이었어요. 남들도 다들 그렇게 해요."

"그래도 실제로 나한테 무슨 짓을 한 건 아니잖아요."

"아니, 당신한테 무슨 짓을 했죠. 당신을 협박했고 당신 부인까지 입에 올린다면서요."

이미 다른 사람한테 거짓말을 한 반대파들은 맘두와 사루가 불륜을 저질렀다고 파티마에게 직접 말하겠노라 협박한 적이 있었다. 사루는 조직 내 모든 남자와 잠을 잔 여자로 찍혀 있었다.

"난 싫소. 한 번도 생각해 본 적이 없어요. 전에는 그냥 잘 살았어요. 일하고 애들하고 놀고, 사람들과 싸운 적이 한 번도 없었어요."

"그건 거짓말이에요. 당신은 옛날에도 싸웠잖아요!"

"사장과 싸우는 얘기가 아니잖아요. 동료와 싸우는 건 정말 싫단 말입니다."

맘두는 남들에게 증오심을 산 적이 한 번도 없었기 때문에 단지 지도자라는 이유로 이렇게 인생이 복잡하게 꼬이게 된 걸 도저히 받아들일 수가 없었다. 지도자라면 비판을 피할 수 없다는 걸 알지만 지금까지 센터 직원이나 회원들의 비난 대부분은 사루를 직접 겨냥한 것이었다.

둘은 팽팽한 긴장감 속에 모임을 끝냈지만 레스토랑 일은 계속 밀고 나가기로 하고 빈자리는 다른 윈도즈 사람들로 최대한 채워 보기로 했다. 그 뒤 둘은 산책하면서 이런 압박감을 초래한 것에 대해 서로 사과했다.

그 즈음 필요 정족수의 3분의 2에 해당하는 서른다섯 명의 회원이 모여 조직을 계속 확장하기로 했다.

당장 해야 할 일은 총주방장을 찾는 일이었다. 장차 재정 문제가 거기 달려 있었다. 하지만 조직을 하나로 단결하는 일만큼이나 정치적으로, 그리고 실제 업무 면에서도 아주 힘든 일이라는 게 드러났다. 레스토랑 주방의 위계질서는 엄격하기로 악명이 높았고 대부분의 총주방장은 자기가 주방을 운영하는 방식에 대해 남이 왈가왈부하는 것을 싫어했다. 그해 7월 포트그린에 있는 허먼의 고급 주택에서는 세 번째 총주방장 후보의 요리 시식회가 열렸다. 라비브, 길버트, 피에르 말고도 몇 명이 같이 와 있었다. 허먼의 주방은 미식가들에게는 꿈과 같은 곳으로, 주방 한가운데는 대리석 상판의 아일랜드 식탁이, 네 벽에는 스테인리스 스틸로 마감된 카운터가 쫙 붙어 있었다.

이번 주방장 후보는 완벽하지는 않아도 꽤 글로벌한 느낌을 주는 매우 독창적인 메뉴를 내놓았다. 식사 전에 조금 맛보라고 나오는 어뮤즈 부셰는 얇고 넓적한 인도식 빵 파파둠과 비트로 장식한 구운 미니 사모사였다. 애피타이저는 노란 수박과 붉은 수박을 동그랗게 자른 것 위에 염소젖 치즈와 바질 한 줄기, 발사믹 식초를 뿌린 것이었다. 그 뒤 코스 요리가 하나하나 나왔다. 구마모토 산 굴에 도버 솔 룰라드를 감싸고 코코넛 우유를 살짝 넣은 뵈르 블랑 소스를 친 요리와 조금 큰 닭고기를 얇은 파이 반죽인 필로 도우로 감싼 모로코 식 바스티야였다.[■] 사루는 채식하는 사람을 위한 브로콜리와 콜리플라워 요리 쪽으로 옮겨가면서 "굴 찍어 먹은 포크는 사절입니다!" 하고 농을 던졌다.

식사를 마친 뒤 피에르와 주방장은 담배를 피우러 밖에 나갔고 나머지는 식당으로 가서 주방장 인터뷰를 준비했다.

"전 질문이 좀 셉니다."

마일바가낭이 먼저 말했다.

"그래도 물어는 봐야겠지."

맘두가 받았다.

길버트가 가장 센 질문을 준비했다.

"시위에도 나설지 물어볼 거예요."

그 주방장 후보는 인터뷰 중 협동조합 모델에 굉장한 관심을 보였다.

"돈을 벌려고 레스토랑에서 일하는 사람도 있죠. 음식이 제대로 나오든 안 나오든 돈만 벌면 된다고 생각합니다. 그런데 여러분들은 전부 음식에 신경 쓰시는군요."

그는 글로벌한 메뉴라는 개념에도 구미가 당겼고 배우고 싶다는 사람에게는 다 가르쳐 줄 의향도 있다고 했다.

길버트가 드디어 준비해 둔 질문을 꺼냈다.

"우리 센터의 사명에 대해 알고 계시죠. 만약, 음, 어떤 레스토랑에서 시위가 벌어지면 동참할 수 있겠습니까?"

"나가서 함께 구호를 외친다면 저로서는 도움이 되어 기쁘죠. 일정을 조정하는 게 문제겠지만요."

"만약 시위의 얼굴이자 대변인이 된다 칩시다. 그러면 본인이 무슨 일에 뛰어드는지 제대로 파악하는 게 무척 중요할 텐데요."

"어, 으음……"

---

▪ 비트는 샐러드용 뿌리 채소, 사모사는 남아시아 음식으로 튀긴 만두, 바질은 향신료로 쓰는 허브, 발사믹 식초는 포도 식초, 도버 솔 룰라드는 도버 산 가자미로 채소를 만 음식, 뵈르 블랑 소스는 화이트 와인과 버터로 만든 소스, 바스티야는 고기 파이.

"우리는 음식 쪽만 얘기하는 게 아니거든요."

"으음, 어……."

맘두는 그가 일했던 식당 주인들에게는 뭐라고 말할 건지 물어 보았다. 컬러즈에 대해 험담을 늘어놓을 수 있는 사람들이었다.

"쉽지는 않겠죠. 싸워야죠."

그 주방장은 그 말을 남기고 떠났다.

회원들은 숙고에 들어갔다. 어느 주방장의 음식이 제일 좋은지, 언론은 누구에게 가장 큰 관심을 쏟을지, 누가 사회적 사명감이 가장 부족한지를 놓고 심사숙고했다. 마지막 두 가지는 확실히 상충하는 질문이었다. 사람들은 좀 전의 주방장이 가장 적절한 인물이라는 느낌을 받았다. 이 선택이 어떤 차이를 가져올지를 놓고 토론은 계속 이어졌다.

"언론은 이 사람한테 더 호의적일 것 같아요, 좀 점잖게 다룰 것 같고. 편견이지만요."

"이 사람이 좀 더 믿음직하게 보이긴 해요."

사루가 말했다.

"우리 모두가 레스토랑의 얼굴이 되어야죠."

언론의 관심이나 몰고 다니는 주방장이라는 식으로 이야기가 빠져버리는 것이 신경 쓰인 라비브가 반대 의견을 냈다.

"그래도 은행마다 누가 주방장이냐고 묻잖아요. 주방장의 배경과 출신 환경이 우리 레스토랑에 엄청난 영향을 미친다고요."

사루가 말했다.

그들은 마침내 요리를 선보인 주방장 가운데 제일 유명한 좀 전 주방장을 두고 예상한 골칫거리의 핵심을 건드렸다.

"그게 문제야. 이 사람은 아무 때나 앞치마를 내팽개칠 인상이잖아요."

맘두의 말이었다.

"다른 요리사한테 일하기 싫으면 때려치우라고 할 수도 있죠."

"그런데 나는 음식이 다 맘에 안 들어요."

맨 처음 질문을 던진 뒤로 아무 말도 않던 길버트가 끼어들었다.

"내 입에 맞았던 건 수박이랑 염소치즈 뿐이었어요. 난 바스티야도 싫었어. 연어도 내 입엔 제대로 맛을 낸 것 같지 않았고. 어쨌거나 내 말은 수박 말고는 맘에 든 게 없었다는 얘기예요. 근데 흑인들은 전부 수박 좋아하는 거 알죠?"

마지막은 길버트의 농담이었다. 결국 듣고 보니 모두들 입에 맞은 음식이 제각각이었지만 마지막 주방장의 음식이 부자 손님들을 끌어당길 거라는 데는 모두 동의했다.

마침내 그들은 가장 훌륭한 주방장을 골랐고 그에게 채용을 제안했으며 일단 그도 받아들였다. 그러나 임금 협상에 들어가 그의 요구액을 듣고는 맘두의 입이 떡 벌어졌다. 주방장은 시위에 참여할 때마다 5천 달러의 보너스를 달라고 했다. 언론 인터뷰는 회당 1만 달러였다. 그래서 두 번째로 맘에 들었던 주방장에게 제의를 했더니 현재 직장을 정리하는 데 한 달이 필요하다고 해서 결국 세 번째 주방장까지 가게 되었다. 주방장을 구하는 것 말고도 협동조합은 조직에 대한 반발이나 자연 감소로 줄어든 인원 15명을 보충해야 했다. 여름 내내 매주 그들은 새로운 지원자의 면접을 봤다. 투표로 가입이 확정되면 새 회원들은 회의에 나오고 다른 지원자의 면접에도 참여했다. 8월 중순이 되자 모든 지원자들은 20명의 면접관들로부터 지금까지 어떤 사장도 물은 적 없는 질문을 받았다. 회원들은 정치적이면서 현실적인 질문들을 균형 있게 던지려고 무척 애를 썼다. 이런 일도 있었다. 8월 15일 협동조합 회원들은 신문에서 〈고용기회센터〉의 기사를 읽고 찾아온 아프리카 출신 청년을 인터뷰했다. 검은 피부에 마른 체형으로 몬태나 주에서 사회학을 공부하려고 미국에 온 학생이었다. 첫 학기는 마쳤지만 그 다음 학기를 등록할 돈은 없었다. 별 경험도 없이 뉴욕으로 왔기 때문에 최고급 커피숍에서 접시닦이부터 시작했다.

이 학생을 면접한 뒤 어떤 회원이 "체포된 적이 있는지, 뭐 그런 것도 물어볼 건가요?" 하고 물었다. 아니라는 대답이 이구동성으로 나왔다.

"체포된 적 있는 사람 정말 많거든요. 그래서 안 돼요. 누구나 체포되니까요."

장 에미 피에르의 말이었다.

반론이 이어졌다.

"그래도 전과 기록이 있을지도 모르잖습니까. 경범죄 같은 거요. 난 신경 안 쓰지만 그래도 누가 압니까."

"감옥에 갔다 온 적 있을 거라고 생각하는 건 차별입니다."

맘두가 말했다.

"우리는 일반적인 레스토랑이 아니잖아요. 그딴 거 신경 쓰지 맙시다."

피에르가 거들었다.

"사회보장 번호만 알려 주면 내일 당장 당신 신상을 내가 다 털 수도 있는데."

길버트가 툭 던졌다.

그 아프리카 청년은 회원이 되었다.

일주일 뒤 호리호리한 중국인이 주방 일에 지원했다. 그는 목소리가 너무 작아서 들리지도 않았는데 알고 보니 영어가 너무 초보라서 그랬다는 게 금방 드러났다.

"미국 음식 잘 만들어요?"

피에르가 물었다. 대답이 들릴락 말락 했다.

센터 회비는 냈냐는 질문에 그 중국인이 회원증을 번쩍 치켜들었고 박수가 터져 나왔다.

피에르는 질문이 더 있었다.

"레스토랑에서 뭐가 바뀌었으면 좋겠어요? 아시아 식당에서 일해 봤죠? 거기는 사람들을 굉장히 몰아붙인다던데."

중국 사람은 무슨 말인지 못 알아들어 쩔쩔 맸다. 회원들은 컴퓨터 할 줄 아냐고 겨우겨우 물어 봤고, 다음으로는 조합의 유일한 백인이자 미국에서 태어난 하워드 크리스티안센이 보건부의 지시대로 음식을 다룰 수 있냐고 물었다. 그 중국인은 전에 따 놓은 또 다른 자격증 얘기를 했다.

"이거 뉴욕에서 따는 자격증 맞아요?"

"그런 자격증까지 필요한 건 아닌데. 난 그냥 이 사람이 음식을 제대로 다뤄 봤는지 그게 궁금했어요."

크리스티안센이 말했다.

"어쨌거나 이 분은 영어로 말했잖아. 무슨 문제야. 여기 사람이 너무 많으니까 쑥스러워서 그러는 걸 수도 있어요."

앞으로 주방 일을 할 거면 피에르가 가르치겠다고 제안했다.

"들여요 말아요, 들여요 말아요?"

길버트가 질문했다. 회원들 손이 전부 올라갔다.

"당연하지, 안 될 게 뭐 있어요? 모든 사람에게 기회를 주자고요."

크리스티안센이 추임새를 넣었다.

협동조합은 2005년 9월 12일, 마침내 새 레스토랑에서 센터 기금 마련 파티를 열어도 될 만큼 회원들을 충분히 모을 수 있었다. 진짜 개업식은 아직 몇 달 더 남았지만 이번 행사는 센터를 후원하는 사람들이 고대하던 레스토랑의 베일을 벗긴다는 의미가 있었다. 기금 마련 파티 날에는 모두 정신이 하나도 없었다. 1백 명이 들어갈 수 있는 공간인데 올 사람은 4백 명이나 되었고 내부 공사는 아직 덜 된 상태인 데다 레스토랑 열쇠가 잘못 전달되는 바람에 세 시간이나 늦게 준비를 시작한 것이다. 늦은 오후가 되자 지금 있는 에어컨으로는 사람들의 열기를 감당하지 못한다는 게 분명해졌다. 하지만 첫 번째 중요한 시험을 치를 준비를 하는 50명의 식당 주인과 친구들의 에너지로 레스토랑은 환상적인 분위기가 되었다. 오른쪽 코너에는 마티니 잔을 잔뜩 쌓아 놓아서 바가 번쩍번쩍 빛났다. 벽이 마르지 않아 칠을 못한 맨 벽에는 직원들 사진을 줄지어 붙여 놓았다. 테이블 가운데는 노란 장미와 흰 장미, 데이지와 안개꽃으로 장식했다. 남쪽 벽한 쪽에는 커다란 세계지도를 붙여 놓았다. 손님들이 한꺼번에 몰려올 것에 대비해 라파예트 스트리트의 널찍한 인도에 하얀 천막을 치고 그 아래에 원탁 열다섯 개를 마련했다.

오후 4시 맘두는 "토도스, 토도스"*라며 직원들을 바깥으로 잠시 불러 회의를 가졌다. 그리고 다같이 4개 국어로 센터 노래를 불렀다. 전날 맘두는 자이단 부친의 사망 소식을 듣고 자이단을 만나러 갔다. 자이단은 시위가 벌어질지도 모른다고 말해 주었다. 사루는 반대파들이 파티 날 시위 허가를 미리 받았다가 바꾼 것을 알고 있었다. 회의는 4시 반에 끝났고 사루와 맘두는 예행연습을 하네 마네 토닥거렸지만, 결국 하지 않기로 했다.

오후 7시 2분 저녁 손님들이 이미 착석한 뒤 여섯 명의 시위대가 식당 앞에 도착했다. 파스다르가 확성기를 잡고 있었다.

"〈고용기회센터〉 지도자들은 노동자들을 지지하지 않습니다. 컬러즈를 지지하지도 않습니다. (…) 3년 동안 노동자들을 노예로 만들고는 내쫓아 버렸습니다. 〈고용기회센터〉는 고소된 상태입니다. 〈고용기회센터〉는 고소당했으며 이 조직에는 민주주의가 없습니다."

그러나 그 소리에도 하얀 커튼 뒤로 흘러나오는 사람들의 대화는 그치지도 멈추지도 않았다.

7시 9분 사루는 행사를 시작하면서 맘두를 소개했다.

"우리는 비극에서 희망을 끄집어내기 위해 이 레스토랑을 열었습니다."

맘두는 윈도즈에서 죽은 이들을 기념하기 위해 잠시 묵념의 시간을 갖자고 요청했다. 다음으로 맘두는 직원이자 사장인 회원들을 소개했고 그들 모두 기립박수로 환영을 받았다.

바깥에서는 시위대가 계속 소리를 질러댔다.

"맘두는 도둑이다. 맘두, 넌 더러운 자식이야. 이제 노동자의 돈은 그만 좀 훔치라고. 맘두는 1년에 수만 달러씩 법니다, 여러분."

그러더니 난데없이 "토론토 대학교는 썩었어, 스테판!"이라는 거였다. 마일

---

* "여러분, 여러분"이라는 뜻의 에스파냐어.

바가남을 겨냥한 공격이었다.

식당 내부는 북적이는 사람들 때문에 더웠다. 음식은 너무 늦게 나왔고 어떤 손님들은 9시가 될 때까지 먹지도 못했다. 하지만 그걸 가지고 뭐라 하는 사람은 없었고 전체적으로 모든 게 다 잘 돌아갔다.

"시위대가 있긴 해도 저는 정말 신이 납니다. 정말로요."

칵테일 손님들이 도착하자 맘두가 이런 말로 그들을 반겼다.

"시위는 하지 않길 바랐지만 그래도 기분은 나쁘지 않아요."

저녁 10시 40분, 회원들이 모두 모여 사진을 찍고 서로 격려하고 환호성을 지르고 박수를 쳤다. 센터 주제가도 불렀다. 센터 사무실 관리자는 사람들을 껴안으며 키스를 나누었다. 허먼도 만면에 만족스런 웃음을 지었다. 크리스티안센과 피에르도 같이 사진을 찍었다.

주방에서 일한 사람 한 명이 자리에 앉더니 신발을 벗고 발을 주물렀다.

"우리 가족들이 오늘 여기 다 와서 정말 행복해요. 저는 너무 너무 열심히 일했어요. 수요일, 금요일, 토요일, 일요일, 월요일, 매일요."

기립박수를 받은 것은 그에게 엄청난 일이었다.

"전에 일한 레스토랑 주방에선 우리 일을 한 번도 인정해 준 적이 없었어요. 한 번도요. 레스토랑 주인한테만 좋은 일 한 거죠. 주방 일의 가치를 알아주니까 그저 행복할 뿐입니다."

피에르가 그 키다리 중국인 견습 요리사 옆에 있던 구티에레스에게 물었다.

"마누엘, 이 친구야, 오늘 밤 주방에선 말이 좀 통했나?"

구티에레스는 머리를 절레절레 흔들었다.

"엉망이었나 봐, 응? ESL이 있잖나, ESL."

피에르가 토닥였다.

2006년 1월 2일 컬러즈 레스토랑은 아무 탈 없이 정말 개업했다. 프랭크 브루니Frank Bruni는 『뉴욕타임스』에 내부 장식이 세련됐고 메뉴가 독창적이라고 칭찬했다. 브루니는 내부 디자인이 "조화로움과 통합을 희망적으로 상징하고 있으며 9.11로 야기된 충격과 적대감과는 대조를 이룬다"고 평가했다. 브루니는 문제점도 거론했다. 아직 간판을 달지 않았고 입구는 전단지로 덮여 있으며, 데이트를 할 때 흔히 기대하는 것 같은 세련된 매력은 없었다고 했다. 음식 조리가 느려 식은 채 오기도 하고 설익은 것이 나오기도 했으며 서버를 부르기 어려웠던 점도 지적했다.

장기적으로는 더 많은 문제가 튀어나왔다. 한 예로 컬러즈는 최소 1백만 달러가 부족한 상태로 시작했다. 실제 필요한 액수만큼 모으지 못해 겨우 현금 30만 달러로 시작했는데 그건 6개월치 운영 자금에 불과했고 경쟁이 치열한 뉴욕에서 방패막이로 삼기에는 많이 부족했다. 시급은 14.5달러부터 시작했는데 그건 팁을 받는 노동자 최저임금의 다섯 배 쯤 되는 액수였다. 임금은 높고 다른 쪽에도 경비가 많이 지출되다 보니 음식값이 비쌀 수밖에 없어서 후원자들조차 식사를 하기 꺼려했다.

손님도 매우 적었고 음식과 서비스에 대해서는 평가가 엇갈렸다. 『뉴욕타임스』에 실린 기사처럼 "전직 윈도즈 직원들, 테이블을 채우려고 안간힘"이라는 식의 얘기가 신문에 실리면 손님 수가 늘어났지만 다시 발길이 뜸해졌다. 1년이 되지 않아 레스토랑은 1백만 달러의 부채에 허덕이게 됐고 임대료도 밀리고 식자재 공급에도 차질이 빚어졌다. 협동조합 이사회는 2006년에는 임금을 깎기로 투표로 결정했고 사원주주 수도 서서히 줄기 시작했다.

이 모든 것이 이반 루세티가 예견했던 문제였다. 루세티는 〈고용기회센터〉가 좀 더 겸허한 자세로 레스토랑 일에 뛰어든 뒤 그 다음에 더 크고 복잡한 일을 진행해야 했다고 생각했다. 2006년 여름 루세티는 이탈리아 벨라기오에 있는 록펠러 재단의 휴양지에서 사루와 맘두를 만났다. 둘은 센터를 조직한 경험을 책으로 쓰기 위해 연구비를 지원 받아 3주 여정으로 그곳에 온 터였다.

우호적이긴 해도 쉽지 않은 대화였다. 루세티는 사루와 맘두에게 이탈리아 측 지분을 양도하고 싶다고 선언했다. 루세티는 그들이 당분간은, 어쩌면 영원히 대출금 상환을 못 할 수 있다는 걸 잘 알았다. 어쨌거나 루세티의 회사도 수익을 내야 하는 회사였다. 가장 큰 후원자를 절대 잃고 싶지 않았던 맘두와 사루는 뉴욕으로 돌아와 조직을 재정비하기로 했다. 레스토랑 문을 닫는 것을 피하려면 무슨 일이든 해야 한다는 것을 잘 알고 있었다.

그 다음 해가 다 저물기 전 컬러즈는 새로운 전략을 채택했다. 그들은 브루스 허먼이 전에 일했던 〈노동자교육협회〉와 계약을 맺고 컬러즈가 영업하지 않는 낮 시간에는 다른 레스토랑 직원들의 연수를 진행하고 일자리 주선을 하기로 했다. 매년 5백 명의 학생들이 낮에는 직업 훈련을 받고 저녁에는 새로운 손님들을 몰고 왔다. 또 이탈리아 측 투자자 대표를 포함한 후원자들은 식탁보를 치우고 음식 가격을 낮추고 늦은 밤 시간 영업을 추가하고 그 지역에서 생산된 유기농 식자재를 도입할 것을 조언하기도 했다. 윈도즈처럼 부자 손님들만 바라다가는 컬러즈 본연의 고객층, 즉 노동조합이나 비영리기구에서 일하는 젊은 활동가 손님들을 놓치게 된다는 것도 깨달았다. 이런 변화들이 루세티에게 좋은 인상을 주었는지 이탈리아 지분을 다른 사람에게 넘기겠다는 결정을 잠시 보류했다. 뿐만 아니라 새로운 손님들을 소개해 주거나 경험이 풍부한 총지배인이나 요리사를 데려오는 등, 컬러즈가 다시 일어서도록 도움을 아끼지 않았다.

맘두는 조합식 레스토랑 건립 계획을 세우고 실제로 개업을 하면서 '과거는 사람을 뒷걸음질 치게 할 뿐'이라는 교훈을 얻었다. 맘두는 그 점을 본능적으로 깨닫고 처음에는 윈도즈에 대한 향수 때문에 온 사람이라도 음식이나 분위기, 서비스가 맘에 들지 않으면 절대 두 번 다시 오지 않는다는 말을 자주 했다.

"사람들이 그저 애도나 하려고 여기를 계속 찾지는 않을 거란 말이죠."

맘두가 틈틈이 하는 말이었다. 맘두는 여전히 윈도즈에 대한 신성한 기억을 간직하고 싶었지만, 과거 윈도즈와의 관계는 결국 그들의 사업을 거의 무너뜨리는 지경까지 갔다. 반대파들은 그걸 이용해 〈고용기회센터〉의 결정을 하나하나 다시 물고 늘어지고 센터 이름에 먹칠할 무기로 휘둘렀다. 언론이 9.11과 연결해 컬러즈 레스토랑에 비극적인 분위기를 조성하는 바람에, 출범 당시의 투자자들과 레스토랑 일을 주도한 사람들이 과거 윈도즈 시절보다 훨씬 더 많은 돈을 벌게 해 줄 새로운 벤처 사업에 얼마나 헌신적으로 임했는지는 거의 보도되지 않았다.

이런 일들을 겪으면서 맘두는 많이 변했다. 우선, 자신이 얼마나 더 견뎌야 하는지 늘 자문하게 되었고 둘째로는 소중한 친구 둘을 잃어버렸다. 마지막으로, 가족을 잘 부양할 수 있기만을 바라는 '보통' 사람으로, 자신이 스스로에 대해 품고 있던 이미지에 도전하게 됐다. 윈도즈 시절부터 맘두는 제일 중요한 건 동료애와 다인종적 특성, 집단 전체가 꾸는 큰 꿈이라고 생각했다. 그것을 실현하는 곳이 최고급 레스토랑이든 간이식당이든 중요하지 않았다. 되도록 큰 공동체가 광범위한 혜택을 받을 수 있는 결정을 내려야 했다. 이는 맘두 본인이 조직가로 남을 것이냐의 문제를 포함해서 미래를 가슴에 품은 채, 지금 현재 내려야만 하는 결정이었다.

6장

# 전국의 레스토랑이 우리의 상대!

세계화 시대
이주와
시민권 문제

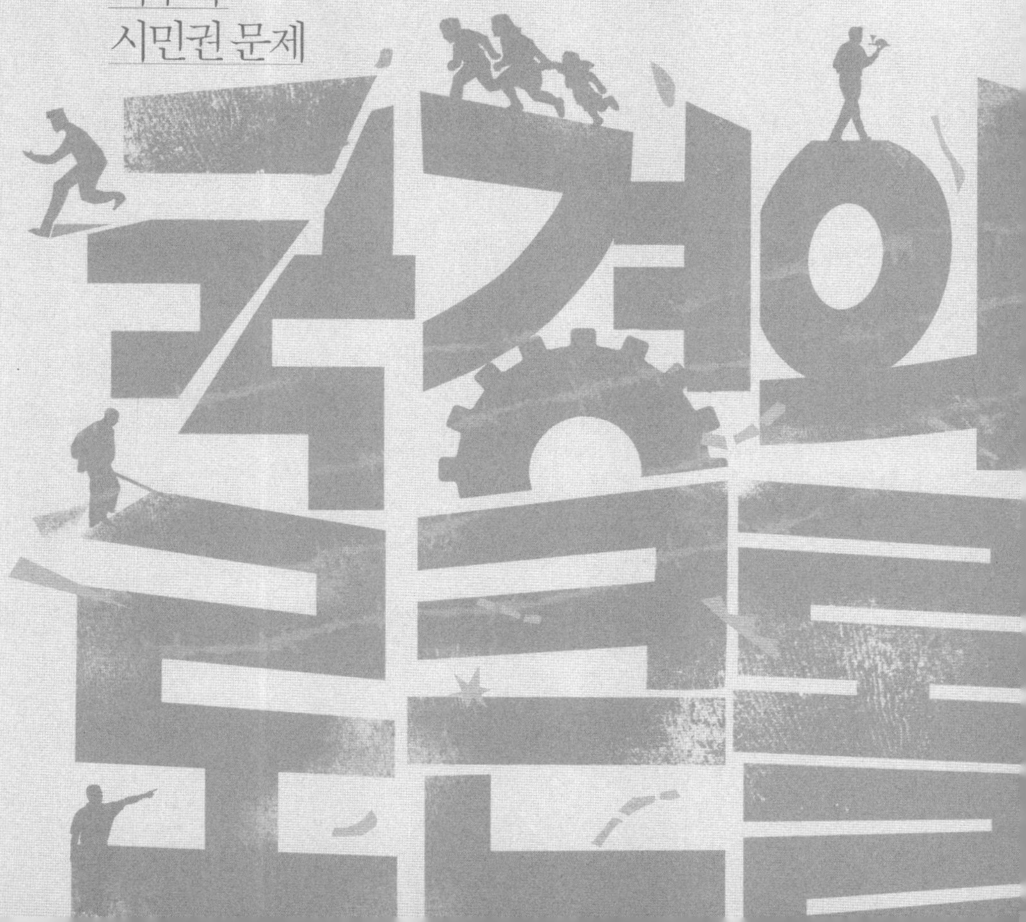

새로운 레스토랑 모델을 만드느라 맘두가 분주히 일하고 있을 때 〈고용기회센터〉는 조직의 활동 범위를 넓히는 일에 집중해 시위를 벌였다. 센터는 레스토랑 업주라는 큰 상대를 표적으로 삼고 레스토랑 직원들을 동맹군으로 끌어들여 레스토랑 산업 전반에 더 큰 변화를 일으키고 싶었다. 2004년과 2005년 초에 센터는 다음과 같은 목적을 이루기 위해 두 가지 주요 사업을 계획했다. 첫 번째는 일부 레스토랑 업체 사장의 잘못에 항의하는 시위를 조직하는 일이었고 두 번째는 "레스토랑산업정상회의"의 개최였다. 훗날 〈고용기회센터〉는 관계자들로 송곳 하나 꽂을 데 없이 꽉 찬 회의장에 뉴욕 시의 모든 레스토랑 직원들과 사장들을 대상으로 조사한 연구 보고서를 발표하게 된다. 레스토랑 업계 전체를 상대하는 조직을 꾸리려면 센터가 현재 발을 딛고 선 이해관계를 포기하지 않으면서 업계 사람들의 이해관계를 건드릴 필요가 있었다.

　첫 번째 기획은 〈스미스-월렌스키 레스토랑그룹〉의 전국 체인 설립자이자 최고 경영자인 앨런 스틸먼이 소유한 최고급 스테이크하우스 '시테'의 노동조건을 살펴보는 것이었다. 늘 그렇듯이 멕시코인 주방 노동자들이 이 시위에 시동을 걸었다. 멕시코인 주방 노동자들은 〈고용기회센터〉에서 수도 제일 많고 야심도 가장 큰 집단이었다. 주방 노동자들은 레스토랑 업계의 가장 밑바닥에 위치한 사람들이다. 그들 중 다수는 멕시코 정부가 경제적 세계화를 부추기는 신자유주의 정책을 채택한 이후 가격 상승과 임금 하락 등의 경제 위기가 닥치자 할 수 없이 이민길에 나선 영세농들이었다. 이런 흐름은 1993년에 "북미자유무역협정"이 타결되면서 더욱 악화되었고 뒤이어 1994년에는 페소가 평가절하되었다. 10년도 안 돼 뉴욕에 거주하는 멕시코계 인구는 27만 5천 명에 달했고 그들의 절대다수가 합법적인 이민 서류 없이 식당 주방에서 일하고 있었다.[1]

레스토랑 업계를 계급의 위계에 빗대면 주방은 노동계급, 홀은 중간계급, 주인은 최상층으로 볼 수 있다. 〈고용기회센터〉는 업계의 사다리 제일 아래에 접근하려고 노력했고, 그러다 보니 새로운 도전을 받곤 했지만 새로운 보상도 얻게 됐다. 처음에는 주방 노동자인 멕시코인들과 시작한 시위였지만, 전략상 그 레스토랑의 유일한 멕시코인 웨이터를 조직에 가입시키기 위해 레스토랑의 중간계급에 다가갈 필요가 생겼다. 주방 노동자들과 마찬가지로 그 웨이터도 인종차별과 임금 착취를 당하는 형편이지만, 센터보다는 레스토랑 직원들에게 개인적으로 접근하기 더 좋은 위치에 있었다.

두 번째 기획인 "레스토랑산업정상회의"는 업계 전체를 분석하는 대규모 연구 프로젝트로, 완료하는 데만 3년이 걸렸다. 350명 이상의 종사자를 조사하고 35명의 레스토랑 사장을 인터뷰한 결과, 레스토랑에서 편한 일과 험한 일이 주로 인종에 따라 배정된다는 저간의 믿음이 사실로 드러났다. 〈고용기회센터〉는 이 보고서를 활용해서 어떻게든 수익을 더 내려고 자주 법을 어기는 뒷골목 업주와 법에 따라 운영하는 큰 길의 업주를 구별했다. 이런 구별을 통해 센터는 큰 길에서 당당하게 영업하는 업주들과 대의를 공유할 수 있는 토대를 쌓았고, 그들과 손을 잡고 레스토랑 하나를 상대하는 것이 아니라 모든 레스토랑에 똑같이 적용되는 법을 만들도록 뉴욕 시의 정책 자체를 바꾸는 일에 착수할 수 있었다.

시테 레스토랑 시위 건과 정상회의 건을 같이 추진하다 보니 〈고용기회센터〉의 이미지도 복잡해졌다. 업계의 외부인 처지로서 전술적인 한계가 있었기 때문에 〈고용기회센터〉는 어느 한 곳에 집중하기가 더욱 힘들었다. 2005년 봄, 〈고용기회센터〉는 주방 노동자부터 고용주와 손님에 이르기까지 레스토랑 산업에 연

관련 모든 사람들에게 자신의 목소리를 내기 위해 한 걸음씩 다가가고 있었다.

7번가와 51번가 교차로에 있는 시테는 늘 손님으로 붐비는 최상급 스테이크하우스였다. 백랍으로 만든 사자 머리 손잡이가 달린 거대한 유리문을 열고 들어가면 두 개의 식당과 화려한 바가 나온다. 바 옆에는 포효하는 사자 머리 석상이 벽 너비의 절반을 차지한다. 메인다이닝룸은 거대한 거울 기둥에 둘러싸여 있다. 화장실 칸막이 틈은 대리석으로 완전히 막아 놓아 옆 칸에서 끙끙거리는 소리도 전혀 들리지 않는다. 새우와 비프스테이크를 같이 내는 '서프앤터프' 스페셜 코스는 110달러고 1킬로그램이 넘는 바닷가재 꼬리가 인기 메뉴였다. 계산서에는 이런 문구가 점잖게 박혀 있다. "나스닥 상장 업체. 회사기호 SWRG" 'SWRG'는 〈스미스-월렌스키 레스토랑그룹〉의 약자다.

레스토랑 소유자 앨런 스틸먼은 독신자들이 데이트 상대를 물색하려고 드나드는 싱글즈 바를 처음 만든 사람으로 유흥업계의 틈새시장을 용케 찾아내는 수완 좋은 사람이었다. 1965년 당시 스물여섯 살이던 스틸먼은 향수 회사에 방향유를 팔다가, 어퍼이스트사이드로 이주해 오는 백인 전문직 젊은이들을 끌어들일 만한 곳을 만들기로 했다. 스틸먼은 5천 달러를 빌려 퍼스트애버뉴와 63번가 교차로에 있는 바를 사들이고 버거를 기본 메뉴로 하는 레스토랑을 차린 뒤 '쌩크갓이츠프라이데이(Thank God It's Friday, TGIF)'라고 이름을 붙였다. 스틸먼은 열 개가 넘는 지점을 더 열었는데 1975년에는 1백만 달러에 지점들을 팔아치운 뒤 본점은 계속 보유하다가 1980년대 후반 본점마저 380만 달러에 팔았다. 1977년에는 "최고급 스테이크하우스 업계의 티파니"■를 꿈꾸며 '스미스-월렌스키그릴' 1호점을 열었고 그 후 20년 동안 14개의 지점을 더 열어 마침내 〈스미스-월렌스키 레스토랑그룹〉을 설립했다. 1989년 개점한 시테 레스토랑도 이 그룹 소유다. 1996년 이 레스토랑그룹의 투자자들은 평균 45퍼센트의 연간 수익금을 받았다. 2002년 연간 매출액은 1억 4천만 달러에 달했다.[2] 스틸먼은

---

■ 1837년 뉴욕 시에 개점한 최고급 보석 전문점.

일상 업무는 남들에게 맡기는 걸 좋아하는 것으로 알려져 있다.

"나는 이미 오래 전부터 레스토랑은 구멍가게 수준이 아니라 하나의 기업으로 운영하는 거라고 알고 있었습니다."[3]

스틸먼은 시테를 개업하던 해 『크레인즈 뉴욕비즈니스』와의 인터뷰에서 이렇게 말했다.

"내 매니저들이 나보다 식당 운영을 더 잘 합니다."

그런데 스틸먼이 고용한 매니저들은 법을 어기며 "식당 운영"을 하고 있었다. 주방 노동자들은 당연히 휴식 시간이 없었고 초과근무 수당도 받지 못했으며 병가도 내지 못했다. 대부분 멕시코인들이고 미등록인 경우도 많은 주방 노동자들은 주방장에게 인종차별까지 당해야 했다. 주방장은 노동자들에게 고함을 자주질렀고 "젠장 맞을 웻백\*들"이라고 불렀다. 2003년 4월 노동자 한 명이 노동부에 익명으로 전화를 했다. 시테가 매주 적게는 다섯 시간, 많게는 열 시간에 해당하는 초과근무 수당을 주지 않고 2교대나 3교대로 일을 시키면서도 휴식 시간이나 임금을 더 주지 않는다는 제보였다. 노동부는 두 달 뒤로 감사 일정을 잡았다.

스미스-월렌스키 시위는 한때 시테에서 일한 적 있는 센터 조직가가 노동자들의 고충을 들을 수 있을까 하여 한 번 들렀던 것이 계기가 돼 시작됐다. 〈고용기회센터〉는 보통 그런 식으로 새로운 시위를 기획했으며 활동 범위를 넓혀 왔다. 시테를 찾아간 센터 조직가는 거기서 14년 동안 견습 요리사로 일한 미등록 노동자 플로리베르토 에르난데스를 바로 만날 수 있었다. 에르난데스는 편안하고 시원하게 잘 웃는 사람이었고, 풍채가 당당했다. 그는 시테가 주방 노동자들에게 몇 년씩 임금을 체불하고 있다는 얘기를 해 주었다.

에르난데스는 회사가 노동부의 감사를 사전에 파악하고 있다가 근무 일정을

---

■ 웻백에 대해서는 80쪽 옮긴이 설명 참조.

바꿔 감사 기간 동안 "골칫거리" 직원 여러 명을 출근시키지 않았다고 털어놨다. 그런 꾀를 부렸지만, 노동부는 시테가 2년 동안 6만 5천 달러 이상에 달하는 초과근무 수당을 지불하지 않았고 시간 기록계를 설치하지 않아 노동법을 어긴 것을 적발해 냈다. 노동부 감사팀의 보고서에는 이렇게 되어 있다. 시테 대표가 "회사의 실수를 당장 바로 잡을 것이며, 연락할 수 있는 모든 직원들에게 늦어도 2003년 10월 30일까지는 밀린 임금을 지불할 것을 약속한다고 설명했다." 그 직후 시테 매니저 중 한 명이 에르난데스에게 그룹 사무실에서 주방 노동자의 임금을 15퍼센트 깎으라는 지시가 내려왔다는 말을 전해 주었다. 회사는 그때부터 모든 초과근무 수당을 지불했지만 깎인 임금을 기준으로 지급했다.

에르난데스가 사루를 찾아왔을 때 사루는 앨런 스틸먼의 비범한 능력을 대번 파악했다. 그리고 레스토랑 사장 하나 잡는 일을 시작한다는 생각에 전율을 느꼈다. 사루는 에르난데스에게 센터가 싸움을 시작하려면 노동자가 세 명은 더 필요하다고 일러 주었다. 에르난데스는 주방 노동자 열여섯 명을 더 데려왔고 그중에는 갈색 피부에 키가 150센티미터 정도인 아폴리나르 살라스도 있었다. 살라스는 에르난데스의 친구였고 지난 10년 동안 미등록 노동자로 고단한 삶을 살아온 사람이었다. 이민 서류가 없었기 때문에 한 자리에서 계속 일하지도 못했다. 일단 일자리를 구하면 사장이 서류를 가져오라고 할 때까지 일하다가 가짜 사회보장 카드를 보여 주고 사장이 그게 가짜인 걸 알아 낼 때까지 버티다 결국 해고당했다. 또 다른 일자리를 구해도 같은 과정이 반복됐다. 살라스는 미국에서 일하며 잘 살고 싶었지만 계속 일자리를 바꿔야 하는 현실이 진저리치게 싫었다. 그러다 마침내 어떤 사장이 보증을 서 주었고 살라스는 영주권을 받을 수 있었다. 그로 인해 살라스의 인생은 완전히 바뀌었고 2006년에 미국 시민이 되었다.

서른일곱 살의 살라스는 12년 동안 시테에서 일했고 접시닦이에서 시작해 '샐러드 맨' 자리까지 올라왔다. 살라스의 이야기는 장난이 아니었다. 점심시간부터 휴식 없이 계속 일하고 손님이 뜸할 때도 끝없이 밀려드는 일을 처리했다.

살라스는 주방장과 사이가 아주 나빴다. 하루는 주방장이 설거지통에 씻을 접시가 하나도 없고 점심시간대도 지났는데 접시를 또 씻으라며 억지를 부렸다. 살라스는 그 말을 따르지 않고 주방 매니저에게 사정을 얘기했고 매니저는 주방장에게 살라스를 그냥 놔두라고 한 마디 해 주었다. 그 일 뒤에 주방장은 살라스를 다른 요리 파트로 보내 버렸다.

주방 노동자들이 대부분 멕시코 이민자들이기 때문에 시테는 이런 학대를 사전에 막을 수도 있었다. 에르난데스와 살라스처럼 주방 노동자들은 대개 멕시코 원주민과 스페인계의 혼혈인 '믹스테카스Mixtecas'였고 멕시코 남부 푸에블라 주에서 이민 온 영세농 출신들이었다. 푸에블라 지역은 빈부 격차가 극심한 곳이고 그런 격차는 하나의 공식을 만들었다. 부유한 포블라노스는 피부가 희고 키가 크며 외모가 보기 좋은 사람을 가리킨다. 가난한 포블라노스는 '페포페 Pepope' 또는 '포블라노 펜데호Poblano Pendejo' ("얼어 죽을 푸에블라 멍청이")라고도 불리는데 키가 작고 피부가 검고 콧수염을 기르며 멕시코 모자를 쓴 사람을 뜻했다. 간단히 말해 피부가 흰 푸에블라 사람만큼 깨끗하지도 잘생기지도 않은 사람이라는 얘기다.[4] 가난한 푸에블라 사람들은 멕시코 안에서 다른 도시로 이사를 가거나 아예 미국으로 떠났다.

## 수렁에 빠진 멕시코 경제와 이민

에르난데스와 살라스 같은 사람들이 이주에 나서게 된 사연을 넓은 시야에서 이해하려면 가난한 멕시코 사람들에게 경제적 세계화와 멕시코 국내의 정치적 결정이 미친 영향력을 알아야 한다. 멕시코 정부는 오랜 세월에 걸쳐 우선적으로 외국 자본을 끌어들이는 정책을 수립했다. 멕시코의 경제에 자극을 가하기 위한 변화였다. 그러나 부유한 멕시코인들에게만 자극제가 되었을 뿐, 빈부 격차는 더 커졌다. 그 결과 임금과 생활 수준이 떨어졌고 가난한 멕시코 사람들은 살 길을 찾아 집을 떠나야 했다.

신자유주의 영향력은 특히 농업 분야에서 두드러졌다. 1940년에서 1955년에 걸쳐 멕시코는 농업 부문을 신장시키고 보조금을 지급했다. 여기에는 특히 "기본 작물 생산자의 수입 증대를 위해 가격을 보장하고 시골 지역, 사회 기반 시설에 대규모 공공 투자를 한다"[5]는 조항이 들어 있었다. 이 기간 동안 농업 생산량은 매년 5.5퍼센트씩 상승했다. 그러나 성장세는 그 다음 20년 동안 매년 3퍼센트씩 하락하더니 1960년대 말과 1970년대에는 아주 급격한 하락세로 돌아섰다. 이 시기는 학생들이 정부 부패에 항의하는 대규모 시위를 일으키는 등, 정치적으로도 혼란한 시기였다. 1968년 멕시코 올림픽이 열리기 열흘 전, 멕시코 경찰이 3백 명의 학생 시위대를 학살한 사건은 정부의 부패를 보여 주는 최악의 사태였다. 그런데 흥미롭게도 1965년에서 1972년 사이 멕시코 경제의 다른 분야는 호경기를 맞아 미국으로 이주하는 사람의 숫자가 상당히 줄었다.

농업 생산성이 계속 떨어진다는 것은 결국 인구는 점점 증가하는데 그들이 필요로 하는 식량은 다 생산할 수 없다는 뜻이다. 세계 곡물가가 막 상승하던 시점에 정부는 곡물을 수입하기 시작했다. 또한 1973년에는 전국적으로 보조금을 이전 10퍼센트에서 20퍼센트로 올려 다시 한 번 농업에 투자하기도 했다. 옥수수 가격의 최저선을 설정하고 시골 지역에 진료소 같은 구호 시설을 짓는 등의 조치도 포함됐다. 이 새 프로그램으로 멕시코 경제는 새롭게 활기를 띠었다.[6]

그러나 멕시코 정부는 석유에서 나오는 세입금을 담보로 외국에서 차관을 빌려 투자금 일부를 대고 있었다. 1976년과 1982년 정부는 빚을 갚지 못한 데다 다른 문제들까지 겹쳐 또 한 번 경제 위기를 맞았다. 위기가 터질 때마다 국내 이주자나 미국행 이주자가 늘었다. 1982년 국가 신용이 바닥을 드러내며 결국 국가 부도 사태에 이르자 멕시코 정부는 여러 나라에 진 부채를 정리하기 위해 〈국제통화기금〉에 차관을 신청했다. 〈국제통화기금〉은 1944년 전쟁으로 피폐해진 유럽을 재건할 목적으로 설립한 국제금융 체제다. 현재는 182개국이 회원으로 가입해 있다. 이 중 미국은 최대 투자국으로, 17.7퍼센트의 지분을 갖고 있다. 따라서 최대 투자국 미국은 〈국제통화기금〉 차관에 대한 이자 수입도 최대로 가져

가며 미국 입장에서 적절하지 않은 사안에 대해서는 반대표를 던질 수 있는 권한이 있다.[7]

〈국제통화기금〉은 긴급 원조금을 지급하는 데 합의했으나 멕시코가 '구조 조정 계획'에 동의해야 한다는 단서를 걸었다. 돈을 빌리는 나라라면 무조건 수용해야 하는 조건이었다. 〈국제통화기금〉이 요구한 구조 조정은 멕시코의 국영기업을 민영화하고 기업에 우호적인 환경을 조성하기 위해 각종 규제를 철폐하고 외국의 투자를 받아들이는 것이었다. 바로 오늘날 '신자유주의'라고 알려진 프로그램이다. 1989년에는 정부가 책정한 농업 보조금의 85퍼센트가 삭감되었다. 옥수수 보장 가격도 3퍼센트 하락했고 콩은 20퍼센트가 하락했다. 농업 보조금은 그동안 "사실상 멕시코 시골 지역의 실업수당이자 빈곤 방지 프로그램"[8]으로 기능하고 있었다. 그 밖에도 변한 것이 있었다. 국가는 더 이상 민간에 대출을 해 줄 수 없었다. 대출 업무가 모조리 민간 은행으로 넘어간 것이다. 따라서 영세농들은 수입이 보잘 것 없고 상환 가능성이 낮다는 이유로 대출을 받을 수 없게 됐다. 정부가 전기나 수도 같은 공공시설을 사기업에 매각했기 때문에 가난한 사람들의 생활비는 더 올랐다. 1984년에서 1989년 사이 농가 극빈층은 6퍼센트 증가했고 멕시코의 소규모 농민 절반이 경제적 타격을 입었다.[9]

1986년 멕시코는 "관세와무역에관한일반협정(이하, GATT)"에 가입했다. GATT는 수입품에 대한 관세를 떨어뜨릴 것을 요구했으며 그 결과 어쩔 수 없이 멕시코 시장이 해외 생산자에게 개방돼 버렸다. GATT는 일차적으로 산업 부문에 영향을 미쳐 내수 소비재를 생산하는 중소기업보다는 수출 대기업에 우호적인 장기 흐름을 가속시켰다. 멕시코 경제 전문가인 조너선 폭스Jonathan Fox 교수에 의하면, "수출 부문을 살리자고 내수 부문을 희생시키는 것, 그것이 바로 자유무역"[10]이다. 1989년에는 멕시코의 거의 모든 부문이 해외투자에 개방됐고 민영화의 파도가 몰아닥치기 시작했다. 1994년이 되면 수익 사업으로 공공서비스 재원을 마련했던 국영회사의 80퍼센트가 매각된다. 멕시코 정부는 오랫동안 사회주의에 가까운 정책을 폈으나 헌법개혁당이 장기 집권하는 동안 심각한 부패도 많이 일어났다. 멕시코인들은 그에 맞서 긴 세월 동안 시위를 벌였다. 그러나 1990년대부터 집권한 신자유주의 정부가 이전 정부보다 부패가 덜할 지, 멕시코 국민 다수의 삶의 조건을 개선할 수 있을 지는 여전히 불투명했다.

1993년 "북미자유무역협정"이 논의되던 당시 멕시코는 경제적 세계화라는 지배적인 흐름에 잘 합류한 상태였으며 그 결과 권력은 기업 엘리트에게 넘어가고 노동자들에게는 돌아가는 게 거의 없었다. "북미자유무역협정"은 미국, 캐나다, 멕시코 간의 무역과 기업 활동을 활성화하려는 의도를 가지고 공장을 옮기려는 기업에는 세금을 덜어 주고 무역 상품의 관세를 없애려는 협정이었다. "북미자유무역협정"으로 멕시코 정부가 옥수수에 최저가격을 설정하지 못하게 되자 소규모 옥수수 경작농은 엄청난 타격을 받았다. 반면 미국 옥수수 경작농은 미국 정부로부터 대규모 보조금을 지급받은 덕분에 멕시코의 소규모 농민들보다 옥수수를 훨씬 싼 가격에 생산할 수 있게 됐다.

푸에블라에 사는 살라스의 가족들이 바로 "북미자유무역협정"과 신자유주의 무역협정에 갈가리 찢겨 나간 농민이었다. 살라스 가족에게는 약 6천 평의 땅이 있었고 거기서 가족들은 3대에 걸쳐 옥수수, 콩, 땅콩을 경작하며 살았다. 생산량의 반은 집에서 먹고 나머지 반은 근처 부잣집에 팔았다. 하지만 가격은 구매자가 정했기 때문에 살라스 가족은 많은 돈을 벌지 못했다. 교복을 살 정도는 되어도 살고 있던 판잣집을 새로 짓기에는 부족했으며 저축은 꿈도 꾸지 못했다. 살라스는 1986년, 오늘날에 비하면 부르는 돈도 적고 덜 위험했던 시절, 8백 달러를 내고 형제 한 명을 따라 국경을 넘어 뉴욕으로 왔다.

20년 전만 해도 멕시코에서 팔리는 옥수수의 90퍼센트는 살라스네 같이 1만 5천 평 미만의 땅을 소유한 소규모 농민이 생산한 것이었다. 그러나 오늘날 멕시코에서 팔리는 옥수수의 90퍼센트는 미국에서 생산한 것이고 가격은 계속 오르고 있다. 미국과 캐나다의 농업 기업에 국내시장을 빼앗긴 멕시코 농민들은 가족 단위 생산에 더욱 열을 올리고 물물교환도 했다. 그러나 멕시코 정부는 시장에 팔 옥수수에 대해서만 보조금을 지불했다. 그 결과 살아남기 위해 안간힘을 쓰는 소규모 캄페시노[■]가 받을 수 있는 지원은 점점 줄고 대규모로 경작하는 사람들만 혜택을 누리게 됐다.[11] 이 문제에 대한 멕시코 정부의 대응은 설탕 생산을 증대하는 것이었는데, 설탕에는 아직 보조금을 지급하고 있었기 때문이다. 물론 살라스네 가족은 사탕수수는 맛도 못 볼 형편이었다.

미국, 캐나다, 멕시코, 세 나라의 노동조합과 환경보호주의자들은 모두 "북미자유무역협정"에 반대했고 기업 위주의 무한 경쟁이 밑바닥까지 밀어닥치는 것을 막기 위해 조약에 가격 보호 정책을 포함시키라고 요구했다. 멕시코 정부는 정부 정책과 다른 노선을 취하는 노동조합을 매일같이 가혹하게 처벌했다. 이에 대해 삼국은 1994년 노동과 환경에 대한 추가 조항을 마련했으나 전부 아무 실효도 없는 쓰레기나 마찬가지였다. 멕시코 기업 대표들과 함께한 회담에서 멕시코 재정부 장관 하이메 세라 푸체Jaime Serra Puche는 활기 찬 목소리로 이를 인정했다.[12]

"북미자유무역협정"이 발효된 뒤 미국과 멕시코 양국의 임금은 사실상 하락했고 기업의 이윤은 상승했다. 1975년 멕시코가 고립과 자급자족 정책을 실시하던 "안 좋았던 시절"조차 멕시코의 평균임금은 미국 평균임금의 약 23퍼센트에 달했다. "북미자유무역협정"이 발효되기 직전인 1993년에서 1994년 사이에는 평균임금이 미국의 15퍼센트였다. 2002년에는 12퍼센트로 더 떨어졌다. 멕시코의 최저생계비는 오히려 오른 상태였다.

1994년도에는 일당 4.2달러인 최저임금으로 20.4킬로그램의 토티야를 살 수 있었는데 2003년도에는 8.4킬로그램밖에 살 수 없다. 1994년에는 취사와 난방용 기름 24.5리터를 샀지만 2003년에는 7리터 사는 게 고작이다.[13]

---

[■] campesino, 농부나 농장 노동자를 뜻하는 에스파냐어.

미국의 경우 제조업 분야 노동 생산성은 1993년에서 2002년 사이 57퍼센트 상승했지만 임금은 6퍼센트 상승하는 데 그쳤다. 자유무역의 흐름은 계속 이어져 이제 동쪽을 향했다. 〈선빔코퍼레이션〉의 사례를 보자. 이 회사는 시간당 임금이 21달러가 넘는 오하이오 공장 시설을 시간당 2.36달러만 줘도 되는 멕시코 마타모로스로 옮겼다. 2001년 〈선빔코퍼레이션〉은 노동의 가치가 시간당 약 47센트밖에 되지 않는 중국으로 공장을 다시 이전했다.[14]

아폴리나르 살라스는 뉴욕에서 이런 흐름이 어떤 결과를 초래했는지 목격했다. 이제 뉴욕에는 그의 형제 아홉 명 중 다섯 명이 살고 있고 모두 레스토랑에서 일한다. 뉴욕 지하철에서 고향 친구들을 우연히 마주치는 것은 이제 일상이 됐다. 살라스는 푸에블라에서 일어난 변화도 알고 있었다. 이제 푸에블라 가족들은 살라스가 미국에서 부친 돈으로 새 집을 짓고 산다. 주위로도 그런 비슷한 집들이 점점 더 많이 생겼고, 도로가 포장되었으며, 집 사이사이에는 깨끗한 공터들이 확보되어 있었다.

### 레스토랑 산업은 피부색에 따라 나뉜다

에르난데스와 살라스를 포함해 시테 직원들은 2003년 8월, 센터 회원들에게 자신들의 사정을 설명했고 9월부터 고용주에게 노동조건 개선을 촉구하기 위해 열한 가지 단계를 밟아 나갔다. 10월 2일, 시테 직원들 한 무리와 〈고용기회센터〉 회원들이 요구 사항을 적은 편지를 들고 시테로 갔다. 회사는 일주일의 시한을 넘겼고 센터는 주중에 손님이 제일 많은 점심시간대에 첫 번째 시위를 벌였다. 살라스와 에르난데스가 이마에 반다나▪를 두르고 피켓을 들었다. 에르난데스와 살라스가 걱정할 만했다. 그들이 시위에 참여했다며 따지고 들던 주방장

---

▪ bandanna, 이마나 머리, 목에 두르는 다채로운 색상의 스카프.

이 10월 15일 봉급날에 시위에 참여한 사람들은 한 푼도 못 받을 거라 으름장을 놓았기 때문이다. 8주 안에 주방 노동자 세 명이 해고되었다.

그런데 10월 30일은 식당 측이 밀린 임금을 지급하겠다고 노동부와 약속한 날이었다. 뉴욕 시립대학교에서 〈이민자법률지원상담소〉를 운영하는 사메르 아샤르 법대 교수가 학생들에게 시테 사건을 연구하라는 과제를 냈다. 학생들은 은폐된 사실들을 밝혀내고 해고가 잘못됐다는 사실을 확인한 뒤 〈미국노동관계위원회〉[■]에 불만 사항을 신고하고 고발장을 냈다. 시테 측은 노동부가 명령한 6만 5천 달러를 10월 30일까지 지급해야 하지만 2년의 공소시효를 둔 노동부와 달리 뉴욕 주는 공소시효를 6년까지 인정해 유효기간이 넉넉했다. 휴식 시간, 병가, 휴가, 보복 행위 같은 건은 아직 해결도 되지 않은 상태였다. 법원에 더 큰 액수의 손해배상금을 청구할 수 있지만 그렇게 되면 노동부와 시테 측이 정한 결정에 따라서는 돈을 받지 못하게 된다.

시테 측은 수표를 발행해 주겠다던 약속을 일주일 어겼고 그 사이 아샤르 교수는 노동자들을 대신해 소송을 준비할 충분한 시간을 벌었다. 그날 시테의 주방장과 매니저 한 명이 노동자들을 따로 불러 만났다. 그들은 살라스에게 그가 받아야 할 돈에 해당하는 수표를 보여 주고 앞으로 시테를 골치 아프게 하지 않겠다는 각서에 서명하라고 했다. 살라스는 영어를 조금 할 줄 알기 때문에 서명하지 않았지만 상당수의 노동자들은 그 서류가 시테 쪽 것인지 노동부 것인지 확실히 모르는 상태에서 서명해 버렸다.

나중에 그 주방장은 이민 서류를 조사하려고도 했다.

"그가 사장에게 내 운전면허증이 진짜 내 건지 다른 사람 건지 물어봤답니다. 우리 사장은 서류가 없으면 당장 해고라고 했다더군요."

---

[■] The National Labor Relations Board, 조사와 비공식 또는 준사법적인 절차를 거쳐 노동쟁의를 해결하는 독립 연방 기관. 강제로 명령에 따르게 할 권한은 없지만 법원에 호소해 강제 집행할 수는 있다. 고용주·개인·노동조합이 직접 고발하거나 청원서를 내야 한다.

살라스의 말이다.

주방 노동자들이 이런 보복에 시달리는 동안 시테 시위에서 누가 보나 지도자 역할을 한 에르난데스가 아무도 예상하지 못한 선물을 가져왔다. 첫 번째 시위가 끝난 뒤 시테의 유일한 멕시코인 프런트 웨이터 레오넬 바이잔이 에르난데스에게 다가와서 레스토랑 홀에서 벌어진 차별 대우 때문에 소송을 걸려고 변호사를 고용했다는 얘기를 한 것이다. 사루는 바이잔에게 연락을 해서 바이잔의 문제를 더 큰 문제들과 합치자고 설득했다.

공교롭게 바이잔도 푸에블라의 농부 집안 출신이었고 미등록 이민자 신분으로 시테 주방에서부터 일을 시작한 사람이었다. 그러나 바이잔은 아주 어릴 때 이민을 왔고 나중에는 영주권도 취득했다. 그리고 바이잔을 괜찮게 본 매니저 덕에 홀로 승진할 수도 있었다. 바이잔은 살라스나 에르난데스와 함께 시테에서 일했고 같은 고향 출신이었지만 사실상 전혀 교류가 없었다.

만일 바이잔이 〈고용기회센터〉에 가입하면 그는 이 조직 최초의 레스토랑 홀 노동자가 되는 셈이고, 센터는 시테의 극심한 차별 대우를 전보다 훨씬 더 적극적이고 포괄적으로 공격할 수 있게 될 터였다. 초과근무 수당 체불은 상대적으로 적발하기 쉽지만 차별 대우를 입증하는 일은 좀 다르다. 같은 일을 하지만 피부색은 다른 직원 둘을 비교하지 않는 이상 차별 대우가 있다는 사실을 입증하기란 어렵다. 레스토랑 뒤편 주방에서 서열이 낮은 일을 하는 백인은 한 명도 없었기 때문에 비교 자체가 불가능했다. 미국의 "차별금지법"은 고용주의 의도적인 행위로 백인이거나 남성이거나 젊은 사람에게 일자리를 빼앗겼다는 사실을 입증할 책임을 피해를 당한 사람에게 요구한다. 그러나 직장 내 인종차별은, 사내 문화처럼 존재하기 때문에 법정 같은 공식적인 경로를 통해 입증하고 배상받는 것이 현실적으로 불가능에 가깝다. 센터는 주방 노동자들과 웨이터들이 똑같은 문제를 겪고 있다고 파악했기 때문에 제일 좋은 일자리는 백인들 몫으로 챙겨 주는 레스토랑 업계의 관행에 대중들의 관심을 모으고 투쟁할 수 있었다. 물론 주방 노동자들의 노동환경 개선을 불가능하게 만드는 업계의 경영 방식도 집중 조명할 수 있었다.

바이잔의 어머니 세빌라는 호박, 옥수수, 토마토, 참깨 씨앗을 재배하는 푸에블라 농부 집안에서 태어났다. 어머니, 양아버지, 남동생과 바이잔은 일곱 살 때 미등록 이민자로 뉴욕살이를 시작했다. 코요테가 일단 국경 검문소까지 데려다 주었고 국경 수비 경찰에게 8백 달러를 주니 경찰은 손을 흔들며 회전식 개찰구를 통과하게 해 주었다. 사흘 뒤 포트오소리티 버스터미널*에 도착한 이들은 1981년부터 맨해튼 어퍼웨스트사이드의 한 동네에 정착했다. 멕시코 이주민 수가 점점 늘어나고 있던 곳이었다. 처음 학교에 가던 날 바이잔의 선생님은 레오넬이 영어로는 라이오넬이라고 말해 주었고 그 뒤로 라이오넬이 그의 이름이 됐다.

1999년 일자리를 구하려고 시테에 갔던 날 바이잔은 바로 식사와 음료 담당 매니저에게 보내졌다. 그 매니저는 바이잔을 열 명이 넘는 라티노들이 접시닦이, 러너, 견습 요리사로 일하는 주방으로 데려갔다. 매니저도 바이잔도 아무 것도 묻지 않았지만 그것이 채용 과정의 전부였다.

매니저가 바이잔을 주방장에게 소개했고 주방장은 바이잔에게 주문한 식사를 어디서 받아 가는지 주문표는 어떻게 읽는지, 어느 소스를 어느 스테이크에 뿌리는지 등을 가르쳐 주었다. 바이잔은 팁을 받는 노동자의 최저임금인 시간당 3달러 정도를 받았고 웨이터들은 팁을 공평하게 나눠 주었다. 바이잔은 대개 휴식 시간 없이 열심히 일했고 2교대제 아래서 두 탕을 뛸 때도 있었다. 그러나 두 번째 교대조에서 일을 할 때는 받기로 되어 있는 임금을 다 못 받을 때도 있었으며 초과근무 수당은 아예 받은 적이 없었다.

주방장의 태도 때문에 그렇잖아도 힘든 일이 더욱 힘들어졌다. 한번은 바이잔이 카운터에서 뜨거운 접시를 제 때 잡지 못했다. 접시를 감쌀 냅킨을 찾지 못한

---

* Port Authority Bus Terminal. 뉴어크, 라과디아, 제이에프케이 국제공항, 펜 역, 그랜드센트럴 역과 함께 뉴욕의 주요 관문이다.

것이다. 주방장은 대번에 고래고래 소리를 질렀다.

"도대체 네 빌어먹을 냅킨을 어디 둔 거야?"

또 몹시 바빴던 어느 날 저녁, 열 명 이상이 뜨거운 음식과 날카로운 칼을 들고 주방을 헤집고 돌아다니던 때였다. 바이잔은 세 칸짜리 음식 수레 게리돈에서 막 음식을 꺼내려고 하다가 미끄러운 바닥에 그만 넘어졌다. 그 순간 본능적으로 게리돈 모서리를 잡는 바람에 게리돈은 위태위태하게 넘어지려 하고 있었다. 바이잔은 일어나지도 못하고 바닥에 누워 있는데 주방장은 음식부터 좀 챙기라고 주방이 떠나갈 듯이 소리 질렀다. 그때부터 바이잔은 주방 탈출을 꿈꿨다. 우선 백 웨이터로, 그 다음에는 프런트 웨이터로 승진하고 싶었다. 프런트 웨이터는 음료와 와인 주문을 받고 손님들에게 스페셜 메뉴를 설명해 주고 식사 주문을 받는다. 백 웨이터는 후식과 커피 주문을 받고 식사 후 테이블을 정리한다. 팁은 똑같이 나누기 때문에 백 웨이터와 프런트 웨이터는 봉급이 아니라 서열에 따라 정해졌다. 그러나 업무상 프런트 웨이터가 손님에게 비싼 음식을 고르게 할 수 있어서 영향력이 더 컸다.

일을 한 지 10개월이 지났을 때 바이잔에게 잘 해 주던 매니저 한 명이 바이잔을 홀로 불러 웨이터 자질이 있는지 지켜보았다. 컴퓨터에 메뉴 코드를 입력하는 게 제일 힘들기는 했지만 바이잔은 금세 프런트 웨이터 노릇도 가끔씩 하게 되었다. 바이잔은 웨이터 일에 잘 맞았다. 와인도 금방 배웠고 주요리 설명은 기가 막히게 해냈다.

바이잔은 손님들 대부분을 좋아했다. 자잘한 인종차별 소동이 벌어지기는 했지만 바이잔을 괴롭히는 사람은 없었다. 한번은 젊은 백인 남자가 대학을 갓 졸업한 친구들 열 명을 데리고 왔다. 들떠 있던 그는 바이잔에게 "판초, 잘 있었나" 하며 인사했다.

"어서 와요, 빌리!"

바이잔은 그렇게 답했다.

"난 빌리 아닌데?"

"나도 판초 아니에요. 내 이름은 라이오넬이고, 오늘은 제가 모시겠습니다."[■]

그러나 프런트 웨이터가 되면서 바이잔에게 새로운 문제가 생겼다. 웨이터들은 좋은 근무 시간과 테이블을 놓고 경쟁할 수밖에 없다. 거기에 따라 수입이 결정되기 때문이었다. 수요일부터 토요일 저녁까지가 손님이 제일 많을 때고 식당 내 최고로 좋은 자리는 여섯 명 이상이 앉을 수 있는 곳이었다. 바이잔은 돌아가다 보면 자기 차례도 올 거라고 예상했지만 하루는 어떤 웨이터가 좋은 시간대와 자리를 배정받으려면 팁의 일정액을 매니저에게 바쳐야 한다고 귀띔해 주었다. 바로 "매니저 팁 먹이기"라고 하는 불법 관행이었다. 바이잔은 매니저들에게 매주 평균 1백 달러 정도씩 주었다. 돈을 주지 않으면 사흘은 러너, 이틀은 백 웨이터 자리가 돌아왔다.

잘 대해 주던 매니저가 레스토랑을 옮기면서 사정은 더 나빠졌다. 새 매니저는 오자마자 육체적으로 제일 힘든 테이블 옮기는 일 따위를 라티노들에게 배정했다. 항의하는 사람들은 교대 근무 횟수를 줄이거나 해고된다고들 했기 때문에 바이잔은 불만을 꾹 참고 견뎌야 했다. 그래도 바이잔이 절대 못 참는 일은 있었다. 한 백인 웨이트리스가 손님에게 통역을 해 줘야 할 판이라며 에콰도르인 백 웨이터에게 빈정대자 바이잔은 항의했다. 또 어떤 매니저가 바이잔과 러너에게 지시를 내리며 "서둘러, 야 인마!" 하고 말하거나 아무것도 훔치지 말라고 훈계를 늘어놓았을 때도 마찬가지였다. 자신이 훈련시킨 백인 남자가 자신을 제치고 프런트 웨이터로 승진했을 때 역시도 바이잔은 항의했다.

바이잔은 일을 그만 둘까 진지하게 고민해 봤지만 백인과 똑같은 권리를 가진 자신이 왜 도망가야 하는지 알 수 없었다. 뭔가 시도는 해야겠다는 생각에 근무 배치 장소, 근무 시간표, 봉급 명세표 따위를 하나하나 모으기 시작했다. 바이잔은 매니저들에게 팁으로 준 돈을 기록하고 팁을 줄 때마다 자신에게 돌아온 근

---

■ 영어에는 반말이 따로 없지만 대화의 분위기를 전달하기 위해 손님은 반말, 바이잔은 높임말을 쓰는 것으로 옮겼다.

무 상황도 기록했다. 어느 날 저녁 자기 자리에 손님이 아무도 오지 않는 것을 뚫어지게 지켜보던 바이잔은 변호사를 구할 때가 되었다고 판단했다.

다음 날 바이잔은 인터넷을 뒤져 차별 대우 사건 전문 변호사를 찾아보았다. 바이잔은 아무에게나 전화를 걸어 상황을 설명한 뒤 만나러 갔다. 그 변호사는 시테에 서류를 보냈지만 차별 대우 사건으로 분류하지는 않았다. 바이잔이 사루의 전화를 받은 건 그 무렵이었다. 그러나 담당 변호사가 자기는 대학생들과는 일하지 않는다며 〈고용기회센터〉와 절대 관계를 맺지 말라고 말했다. 바이잔과 변호사는 시테 측 변호사를 만났다. 바이잔의 변호사는 시테 측 변호사가 합리적인 사람이므로 분명 문제를 잘 해결할 수 있을 거라고 했다. 그러나 그 뒤로 바이잔은 자기 변호사와 좀처럼 통화할 수 없었다. 사루의 전화를 받고 나서 두 달이 지난 시점에서 바이잔은 사루에게 자기도 이제 준비가 되었다고 알려 줬다. 바이잔과 사루는 변호사들을 찾아다니며 바이잔 사건을 무료로 맡아 줄 사람을 구했다. 두 차례 거절당한 뒤 마침내 변호사를 찾았고, 그가 〈고용평등기회위원회〉에 고발하겠다고 나서 주었다.

시위는 2004년까지 계속됐고 스틸먼은 6월 30일 반격을 위한 새로운 원칙을 수립해 보통의 악덕 업주들처럼 변호사를 선임하고 보도 자료를 배포하는 차원을 능가하는 일을 벌였다.[15] 시위대 피켓에 적힌 문구와 "그건 범죄야, 노동자에게 초과근무 수당을 지급하라!"라는 시위 노랫말, 그리고 시위 중에 나눠 준 전단지를 포함해 사루가 지난 2월에 지지자들에게 보낸 이메일이 회사의 명예를 훼손했다며 소송을 건 것이다. 사루가 보낸 이메일에는 이런 내용이 적혀 있었다.

노동자를 착취하는 고용주 앨런 스틸먼은 노동자 열여섯 명에게 20만 달러가 넘는 임금을 체불했을 뿐만 아니라 휴식 시간도 주지 않으면서 노동자들에게 "거기 끼면 전부 해고야!"라고 했고, 우리 변호사들에게 〈고용기회센터〉는 합법적인 단체가 아니므로 협상할 수 없다고 말했습니다. 우리의 시위로 레스토랑의 매출이 원래 수준의 60퍼센트로 떨어졌으니 레스토랑 소유주들은 협상하러 나와야 할 것입니다.

시테 측은 사루가 보낸 메일 내용을 한 자 한 자 반박했다. 고소장에는 사루가 메일에서 스틸먼이 범죄자라는 암시를 던졌고 식사하러 온 손님들을 내쫓고 스틸먼에게 모욕감과 정신적인 고통, 조롱, 경멸감을 겪게 만들었다는 주장이 적혀 있었다. 그러면서 시위 때문에 매출이 그 정도로 떨어진 건 아니며 협상에 나서지도 않을 거라고 선언했다. 스틸먼의 변호사는 세 가지 항목에 대해 275만 달러의 위자료를 요구했다.

헌법 수정 조항 제1조* 전문 변호사인 카이 포큰버그는 식당 측이 정한 기한, 다시 말해 〈고용기회센터〉가 대응책을 내놓아야 하는 날 며칠 전에 이 사건을 맡았다.

"이게 바로 전형적인 슬랩** 소송이라는 겁니다."

슬랩이란 '시위를 사전에 차단하기 위해 기업들이 사용하는 수법'으로 '대중 참여를 저지하기 위한 전략적 소송'을 줄인 말인데, 뉴욕 주에서는 이런 소송을 무조건 불법으로 간주한다. 포큰버그는 사루가 한 말은 노동자들의 명백한 노동쟁의 행위의 일부이자 견해를 표현한 것뿐이기 때문에 보호받아야 하며 별 것도 아니라고 했다. 또 노동부의 보고서에 의하면 시테는 임금을 체불했고 〈미국노동관계위원회〉도 시테를 고발했으며, 위원회의 뉴욕 지부장도 시테에 "이번 소송은 보호받아야 할 합의된 행동에 보복을 가하기 위해 제기한 문제 있는 소송"이라고 직접 쓴 편지를 보냈다고 했다.

사루는 시위의 저변을 넓히기 위해 스틸먼이 소유한 또 다른 식당인 파크애버뉴 카페 직원을 좀 더 모아 볼 생각이었다. 사루는 이 일에 시비가 적격이라 생

---

* 미국 헌법은 개정을 하지 않고 수정 조항으로 보완한다. 수정 조항 제1조는 종교와 언론 및 출판의 자유와 집회 및 청원의 권리를 명시한다.

** SLAPP, 'strategic lawsuit against public participation'의 단어 첫 글자를 조합해 만든 말.

각했다. 멕시코인 레스토랑 노동자들은 대개 푸에블라 출신이었다. 시비는 에르난데스를 구슬려 그의 인맥을 활용해 파크애버뉴에서 일자리를 얻은 사람들을 만날 수 있는지 알아봤다. 역시 그 전략은 통했다. 2주가 안 돼 두 사람은 파크애버뉴에서 멕시코인 두 명과 방글라데시인 한 명을 데려왔다.

사루도 자기 친구에게 스틸먼의 아들인 마이클 스틸먼을 만나게 해 달라고 요청했다. 마이클 스틸먼이 그 친구의 고교 동창이었던 것이다. 시테 측은 결국 2004년 5월에 만나기로 했다. 사루와 맘두는 마이클 스틸먼과 회사 사장 유진 주리프를 유니언스퀘어 근처 코지 카페란 곳에서 만났다. 사루와 맘두는 이 모임을 이용해 그 사이 추가로 합류한 파크애버뉴 직원 세 명이 쓴 새 요구서를 전달했다.

주리프는 문제를 얼른 해결해 버리자며 5만 달러를 제시했고 차별 대우 건에 대해서는 어떤 보상도 해 줄 생각이 없다고 잘라 말했다. 사루와 맘두는 노동자들과 의논해 보겠다고 하고 한 번 더 만나자고 했다. 주리프도 그러자고 했다. 하지만 시테 측은 두 번째 회의에 나오는 대신 〈고용기회센터〉에 노동조합 행세를 하면서 노동자들을 불법으로 조직하려 한다는 혐의를 씌워 또다시 〈노동관계위원회〉에 고발장을 제출했다. 앨런 스틸먼은 〈고용기회센터〉를 후원하는 재단에 편지를 보내 "9.11 희생자를 돕는" 목적을 명백히 넘어선 집단에 기부금을 주는 행위를 중단하라고 압박했다. 실망한 사루는 결국 최초의 파크애버뉴 카페 시위를 시작했고 바이잔도 거기 참여했다. 시위는 매주 이어졌다.

그해 여름 사루는 맘두네 가족 여행에 동행했다. 목적지는 모로코였다. 사루는 해마다 새로운 나라에 가보는 것이 목표인데 모로코에는 아직 가보지 못했던 것이다. 사루와 맘두 가족은 페즈﹡까지 동행했다. 거기서 맘두와 사루는 에어컨이 나오고 풀장이 있는 현대식 호텔에 투숙할 건지 모로코 전통 숙박 시설인 리

---

﹡ Fez. 모로코 수도 라바트 동쪽에 있는 고대 도시.

아드에 묵을 건지를 놓고 입씨름을 했다. 전자는 7월의 페즈 기온이 38도까지 오르는 것을 감안한 맘두의 선택이었고, 후자는 사루의 선택이었다. 맘두가 이 겼기 때문에 열 받은 사루는 머리를 식히려고 산책을 나갔다. 사루는 메시지를 확인해 보려고 국제전화센터란 곳에 갔는데 거기는 조그만 방 이상도 이하도 아 니었다. 그런데 메시지 하나가 플로리베르토 에르난데스에게 끔찍한 일이 생겼 음을 알렸다. 에르난데스는 이번 시위 전체를 시작한 사람이었다. 그가 죽었다 고 했다. 사루는 호텔로 다급히 뛰어가 맘두에게 그 소식을 전했고 둘은 다시 국 제전화센터로 가서 사무실에 전화를 걸었다. 사무실 매니저 로자 파나 말이, 에 르난데스가 급성 성인기 발병 당뇨병으로 자기 아파트에서 홀로 죽었다는 것이 다. 갑자기 갈증을 느낀 에르난데스는 코카콜라를 여러 캔 마셨고 몇 시간 안 돼 탈수로 죽었다. 식당 주방에서 일하는 대부분의 노동자처럼 에르난데스도 의료 보험이 없었기 때문에 자기가 당뇨병에 걸렸다는 것도 몰랐다. 사루는 멕시코 메자울코요틀에 사는 에르난데스의 여동생에게 메일을 보냈다.

"플로리베르토 에르난데스는 우리 조직의 훌륭한 지도자였습니다. 동료들이 자기 권리를 찾기 위해 싸울 수 있도록 그들을 조직한 사람이었지요. 한 인간으로서 언제 나 활기 넘치고 매력 있고 점잖고 긍정적인 사람이었고, 우리 모두 절대 그를 잊지 못할 겁니다."

사루는 사무실 벽에 걸린 간디와 체 게바라 사진 옆에 포스터 크기로 확대한 에르난데스의 사진을 붙여 놓았다고도 전했다.

에르난데스의 죽음이 특히 비통했던 것은 당시 사루가 시테 시위가 끝을 향해 가고 있다고 예견했기 때문이다. 시테 측은 미미하나마 변화를 보이면서 협상에 나서고 있었다. 매니저들은 팁을 받는 것이 불법임을 시인하고 즉시 그 관행을 포기하겠다고 했다. 바이잔을 괴롭히던 매니저는 식당을 떠났다. 체불임금 3만 7천 달러를 지급하는 것 말고는 더 이상 진전이 없었지만 식당 측은 이민자 지위를 위협 수단으로 사용하지 않는 것을 포함해 반反차별 조치를 취하는 데에도 동의했던 것이다.

이런 변화를 이끌어 냈음에도 바이잔은 그 사이 영영 〈고용기회센터〉를 떠날 뻔 했다. 상황 때문에 좌절하고 겁이 난 바이잔은 아무에게도 알리지 않은 채 회사 대표와 만나기로 했다. 노동자들은 회사와는 반드시 집단으로 만났고, 얘기를 할 때도 〈고용기회센터〉를 대변인으로 내세웠지만 바이잔은 일을 좀 빨리 추진하고 싶었고 막다른 길처럼 보이는 상황에서 얼른 벗어나고 싶었다. 바이잔은 자신이 아무런 합의를 이끌어 내지 못해도 괜찮을 거라고 생각했다.

회사 대표는 개조 공사 중인 사무실로 바이잔을 데려가 그와 마주 앉았다. 바이잔은 자신이 당한 일을 설명하고 직접 이야기를 할 수 있어 떳떳한 기분이었다. 상대방은 공감을 표하고 일을 바로 잡겠다고 약속하면서 차별 대우 고발 건을 취하해 달라고 했다.

안심도 되지만 뭐가 뭔지 혼란스럽기도 했던 바이잔은 사루에게 전화를 걸었다. 다른 레스토랑에 일자리를 알아보려면 그 고발 건을 취하해야 하는 것은 아닌지 바이잔은 고심했다.

"차별 대우 가지고는 아무런 보상도 받지 못할 것 같아요. 그리고 계속 질질 끌기만 하잖아요. 그럴 필요 있을까요."

"레오넬, 만일 지금 포기하면, 그들이 달라진다고 확실히 보장할 수 있는 게 아무 것도 없어요."

사루는 사람들과 집기로 가득 찬 사무실 한쪽 구석 자기 책상에 앉아 수화기 너머로 말했다.

"이제 거의 다 왔어요. 조금만 더 견디면 모든 것을 얻을 수 있다고요. 일자리도 보장받을 수 있어요. 당신에게 문제를 일으키지 않겠다는 약속을 받으려고 잠시 그 레스토랑 일자리를 보장해 주는 게 도대체 무슨 소용이에요? 레오넬, 제발, 제발, 지금 그만 두면 안 돼요."

"사루, 난 정말 모르겠어요. 난 하루하루 긴장하며 살아요. 제발이지 이제 좀 끝났으면 좋겠어요."

"회사가 지금 장난을 치는 거예요. 우리가 시위를 그만 두면 협상하겠다고 하죠? 하지만 우리가 막상 그렇게 하면 그 사람들 입 싹 닦을 거예요. 포기하는 노동자들이 좀 더 나오길 기다리면서 지금 버티는 거라고요."

30분을 고민하던 바이잔은 마침내 사루 말에 동의했다.

"좋아요, 남을게요."

2004년 12월, 누구도 일어날 거라고 생각하지 않았던 일이 일어났다. 상황이 완전하게 드러난 건 아니지만, 총주방장이 부주방장 중 한 명으로 교체됐다. 크리스마스 직후 사루는 캘리포니아 남부에 있는 부모님 집에서 전화를 한 통 받았다. 그제야 스틸먼이 문제를 마무리 지을 마음을 먹은 것이다. 몇 주에 걸쳐 사루와 사루의 법학과 학생들은 회사 측 변호사들과 매일 만났다. 3만 7천 달러를 지급할 것과 외부에 구인 광고를 내기 전에 내부 직원을 먼저 승진시킨다는 조항 이상으로 나아가지는 못했지만 마침내 최장 기간 이어진 시위를 매듭짓게 됐다. 사루는 만족했다. 협상안에는 체불임금과 손실금 16만 4천 달러를 지급한다는 내용이 포함됐지만 그보다 더 중요한 것은 노동자들을 보호할 수 있는 여러 방책을 마련한 것이었다. 이제 시테는 점심시간 30분, 시간 기록계, 연간 5일의 병가, 유급 휴가를 직원 복지 규정으로 정했다. 시테는 1년 안에는 아무도 해고하지 않겠다고 했고 1년 뒤부터는 해고 3일 전에 반드시 〈고용기회센터〉에 통보하기로 했다. 마지막으로 외부에 직원 모집 공고를 내기 일주일 전에 시테 내부에 먼저 공고하기로 했다.

사루는 에르난데스 몫의 수천 달러를 멕시코에 있는 그의 가족들에게 보내기 위해 길고 긴 싸움을 시작했다. 국무부는 시테 측이 반드시 에르난데스의 친척들에게만 돈을 지불해야 한다고 했다. 그러나 그들은 미국에 올 수 없었다. 에르난데스는 이민 서류가 없었기 때문에 지난 15년 동안 가족들에게 돈만 보냈지 한 번도 멕시코에 가 보지 못했던 것이다. 가족들은 에르난데스가 미국에서 어떻게 살았는지 전혀 아는 바가 없었다.

## 레스토랑산업정상회의

스틸먼에 대항한 시위에서 승리한 바로 그 달, 또 하나의 주요 프로젝트도 역시 정점을 향해 치닫고 있었다. 지난 3년간의 연구 조사 사업이 마침내 마무리된 것이다. 〈고용기회센터〉는 2005년 1월 25일 열리는 "레스토랑산업정상회의"에서 엄청난 두께의 연구 조사 보고서를 발표하기로 했다. 센터 직원들은 노동자와 레스토랑 소유주, 학자, 정치인이 모두 행사에 참여해 골고루 연설을 할 수 있도록 몇 달에 걸쳐 하나하나 준비했다. 파이낸셜 디스트릭트에 있는 해물 레스토랑 '캡틴즈 케치' 주인은 다이닝룸을 행사 장소로 내놓았다. 『데일리뉴스』와 『뉴욕타임스』는 〈고용기회센터〉의 보고서를 상당히 일찍 게재해 호의적으로 다루었고, 『뉴욕타임스』 인터넷 판 자료실에는 사루의 공식 약력도 함께 올랐다. 담당 기자는 사루의 학위와 경력을 기다랗게 올려놓아 사람들의 주목을 끌었고, "큰 소리로" 깔깔대며 웃는 습관과 레스토랑 노동자들의 "지도자"로 비춰지는 것을 몹시 불편해한다고 적어 놓았다.

정상회의 하루 전날 사루는 온전히 전화기에 붙어 있었다. 레스토랑 주인들이 그들 몫의 일을 확실히 준비했는지 확인하기 위해서였다. 레스토랑 주인들은 자기들 사업 내부를 비판해야 하기 때문에 마지막 순간까지 신경을 바짝 쓰고 있어서 그들을 안심시켜 줄 필요가 있었던 것이다. 사루는 작은 인도계 신문사와도 인터뷰를 했는데 기자의 질문에 답하다 보니 자기가 정통 미국 레스토랑에서는 한 번도 밥을 사먹어 본 적이 없다는 사실을 깨달았다. 〈퀴어아이〉의 프로듀서와도 통화를 했는데 이번에 조합식 레스토랑을 새로 시작하는 윈도즈 생존자들을 '변신' 시켜 주고 싶다는 거였다.[*] 사루는 직원들에게 "내가 지금 누구랑 통화했게요?" 하고 깔깔 웃으며 말했다.

---

[*] Queer Eye for the Strait Guy. 2003년 방송을 시작한 리얼리티 프로그램. 남성 동성애자들이 세련되지 않은 이성애자 남성(또는 여성)을 변신시켜 주는 게 주요 내용이다.

"앗, 또 괴성을 질렀네!"

사루는 이번에는 더 찢어지는 소리로 웃어 젖혔다.

다음 날, 캡틴즈 케치 지하 다이닝룸은 참석자 2백 명으로 빈틈없이 꽉 찼다. 〈고용기회센터〉는 레스토랑 소유주와 매니저, 노동조합, 뉴욕 시의회 의원, 은행장, 학자, 그리고 노동자들을 소개했다. 〈뉴욕주레스토랑협회〉 이사장도 참석했다. 그날 행사로 〈고용기회센터〉는 참석자들에게 자신들이 전문가 집단이라는 인상을 깊이 각인시켰다. "주방 문, 저 뒤의 세상"이라는 제목의 센터 보고서는 하나의 도전이었다. 레스토랑 산업은 성장 중이었다. 2002년 미국에서 가장 크게 성장한 1백 개 레스토랑 중 24개가 뉴욕에 있다는 사실에 비춰 보면 레스토랑은 수많은 이들에게 엄청난 돈을 벌어다 주는 산업이다.[16] 그러나 수익은 골고루 분배되지 않았고 레스토랑 종사자의 절반은 시간당 10달러 미만을 받았다. 레스토랑 임금은 다른 산업과 비교했을 때 지난 10년 동안 사실상 제자리였다.

레스토랑 업계에는 엄청난 노동력이 몰려 있는데 그중 약 3분의 2가 이주 노동자며 그들은 주방에서 아무런 기회도 주어지지 않은 채 엄청난 노동 착취를 견디고 차별 대우를 받았다. 레스토랑 사장들의 인터뷰를 통해 그들이 노동법을 상당히 어기고 있으며, 인종에 근거해 누구는 이 일을 하고 누구는 저 일을 해야 한다는 생각을 뿌리 깊이 가지고 있다는 게 드러났다. 고급 레스토랑을 경영하는 사장은 인터뷰에서 이렇게 말했다.

"한번 생각해 봐요. 키 크고 멋있게 생긴 사람들이 돈도 잘 번다는 연구도 있잖아요. 레스토랑 주방에서는 실력 있고 직업윤리가 있는 사람을 찾지만 홀에서 일할 사람은 밥 먹으러 들어와 처음 보게 되는 얼굴이죠. 그러니 당연히 매력 있는 외모여야 하지 않겠습니까. 저는 작년 미스 오레곤을 우리 레스토랑 호스티스로 뽑은걸요."

사실 이 말을 노골적인 인종차별로 볼 수는 없다. 그러나 웨이터 중에 백인 아닌 사람은 거의 찾기 힘들다는 점을 미뤄 봤을 때, 매니저들이 매력적인 외모를 백인의 외모와 동일시하고 있다고 생각할 수 있다. 레스토랑 주인들은 "좋은 직업윤리"로 "저임금으로도 기꺼이 장시간 노동을 하고 남들이 꺼리는 일을 척척 해내고 작업 환경이 열악해도 묵묵히 일하는 것" 따위를 꼽았다. 한 명의 업주만이 명백한 인종차별적 발언을 했다.

> "주방 일은 고되죠. 라티노들은 주방에서 일을 아주 잘 합니다."[17]

주방은 저임금에 위험한 노동이 필요한 곳이다. 보고서에서 조사한 530명의 노동자 중 80퍼센트가 연방 정부가 정한 4인 가족 기준 최저생계비보다 150퍼센트 적게 번다고 답했다. 재해를 당하는 비율도 아주 높았다. 입구가 차단돼 있거나 소화기가 작동하지 않는 등, 화재 대비가 부족했고 칼 같은 절단 도구에는 보호대가 없었으며 바닥에는 미끄럼 방지용 매트도 깔려 있지 않았다.

> 조사 대상 노동자의 거의 절반이 작업 중 1회 이상 베이는 상처를 입었고(46%), 38 퍼센트는 작업 중 화상을 입었으며, 23퍼센트는 독극물을 다룬 적이 있었다. 주방에서 미끄러져 다친 적이 있는 사람은 19퍼센트에 달했다. 게다가 16퍼센트는 일 때문에 만성 통증이 생기거나 악화되었다고 했다.[18]

보고서는 레스토랑 업계에 인종차별이 만연해 있음을 입증했다. 조사 대상의 65퍼센트가 누군가 멸시당하는 말을 듣고 있는 걸 목격하거나 직접 들은 적이 있다고 답했다.

보고서는 다친 사람에게 일을 계속 시키는 것부터 건강보험이 적용되지 않는 것에 이르기까지 이 모든 상황으로 발생하는 공적 비용과 사회적 비용을 낱낱이 지적했다. 시간이 없어서 손님의 건강이나 안전을 위협할 수 있는 일을 저지른 적이 있다고 답한 사람이 31퍼센트였다. 위생을 지키지 않는 사례도 있었다. 손가락을 깊이 베인 한 남자는 계속 일하라는 지시를 받았고 독감에 걸렸는데도 일하러 나갔다는 사람도 있었다.

"레스토랑산업정상회의"를 계기로 〈고용기회센터〉는 레스토랑업계 전반을 아우를 잠재력 있는 수준 높은 조직으로 확고히 자리를 잡았다. 행사 막바지에 사루는 〈레스토랑산업원탁회의〉를 발족한다고 선언했다. 이 원탁회의는 레스토랑 노동자 조직과, 함께 더 좋은 세상을 만들고자 하는 레스토랑 소유주들 모두가 가입할 수 있는 새로운 연맹체였다.

보고서의 인터뷰에 응한 레스토랑 주인 로즈앤 마티노는 제일 먼저 이 조직에 가입한 사람들 중 하나였다. 마티노는 웨스트빌리지에 있는, 정장 차림이어야 입장할 수 있는 레스토랑인 '원이프바이랜드, 투이프바이시'에서 12년간 총괄 매니저로 일한 사람이다. 마티노에게 레스토랑의 노동자 착취를 없애는 일은 매우 중요했다. 미꾸라지 한 마리가 물을 흐릴 수 있기 때문이다. 마티노는 유명 레스토랑까지 포함해 레스토랑 업주의 90퍼센트가 기본적인 노동법을 어긴다고 봤다. 그게 비용 절감에 가장 효과적이기 때문이다.

마티노는 노동법을 전혀 모르는 레스토랑 업주가 많다는 점도 지적했다. 그녀가 '원이프바이랜드'의 감사로 처음 일을 시작했을 때, 엄청나게 많은 자잘한 규정들과 숨겨진 비용 때문에 놀란 적이 있다고 했다. 노동법을 무시하는 작업 수칙으로 20년 동안 영업을 했다는데, 수칙에는 이런 문구도 있었다.

"아무도 해고되지는 않는다. 규칙을 어기면 알아서 그만 둬라!"

레스토랑 주인이 운영에 별 신경을 쓰지 않으면 그 규정은 매니저가 누구냐에 따라 귀에 걸면 귀고리 코에 걸면 코걸이였다. 몇 년 동안 회계사들조차 마티노에게 식당 관리에 너무 많은 비용이 든다고 말할 정도였다. 그러면 왜 마티노는 매니저들이 팁을 가로 채게 그냥 두지 않았나, 남들은 다 그렇게 하는데? 마티노에게 그렇게 물으면 이런 대답이 돌아왔을 것이다.

"그건 완전 불법이니까요!"

마티노는 〈레스토랑산업원탁회의〉가 노동자와 고용주들이 함께 모여 업계의 문젯거리를 풀 수 있는 조직이라고 보았다. 그녀는 레스토랑을 경영하면서 겪는 난관들에 대해 거짓말을 할 필요는 없다고 생각했다.

"이 조직은 진짜 도움이 될 거예요. 여러분들을 선불리 판단하지도 않을 겁
니다. 직원 봉급 못 준다고 1천 달러짜리 벌금을 물리는 정부 기관도 아니잖
아요."

〈고용기회센터〉는 카펫을 탈탈 털어 오랜 세월 사람들이 숨겨온 모든 것을 까
발렸다. 마티노는 이 일로 〈고용기회센터〉가 처벌받을 일은 없을 거라고 생각했
다. 약 2년 뒤 앨런 스틸먼은 시테 레스토랑을 접었고 레스토랑 업계가 발행하는
신문에서는 시테와 다른 레스토랑들이 문을 닫은 것이 〈고용기회센터〉 탓이라
고 비난했다. 그런 비난에 대해 마티노는 이렇게 대꾸한다.

"노동자의 등골에서 엄청난 돈을 빼 먹은 사람들이 정말 많아요. 레스토랑이
문을 닫는다고 해도 레스토랑 주인은 무사하고요."

〈레스토랑산업원탁회의〉는 업주들에게 보건과 노동 수칙을 가르쳐 줄 종합
안내 책자를 만들기로 했다. 마티노에게는 매우 중요한 일이었다. 1년 동안 협상
이 이어진 끝에 보건부는 레스토랑 영업허가를 받으려는 모든 사람들에게 그 안
내 책자를 나눠주기로 했다. 원탁회의는 영업허가를 갱신할 때 노동법을 반복
적으로 위반한 경력이 있는지 반드시 검토하게 해 노동자 처우와 레스토랑 손
님의 안전 사이에 명백한 연관성이 있음을 밝히는 법안도 준비했고, 보건부는
그 법안을 승인했다.

노동 착취를 없애는 데 식당의 이익이 걸려 있다는 것을 업주들에게 주지시켰
다면 "레스토랑산업정상회의"는 성공한 것이었다. 종합 보고서를 완성하기까지
는 3년이라는 시간이 걸렸다. 그동안 수많은 직원과 회원들, 거기에 두 자매 조
직 선임 지도자들의 노력까지 보태야 했다. 〈고용기회센터〉는 노동자들과 업주
들이 한데 모인 자리에서 문제가 얼마나 큰지, 그리고 일반 사람들에게 미치는
영향이 얼마나 큰지를 공정하고 확실한 방식으로 명명백백하게 밝혔다. 그런 뒤
에야 경영 방식 자체에 개입하는 안건으로 관심을 돌릴 수 있다.

센터의 광범위한 운동과 조합식 레스토랑 사업이 돌아가는 상황은 아주 대조

적이었다. 한 달 뒤 또 다른 갈등이 터졌기 때문이다. 협동조합은 과거와 현재의 운동을 연관지어 생각했지만 센터의 운동은 사실 완전히 미래 지향적인 것이었다. 또 협동조합 회원들은 누가 돈을 버는지를 놓고 말다툼을 했지만 〈고용기회센터〉 전체로서는 금전적으로나 정치적으로나 모두의 이득을 아우르는 방식을 찾고 있었다. 센터의 포용적인 분위기는 이민법을 둘러싸고 점점 격해지는 미국 내 논쟁의 분위기와도 상당히 달랐다. 법 체제 자체의 변화란 바로 미등록 신분의 합법화이며, 상당수가 미등록인 저임금 이주 노동자들에게 이것은 엄청난 변화를 가져올 터였다. 그러나 〈고용기회센터〉가 뉴욕 시에서 이민자를 대변하는 목소리를 점점 키우는 동안 반대로 의회와 전국 언론이 이민법 관련 정책 토론에 미치는 영향력은 급속히 줄어들었다. 둘 다 9.11을 상기시키고 9.11을 이용했지만 협동조합이 누가 레스토랑 주인인지를 두고 논쟁하려 했다면 의회와 언론은 누가 미국이라는 나라의 주인인지를 규명하려고 들었다.

7장

# 이민법 논쟁의 프레임 싸움

세계화 시대
이주와
시민권 문제

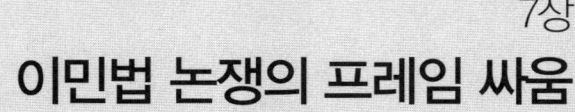

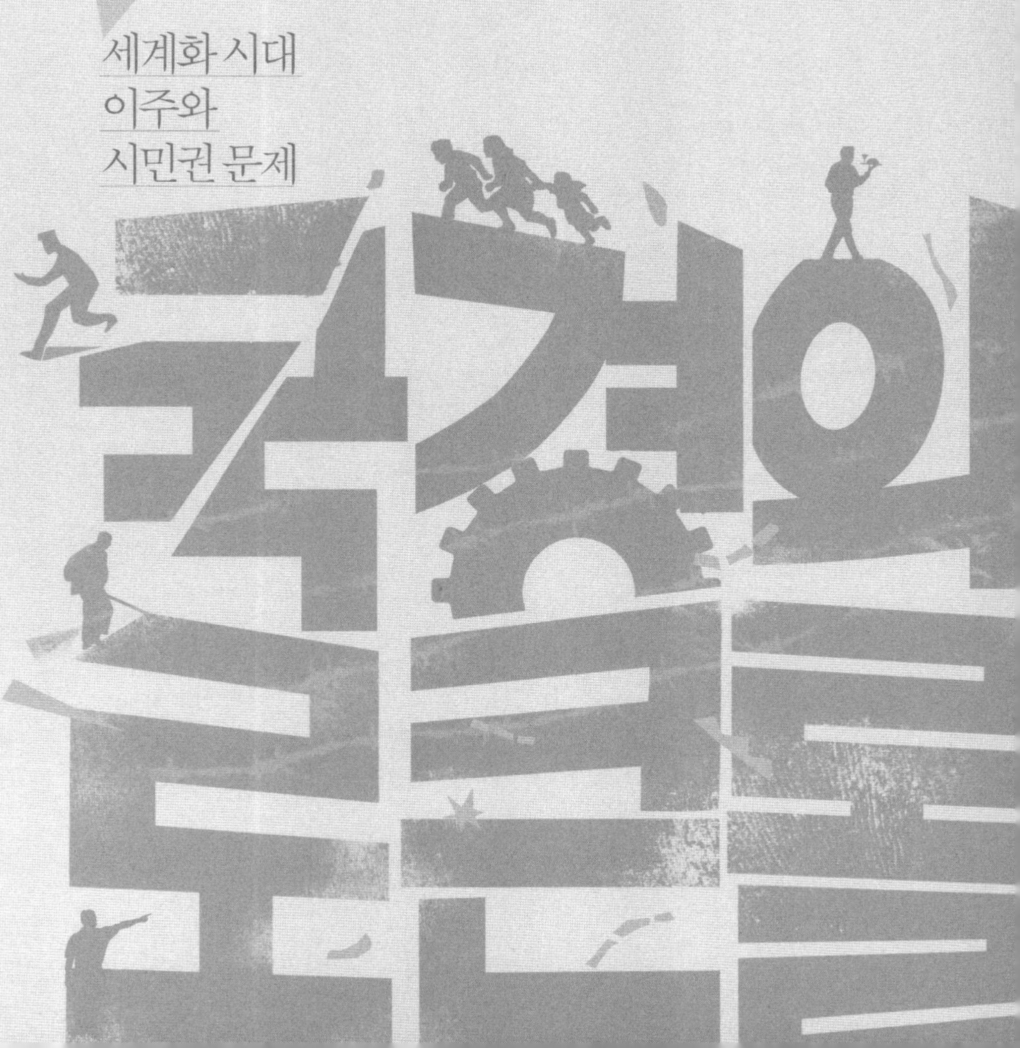

정책 논쟁의 범위는 논쟁에 어떤 프레임을 씌우는가와 누가 그 프레임을 씌우는가, 이 두 가지로 결정된다. 프레임은 토론 내용의 범위를 정하고 문제를 규정하며 책임 소재를 밝힌다. 그래서 전문가의 제안을 받아들여 공청회를 열 수도 있고 어떤 안건은 폐기할 수도 있다. 이러한 프레임은 한 사회의 윤리와 규범이 어떤 것인지를 암시하는 이미지, 신화, 이야기에 기대고 있다. 프레임은 이미지와 이념으로 구성되고, 프레임을 짜는 사람은 이미지와 이념을 이용해 자신의 권리를 주장한다. 따라서 프레임은 특정 이념이나 사람을 논쟁에서 아예 배제하기도 한다. 누가 프레임을 짜느냐가 중요한 이유가 여기 있다.

사진에 비유하면 이해가 더 쉽다. 사진가는 무엇을 찍을지 정한 뒤 와이드앵글이나 줌에 맞는 렌즈를 끼워 사진을 찍는다. 사진가가 조명을 어떻게 활용하느냐에 따라 피사체는 위협적으로 비칠 수도 있고 순진하거나 외로워 보일 수도 있다. 공공 정책 토론도 마찬가지다. 특정 문제에서 시야를 넓히면 의욕적인 해결책을 더 많이 찾아낼 수 있다. 프레임을 좁게 설정할수록 내놓을 수 있는 해결책에도 한계가 생길 수밖에 없다. 공공 정책을 논의할 때 당연한 일원으로 끼는 사람도 있지만 그림에서 완전히 제외되는 사람도 있다.

프레임 논쟁에 뛰어들려는 사람은 많지만 누구나 그럴 힘이 있는 것은 아니다. 이런 힘은 여러 가지 원천에서 나온다. 몇 가지 예를 들자면 돈, 국회의원과

의 연줄, 언론, 투표, 예술, 시위 등이다.

9.11 이후 이민정책을 놓고 몇 년 동안 논쟁이 이어지면서 이 정책의 프레임은 대개 규제론자나 기업체가 정했다. 규제론자들은 이민을 범죄 행위로 봤고 기업은 노동력 공급 문제로 봤다. 정치인들은 몇 명을 제외하면 전부 이 두 가지 중 하나를 택했다. 노동조합이나 이민자 권리 옹호 집단같이 영향력을 발휘하고 싶은 선수들이 있기는 했지만, 프레임에 대한 그들의 영향력은 제한돼 있었다. 당사자인 이민자 대다수는 주류 논단 바깥으로 밀려난 사람들이기 때문에 결국 그들이 활용할 수 있는 거의 유일하고 현실적인 힘인 시위로 대응했다.

규제론자들에게는 상당히 유리한 점이 몇 가지 있었다. 규제론자들은 자금력이 좋은 두뇌 집단과 로비 집단, 투표권을 가진 미국인들을 대변하는 일반 시민 조직들, 공화당과 민주당 지도자들같이 전통적인 의미의 권력을 가진 사람들이었다. 이들 조직은 언론에 상당히 넓은 연줄을 가지고 있었기 때문에 자기들의 구호를 계속해서 전국 방송에 내보낼 수 있었다. 사실 규제론자들은 9.11 이전부터 이민자를 범법자와 테러범으로 몰았다. 그들은 9.11 공격을 신성한 기억으로 구축해 진짜 미국인은 백인이라는 관념을 강화하고, 미국인들과 그들이 외국인으로 간주하는 사람들을 분리했다. 규제론자들은 현란한 수사와 정책 제안을 적절하게 버무려 백인, 기독교 신자, 미국에서 태어난 사람, 영어만 쓰는 사람, 남의 도움을 절대 받지 않는 사람, 모든 법과 규칙을 철저히 따르는 사람, 한 번만 더 기회를 달라는 소리는 죽어도 하지 않는 사람이 이상적인 미국인의 상이라고 단단히 고정해 놓았다. 이 나라 국민 전체가 사실상 전 세계의 다른 나라에 뿌리를 두고 있다고 반박하면 규제론자들은 이렇게 답한다.

"그래도 우리 조상들은 합법적으로 왔다고요."

자기 조상들 대다수도 사실 한 때는 '불법' 신세였다는 것은 속편하게 싹 잊어버린 채 말이다.

그런 프레임으로 규제론자들은 자기들의 생각을 펼칠 공공 정책의 경기장을 상당수 확보했다. 규제론자들은 운전면허 발급을 규제하고 국경을 요새화했으며 이민자들이 공립학교나 공립 대학에 다니지 못하게 막았다. 사례는 물론 더 많다. 구체적인 정책이 나오면 그게 무엇이든 참견했다. 규제론자들이 내놓는 방안은 모두 경찰력 강화로 귀결됐다. 이민자들은 규제론자들이 주도하는 토론회에는 거의 참여하지 못했다. 정책 토론에는 '정직한 미국 시민'만 나올 수 있으니까. 마크 크리코리언처럼 자기들 생각에 따라 온갖 정책을 재빨리 만들어내고 미등록자는 물론 모든 이민자들을 효과적으로 고립시켜 버린 규제론자들은, '집단' 이민을 가혹하게 제한하는 쪽으로 정책 목표를 확장하기 시작했다. 여기서 '집단' 이민이란 주로 가난한 사람들의 이민을 뜻한다.

기업은 노동력 공급이라는 프레임을 사용한다. 이민자들은 당연히 노동자니까 당면 문제는 노동자들의 노동력을 쉽게 확보할 수 있어야 한다는 것이 기업의 주장이다. 기업이 내놓는 최선의 해결책이라고 해 봤자 현재 미국에 거주하는 미등록 이민자들에게 합법적 지위는 주되 반드시 시민권을 줄 필요는 없다는 것이다. 이런 주장을 하는 기업가들 중에는 임시로 합법 지위를 부여하는 초청 노동자 제도면 충분하다는 축도 있다. 좀 더 너그러운 제안도 나오는데, 일단 벌금을 물고 줄을 서서 기다리기만 하면 미등록 이민자들도 영주권을 받을 수 있게 제도를 바꾸자는 것이다. 영주권을 받으면 영구 거주할 수 있고 5년 동안 이 영주권을 가지고 있으면 시민권을 얻을 수 있다. 규제론자들과 마찬가지로 기업도 단단한 줄이 있다. 강력한 로비 단체, 정치인들과의 연줄, 대규모 선전전을 벌일 수 있는 충분한 자금력이 그중 가장 단단한 줄이다.

노동력 공급 프레임이나 형벌 위주 프레임이나 이민자를 노골적으로 비인간화하는 건 정도의 차이가 있을 뿐 마찬가지지만, 노동력 공급 프레임에는 또 다른 문제가 있다. 노동력 프레임은 이민자의 1차 정체성을 노동자로 본다. 이것이 기업이 이민법 논쟁에 뛰어드는 가장 중요하고 유일한 목적이다. 이민자에게 노동자라는 정체성만 남을 경우 이민자들은 사회적이고 정치적인 존재가 될 수 없다. 열심히 일하는 이민자만 이 논쟁에 낄 권리가 있다고 본다면, 너무 어려서 일할 수 없거나 나이가 너무 많거나 실직한 사람은 설 자리가 없다. 이 프레임 때문에 일하는 이민자를 대변하는 노조가 이민 논쟁에 발을 들이밀 수는 있었지만, 노동자가 아닌 이민자를 대변하는 조직은 아무런 관심도 받지 못하는 곤경에 처했다.

이민자 대부분이 이민 논쟁에서 배제되지만 미등록 이민자들은 특히 그렇다. 이민자들 대다수가 시민권이 없거나 너무 어려 투표권이 없다. 세실리아 무뇨스 같은 전국 차원의 대변자들은 어느 정도 발언권이 있지만 그들 역시 형벌 프레임이나 노동력 공급 프레임 논쟁에 끼어드는 수준밖에 안 된다. 보수주의자들이 법 집행을 가혹하게 해야 한다는 주장을 계속 밀어 붙이자 무뇨스와 그의 동료들은 어쩔 수 없이 '포괄적' 이민법 개혁이라는 목표를 채택할 수밖에 없었는데, 이것은 법 집행 차원을 넘어서는 수준의 개혁을 가리킨다. 결국 2005년의 상원 절충안▪이 상당한 주목을 끌었고 2006년에는 상원에서 의결되기도 했지만 법적 효력은 발효되지 못했다.

이민자들은 이렇게 힘든 상황에서 영향력을 발휘하기 위해 스스로 힘을 확보해야 했다. 돈도 별로 없고 투표권이 없는 사람이 대다수였기 때문에 이민 논쟁 프레임에 끼어들기 위해 그들이 택한 방법은 시위였다. 이민자들의 시위 규모는 어마어마했다. 이를 보면 이민자들이 보수주의자의 공격을 얼마나 심각하게 느끼는지, 얼마나 오랫동안 해결책을 고대했는지를 잘 알 수 있다. 반격도 없지 않았으나 이민자들의 행진에 교회 지도자에서부터 언론사 사설진에 이르기까지 많은 사람들이 함께했다. 이민자 합법화와 이민자 권리를 지지하는 사람들도 많다는 것을 세상에 알린 기회였다. 행진을 했다고 해서 합법화 제도를 이끌어 내고 보수주의자들의 무시무시한 제안을 물리칠 만큼 변화가 생긴 것은 아니지만, 적어도 규제 관련 법안 하나가 의회에서 통과되는 것을 막는 성과는 거두었다. 그보다 중요한 것은 이민자들이 시위를 통해 그들에게도 목소리가 있고 마음만

---

▪ "센센브레너법안"으로 이민자들의 저항이 거세지자 상원이 부시 대통령의 초청 노동자 제도와 "맥케인-케네디법안" 등을 절충해 마련한 안을 말한다. "센센브레너법안"에 대한 옮긴이 설명은 218쪽 참고.

먹으면 그 목소리를 낼 수 있다는 메시지를 전했다는 점이다.

그러나 이민자는 물론 논쟁 수위를 올리고 싶어하는 모든 사람들에게 사회 분위기는 너무 적대적이었다. 실제 정책 토론에서 범죄와 노동이라는 두 지배적인 프레임이 번갈아 영향력을 발휘하는 바람에 이민자들이 그저 미국에 와서 일만 하는 게 아니라 미국에서 사람으로 살고 싶어하는 하나의 완전한 인간이라는 인식은 전달될 길을 잃었다. 사실상 이민자들이 미국이라는 나라의 일원이자 잠재적인 국민이라는 점은 단 한 번도 토론된 적이 없었다. 이민자도 사람이라는 프레임을 쓰면, 법 집행이라는 수준에서 무수히 많은 사람을 '불법'으로 만드는 정책을 완전히 새로 뜯어 볼 수 있을 것이다. 이런 해결책을 쓰면 이민자 처리 과정이 합리화되고 영주권 발급도 늘어날 것이며 이주로 헤어진 가족의 재회도 수월해질 것이다. 그러나 이 모든 것들은 2007년이 될 때까지 의회 내에서 거의 논의조차 되지 않았다. 수많은 이민자들을 미국으로 오게 한 세계적 차원의 경제적, 정치적 상황에 대해서도 아무런 관심이 없었다. 이민자들의 인간성을 완전하게 존중하는 프레임을 만들지 않으면 이민자들은 자신과 미국인의 이익이 근본적으로 배치된다는 주장을 효과적으로 반박할 수 없을 것이다.

## 의회에서 벌어진 싸움

사실 부시 대통령 본인도 2004년 연두교서에서 이민법 문제를 다시 거론했었다.[1] 부시는 지난 2년 사이 두 건의 전쟁을 벌이느라 첫 번째 임기에는 국내 정책에 거의 시간을 할애하지 않았지만, 이민법을 계속 건드리는 것으로 봐서 노동력을 제대로 공급하라는 업계의 압력이 계속 이어졌을 것으로 추측된다. 그러나 부시 대통령이 꺼낸 방법은 논쟁의 성격이 그 사이 얼마나 바뀌었는지를 보여 주었다. 2001년 9월 11일 이전까지는 미등록 이민자를 합법화하는 방안을 논의했는데 2년 반이 지나자 고작 초청 노동자 제도를 꺼내 들었다. 초청 노동자 제도란 기업이 갱신할 수 있는 3년짜리 비자로 이민자의 신분을 보증하는 제도를 말한다. 이 제도하에서 이민자는 영주권을 신청할 수 없고, 실제 임금이 최저임금보다 더 높아도 고용주는 이민자에게 최저임금 이상을 줄 필요도 없다. 이미 미국에 와 살고 있는 사람에게 합법 이민자와 같은 권리와 특권을 주어 시민권을 획득할 수 있게 하는 영주권 제도와 달리, 초청 노동자 제도는 고용주에게서 계속 비자를 갱신받아야 하는 제도다. 이처럼 임시 거주만 허용하게 되면 이주민들은 결국 사회의 최하층 신분에서 영원히 벗어날 수 없을 것이다. 이뿐만 아니라 어쩌다가 직장을 잃으면 그 순간 초청 노동자는 또다시 불법 신세가 되어 버린다.

세실리아 무뇨스는 부시 대통령의 제안이 끔찍하게 싫었지만 적절한 합법화 과정을 논의할 수 있는 하나의 기회로 보고 일단 받아들였다. 그러나 제안서의 맥락은 긍정적이지 않았으며 두 가지 문제가 상황을 더욱 악화시켰다.

아프가니스탄과 이라크에서 벌인 전쟁 때문에 '비미국인 타자'를 정의할 수 있는 상당한 여지가 생긴 것이다. 연방 정부가 국제적 인권 규정을 무시하고 위반하면서 전쟁 포로를 고문하자 보수 언론들은 아랍인과 무슬림들을 인간성이 없는 존재로 이미지화하며 박자를 맞췄다. 또, 〈9.11 위원회9.11 Commission〉가 비행기 납치범 열아홉 명 중 여섯 명이 체류 기간이 지난 비자를 소지했고 운전면허증도 있었다는 사실을 부각시키자, 규제론자들은 그 테러범들이 외국인이라는 점을 강조하고 운전면허증을 따려고 하는 모든 이민자를 잠재적인 테러범으로 몰아세울 기회를 잡았다. 분위기는 이렇게 적대적이었지만 무뇨스는 그래도 합법화로 이어질 수 있는 몇몇 주요 법안들을 가지고 일을 시작했다. 제일 중요한 것은 "드림법안"▪으로, 청소년 미등록 이민자들에게 합법적 지위를 주어 대학에 진학할 수 있게 하자는 내용이며 법 집행과 합법화를 결합한 타협안이라고 할 수 있었다.

---

▪ "외국인 미성년자를 위한 개발, 구호, 교육 법안Development, Relief and Education for Alien Minors" 의 머리글자를 조합한 말.

규제론자들은 2005년에 제일 먼저 발효된 법과 똑같은 노선의 주장을 그해 내내 이어갔다. 1월 말 위스콘신 주 공화당 하원 의원이자 하원 사법 위원회 의장인 제임스 센센브레너James Sensenbrenner가 국방 예산 심의의 일부이자 후일 "리얼아이디법"*으로 알려지는 법안을 발의했다. 이 법은 주에서 발급하는 운전면허증과 신분증에 대해 국가 기준을 확립하려는 의도로 제안되어 앞으로 운전면허증을 발급할 때 가장 근본적인 영향을 미치게 될 법이었다. 여기에는 주 정부가 개인의 법적 지위를 확인하고 관광 비자가 만료되면 자동으로 면허증 유효기간도 만료되는 안, 그리고 면허증 제작 기술을 현대화하는 안도 포함됐다. "리얼아이디법"은 국제 난민이 생명에 위협을 느낀다고 주장하려면 그 사실을 증명할 서류를 제시해야 한다는 안도 포함시켜 난민 처우에 관한 규정도 바꾸어 버렸다. 이 법에 따르면 국제 난민들은 고국에 있는 가족에게 자기가 받은 위협을 증명할 서류와 의료 기록 따위를 모아 달라고 부탁할 수밖에 없다. 〈휴먼라이츠 퍼스트〉**는 바로 이 점을 지적하면서 그렇게 되면 난민의 가족이 위험에 빠질 수 있고 수많은 사람을 고문이나 죽음에 내몰 수 있다고 강력히 비난했다. 마지막으로 이 법은 지역 경찰이 "연방이민법"을 적용해 불법 이민자를 일제 검문하고, 20억 달러가 넘는 비용으로 미국-멕시코 국경에 새 장벽을 설치하도록 했다. 그해 2월 하원은 "리얼아이디법안"을 통과시켰다. 반대표를 던진 공화당원은 여덟 명에 불과했다.

최초의 합법화 지지 법안도 하원에 발의되었는데 이는 "센센브레너법안"과는 해결책이 완전히 달랐다. 텍사스 주 민주당 하원 의원 쉴라 잭슨 리Sheila Jackson Lee는 2005년 "세이브아메리카포괄이민법"을 발의하는 대담한 발걸음을 내디뎠다. 〈흑인의원모임Congressional Black Caucus〉 회원이자 하원 이민법

---

* Real ID Act, 각 주에서 운전면허증과 신분증을 발급할 때 지켜야 할 보안과 절차를 다룬 법이다. 테러 관련 이민자 조항도 들어 있다.
** Human Rights First, 뉴욕과 워싱턴에 근거를 둔 비영리, 초당파적 인권 옹호 조직. 1978년에 설립됐다.

소위원회에서 서열 네 번째인 민주당원 잭슨 리는, 합법화 프레임을 "이미 미국에 와 살면서 일하고 세금을 내고 그늘에서 벗어나고 싶어하는 사람들을 공정하게 대우하고자 하는 하나의 민권 문제"로 설정했다. 이 법안에는 "포괄"이라는 말이 들어가 있지만 다른 절충안들과 비슷한 점이라고는 하나도 찾아볼 수 없었다.

잭슨 리의 야심 찬 진보적 제안은 선량한 도덕적 품성을 지녔으며 영어 강좌에 등록하고 지역사회 봉사 요구 시간을 충족하면서 5년 이상 미국에 거주한 이민자들에게 합법 지위를 허용하자는 내용을 골자로 한다. 이 법안은 가족에 큰 무게를 두어 아동의 귀화를 용이하게 함으로써 가족 단위 보증인의 수를 늘리려고 했다. 또 연간 영주권 발급 수를 전반적으로 늘리고 정부 기관이 이민국에 이민자의 법적 지위를 보고하지 않도록 한다. 법 집행과 관련해서는 대체로 밀입국 알선자를 처벌하고 국무부가 미등록 이민자에게도 정당한 법 절차를 반드시 적용하게 하는 것에 주안점을 두었다. 그리고 1996년 "복지개혁법"의 일부 조항을 파기하여 이민자가 특정한 공공서비스 혜택을 다시 받을 수 있게 했다. 잭슨 리의 법안에서 가장 놀라운 점은 초청 노동자 제도를 고려하지 않고 영주권 발급을 늘려야 한다는 제안만 하고 있다는 점이다. 잭슨 리 법안의 공동 발의자는 스물네 명이었고 진보적 이민법을 염두에 둔 것이었지만, 무뇨스는 너무 관대해서 진척이 어려울 거라고 생각했다. 이 법안은 이민법 소위원회를 통과해 사법위원회까지 올라갔으나 공화당이 다수여서 논의조차 되지 않았다.

그 뒤 일주일도 지나지 않아 "리얼아이디법"이 상원에서 통과됐다. 그 다음 날, 애리조나 주 공화당 상원 의원 존 맥케인John McCain과 매사추세츠 주 민주당 상원 의원 에드워드 케네디Edward Kennedy가 법안을 발의했는데, 그것 때문에 무뇨스는 2년 동안 자기 시간의 반을 할애해야 했다. "맥케인-케네디 포괄이민법"은 합법화, 초청 노동자 제도, 법 집행이라는 세 가지 요소를 하나로 통합한 획기적인 법안이었다. 이 법안은 잭슨 리의 법안보다 합법화 과정을 더 엄격하게 규정해 미등록인 사람은 6년짜리 비자를 받고 그동안 내지 않은 세금과 벌금을 낸 뒤 영어 능력을 입증하면 영주권을 신청할 수 있게 했다. 그러면 무뇨스가 고대했던 시민권 획득의 길까지 얻게 된다. 이 법안은 초청 노동자 제도도 손을 봐서, 노동자들이 4년 뒤에는 영주권을 신청할 수 있다고 규정함으로써 부시 대통령의 안과도 차이를 두었다.

"맥케인-케네디 법안"은 아주 넓은 층의 지지를 얻었다. 캔자스 주 공화당 상원 의원 샘 브라운백Sam Brownback과 코네티컷 주 무소속 상원 의원 조 리버먼 Joe Lieberman은 기자회견장에 동석했으며 미국 상무부, 〈국제서비스직노동조합Service Employees International Union〉, 〈미국이민법 변호사협회American Lawyers Association〉, 〈미국레스토랑협회National Restaurant Association〉도 동참했다. 보수단체인 〈맨해튼연구소Manhattan Institute〉의 타마르 재커비도 지지 대열에 이름을 올렸다.

"맥케인-케네디 법안"의 시민권 신청 요소 때문에 부시 대통령의 법안 때보다 더 격렬한 '사면' 반대 구호가 호들갑스럽게 터져 나왔다. 마크 크리코리언이 5월 13일 『내셔널리뷰온라인』에 기고한 칼럼 제목은 "맥케인-케네디식 사면"이었다. 그는 맥케인-케네디 법안에서 '법 집행'이라는 요소는 "계획을 위한 계획"에 불과하다고 조롱했다.

이건 마치 오리 사냥에 나선 존 케리*나 마찬가지다. 복장은 거창한데 자세는 전혀 진지하지 않다.[2]

마크 크리코리언은 이 법안에서 고용주의 사회보험 가입 여부를 감시하는 업무가 이민 관세청이 아닌 노동부로 가는 것을 인정할 수 없다고 했다. 이민 관세청이 오래 전부터 시행해 온 관련 제도가 있으니 이를 확대하기만 하면 된다는 주장이었다. 크리코리언은 양당 합의에는 수긍하겠지만 합법화를 반대하는 쪽의 주장에도 귀를 기울이라고 했다. 캘리포니아 주지사 아놀드 슈워제네거가 승

---

* John Kerry. 현재 매사추세츠 주 민주당 상원 의원. 2004년 대통령 선거에서 민주당 후보였다.

인한 〈미니트맨〉이나 의회에서 통과된 "리얼아이디법"이 그런 것들이었다. 크리 코리언은 이 모든 상황을 고려하면 "맥케인-케네디 사면 법안은 미국-멕시코 국 경 수비에 반대하는 무리의 최후 수단임을 알 수 있다"[3]고 했다.

'사면amnesty'이라는 말은 라틴어 '암네스티아amnestia'에서 유래했으며 잊 어버리거나 기억하지 않는다는 뜻이다. '암네스티아'가 영어 '앰네스티'로 정착 하면서 "정권이 바뀌면서 개인이나 집단이 저지른 죄를 관대하게 넘기거나 용서 해 주는 것"이라는 법적 의미가 생겼고, 화해가 필요할 때 특별히 시행되는 것으 로 여겨졌다. 세계에서 제일 유명한 사면 사례는 남아프리카공화국에 있다. 아 파르트헤이트 정책[*]이 폐기된 뒤 들어선 만델라 정권은 〈진실과사면위원회〉를 만들어 아파르트헤이트 시절 살인, 고문, 여러 범죄를 저지른 사람들이 자신의 죄를 자백하면 기소하지 않겠다고 약속한 것이다.

무뇨스 자신은 예나 지금이나 '합법화'를 요구한다면서 '사면' 프레임에 대응 했다. 무뇨스는 이번에야 말로 자신이 주장한 모든 방안들을 일일이 열거할 수 있었다. 그것은 '사면'이 아니라 지금껏 저지른 잘못을 바로잡는 방안이었다. 미 등록자들은 벌금과 내지 않은 세금을 내야 한다. 무뇨스는 언론 인터뷰에서 과 속이나 탈세 같은 잘못을 저지르면 그것을 바로잡게 하는 제도를 예로 들었다. 무뇨스는 또 시청자들에게 이 나라 전체가 공모해 법을 어기고 있다고 말했다. 알든 모르든 레스토랑 손님이나 호텔 투숙객은 미등록 노동자의 노동에 기대기 때문이다. 무뇨스는 제도 자체가 완전히 잘못됐기 때문에 제도를 고치는 최선의 방법은 합법화라고 보았다.

2005년 "맥케인-케네디 법안"은 의결 수가 충족되지 않아 상원 표결에는 붙 이지도 못했다. 법 집행 관련 요소를 더 보완하고 너무 관대한 합법화 요소는 덜

---

[*] Apartheid. '분리'라는 뜻의 아프리칸스어이다. 남아프리카공화국은 공화국이 수립되기 전인 남아프리카 유니언 시절부터 인종에 따라 사람들을 차별하고 분리 통치하는 아파르트헤이트 정책을 시행하여 남아프리 카의 수많은 비백인을 탄압하고 학대했다. 이 정책은 1948년부터 1990년대까지 이어졌으며 국가가 국민을 '합법적'으로 분리 통치한 악명 높은 역사로 기억된다.

어 내야 하겠지만, 그렇더라도 이 법안은 장차 포괄적인 이민법안을 만들 때 필요한 핵심 아이디어를 제공한 셈이었다. 그런데 2005년 12월 무뇨스는 또 다른 위협에 직면했다. 몇 주 전부터 무뇨스는 센센브레너가 법 집행 요소만 가득한 아주 무시무시한 법안을 만들고 있다는 것을 알고 있었다. 일반적으로 하원 의원이 법안을 발의하면 공동 발의할 의원을 모으고 공청회와 연구 조사를 통해 그 법안에 대한 반응을 알아보는 절차를 밟는다. 이 기간 동안 다른 의원들과 변호사들은 의견을 내놓고 수정할 부분을 제안하기도 한다. 그 다음에 발의한 의원이 수용한 수정 사항을 법안에 '추가' 한 뒤 하원에 상정하는 것이다. 이 모든 과정을 거치려면 대개 몇 주 혹은 몇 달이 걸리는데, 센센브레너가 그 법안을 꽁꽁 싸매고 공개하지 않아서 무뇨스 진영 사람들은 초안조차 볼 수 없었다. 센센브레너는 12월 9일 이 법안을 발의했고 그 다음 날 '추가' 조항을 붙여서 일주일도 안 돼 하원 투표에 상정했다.

훗날 "센센브레너법안" ▪으로 알려진 이 법안에는 노동자를 구속할 수 있는 고용주의 권한을 강화하고 국경 담장 건축 비용으로 20억 달러를 책정하는 등 엄청난 법 집행 조항이 포함돼 있었다. 그러나 그런 것은 무뇨스가 대경실색한 이유 중 일부에 불과했다. 센센브레너는 허가 없이 미국에 들어오는 것을 중죄로 규정하도록 법을 바꾸려고 했다. 현재는 국경을 몰래 넘는 것을 경범죄로 보고, 그렇게 들어와 미국에 체류해도 이민 당국은 시민법 위반으로만 다룬다. 센센브레너는 여기서 한 발 더 나아가 미등록자를 '숨겨 주는' 것도 중범죄로 다루려고 했다.

그 법안이 발의된 다음 날 무뇨스의 동료 미셸 워슬린이 찾아왔다. 워슬린이

---

▪ 정식 명칭은 "국경수비, 대테러, 불법이민통제법안(The Border Protection, Anti-terrorism, and Illegal Immigration Control Act of 2005, 약칭 HR4437)"이다. 2005년 12월, 239대 182의 표결로 하원을 통과했으나 상원은 통과하지 못했다. 하원에서는 공화당 의원 92퍼센트가 찬성했고 민주당 의원은 82퍼센트가 반대했다. 제임스 센센브레너가 입안했기 때문에 "센센브레너법안"이라고도 한다. 이로 인해 2006년 미국 전역에서 이민자들의 엄청난 항의 시위가 일어났다.

특히 놀란 것은 중범죄 조항이었다. 그렇게 되면 이주민 범죄자를 양산할 뿐만 아니라 미등록자를 돕는 단체도 범죄 단체가 되기 때문이었다. 두 사람은 중범죄 조항에 집중해서 법안 통과에 대비해야 한다고 생각했지만 다른 이민법 변호사들은 "센센브레너법안"이 실제로 시행될 것 같지는 않다고 생각했다.

당시 시행 중인 법과 "센센브레너법안"의 차이는 크지 않았다. 그러나 아무리 극단적으로 생각하지 않으려 해도 "센센브레너법안"은 이민자들의 이민 서류를 확인하지도 않고 그들을 지원하는 모든 민간단체들을 불법화할 가능성이 있었다. 그러면 〈가톨릭자선협회〉나 〈고용기회센터〉도 불법 단체가 된다. 또 법 집행 당국이 입법자의 의도와 다른 결론을 이끌어 낼 가능성도 있는데, 이는 입법 당사자가 바라는 일일 수도 있었다. 위슬린과 무뇨스는 자신들의 예측이 맞는지 알아보기 위해 여기저기 조언을 구했고 결국 경종을 울려야 한다는 결론에 도달했다. 무뇨스는 『애틀랜타저널 컨스티튜션』에 "센센브레너법안"은 밀입국과 밀입국자를 숨겨 주는 행위를 너무 넓게 규정했으며 이에 따르면 국경을 넘다 사막에서 탈수 증세에 빠진 사람을 돕더라도 체포될 수 있다고 지적하는 글을 실었다.

친절에서 우러나온 행동까지 범죄로 낙인찍을 가능성이 있다.

무뇨스는 평소의 솔직한 어조로 공화당에도 위험한 짓이라고 경고했다.

공화당 사람들은 자기 목숨이 위험한지도 모르고 어리석은 꼼수를 부리고 있다. 지금 당신 앞에 있는 건 아주 추악한 법안이다. 라티노 사회는 이런 법안이 상정됐다는 사실을 결코 잊지 않을 것이다.[4]

무뇨스는 네 편 내 편을 가르는 말은 잘 하지 않는 축이지만 라티노 유권자들이 느낄 두려움을 의원들에게 알릴 필요가 있다고 생각했다.

그 다음 며칠은 하루하루가 아주 극적이었다. 12월 9일 센센브레너가 하원 투표를 요청했다. 투표의 중요성을 잘 알고 있었지만 무뇨스는 국회의사당에 갈 수 없었다. 어린 시절 친구가 해마다 열리는 포크 음악 공연인 "크리스마스 잔치"에서 공연을 하기로 했는데 무뇨스 가족이 거기에 빠질 수 없었기 때문이다. 더구나 친구 가족들은 공연 전에 미리 무뇨스의 집에 와서 머물고 있던 참이었다. 마침 남편과 사촌 모두 집을 비운 상태여서 아이들을 돌볼 사람은 무뇨스 밖에 없었다. 무뇨스는 그 파티에 꼭 가야 했다.

공연장까지 차를 타고 가는데 〈히스패닉의원모임 Congressional Hispanic Caucus〉의 회원인 의원 두 명이 전화를 했다. 그들은 민주당이 "센센브레너법안"에 찬성하기로 했다는 소문이 사실이라고 알려 주었다. 지난 주 내내 그들은 민주당 지휘부 의원들에게 전화를 걸어 그 법안을 "한 대 갈겨" 주라고 했다. 매우 중대한 법안일 경우 정당 지도부는 민주당 의원들에게 전화로 찬성인지 반대인지 확인하고 정당이 원하는 답을 내도록 설득한다. 그런데 이번에는 민주당이 이 법의 심각성을 인정하지 않았다. 무뇨스와 동료들은 자신들이 직접 "한 대 갈겨" 주기로 했다. 무뇨스는 일리노이 주 민주당 하원 의원 람 이매뉴얼*의 사무실에 직접 전화를 걸었다. 이매뉴얼은 민주당이 공화당과 치열한 경합을 벌이는 투표가 있을 때마다 사안을 조율하는 사람이고 "센센브레너법안"에 반대하겠다고 한 의원이었다. 그리고 그의 보좌관 한 명은 이매뉴얼 의원은 반대표를 던질 거라고 분명히 말해 준 적도 있었다. 그런데 무뇨스 등이 다른 의원들 의견은 어떤지 알아보려고 전화를 돌리던 중에, 의원들이 반대표를 던지고 싶어도 이매뉴얼이 찬성표를 던지라고 말하고 다닌다는 소리를 들었다. 특히 최전방에서 아주 치열하게 싸움에 대비하고 있던 민주당 의원 열 명에게도 그렇게 말했다는 것이다. 그동안 공화당 의원들이 민주당 의원들에게 "불법 이민자들한테 너무 나

---

* Rahm Emanuel, 현재 시카고 시장. 클린턴 대통령 재임 때 백악관 정책보좌관을 지냈고, 오바마 대통령은 당선 후 그를 백악관 비서실장으로 지명했다.

굿나굿"하다며 도발하곤 했는데 이매뉴얼이 이 기회에 아예 그런 빌미를 제공하지 않으려 한다는 것이었다.

저녁 내내 무뇨스는 블랙베리를 손에서 놓지 못하고 있었다. 가족 모임 때는 휴대전화를 절대 쓰지 않겠다고 한 맹세를 5년 만에 깨뜨린 것이다. 공연 막간에 휴대전화에 머리를 쳐 박고 국회에 가 있는 동료들에게 미친 듯이 이메일을 두드리고 있는 무뇨스를 그녀의 이웃집 친구가 고개를 절레절레 흔들며 나무라는 눈으로 바라보았다. 7시 30분에는 콜로라도 주 하원 의원 존 살라자르John Salazar가 이매뉴얼과 〈히스패닉의원모임〉 회원 두 명 사이에 끼어 아직도 고민 중이라고 동료들이 알려 왔다. 저녁 9시, "센센브레너법안"은 239 대 182표로 통과되었다. 최전방에서 싸우던 국회의원들 중에 반대표를 던진 사람은 하나도 없었다. 하지만 이매뉴얼은 반대표를 던졌다.

"센센브레너법안"에 찬사를 보내며 법 집행을 중요하게 생각했던 마크 크리코리언조차 처음으로 국경을 넘는 것까지 중죄로 다스리는 건 지나치다고 생각할 정도였다. 크리코리언은 이런 말도 했다.

"정치적으로 과잉으로 보일 수도 있죠."

12월 12일 "센센브레너법안"이 통과된 뒤, 의회는 매우 극단적인 기류에 휩싸였다. 〈히스패닉의원모임〉은 민주당 지도부가 최전방 의원들이 찬성표를 던지게 강요했다고 비난을 퍼부었다. 무뇨스도 이번에는 예전에 공화당 의원들에게 그랬던 것처럼 민주당 의원들에게 선거로 압박하겠다며 한 목소리 보탰다.

"우리는 양당 지도부에 크게 실망했습니다. 공화당은 너무나 추악한 법안을 들고 나왔습니다. (…) 그러나 민주당 지도부에도 정말 실망입니다. 최전방 의원들이 이 법안을 지지하게 한 점이 특히 그렇습니다. 이것이 진정 올바른 정치적 움직임인지 보여 주는 증거는 하나도 없습니다. (…) 우리는 양당을 전혀 신뢰하지 않습니다."[5]

전국의 신문 사설도 이 법안이 비열하고 실효도 없다고 비난했다.

"우리도 미국이다"

규제론자들이 의회에서 우위를 점하자 이민자들은 "센센브레너법안"의 발효를 저지하고 합법화 논의를 되살리기 위해 새롭게 힘을 모아야 했다.

무뇨스 같은 워싱턴 변호사들이 의회와 전국 언론을 설득하려고 분투하는 동안 자매단체인 여러 이민권 지지 시민 단체들이 〈공정한이민법개혁운동Fair Immigrant Reform Movement〉이라는 단체를 결성해 전국적인 행진에 나서기로 했다. 이 단체는 "우리도 미국이다"라는 구호를 채택했고 이것은 "센센브레너법안"에 반대하고 포괄적인 개혁안을 요구하는 전국적인 연합체의 이름이 되었다. 〈공정한이민법개혁운동〉은 전국 규모의 행진을 계획하고 워싱턴에서 출발하기로 결정했다.

3월 8일 택시를 타고 국회의사당 앞에 도착한 무뇨스는 4만 명이나 되는 행진 대열의 우렁찬 함성 소리를 들었다. 그들이 목표했던 수는 5천 명에서 최대 2만 명이었다. 무뇨스는 센센브레너의 보좌관들도 그 엄청난 행진 대열의 소리를 들었을 거라고 생각했다. 자기가 만든 그 하찮은 법안이 이런 결과를 만들어 낸 것에 센센브레너도 충격을 좀 받았을 거라 생각했다. 그 뒤로 2주 내내 이민자들은 "센센브레너법안"에 반대하며 거리로 쏟아져 나왔다. 작게는 클리블랜드 시내에서 일어난 수백 명에서 크게는 로스앤젤레스에서 모인 75만 명에 이르기까지 정말 많은 인파가 함께했다. 조지아 주에서는 수만 명의 노동자가 작업을 중지했다. 경찰과 행진을 조직하는 위원회는 참여 인원을 늘 다르게 집계해 시카고 시위의 경우 40만 명 가까이 집계 차이가 났지만 법안에 대한 반응은 숫자로 가늠하기 어려울 정도로 격렬했다.

3월 26일 무뇨스는 일요일 아침 뉴스에 출연해 센센브레너와 맞장을 떴다. 무뇨스는 평범한 가정생활을 중시하기 때문에 뉴스 출연은 삼가는 편이었지만 이번 기회를 놓칠 수는 없었다. 무뇨스는 조그맣고 차가운 스튜디오 의자에 앉아 홀로 조명을 받으며 카메라를 의식했다. 평소 습관대로 무뇨스는 5분간 조용히 명상을 했다. 그러면서 뉴스 진행자나 상대측 출연자의 몸짓을 읽을 수 없으니 말 하나하나 주의 깊게 들어야 한다고 스스로에게 되뇌었다. 출연자 소개가 끝나자마자 센센브레너가 온갖 미사여구를 써 가며 미국을 접수하려는 외국인 떼거리에 대한 공포심을 조장했다.

"이 나라에 불법 외국인이 1천1백만 명이나 득실대는 이유는 아주 오랫동안 이민법이 유명무실했기 때문입니다. 앞으로도 아무런 조치를 취하지 않으면 10년 뒤에는 불법 외국인 수가 3천만 명이 될 거라고 합니다. 우리의 학교와 우리의 병원에 불법 외국인이 넘쳐나면 우리는 그만큼 세금을 더 내 사회 서비스 자원을 충당해야 할 겁니다."

무뇨스가 반격에 나섰다.

"10년 전에도 의회는 법 집행을 어떻게 할 것인가만 나열한 법안을 통과시킨 적이 있었죠. 센센브레너 의장이 발의한 법안은 그 법안을 반복한 것에 불과합니다. 만일 법 집행 자체에 효과가 있었다면 우리는 지금 이 자리에서 이런 토론을 할 필요도 없습니다. 지금 미국에는 이민자 1천1백만 명이 이미 들어와 살고 있고, 일하고 있습니다. 이 법안은 궁극적으로는 이런 현실을 안중에도 두지 않습니다. 실효가 있고 제대로 기능할 수 있는 법을 만들려면 그런 현실부터 제대로 파악해야 합니다."

무뇨스는 자신의 프레임으로 센센브레너의 프레임을 반박했다. 센센브레너가 이민자들에게 외국인 범죄자라는 이미지를 씌우면 무뇨스는 이민자를 동네 이웃으로, 그리고 같은 직장의 동료로 보자고 제시하는 식이었다. 그렇게 이미지를 바꿈으로써 무뇨스는 더 넓은 시각에서 이민법 개혁 문제를 제기할 수 있었다. 무뇨스의 최우선 목표는 지나치게 정치적인 센센브레너의 생각을 이용해 합법화가 좋은 해결책임을 주장하고 광범위한 이민법 개혁을 제안하는 것이었다.

"이런 토론에서는 사면이 논의조차 되지 못할 겁니다. 의장님이 낸 법안은 이미 미국에 와서 살고 있는 사람 1천1백만 명을 모조리 범죄자로 몰고 그런 사람을 돕고 자선을 베푸는 사람들까지 범죄자로 만듭니다. 여기에 이 법안의 문제가 있습니다. 그건 잘못된 접근입니다."

무뇨스는 "센센브레너법"이 시행되면 미국 역사상 시행된 대부분의 법 집행 조치와 마찬가지로 미등록자 수만 늘릴 게 분명하다고 예견했다.

센센브레너는 토론의 열기가 고조된 것을 행진 탓으로 돌리면서 자신은 이 갈등에 책임이 없다고 했다.

"내가 낸 법안 때문에 이런 분위기가 조성된 게 아닙니다. 중요한 사실은, 우리가 지금까지 이민법을 제대로 시행한 적이 없고, 우리나라에는 이미 1천1백만 명의 불법 외국인이 와 있다는 사실이며, (…) 이런 시위가 일어나서 참 유감입니다만, 말장난만 자꾸 하는 건 저 사람들입니다."

그러나 센센브레너식의 비난은 지역에서 신속하고 자발적으로 일어나는 움직임에 아무런 영향을 미치지 못했고, 행진은 더욱 가속되어 새로운 조직 형태마저 생겼다. 3월 말 로스앤젤레스의 마호니 추기경은 만일 새 법안이 통과된다 해도 교회 직원들에게는 따르지 말 것을 지시하겠다고 선언했다. "검은 월요일"이라는 이름이 붙은 3월 27일, 전국에서 중고교 학생 12만 5천 명이 학교를 나와 시청까지 행진하고 고속도로 통행을 차단했다. 그들은 휴대전화 문자 메시지와 소셜네트워크 서비스를 이용해 행진을 조직하는 등, 완전히 새로운 운동 방식을 만들어 냈다. 며칠 지나지 않아 이와 비슷한 수업 거부가 전국에서 일어났다. 일리노이 주 오로라에서는 수백 명이 행진에 나섰고 라스베이거스에서는 그 수가 3천 명에 달했다. 어린 학생 수백 명이 무단결석으로 처리되었다.

무뇨스의 친구들이 전화를 걸어와 전국에서 벌어지고 있는 이 놀라운 일을 증언했다. 행진은 두 달간 더 이어졌다. 4월 10일 하루에만 전국 102개 도시에서 벌어진 시위에 아무리 적게 잡아도 1백만 명이 참여했다. 피닉스와 뉴욕에서는 10만 명, 플로리다 주 포트마이어스에서는 7만 5천 명, 캘리포니아 새너제이에는 2만 5천 명, 켄터키 주 인디애나폴리스와 렉싱턴에서는 1만 명, 플로리다 주 펜사콜라에서는 1천 명이 참여했다. 무뇨스도 다른 부모들처럼 아이들을 학교에 보내지 않고 마을에서 벌어진 행진에 참여했다. 언론은 "우리 엄마는 범죄자가 아니에요"라는 글귀가 적힌 옷을 입은 아이들의 모습으로 가득 찼다. 5월 1일에는 행진 수가 더 늘어났다.

반격은 즉각적이고 지독했다. 보수주의자들과 자유주의자들 모두 행진이 쓸데없는 편 가르기라는 메시지를 던졌다. 멕시코 국기와 다른 나라 국기가 잠깐씩 등장하자, 기다렸다는 듯 멕시코인들이 국경을 파괴하려 한다고 비난했다. 〈미국이민개혁연맹Federation for American Immigration Reform〉과 〈미니트맨〉이 조직한 반대 시위도 일어났다. 샌디에이고에서는 2백여 명이 국경을 따라 1.8미터 높이에 4백 미터 길이의 철조망을 세웠다. 〈미니트맨〉 설립자인 짐 길크라이스트Jim Gilchrist는 콜로라도에서 벌어진 반反합법화 시위에 나타나 회원 50만 명을 더 모집하겠다고 선언했다. 빌 오라일리Bill O'Reilly를 대신해 나온 토니 스노우Tony Snow는 이민에 찬성하는 행진을 벌이는 사람들을 "인종과 국민을 편 가르는 사람들"이라고 불렀다. 스노우는 나중에 백악관 공보 비서관이 된다. 전국적으로 일어난 수많은 행진에 온갖 인종이 다 섞인 것을 감안하면 그의 비난은 참으로 아이러니했다. 행진에 나선 사람 대부분이 라티노인 것은 맞지만 그 행진 대열에는 아일랜드 사람, 폴란드 사람, 러시아 사람, 중국 사람, 캄보디아 사람, 방글라데시 사람, 세네갈 사람, 코트디부아르 사람도 끼어 있었고, 시카고 시애틀과 뉴욕에서는 서인도제도 이민자들도 합류했다. 분열과 분리를 조장하는 데 혈안이 된 것은 이민자들이 아니라 미국인들이었다.

마크 크리코리언은 행진이 이민 통제 운동에 최고의 선물을 가져다 줄 것이라고 내다봤다. 외부인이 이래라저래라 하는 것을 미국인이라는 "국가적 자아"가 내버려 둘 리 없다는 것이다. 크리코리언이 애매모호한 표현을 좋아한다는 것은 『내셔널리뷰온라인』 칼럼으로 여실히 드러났다. 크리코리언은 "미국이라는 국가에 저항하는 외부인들이 자기들의 힘을 거리에서 노골적으로 과시하고 있다. 그들은 우리에게 자기들이 원하는 대로 따르고 우리의 이민정책이 그들의 승인을 받아야 한다고 요구하고 있으며 자기들 뜻대로 하지 않으면 폭력을 행사하겠다고 은연중에 협박하고 있다. 멕시코 국기는 도처에 널려 있고 미국 국기는 불타거나 훼손당하고 있으며 노골적인 인종주의 쇼비니즘과 실지 회복주의, 즉 원주인에게 땅을 돌려주어야 한다는 요구[*]가 구석구석 퍼져 있다." 또한 크리코리언은 미국인이 유럽인처럼 '딤미튜드'[**]에 굴복해서는 안 된다고 말하며 유럽상황을 가리켜 "퇴폐적인 문명국가가 외부인의 쇼비니즘적 확신에 굴복"했다고표현했다.

불법 외국인들과 그들의 꽁무니를 쫓아다니는 단기 여행객들에게, 이민법 제정은 미국인만의 독점 영역이며, 불법이든 합법이든 우리가 인정할 때까지 외국인은 미국인이 아니라고 당당하게 말할 수 있을 정도로 우리가 우리 문명에 자신감을 갖고 있느냐 없느냐, 그것이 문제다.

그러면서 비판적인 어조로, 행진에 참여한 사람들을 1960년대 민권 수호와반전을 촉구한 행진에 나선 사람들에 비유했다. 그러고 보면 크리코리언은 행진에 참여한 사람을 애국 시민으로 봤던 것 같다. 적어도 이 행진을 미국 시민이주도한 행진이라고 생각한 것은 틀림없다.

초기에 유입된 이민자들도 20세기 초 노동운동을 거치며 미국에 많은 것을 요구했다. 크리코리언은 그 이민자들은 합법이었다고 말하겠지만 사실 상당수가불법이었고 1920년대에 들어온 사람들은 특히 그러했다. 당시 이민자들이나 오늘날의 이민자들이나 아무런 법적 신분을 부여받지 못한 건 마찬가지였다. 과거의 이민자들은 의심의 여지없이 외국인으로, 심지어 위험한 외국인으로 간주되었지만 조직을 설립함으로써 하루 8시간 노동에서 최저임금에 이르기까지 지금

---

[*] irredentism. 실지 회복주의는 19세기 말 이탈리아에서 일어난 민족 통일 운동과 해방 운동의 구호로, 미회수된 이탈리아 영토를 뜻하는 '이탈리아 이레덴타Italia irredenta'에서 유래한 표현이다. 여기서 크리코리언은 시위에 나선 이민자들이 미국에 독립국가를 건설하려 한다고 비아냥대기 위해 이 표현을 쓴 것 같다.
[**] dhimmitude. 원래는 이슬람 국가가 소수의 비무슬림 집단을 통치하기 위해 만든 법으로, 유럽으로 건너와서는 이슬람 집단에 대한 온정적인 유화책을 뜻하는 말로 바뀌었다.

까지 미국 노동법에서 가장 긴 생명력을 자랑하고 있는 요소들을 만들어 냈다.

사회적인 반격도 이어졌다. 비판자들은 이민자들이 행진을 벌이면서 변했다는 식의 견해를 은근히 내비쳤다. 전에 이민자들은 자신을 초대한 주인의 관대함에 감사하는 예의바른 손님이었는데 이제는 자기들 것도 아닌 권리와 혜택을 요구하면서 그럴 자격과 불만을 제기할 권리가 있다는 듯 과시한다는 것이다. 플로리다에서 발행되는 『브래든턴 헤럴드』는 지역 병원에서 통역사로 일하면서 동료들의 반응을 살펴봤다는 한 백인 남자의 말을 인용했다.

> "우리는 아무런 거리낌 없이 그들을 위해 일하고 그들이 인간으로서 받아야 하는 최상의 보살핌을 제공해 주었다고 생각합니다. 그들은 공짜로 치료받았고 우리는 쫓아내지도 않았어요. 대부분은 엄청 고마워하죠. 그런데 뭡니까, 결국 시위나 하고, 완전히 다 변해 버렸어요."[6]

범죄자거나 그냥 여기 일만 하러 온 사람들은 절대 완전한 미국인이 될 수 없다는 말이다.

이민자들이 행진에 나서면서 이민자 권리를 옹호해 온 사람들도 마침내 자기 목소리를 낼 수 있는 길이 열렸다. 그리고 그런 지지자들은 무척 많았다. 수많은 신문 사설이 행진을 지지했다. 『나이트리더』의 논설진은 5월 2일 사설에 이렇게 썼다.

> 길거리로 나온 수많은 인파들과 사무실의 빈자리, 그리고 문 닫은 상점들 모두 불법 이민 문제를 추방과 기소로 해결하려는 게 얼마나 어리석은 짓인가를 입증한다.

신문 편집인들은 몇 푼 되지 않은 돈을 받고도 일하겠다고 오는 이들의 '배짱'과 용기에 찬사를 보냈으며 의회는 행동에 나서라고 촉구했다.[7]

이런 실질적인 결과 말고도 이번 행진은 이민자와 이민자들이 벌이는 운동에서 의심의 여지없는 중요성을 띠었다. 이민자들은 오랫동안 비방과 폭력을 견뎌 왔고 그동안 무수히 많은 사람들이 지하 세계로 내몰렸다. 그러다가 이번 시위를 통해 마침내 저항이 시작됐음을 알리게 됐다. 행진은 또한 50년 만에 처음으로 가장 큰 규모의 전국적 운동 조직을 만들 기회를 마련해 주기도 했다. 수많은 시위가 조직됐고, 다른 조직의 지시를 받지 않거나 특정 조직의 통제를 받지 않는 단체들이 여기저기서 생겨났다. 계속해서 공공연하게 모욕을 당하면서 자연스럽게 생긴 불안감과 분노를 방출할 출구가 이민자들에게 주어졌고, 이민자 운동도 더불어 성장하게 됐다. 이민자들은 집단행동이라는 모자를 씀으로써 자신을 드러낼 수 있었고 숨어 다닐 것을 강요하지 말라고 체제 자체에 요구하게 됐다.

〈고용기회센터〉가 뉴욕의 레스토랑 산업에 새로운 조직 모델을 만든 것처럼 이민자들의 행진은 새로운 대규모 조직 모델을 제시했다. 가장 효과적인 조직 모델은 외부의 강제가 없을 때 생긴다. 그런 조직은 특정 집단을 한데 묶어 주는 사회망과 그 집단의 문화적이고 정치적인 관습, 그 집단의 현존하는 지도력에 바탕해 생긴다. 행진의 뒤편에서 사람들을 동원한 것은 특정 조직이 구상한 게 아니었다. 일차적으로는 동원된 사람들이 자꾸 늘어나면서 다른 움직임을 이끌어 냈고, 이로 인해 자발적으로 일어난 움직임이었다. 효과적인 조직 모델은 이민법 논쟁의 프레임을 새롭게 만드는 데 핵심이다. 자신들의 숫자 자체가 얼마나 큰지 드러냄으로써 새로운 프레임을 짤 수 있는 여지가 생기기 때문이다.

행진은 미래의 행동을 위한 핵심적인 기반도 구축해 주었다. 수백 명, 어쩌면 수천 명의 지역 지도자들이 등장했는데, 서로의 참여를 독려하기 위해 값싸고 자유로운 신기술을 활용한 십 대와 이십 대의 수많은 미국 젊은이들도 여기에 포함된다. 독자와 검색 인구가 하루 수백만 명에 달하는 소수민족 매체는 사회 관계망과 가족망을 활성화시켰다. 새로운 연맹체도 생겼다. 일부 흑인 지도자들이 행진에 반대하는 시위를 하기도 했지만 단결하자고 요청한 단체도 아주 많았다. 로스앤젤레스에서 조지아 주에 걸쳐 흑인 교회들은 물자 이동을 돕거나 정신적 지지를 보내 주었다. 노동조합도 회원들을 대거 동참하게 했다. 반이민 정서가 강한 분위기에서 정치인들은 분명 합법화를 내놓고 말하기 두려워했지만, 민주당이든 공화당이든 이민자의 권리를 지지하는 유권자가 어디에 많이 사는지는 꼼꼼히 적어 두었을 것이다.

결국 맥케인-케네디 판 포괄이민법안은 2006년 상원을 통과했지만 하원은 통과하지 못했고 이민법 개혁은 다음 해를 기다리게 되었다. 그러나 "센센브레너 법안"도 법으로 선언되지 못했다.

## 프레임 바꾸기

모든 정책 토론에서 언어는 매우 중요한 역할을 하는데 이민정책에서도 예외가 아니다. 특정한 어떤 말로 촉발된 이미지는 여러모로 사실 그 자체보다 더 중요하다. 언어학자들과 심리학자들은 원래 인간의 뇌가 이미지에 의미를 부여하도록 되어 있어서 이미지와 관념이 하나의 프레임을 구성하고 그렇게 구성된 여러 프레임이 세계관을 만든다고 한다.

인간은 대부분 하나의 주도적인 프레임을 보유하지만 다른 프레임들도 뇌 속에 자리를 차지하려고 다툰다. 예를 들어 개인주의와 집단주의는 이미지가 부여된 프레임이다. 자수성가한 백만장자의 이미지는 인간이 자기 자신의 운명에 책임이 있다는 개념을 강화하고, 함께 일하는 가족이나 공동체의 이미지는 서로가 서로에게 책임이 있다는 개념을 환기시킨다. 개인주의 프레임은 정부의 개입을 줄이는 데 이용될 수 있고 집단주의 프레임은 정부의 개입을 더 많이 촉구하는 데 이용될 수 있다. 이미지를 프레임화하는 건 맞을 수도 있고 틀릴 수도 있다. 문제는 그래서 생긴 이미지가 친숙해야 한다는 것이다. 사실 자체는 주류 프레임에 분열을 일으키지 않는다. 사람들은 자신이 제일 중요하게 생각하는 프레임을 강화시켜 주지 않는 사실은 받아들이지 않는다는 연구 결과도 있다. 이미지, 스토리텔링, 신화는 우세한 프레임을 반박할 수 있는 유일한 방법이다. 사실은 중요하다. 그러나 일단 하나의 프레임이 활성화된 뒤 그것을 강화하려고 할 때,

그때서야 사실이 중요해질 뿐이다.

물론 특정 프레임을 강화하기 위해 사실을 조작하는 것도 가능하다. 이민 규제 운동 진영은 그들의 주장에 반대되는 사실은 철저히 무시하면서 부정적인 전형만 강화했고 그래도 방법이 통하지 않으면 이민자들에게서 인간성을 박탈하는 말장난에 의존한다. 가령 크리코리언의 조직은 특히 멕시코인들을 걸고 넘어지면서 오늘날 이민자들의 영어 습득 수준이 대단히 낮다는 걸 늘 들먹인다. 현재의 이민자들과 과거 세대 이민자들의 영어 습득 수준이 거의 똑같다는 일관된 증거가 있는데도 크리코리언은 유독 이민 1세대를 집중적으로 공격한다. 이민 2세대와 3세대도 과거 초기 이민자 2, 3세대와 꼭 같은 정도의 영어 습득 수준을 보인다. 2세대는 완전한 이중 언어 사용자고 3세대는 대부분 영어만 한다. 〈고용기회센터〉 회원인 아폴리나르 살라스를 예로 들면, 그는 3년간 ESL 강좌를 들었다. 살라스의 어린 딸은 세 살이 될 때까지 집에서 에스파냐어만 쓰며 자랐지만 유치원에 들어가자마자 바로 영어를 익혔다.

규제론자들은 이민자들이 세금도 안 내면서 공공 재원을 쓴다고 비난하지만 서류도 없는 사람들이 내는 상당액의 돈은 안중에도 없다. 또 이민자들이 사실은 미국 시민보다 공공 의료 서비스를 덜 이용한다는 증거가 있는데도 미국 의료보험 제도가 처한 위기를 이민자들 탓으로 돌린다. 하버드 대학교와 컬럼비아 대학교가 수행한 2005년도 연구 보고서를 보면 미등록자까지 합쳐 전체 이민자들은 미국에서 태어난 미국 시민들보다 의료 재원을 적게 쓴다. 이민자들은 미국 인구의 10.4퍼센트를 차지하지만 전체 의료 재원의 7.9퍼센트를 사용하고 정부 의료 비용의 8퍼센트를 쓸 뿐이다. 1인당 경비는 이민자가 아닌 사람의 절반에도 못 미친다. 이민자의 30퍼센트는 1년 동안 의료 서비스를 한 번도 이용하지 않은 것으로 조사됐다. 〈오레곤공공정책센터Oregon Public Policy Center〉는 미등록 이민자들이 그들이 사는 주에서 매년 6천6백만 달러에서 7천7백만 달러 정도를 재산세, 주 정부 소득세, 소비세로 내는 것으로 추정했다.

규제론자들은 이런 사실 때문에 자신들의 주장이 약화될 위험에 처하자, 이번에는 매우 든든한 다른 수단에 의지했다. 바로 이민자들의 인간성을 박탈하는 이미지를 고안한 것이다. 2006년 7월 공화당의 아이오와 주 하원 의원 스티브 킹Steve King은 국경을 따라 "슈퍼 장벽"을 세우자는 제안서를 국회에 제출했다. 킹은 이렇게 말했다.

"담장에 전기를 흘리면 됩니다. 사람을 죽일 정도는 아니지만 다시 한 번 생각 하게 만들 수는 있겠죠. 가축우리에도 그렇게 하잖습니까."

킹은 상황이 좋아지면 장벽을 걷어내고 "그 '가축' 들을 통과시키면 된다"고까 지 말했다. 2006년 애리조나 주의 공화당 주지사 후보였던 돈 골드워터Don Goldwater는 국경을 무단 통과하는 사람은 체포한 뒤 임시 텐트에 수용해 방위군 의 감시하에 규제론자들이 그토록 좋아 죽는 담장 쌓기를 시키자고 했다.

오랜 세월 이민법과 관련된 일을 해 온 무뇨스지만 규제론자들의 기상천외하 고 신랄한 말에 큰 충격을 받았다. 전에는 의원들이 이민자를 동물에 비유하지 는 않았다. 상대측이 사용하는 인종주의적 프레임에 일일이 대응하기 싫지만 이 제는 더 자주 대응할 수밖에 없었다. 반대 진영이 이번에는 무뇨스가 속한 조직 이 분리주의를 주장한다며 그녀를 직접 비난하고 나섰다. 무뇨스는 지금까지 자 신은 사실과 정책으로 전투를 해 왔는데 상대는 이미지 전투를 하고 있었다는 것을 깨달았다. 논쟁은 범죄자나 테러범을 이민자와 동일시하면서 이민자를 향 한 분노와 공포에 발이 묶여 있었고, 여기에는 합리적 태도가 개입할 가능성이 없었다.

무뇨스는 이런 경향을 점점 더 또렷이 느꼈다. 〈전국라라사협회〉는 2006년 내 내 경찰에게 이민법을 집행할 권한을 주는 "클리어법안"에 반대했다. 그러자 그 법안을 만든 조지아 주 공화당 하원 의원 찰리 노우드Charlie Norwood는 국회 인장이 찍힌 공식 편지지에 보도 자료를 적어 〈라라사협회〉가 "불법 이민 찬성 로비 단체며, 미국 서쪽을 분리시켜 히스패닉들만의 나라로 만들자고 요구하는 인종주의 집단을 지지"한다고 비난했다. 또 당장 "클리어법"에 대한 반대를 철 회해야 한다고 주장하고, 이어서 "만일 미국인이 지금 잠에서 깨지 않으면 어느 날 아침 눈 떠 이 나라가 라라사와 그 친구들 손에 강탈당했다는 사실을 알게 될 것입니다. 오늘 당장 여러분 주의 하원 의원에게 전화를 걸어 클리어법안에 찬성표를 던지라고 하십시오. 만일 여러분 말을 듣지 않으면 **11월 7일 선거 날 내쫓아 버리세요**"[8]라고 했다.(굵은 글씨는 보도 자료에서 강조한 것이다.) 〈라라사협회〉는 자신들이 무슨 조직이고 사명이 무언지를 만나서 자세히 설명해 주겠다고 제안했지만 노우드는 눈을 감고 무시해 버렸다.

무뇨스는 사실 이런 비난들에 웃음 밖에 안 나왔다. 〈전국라라사협회〉는 미국에서 가장 대표적인 라티노 공동체 대변 조직이다. 미국과 라티노 공동체 양쪽 입장을 다 고려해 가며 일하고 급진적인 태도는 비교적 덜 취하려고 노력하는 조직으로, 이들 만한 조직을 찾기도 어렵다. 〈라라사협회〉는 노우드의 선거 공약 메시지가 국회의원 윤리 규정을 어겼다고 지적한 뒤 사과를 요구하고, 야단법석을 떠느라 공공 재산을 사용했으므로 미국 재무부에 변상하라고 촉구했다. 협회는 또 그들이 '라 라사'(이 말은 "라 라사 코스미카"에서 따온 말로 사람이나 공동체라는 뜻이고, 라티노가 전 세계 여러 민족들이 섞인 민족임을 알리기 위해 20세기 초 한 멕시코 작가가 만든 말이다)라는 말을 사용하는 이유를 설명하고, 그들이 라티노 말고도 수천 명의 백인과 흑인 저임금 노동자들을 위해서도 봉사한다는 사실을 알리는 등, 노우드의 말을 조목조목 반박했다. 미국 땅을 멕시코 영토로 되돌리려 한다는 주장에 대해서는 "그런 주장은 주류 라티노 공동체의 의견과 너무나 달라서 우리를 비판하는 사람들이 그걸 문젯거리로 들고 나왔다는 것 자체가 믿기 힘들 정도"라고 대응했다. 협회가 "포르 라 라사 토도, 푸에라 라 라사 나다"('우리에게는 전부를, 남들에게는 전무를'이란 뜻)라는 구호를 쓴다고 비난한 것에 대해서는, 그 어떤 라티노 조직도 그런 구호를 쓴 사실이 없다는 말로 일축했다.[9]

노우드는 〈라라사협회〉가 일곱 가지 조건을 따르면 사과하겠다고 했는데, 그 믿기 힘든 조건에는 미국 영토에 대한 권리 주장 포기, 동등한 접근권을 얻기 위해 만든 협회의 프로그램을 제삼자가 관리하게 하는 내용도 들어가 있다. 협회는 물론 그런 '조건'을 따를 생각이 없었다. 노우드는 몇 달 뒤 사망했지만 무뇨스는 그 뒤로도 '극단주의적'인 비난에 계속 시달려야 했다. 노우드는 뻔한 사실에는 눈을 감고 유색인이 힘으로 자기들 땅을 빼앗으려 한다는 해묵은 편견을 환기시킴으로써 다른 공동체와 함께 가난한 백인 공동체까지 지원했던 한 조직의 권위를 심각하게 실추시켰다. 무뇨스의 일은 점점 더 어려워졌다.

## 이민정책과 인종차별주의

2006년 선거는 끝없는 이민자 죽이기로 점철되었지만 결과는 민주당이 다수당이 되는 것으로 끝났다. 1994년 이후 처음으로 민주당은 하원과 상원을 장악했다. 부시 대통령은 "한방 맞았다"고 인정한 뒤에도 이라크에서 물러나지 않겠다고 선언했다. 제임스 센센브레너가 의장직을 사퇴하면서 이민법 관련 활동가들은 앞날을 낙관하기 시작했다.

민주당이 새로 다수당이 되기는 했으나 "맥케인-케네디 포괄이민법안"은 더 보수적인 색채를 띠었다. 2007년 봄에는 이 법안에 합법화 조항이 들어갔으나 수천 달러의 벌금과 '터치백' 같은 매우 엄격한 조건이 단서로 따라 붙었다. 터치백은 미등록자들이 일단 미국을 출국해 다른 나라에서 합법적인 입국 신청을 하도록 한 제도다. 합법 신분을 얻기에 터치백 조건은 수많은 난민과 이민자들에게 도저히 넘을 수 없는 장벽이었다. 또 초청 노동자 조항을 살펴보면, 고용주와의 관계에서 노동자는 권리가 거의 없고 자기 비자를 자기가 직접 관리할 권한도 없었다. 시민권 취득의 길은 전무했다. 포괄적 평등화와 관련한 조항을 살펴보면, 불법 입국을 범죄로 더욱 확대 해석하고 남쪽 국경의 장벽 건설 비용을 증액했으며, 배우자와 미성년 자녀의 가족 결합 이민은 제한함으로써 전체적으로는 미국에 들어와 사는 것을 더욱 어렵게 만들었다. 이 모든 조치들은 결국 광범위한 이민법 체계에 꼭 필요한 그 어떤 개혁 조치도 반영하지 않고 있었다.

새로 정비한 이 법안이 하원까지 갈 수 있을지 여부는 7월 말에 예정된 토론 종결 투표*에 달려 있었다.[10] 5월달 토론 종결 투표에서는 상정에 실패했고 토론이 길어질수록 법안의 꼴은 더 엉망이 되었다. 최종 토론 종결 투표가 실시되는 날, 무뇨스는 상원 대기실에 있었다. 상원 대기실은 예로부터 민권운동 지도자들이 최종 로비를 하고 상원 의원들의 표를 확보하기 위해 감시하는 곳이다. 무뇨스가 대기실에 도착했을 때 카사 메릴랜드**가 조직한 50명의 일용직 노동자들이 "오늘 개혁 정신을 죽이지 마세요"라는 자신들의 메시지를 영어로 외우고 있었다. 그들이 연습하는 소리를 들으면서 무뇨스는 눈물을 흘렸다. 다른 회원 60명은 바깥 잔디밭에 대기하고 있었다.

무뇨스는 기다리는 동안 투표하러 가는 상원 의원 여러 명과 대화를 했다. 오린 해치 상원 의원은 "당신들을 지지하지 않습니다"라고 잘라 말했다. 민주당 상원 의원 몇몇은 전부 짜기라도 한 듯 그들을 피해 들어갔다. 어떤 상원 의원은 들어서다 무뇨스를 보고는 벽 쪽으로 고개를 돌려 버렸다.

무뇨스는 예전에 다른 법안들을 놓고 가까이서 작업했던 공화당 상원 의원 한 명과 특별한 대화를 나누었다. 그는 사람들과 만나 얘기하고 노동자들 한 명 한 명에게 자신을 소개했다. 그러면서 자신은 그들을 지지하는 투표를 할 생각이지만 표가 다른 쪽으로 쏠리면 생각을 바꿀 거라고 말했다. 투표가 계속 진행되면서 반대표가 더 많이 나오자 찬성표가 도미노 현상을 일으키며 줄어들었다. 그 상원 의원은 다른 문으로 편하게 나갈 수도 있었을 텐데 대기실로 되돌아왔다. 그는 마음을 바꿨다고 털어 놓았다.

"제가 정말이지 비겁했다고 인정합니다. 여러분과 함께하고 싶었지만 이 나라

---

* cloture vote, 소수당의 필리버스터(의안 토론시간을 무한정으로 이용하는 것) 때문에 회기 내 법안 통과가 불가능해지는 사태를 방지하기 위해 마련한 장치. 상원의 경우 의석의 5분의 2에 해당하는 60표 이상을 획득하면 사실상 그 안은 대부분 통과된다. 토론 종결 투표는 한 차례만 있는 것이 아니라 여러 차례 실시할 수 있어서 그것까지 방지하는 규칙(만장일치unanimous consent)도 있다.
** Casa Maryland, Casa of Maryland라고도 한다. 라티노와 이민자를 법률적으로 지원하는 조직이며 1985년 메릴랜드 주에서 조직되었다.

는 아직 준비가 안 됐어요."

토론 종결 투표는 실패로 돌아갔고 이민법 개혁은 다시 한 해 더 죽어 지내야 했다. 무뇨스는 전국이 선거 준비에 들어가면 친합법화 입장의 정치인이 국경 폐쇄를 요구하는 무리들에게 쉬운 표적이 될 것이라는 분위기를 감지했다. 2008년 선거 때는 국회가 달라질 거라는 점을 짐작하고도 남았다. 일용직 노동자들은 투표가 실패로 끝났다는 소식을 담담하게 받아들였다. 신부 한 분이 기도를 이끌었다. 노동자들은 자신들을 추스르고 앞으로 계속 나아갈 방법을 찾아보자고 서로 격려하며 떠났다.

그날 늦게 무뇨스는 애틀랜타에서 보건 연수 업무를 담당하는 동료 한 명과 통화했다. 투표에서 졌다는 소식을 듣자마자 사람들이 조용히 일어나 돌아갔다고 했다.

"이제 전부 어디로 가는 거지?"

무뇨스의 동료가 물었다.

몇몇 주가 그 물음에 대한 답을 보여 주었다. 조지아 주에서는 경찰관에서 교사까지 공직에 종사하는 모든 사람들에게 이민 서류를 검사하게 했는데, 바로 다음 날부터 시행에 들어갈 계획이었다. 미등록자들은 연방 정부로부터 형 집행 연기를 얻어 낼 가능성이 전혀 없다고 판단했다. 그렇다면 애틀랜타를 떠나야 했다. 그것도 지금 당장.

자신이 속한 공동체를 향한 증오의 수위에 무뇨스는 버림받은 기분이었고 무서워졌다. 이런 문제를 다루던 진보 집단은 다 어디로 갔나? 〈어포튜너티어젠다〉는 상당히 자유주의적인 성향을 가진 블로그를 여럿 조사했는데 그 결과 이민자에 반대하는 블로그가 3대 1로 우세하다는 것이 드러났다. 무뇨스는 〈라라사협회〉와 전국의 이민자 단체들이 토론의 프레임 자체를 잘못 짠 게 아닌가 하는 생각이 들기 시작했다. 그들은 다양한 정책 선택권을 놓고 대화했고 토론에서는 상대방보다 뛰어났다고 자평했다. 그러나 미국이라는 나라 전체는 인종 하나만을 놓고 얘기하고 있었던 것이다. 당연히 무뇨스도 그것을 모르지 않았다. 다만 정치적인 계산을 했었다. 최근까지만 해도 인종 관련 토론을 상원에서 내놓고 한 적은 없었고, 자신이 접근하려고 했던 상원 의원 대부분은 중도적 입장이었다. 따라서 대체로 판단해 보면 지지를 필요로 하면서 그들에게 인종차별을 한다고 비난한 것은 똑똑한 방법이 아니었던 것이다.

무뇨스는 마지막까지도 합법화 방안이 통과되어 1천2백만 명이 인종차별로 피해를 입기 전에 보호받을 수 있기를 바랐다. 그러나 무뇨스는 인종 문제를 이민법과 별개의 문제로 다룸으로써 인종차별을 방관한 꼴이 되었고 이민법 개혁 역시 실패로 돌아갔다는 사실을 뒤늦게 깨닫게 된다. 무뇨스가 다시 전진하기 위해서는 외국인 혐오증을 직접 건드릴 필요가 있었다. 이민자에 대해 거짓말과 상투적인 이미지를 퍼뜨리고 다니는 사람들은 아직 소수기는 해도 급속히 늘고 있었다. 이들을 미국인 대부분과 떼어 놓을 필요가 있었던 것이다.

〈전국라라사협회〉에서 인종차별 반대를 내놓고 말해야 한다는 결론에 이른 사람은 무뇨스뿐만이 아니었다. 그러나 조직이 새로운 전략에 모두 동의하는 데 는 시간이 걸렸다. 동료들 중에는 반대파를 인종차별주의자라고 비난하는 것에 불편함을 느끼는 이들도 많았다. 그저 지나가는 사람에게 말 한 마디 툭 던지는 것과 뭐가 다르냐고 생각한 것이다. 무뇨스는 이렇게 설명했다.

"이게 정책과는 상관없을 수도 있어요. 하지만 우리와는 상관이 있어요. 우린 이 문제를 정면으로 건드려야 합니다. 그들은 그냥 이민정책이라는 허울 아래 우리를 공격하는 거예요."

무뇨스는 아무리 생각해도 이제 어조의 변화가 필요한 때가 왔다고, 그만하면 이제 충분하지 않느냐고 날카롭게 경고할 시점이 되었다고 그들을 설득했다.

〈라라사협회〉는 2007년 7월 마이애미에서 개최한 총회에서 이 메시지를 발표 했다. 재닛 머귀어Janet Murguia 회장은 환영사에서 이렇게 연설했다.

"이민자 1천2백만 명이 시민권을 얻을 수 있는 길을 상원이 투표로 거부했습니다. 그들은 옹졸함에 굴복한 것이나 마찬가지입니다. 상원은 이민자들의 희망을 잘라 버리는 투표를 했지만 사실상 공포를 끌어안겠다고 투표한 것이나 마찬가지입니다. (…) 우리는 그동안 이민정책 토론을 했다고 생각했지만 실은 누가 미국인인지 결정하는 토론을 했던 것입니다."

머귀어 회장은 이제 누구도 그들을 보호해 주거나 지지해 주리라고 기대해서는 안 된다고도 했다.[11) 투표 날 자신들이 직접 그 일을 해야 한다고 했다. 그 다음 날 밤 머귀어는 〈시엔엔〉 "루 답스 쇼"[*]에도 나가 옹졸하다는 비난을 계속했다. 불법 이민 근절에 전력을 바친 사람이기는 해도 다른 친이민 진영 사람들에 비하면 머귀어를 꽤 정중하게 대했던 루 답스는 그 다음부터는 머귀어를 자신의 쇼에 절대 초대하지 않았다. 무뇨스는 『워싱턴타임스』에 이민법 개혁이 "증오의 물결"에 휩쓸리고 있다고 말했는데, 그 말은 전국의 보수주의 라디오 토크쇼에 재빨리 퍼져나갔다.[12) 협회 사무실에는 지독한 증오의 말이 가득 적힌 편지가 폭주했다. 머귀어 앞으로는 "내가 당신 머리통에 총알을 쏴서 박지 않아도 될 이유 좀 알려 줄래?"라고 적힌 이메일이 와 있기도 했다. 협회는 FBI에 위험을 알리고 워싱턴의 사무실에는 최신 보안 장치를 새로 달았다.

## 합법 이민자 공격

규제론자들은 프레임 실험을 통해 불법 이민자는 물론이고 합법 이민자까지 줄일 수 있는 정책 토론이 가능하다는 것을 깨달았다. 그들은 프레임을 잘 정비해 더 야심찬 정책 제안으로 나아갈 수 있었다. 마크 크리코리언이 주도적인 역할을 맡았다. 합법이든 불법이든 이민자들은 서로 밀접하게 얽혀 있다는 게 크리코리언의 주장이다. 경제, 재정, 문화, 안보 등 불법 이민에 반대하는 모든 논

---

[*] Lou Dobbs, 미국 언론인으로, 반이민을 공개적으로 주장한다. 시엔엔에서 "루 답스 쇼"를 장기간 진행했고 현재는 보수적 태도로 악명 높은 폭스 텔레비전에서 "루 답스 투나잇"을 진행한다.

쟁은 결국 하나로 모인다고 크리코리언은 말했다. 즉 불법 이민자들을 내쫓는 유일한 방법은 전체 외국인 수를 줄이는 것이다.

"합법은 좋고 불법은 나쁘다? 모조리 쫓아 내자"는 제목의 칼럼에서 크리코리언은 합법 이민이 불법 이민을 가능하게 하는 틀과 구조를 만들어 낸다고 주장했다.

합법 이민은 불법 이민을 초래하는 네트워크를 만들어 낸다. 그리고 합법 이민 제도는 희한한 방식으로 외국인들의 기대치를 높여 입국 승인을 받건 못 받건, 자기들에게 미국인이 될 자격이 있다고 생각하게 만든다.[13]

크리코리언은 오늘날의 정보 기반 경제로는 수만 명의 "영세농"을 수용할 수 없고, 현대적인 여행 방식과 통신수단 때문에 이민자들은 자기 나라에 계속 단단히 결속될 수 있어 미국에 대한 충성심을 가질 수가 없다고 믿는다.

크리코리언은 집단 이민이 가능하던 시대는 끝이 났다고 본다. 크리코리언은 전문 능력이 있는 이민자 25만여 명과 "세계에서 가장 비참한 상태에 놓인" 난민 약 5만 명은 받아들일 수 있다고 말한다. 여기서 25만 명이라는 수치는 현재 유입되는 이민자 수의 25퍼센트에 불과하다. 십 년 전이었다면 크리코리언의 주장은 극단적이라는 반응을 얻었을 것이다. 현재도 대부분의 규제론자들은 불법 이민에만 반대한다고들 한다. "그 사람들은 그저 자기 마음 편하자고 그런 말을 합니다"라는 게 크리코리언의 반응이다. 그리하여 이제 이민 논쟁은 법 집행에 그치는 것이 아니라 이민자 숫자를 실제로 줄이는 방향으로 속도를 올리게 됐다.

정책 측면에서 더 좋고 더 인간적인 이민정책을 놓고 벌인 이번 싸움은 규제론자들의 승리로 끝났다. 이들에 맞서 가장 흔히 쓰인 대항 프레임은 이민자의 이미지를 테러범이 아니라 노동자로 설정한 것이지만, 이 이미지 역시 이민자를 경제적이고 정치적이며 사회적인 역량을 지닌 완전한 인간으로 보지 않는 문제점이 있다. 규제론자들은 논쟁 때마다 이민자와 미국인의 이익이 상충한다고 주장했다. 이민자들의 활동이 더 성숙하고 성장해야만 이민 논쟁의 폭을 넓혀 허가 없이 이민하는 근본 이유를 직접 건드리고 좀 더 개방적인 제도를 쟁취하기 위해 싸울 수 있는 희망을 갖게 될 것이다.

이민 문제를 어떻게 처리할지를 놓고 선택을 내려야 할 때이지만, 미국인들은 합리적인 선택을 내릴 준비가 돼 있지 않았다. 영구적인 비시민 계층, 다시 말해 권리가 없기 때문에 일터와 학교와 정부에는 존재하지 않는 유령으로 다루어질 수밖에 없는 사람들이 양산된다고 해서 고달픈 미국인들에게 무슨 도움이 되는 것도 아니다. 크리미그레이션 프레임은 위약 효과 이상의 효력을 내지 못한다. 미국인들은 자기들이 안전하다고 속고 있을 뿐이다. 실제로는 미국인 자신이 스스로를 안전하게 지켜줄 장치들을 벗어 던지고 있는데도 말이다. 크리미그레이션은 사람들의 눈을 가려 이민자 처벌이 가져올 부정적인 결과를 못 보게 하고, 이민자의 삶을 실제로 개선시켜 줄 대안마저 지나칠 뿐이다.

이민자를 통제하려는 의도로 만든 수많은 법들은 미국 시민들에게도 깊은 영향을 미친다. 콜로라도 주가 2005년에 강력한 반이민법을 통과시키자 콜로라도 주에서 농장 노동자로 일하던 사람들이 밤새 도망을 쳐 작물은 들판에서 썩어 갔다.[14] 1년 뒤 농장 노동자 수가 절대적으로 부족해지자 콜로라도 주 교정부는 수감자들에게 시간당 60센트를 주고 멜론, 양파, 후추를 따게 했다. 이로 인해 노동계급, 이민자의 임금은 더 내려갔다. 또 다른 예로 "리얼아이디법"을 들 수 있다. 이 법은 이민자들에게 합법 신분임을 증명할 서류로 출생 증명서나 사회 보장 번호가 찍힌 문서를 요구했는데, 출생 증명서가 없는 사람들이 많았던 것이다. 허리케인 카트리나 생존자들과 노인층도 그런 사람들이었다. 신분증이 없으면 주 당국은 공식적으로 공공 복지 혜택을 거부하고 신분증도 발급하지 않으며 공공 건물 입장도 금지할 수 있다.

"리얼아이디법"에 반대하는 사람들은 새로운 기준으로 신분증을 제작해 사용하면 신분증 절도 행위가 예측 불가능한 비율로 기승을 부릴 거라고 지적했다. 이 법에 의하면 국토 안보부는 이름, 출생일자, 성별, 신분증 번호, 디지털 사진

말고도 지문 스캔과 홍채 스캔 둘 다, 혹은 둘 중 하나를 요구할 수 있다. 새 신분증에는 바코드나 고유한 신체 특징을 활용한 보안 장치 같은 '자동 판독 기술'도 들어간다. 이것은 솜씨 좋은 해커에게 지갑을 도둑맞으면 현재의 신분증에 수록된 것보다 더 엄청난 양의 개인 정보가 새어 나간다는 뜻이다. 마지막으로, 미등록이든 합법이든 이민자들이 적대적인 지역에서 모두 빠져나가 버리면 그동안 그들이 메웠던 일자리는 누가 대체하느냐에 대해서는 한 번도 제대로 논의한 적이 없다. '진짜 미국인' 은 자기네 동네를 되찾을 수 있겠지만 그 동네는 세금도, 노동자도, 소비자도 모두 줄어든 상태일 것이다.

이주 노동자들은 특정 산업 분야에서는 어쩔 수 없이 임금을 낮추는 결과를 낳기도 한다. 그러나 전체적으로 보면 이들은 경제에 매우 긍정적인 기여를 한다. 이민이 저임금 부문에서는 약 5퍼센트의 임금 저하를 일으키지만 "노동 공급 과잉을 상쇄하는 이차 효과도 많이 가져온다. 무엇보다도 이민자가 돈을 벌면 그만큼의 상품과 서비스를 요구하게 된다. 이런 인구는 노동력 수요를 증가시키고, 결국 더 많은 일자리를 창출하고 임금을 끌어올릴 것이다."[15] 사실 뉴욕의 유티카나 메릴랜드의 볼티모어 같은 여러 도시들은 산업 분야 일자리가 줄어들어 젊은이들이 빠져나가자 이민자들을 불러들여 환영함으로써 도시를 되살렸다. 규제론자들은 사실상 온갖 사안을 놓고 '불법' 이민을 주민 투표로 해결하려고 덤볐지만, 그 결과 저임금이나 중간 수준의 임금을 받는 미국인에게 도움이 되는 핵심 사회 서비스는 늘리지 못했다. 아동 건강보험 같은 가장 절실하게 자금이 필요한 프로그램에 들어갈 비용을 이민자 단속에 썼기 때문이다.

이민 논쟁에서 빠진 것 하나가 더 있다. 먼저, 이민을 촉발한 원인이다. 가난한 나라와 부유한 나라 사이의 차이만 벌려 놓는 신자유주의 경제 정책을 조장하고, 군사적 소요로 자기 나라를 떠날 수밖에 없게 만든 미국이 바로 이민을 촉발시켰다. 미국은 〈국제통화기금〉을 좌지우지하고 있으며 〈국제통화기금〉은 원조금을 받는 나라에 공공서비스를 민영화하고 미국 경제처럼 규제를 철폐하라고 요구한다. 가장 최근에 미국이 일으킨 무책임한 군사행동으로는 이라크 전쟁이라는 비극이 있다. 이라크 전쟁이 발발한 이후 2백만 명의 이라크 사람들이 자기 나라를 탈출했다. 자국 내에서 떠돌아다니는 이라크인도 2백만 명에 달한다. 미국은 이중에서 겨우 8백 명도 안 되는 사람들을 입국시켰지만 스웨덴은 그보다 열 배나 더 많은 이라크인들을 받아들였다.

좀 더 정당한 이민법을 요구하는 사람들이 점점 늘고 있다. 2006년 4월에는 〈미국노동총연맹 산업별조합회의〉와 다수의 전국 단위 교회 조직이 포함된 1백여 개의 단체들이 "공정하고 정당한 이민법 개혁 국민 선언문"을 발표했다. 이들은 진보적인 이민정책을 수립하라고 촉구했다. 그러기 위해서는 먼저 미등록 이민자들이 올바르고 간단한 철자를 거쳐 합법 신분을 찾을 수 있어야 한다. 그리고 초청 노동자 제도는 폐지하고 국경 요새화에 쓸데없이 돈을 낭비하지 말아야 한다. 또한 이민자에게 공정한 법 집행을 보장하고 모든 노동자들의 노동권을 보호하고 강화해 궁극적으로는 합법 이민을 늘려야 한다. 이 내용들의 일부는 국회의원 쉴라 잭슨 리가 제안했던 이민법 안의 기본 원칙이기도 하다. 미국인들이 이 나라 국민 정체성이 수백 년 동안 한 번도 도전받거나 바뀌지 않은 채 진공 상태에서 만들어졌다는 개념을 고수하는 한, 우리는 이민법 논쟁에서 제대로 된 이야기를 듣기 힘들 것이다. 전 지구적 이주는 늘 그랬듯 앞으로도 계속 이어질 것이다. 그러나 현대사회로 진입하면서 이주의 형태는 완전히 달라졌다. '집단 이주'가 담당했던 역할이 이제 그 쓸모를 다 했다고 말해서는 안 된다. 오히려 시대에 뒤처진 것은 한 나라가 다른 나라와 경제적으로, 정치적으로, 문화적으로 외따로 존재하고, 또 존재해야 한다는 사고방식이다.

# 8장

# 이주는 사회현상이다

세계화 시대
이주와
시민권 문제

규제론자들은 이민자들을 미국인 사회에서 쫓아내고 있었지만 사루와 맘두는 〈고용기회센터〉를 확장해 토박이 미국인들도 가입할 수 있게 했다. 센터의 정체성은 나날이 확대됐다. 처음에는 이주 노동자 센터로 시작했지만 이제는 모든 레스토랑 노동자들을 위한 곳으로 변화하고 있었다. 이렇게 성장하기까지 두 가지 계기가 있었다. 첫 번째 계기는 가장 최근의 시위였다. 아주 유명한 레스토랑 체인의 노동자 250명이 참여했는데, 레스토랑 홀 백인 노동자들이 시작하고 그들이 시위 참가자의 다수를 차지했다는 점에서 과거 시위와 달랐던 것이다. 두 번째 기회는 2007년 중반에 찾아왔다. 사루와 맘두가 그들의 삶을 크게 바꿀 준비를 하던 때였다. 두 사람은 〈고용기회센터〉를 떠나 새로운 팀을 이끌면서 전국적인 레스토랑 종사자 협회를 만들고자 했다. 이 두가지 사건 모두 전략적인 관점에서 조직에 발전을 가져올 만한 것이었다.

　〈고용기회센터〉는 레스토랑에서 일하는 모든 노동자들이 서열에 관계없이 다 함께 참여하는 시위를 벌이겠다는 목표를 가지고 있었다. 센터는 사상 최대의 시위를 치르며 그 목표를 달성했다. 초창기 시위는 주방 뒤편에서 저임금에 위험한 노동을 하는 유색 인종에 집중했다. 시테 레스토랑 시위는 가까스로 레스토랑 홀 자리까지 올라간 극소수의 유색 인종 웨이터에까지 〈고용기회센터〉의 손길을 뻗칠 수 있던 기회였다. 그러던 가운데 2005년 10월, 뉴욕에서 가장 유명한 체인 레스토랑 중 한 곳에서 일하는 백인 웨이터 몇 명이 도움을 요청했다. 〈고용기회센터〉는 그들이 주방 뒤의 이주 노동자들과 손을 잡으면 당연히 돕겠다고 했다. 홀 직원과 주방 직원들은 시위 전에는 서로 아무 상관없는 사이라고 생각했다. 그러나 시위를 마친 뒤에는 어느 한 구석에서 노동 착취가 벌어지고 있다면 사실상 그 착취는 레스토랑 전체에 만연할 수밖에 없다는 것을 분명히 알게 됐다. 이 시위는 〈고용기회센터〉가 치른 가장 힘든 싸움이었고 3년 가까운 시간을 소모했다. 물론 그들에게 가장 큰 승리를 안겨다 준 시위이기도 했다.

노동 착취는 뉴욕에서만 벌어지는 일이 아니다. 바로 이런 점을 깨달은 사루와 맘두는 전국적인 레스토랑 노동자 협회를 만들자고 결심했다. 다른 지역의 활동가들이 사루와 맘두의 활약을 전해 듣고 조언을 구하는 전화를 자주했기 때문이기도 했다. 전국적으로 레스토랑 업계의 상황이 변하면서 사루와 맘두를 찾는 전화는 감당할 수 없을 정도로 늘었다. 수많은 사람들을 서류 없는 이민자로 만든 몇 가지 법을 포함한 연방법은, 노동부의 집행 권한을 빼앗고 팁을 받는 노동자의 임금을 다른 직종 노동자보다 더 낮추었으며 레스토랑 업계의 권력 구조를 강화하고 고용주가 노동자들을 착취할 수 있는 길을 열어 놓았다. 진정한 변화를 일으키려면 더 큰 범위에서 활동할 수 있는 조직이 필요했다. 그래서 사루가 전국 단위로 일을 키우자고 제안하자 맘두도 즉시 동의했던 것이다. 2007년 여름, 두 사람은 전국 규모의 레스토랑 노동자 회의를 최초로 조직하고 미시건 주와 시카고, 멕시코만 연안에서 새로운 기획을 시작할 만반의 준비를 갖추었다.

조직가로 산다는 것은 맘두에게 대단히 힘든 일이었다. 전국 규모로 조직을 키우면 그만큼 일은 더 힘들어질 것이다. 그러나 그는 주저하지 않고 찬성했다. 맘두는 일단 사루가 이끄는 대로 따르다가 앞으로 그 일을 계속 할지 두고 보자는 식이었다. 실제로나 명목상으로나 맘두가 〈고용기회센터〉의 공동 의장직을 맡아야 한다고 사루가 계속 채근했지만 그는 거절했다. 두 사람은 여전히 지치지 않고 싸웠고 가끔은 지나치게 열기가 달아오르기도 했다. 하지만 사루와 맘두가 한 팀이라는 것은 주위 사람들도 분명히 알았다. 살아온 길도, 성격도 달랐지만 두 사람은 서로를 보완해 주었다.

그러나 무엇보다도 함께 일하면서 사루와 맘두는 서로에게 그리고 조직의 운동에 더욱 헌신적인 자세로 임하게 되었다. 두 사람은 뉴욕 시 레스토랑 산업에 〈고용기회센터〉가 더 강한 영향력을 발휘할 수 있도록 노력했다. 수십 명의 노동자들에게 수만 달러의 돈을 되찾아 주었고 그 과정에서 노동조건도 상당히 개선시켰다. 차별 대우 문제에 집중하면서 고급 레스토랑에서는 하나의 관행이 된 인종별 위계도 공격했다. 2년 동안 "책임있는레스토랑법"의 초안을 잡아 통과시키려고 노력했고 마침내 보건부가 노동법을 상습적으로 어긴 레스토랑에는 영업허가를 갱신해 주지 않게 되었다. 결국 그 안은 뉴욕 시의회에도 상정되었다. 조합식 레스토랑 컬러즈는 개업한 뒤로 꽤 좋은 실적을 올리고 있었다. 언론 보도도 뉴욕에서 벌이는 시위와 전국적인 레스토랑 산업과 관련된 활동에 대부분 우호적이었다.

이런 모든 업적들이 쌓이자 결국 레스토랑 홀 노동자들도 센터를 찾게 됐다.

2005년 중반, 컬럼비아 대학교에서 언론학을 공부하는 제니퍼 마시아는 센터 시위를 취재하려고 사루에게 전화를 걸었다. 사루는 지금 벌이는 시위는 없다고 말했다. 맨해튼 한복판에 있는 대니얼 레스토랑의 소유주이자 요리계의 유명인사인 주방장 대니얼 불러드를 겨냥한 차별 대우 반대 시위가 이제 막 마무리 단계였기 때문이다. 사루는 마시아에게 다른 데서 소재를 찾아보라고 했다.

"이왕 통화가 됐으니까 뭐 다른 거 좀 여쭤 봐도 되나요?"

마시아가 물었다. 마시아는 마침 당시 레드아이그릴에서 서버로 일하고 있던 참이다. 레드아이는 57번가와 7번가 교차로에 있고 벽이 통유리로 된 아주 멋진 레스토랑이었다.

"우리는 매니저에게 팁을 나눠 주거든요. 혹시 이거 합법인가요?"

마시아가 일하는 식당의 사장은 셸던 '셸리' 파이어먼으로, 링컨센터와 카네기홀 주위에 모여 있는 최고급 레스토랑 다섯 곳도 소유하고 있기 때문에 57번가의 시장이라고 불리는 사람이었다. '매니저 팁 먹이기'는 시테 레스토랑과 싸울 때 다룬 바로 그 문제다. 매니저가 서빙 일에 상당한 기여를 하지 않으면서도 팁을 나눠 받는 것은 불법이다. 사루는 마시아에게 그런 관행은 전적으로 불법이며 센터가 뭐 도울 일이 있을지 모르니까 동료들과 같이 와보라고 했다.

그러나 마시아는 그 문제를 두 달이나 그대로 묵혀 뒀다. 하지만 2005년 7월, 식당에서 벌어진 일은 그 문제를 다시 마시아 앞에 드러내 놓았다. 몹시 바빴던 어느 날 저녁, 매니저 한 명이 버서를 찾지 못해 자기 담당 테이블 하나에 바닷가재용 포크를 직접 세팅하게 됐다. 그 매니저가 그걸 가지고 마시아에게 심하게 잔소리를 하자 마시아는 "그래서 우리가 당신에게 팁을 나눠주는 거 아니에요?"라고 대꾸한 것이다. 그 한 마디 때문에 싸움이 일어났고 결국 마시아는 정직을 당했다. 사루가 한 말도 떠오르고 왜 매니저들이 그걸 가지고 그렇게 불같이 화를 내는지 도무지 알 수 없었던 마시아는 다음 날 〈고용기회센터〉를 찾아갔다. 마시아는 자기 동료 하나가 레스토랑 측이 직원들에게 1백 달러짜리 유니폼을 직접 사 입게 했다고 익명으로 노동부에 제보한 적이 있다는 사실조차 모르고 있었다. 마시아의 동료는 레스토랑의 노동조건에 문제가 있다는 의구심을 품었지만 그 둘은 서로 대화를 나눠 본 적도 없는 사이였다.

맘두는 마시아와 다른 레드아이 직원을 만나 이야기를 나눠 보았다. 장차 회원이 될 수 있는 사람들이니까 〈고용기회센터〉에 대해서도 설명해 주었다. 그들이 이 조직에 가입하면 5달러의 회비를 내야 하고, 만일 센터가 그 레스토랑에서 시위를 벌이기로 결정하면 다른 직원도 데려와야 한다는 얘기였다. 그 다음 회원 모임 때 맘두는 당시 나눈 대화 내용을 센터 구성원들에게 전했다. 사루야 레스토랑 사장 하나 바로 잡는 일이니 물론 대찬성이었고 그래서 일은 시작되었다. 그러나 시위가 시작되고 나서 회원들이 백인 노동자를 지원하는 일에 반대하자 맘두는 적잖이 놀랐다.

마시아는 동료들을 데려왔다. 그래서 레드아이 직원 열세 명이 2005년 10월 마지막 일요일, 센터에서 모임을 가졌다. 레드아이 시위 전략 회의가 끝나갈 무렵 요구 서한에 서명할 서버들을 되도록 많이 데려오기로 결정한 뒤 사루는 그들에게 주방에서 일하는 직원들도 이 일에 참여시키도록 노력해 보라고 했다. 마시아는 흠칫했다. 레드아이 직원들은 조심스레 서로의 얼굴만 쳐다봤다.

"왜요? 주방에는 아무 일도 없는 걸요."

누군가가 말했다. 하지만 사루는 의견을 굽히지 않았고 결국 제안은 받아들여졌다. 그러나 회의가 끝난 뒤 그들은 따로 이야기를 나누었다.

"그 사람들은 전부 불법이잖아. 어떻게 우리랑 같이 시위를 할 수 있어?"

어쨌거나 그들은 일단 시도해 보기로 했다. 마시아는 10월 마지막 날, 센터 회원들에게 자기소개를 하고 따뜻하고 열렬한 환영을 받았다. 센터 조직가 한 명이 레드아이 직원들을 도와 다른 노동자 모집 일을 맡기로 했다.

센터 직원들이 식당 홀 백인 노동자들까지 그들 활동 영역에 포함시킬지 말지를 놓고 엄청나게 열띤 회의를 하고 난리가 났던 것을 마시아는 꿈에도 몰랐다. 화요일 정기 회의 때 레드아이 담당 조직가가 낙담해서 말하기를 자기가 모은 사람들은 전부 백인이라며, 백인 노동자 조직이 진정 〈고용기회센터〉의 사명에 맞는 건지 모르겠다고 의문을 제기했다. 회원들은 즉시 반으로 갈려 그 문제를 놓고 두 시간 내내 토론을 벌였다. 비관적인 쪽은 백인 노동자가 시작한 시위에 이주 노동자들이 합류하는 것은 불가능할 거라고 생각했다. 레스토랑에서 이민자들을 고약하게 대하는 사람들이 바로 그런 백인 서버들이었다. 백인들이 등장하면 이주 노동자들이 겁먹을 수 있다고 걱정하는 회원들도 있었다. 백인들이 조직을 접수해 버릴지 모른다는 우려도 있었다. 〈고용기회센터〉는 이주 노동자 센터고 그런 조직은 흔치 않았다. 비관적인 사람들은 특권을 가진 사람들이 합류하면 이주 노동자들이 키워온 힘이 약화될 거라 우려했다.

그러나 적어도 나머지 반, 즉 사루, 맘두, 시비는 백인 노동자를 외면하는 것에 결사 반대였다. 사루는 유색인 노동자가 겪어 온 고립감이 백인 노동자의 등장으로 결국 끝날 거라고 생각했다.

"홀 노동자들마저 결국에는 조직이 필요하다는 걸 알면 이민자들이 용기를 얻을 거 아녜요."

사루가 설득했다. 〈고용기회센터〉의 시위는 조직의 토대를 쌓는 일이기도 했지만 레스토랑 업계에도 영향력을 미쳐야 했다. 그들은 레스토랑의 인종 위계를 허무는 데 전력을 다 했지만 노동자 한 명의 정체성을 고려하는 데서 한 발자국 더 나갈 필요가 있었다. 시비와 맘두는 그저 노동자 한 명이 새로 들어온다고 해서 조직의 규칙이 바뀌어서는 안 된다고 생각했다. 마음대로 규칙을 바꾸면 인종을 차별하며 예외 조항을 만드는 레스토랑 업계나 다를 바가 없었다. 레드아이 노동자들은 〈고용기회센터〉의 절차에 따랐고 주방 노동자들과 접촉하는 것에도 동의했다. 물론 그들은 그 일에 아무런 준비가 되어 있지 않았지만, 그건 해결하면 될 일이지, 피할 이유는 아니었다.

"우리는 모든 사람들에게 문을 열어 주어야 합니다."

맘두가 말했다.

직원들은 간이 투표로 이 문제를 종결지었다. 찬성 넷, 반대 둘이었다.

"이번 일을 해 내려면 그들이 주방 노동자에게 다가가 도와야 합니다."

사루는 시위를 맡을 사람을 한 명 더 뽑았다.

이제 센터는 지금까지 진행된 어떤 시위보다 규모가 크고 힘든 싸움을 앞두고 있었다. 파이어먼은 그 어떤 레스토랑 사장보다 더 맹렬하게 반격했고 언론과 다른 레스토랑 주인들을 동원해 〈미국노동관계위원회〉에 〈고용기회센터〉를 음해하는 정보를 흘리기도 했다. 그런데 전국적으로 엄청난 규모의 행진을 촉발한 "센센브레너법안"처럼 그들의 시위에도 가속을 붙여 줄 자연스런 계기가 생겼다. 파이어먼의 모든 레스토랑 직원들이 서로의 존재를 알게 되고 신문을 통해 소식을 접하면서 시위에 엄청난 추진력이 생긴 것이다. 시위 규모는 점점 커지면서 레스토랑 직원은 물론 다른 자매 조직들까지 끌어들였다.

레드아이 직원들은 2005년 11월에 요구 서한을 보냈다. 그 서한에는 버서 열다섯 명과 주방 직원 십여 명을 포함해 모두 55명의 서명이 적혀 있었다. 그들은 팁 횡령과 최저임금 위반, 초과근무 규정 위반에서부터 성희롱과 승진에서 인종 차별을 당한 내용까지 다 포함해 3백 만 달러의 손해배상을 요구했다. 그런데 시위의 규모가 너무 커서 〈고용기회센터〉의 주요 법률 자문인 뉴욕 시립대 법학 대학원의 〈이민권상담소〉 단독으로는 감당하기 어려웠다. 상담소 소장인 사미르 아샤르 교수는 다른 자문도 구해 보라고 했다. 센터는 큰 규모의 법률 회사를 찾아보았다. 레스토랑 측은 〈고용기회센터〉가 노조를 위장한 조직이고 불법적인 단체교섭을 하려 한다며 〈미국노동관계위원회〉에 즉각 고발했다. 그러나 위원회는 〈고용기회센터〉가 노동조합이 아니기 때문에 그 사안에 대해서는 자신들에게 아무런 사법적 권한이 없다는 결론을 내렸다.

2006년 1월 변호사들은 레드아이그릴에 대해 연방 법원에 소송을 냈다. 레스토랑은 서명한 직원들을 해고하는 것으로 즉각 대응했다. 변호사들이 보복 해고를 막는 잠정적 정지 명령[*]을 법원으로부터 받아 내기 전에 열세 명이 해고되었다. 파이어먼은 명예를 훼손하고 노동계약에 "불법으로 개입"했다며 〈고용기회센터〉와 사루를 뉴욕 주와 연방법원에 소송했다. 파이어먼은 〈고용기회센터〉가 컬러즈를 열었기 때문에 경쟁 업체라고 주장했다. 그러면서 자기 식당이 있는 시내에서 웨스트빌리지로 고급 손님들을 빼돌리려고 시위하는 거라고 강변했다. 그러나 그 주장은 수용되지 않았다. 파이어먼이 〈미국노동관계위원회〉에서 주장한 대로라면 〈고용기회센터〉는 노동조합일 텐데, 어떻게 동시에 레스토랑이 될 수 있단 말인가? 소송에서 이긴 건 도움이 되었지만 보복 조치로 해고된 사람들에게는 아무런 도움이 되지 않았다. 레드아이 노동자들은 동료들에게 가해진 보복 조치에 크게 상심했다.

파이어먼 소유의 다른 레스토랑 직원들도 소송 관련 기사를 읽고 동조하기 시작했다. 셸리 파이어먼은 1972년 72번가 브로드웨이에 식당 전면을 유리로 마감한 상류층 대상의 이탈리아 바인 피오렐로 카페를 시작으로 자신의 제국을 일으킨 사람이다. 그 뒤로 파이어먼은 레드아이그릴을 빼고도 트라토리아 델 아

---

[*] a preliminary injunction, 본 소송이 종결될 때까지 반복적인 침해를 막는 법원의 결정. '일시적 금지 명령 a temporary restraining order'은 재판 없이 일정 기간 동안만 유효한 금지 명령이다.

르테, 브루클린 다이너 유에스에이, 셀리즈 뉴욕, 브루클린 다이너 이스트까지, 상류층 대상 레스토랑 네 개를 더 열었다. 시위에 제일 먼저 찾아온 이들은 셀리즈 뉴욕에서 일했던 직원들이었다.

파이어먼 식당의 전 직원을 모으면서 〈고용기회센터〉 내부에는 또 다른 문제가 생겼다. 센터 규칙에 의하면 회원은 현재 레스토랑에서 일하는 노동자여야 한다. 〈고용기회센터〉의 궁극적인 목표는, 레스토랑 일을 그만둔 사람들이 못 받은 돈을 받아주는 데 그치는 게 아니라 결국 레스토랑 업계를 바꾸는 것이다.

그런데 예전 셀리즈 뉴욕 직원 중에는 2년의 공소시효가 만료되어 가는 사람들이 있는 데다가 시위에 참여할 셀리즈 직원을 모을 시간도 부족해 결정하기가 어려웠다. 센터는 셀리즈 소속이 아니라도 파이어먼이 소유한 다른 레스토랑의 현직 직원만으로도 시위를 준비하기에 충분하다고 가닥을 잡았다. 맘두는 "뱃사람 생각과 다른 방향으로 바람이 배를 몰고 갈 때도 있다"는 아랍 속담을 인용했다. 참여하는 노동자 수가 늘어나자 사루는 법률 자문을 해 줄 법률 회사 한 곳을 더 알아보았다. 노동자 권익을 위해 일하는 〈우튼앤골든법률회사〉의 린다 닐런과 저스틴 스워츠 변호사가 전직 셀리즈 직원들을 대리해 집단소송을 제기했다.

파이어먼 시위 때문에 어퍼이스트사이드의 호화 레스토랑 '대니얼'의 소유주 대니얼 불러드를 상대로 한 시위에 큰 지장이 생겼다. 대니얼 레스토랑 시위는 차별 대우와 관련된 노동자들의 불만을 접수하는 정부 기관인 〈고용평등기회위원회〉를 거쳐 〈고용기회센터〉에 들어온 일이었다. 대니얼에서 일하던 한 버서가 〈고용평등기회위원회〉를 찾아가 자기가 일을 가르친 백인도 벌써 서버 자리까지 승진했는데 식당 측이 자신의 승진 요구는 계속 거부한다며 불만을 제기한 것이다. 그는 〈고용기회센터〉 이야기를 듣고 다른 대니얼 직원 아홉 명과 함께 찾아왔다. 불러드는 일단 요구 서한에는 반응을 보였지만 합의 내용을 철저히 비밀에 붙여 달라고 요구하면서 시위는 교착 상태에 빠졌다. 〈고용기회센터〉는 그런 요구는 들어줄 수 없었다. 그러나 파이어먼 시위가 시작되고 몇 달이 지난 2006년 3월, 사루가 불러드 측과 〈고용기회센터〉가 공동 기자 회견을 연다는 절충안에 합의함으로써 시위는 다시 제 궤도에 올랐다.

양 측이 절충안에 서명하기로 한 바로 그날 불러드는 〈고용기회센터〉와 싸우고 있는 다른 레스토랑 주인이 협상을 중지하라고 했다면서 발을 빼 버렸다. 〈고용기회센터〉는 즉각 대니얼 레스토랑 앞에서 시위를 재개했다. 요구 서한이 전달되고 나서 만 8개월이 지난 시점이었다. 여기서 불러드는 〈고용기회센터〉를 명예훼손으로 고발하는 실수를 저질렀다. 고발 자체는 흔한 책략이었지만 그것 때문에 불러드가 피해 다니던 언론들이 벌떼처럼 몰려들었기 때문이다. 불러드가 명예훼손으로 고발한 덕분에 〈고용기회센터〉는 오히려 차별 대우 문제를 대놓고 건드릴 수 있게 됐다. 〈고용기회센터〉는 차별 대우야말로 레스토랑 업계의 노동자 착취에서 핵심이라고 생각하고 계속 차별 대우 문제를 제기해 오던 참이었다. 그해 여름 불러드 소유 식당은 메이시 백화점에서 요리책을 배부하고 요리를 시연하는 행사를 열었다. 〈고용기회센터〉는 그 옆에서 불러드의 차별 대우에 반대하는 서명을 받았다. 〈고용기회센터〉의 목표가 된 두 레스토랑은 센터에 공동 대응하기로 했다. 이는 나중에 부적절한 전략이었다는 게 드러난다.

4월에는 피오렐로 카페 노동자들이 위원회에 출석해 팁, 성희롱, 인종차별 문제를 꺼냈다. 최종적으로 모인 사람은 60명에 달했고 대부분은 아직 피오렐로 카페에서 일하고 있었다. 그들은 훗날 가장 헌신적으로 활동하는 사람들이 되었다. 어릴 때 자메이카에서 미국으로 이민 온 세쿠 루크라는 서버는 흑인이나 유색 인종에게 할당된 서버 자리는 기껏해서 두세 자리뿐인 것 같다는 말을 전했다. 루크는 파이어먼 소유의 모든 레스토랑을 통틀어 식당 홀에서 일하는 유일한 흑인이었다. 사려 깊고 활기 넘치는 30세의 루크는 역시 흑인인 매니저와 친해지려고 대화를 나누던 기억을 떠올렸다. 그 매니저는 당시 셸리가 이탈리아 사람처럼 생긴 남자만 고용하려 한다고 말해 주었다. 루크는 너무 속상했고 그 말은 며칠 동안 머릿속에서 떠나지 않았다. 루크는 그 문제를 놓고 부모와 다른 동료 직원과 얘기를 해 보았다. 매니저의 말을 듣고 보니 파이어먼이 식당에 올 때마다 자신에게는 왜 늘 아래층에 내려가 전화 받는 일을 하라고 했는지 이제야 이해가 됐다.

피오렐로 그룹은 지금껏 〈고용기회센터〉가 개입한 레스토랑 중 가장 다양하고 역동적이며 자극적인 상대였다. 피오렐로 측은 레스토랑의 그럴듯한 규칙을 들어 보이며 보복 조치를 취했지만 〈고용기회센터〉는 계속 시위를 하고 자신들의 시위를 알리는 웹사이트를 만들었으며 다른 노동자도 모집하려고 바에서 회의를 열기도 했다. 시위의 규모는 자꾸 커져 총 140명의 노동자가 참여했고 2006년 7월에는 셸리즈 레스토랑 집단 소송에 피오렐로 카페 노동자들도 이름을 함께 올렸다. 그 사이 〈유니온신학연구소Union Theological Institute〉 학생들이 시위 소식을 듣고 와서는 레스토랑 앞에서 매주 밤샘 기도회를 열어 레스토랑 주인의 양심에 호소했다.

그러자 레스토랑 측은 지금껏 〈고용기회센터〉가 당해 본 적 없는 가장 부정적인 언론 플레이를 벌이며 주로 사루를 흠집 냈다. 칼럼니스트들, 로비스트들, 전직 공무원들이 하나같이 껴들어 뉴욕 시민과 레스토랑 업계를 향해 〈고용기회센터〉가 우리의 삶을 완전히 바꿔 놓으려 한다고 경고했다. 그들은 자기들의 프레임에 맞게 사실을 조작해 사루는 위험한 급진주의자로, 〈고용기회센터〉는 미국식 자본주의를 위협하는 단체로 이미지화했다. 첫 공격은 톰 엘리엇Tom Elliott이 『뉴욕포스트』에 쓴 기명 칼럼이었다. 엘리엇은 〈고용기회센터〉가 무고한 노동자들을 뒤흔들어 〈뉴욕주레스토랑협회〉에 침투하려 한다고 비난했다.[1]

엘리엇의 칼럼은 정확하지 않은 사실로 가득했지만 그가 쓴 글은 다른 기사에 계속 인용됐다. 엘리엇은 예전 조합 회원들이 품은 앙심을 들쑤셔서 컬러즈 직원들이 "조합식이라고 알고 레스토랑에 자기들 돈을 투자했다"고 주장했다. 사실 예전 회원 중에 실제로 컬러즈에 고용되어 일한 사람은 단 한 명도 없었고, 한 푼이라도 낸 사람 역시 없었다. 엘리엇은 〈고용기회센터〉가 노조의 연장이라는 파이어먼의 비난을 앵무새처럼 되풀이하고, 또 〈고용기회센터〉의 목적이 윈도즈 직원들을 꼬드겨 "레스토랑 직원들을 대변하는 〈로컬100〉에서 종자돈 50만 달러를 얻어 내는" 것이었다고도 전했다. 물론 이 주장도 완전히 틀린 말이다. 그러나 맞는 것도 있었는데, 그건 〈고용기회센터〉의 표적이던 레스토랑 두 곳이 영업을 그만 두게 되었다는 주장이었다. 노체는 문을 닫았고 시테는 시위가 끝난 뒤 팔리기를 기다리는 중이었다. 엘리엇은 문 닫은 식당이 하나 더 있다는 것은 빼 먹었다. 파크애버뉴 컨트리클럽 사장은 수백만 달러를 탈세해 유죄 선고를 받았고 결국 레스토랑 문을 닫아야 했으니 말이다. 이런 식의 엉터리 기사는 계속 나왔고 레스토랑 측은 기사를 가로세로 150센티미터 크기로 확대 복사해 시위가 벌어지는 자기들 레스토랑 앞에 세워 두었다.

예전에 언론이 자신을 대하던 것과는 아주 대조적인 상황이기는 해도 사루는 이런 공격을 대범하게 받아들였다. 〈고용기회센터〉 사람들은 어떤 집단을 '노조'라고 부르는 것이 엄청난 모욕이 되는 노동운동 환경에 개탄했다. 그들은 〈로컬100〉이 자기들에게 그 정도의 돈을 기부해 줄 수 있는 단체였으면 차라리 좋겠다는 생각까지 했다. 레스토랑 손님 중에는 〈고용기회센터〉를 부정적으로 쓴 신문 기사 확대본을 잘못 읽고는, 사루에게 어떻게 레스토랑 주인을 설득했길래 주인이 센터의 시위를 레스토랑 앞에서 광고하냐고 묻기도 했다. 맘두는 직원 회의에서 이렇게 말했다.

"보수적인 사람들이 우리에게 관심을 가져서 나쁠 건 없어요. 우리같이 작은 조직을 겁낸다는 뜻이니까요."

그러나 노동자들은 다시 한 번 상심해야 했다. 파이어먼은 시위에 참여한 레드아이 직원들을 계속 해고했다. 어떤 버서는 근무 교대 시간에 맞춰 레스토랑으로 들어가기 전에 피켓라인*의 동료와 포옹했다고 해고당했고, 홀의 다른 노동자 여섯 명도 같은 이유로 해고됐다. 레스토랑은 주방 노동자 중에서 미등록자를 찾아내 여섯 명을 해고했다. 2006년 6월 사루는 맘두에게 일요일 정기 회의에 와서 노동자들에게 연설을 해 달라고 부탁했다. 맘두는 주말에는 집이 있

---

* picket line. 노동쟁의 때 파업 노동자들이 파업에 동참하지 않은 노동자의 출근 저지를 위해 줄지어 서는 것.

는 퀸즈를 벗어나지 않는다는 규칙을 깼다. 그는 백인 노동자 대부분이 지금까지 자신들의 권리를 찾는 시위를 해 본 적이 거의 없다는 사실을 알고 있었다. 그럴 필요가 없었기 때문이다. 맘두는 백인 노동자들에게 윈도즈에서 벌인 추수감사절 연좌 농성 이야기를 해 주었다.

"사실 윈도즈에서는 대부분 수입이 좋았기 때문에 만일 잘못되면 잃을 게 많았어요. 하지만 그렇게 하는 것이 옳다고 생각했고, 결국 성공했죠."

다시 용기백배한 레드아이 노동자들은 해고를 중단할 것, 특히 길거리로 밀려난 여섯 명의 미등록 이민자 직원들의 해고를 철회할 것을 요구하는 편지를 써서 스물다섯 명이 다함께 파이어먼의 사무실로 갔다. 서신 전달에는 실패했지만 그 무렵 사루는 변호사들을 설득해 잠정적 정지 명령 소송을 냈다. 청문회일 뿐인데도 파이어먼 그룹에 속한 모든 레스토랑 직원들이 법정과 대기실을 꽉 메운 채 근심스런 표정으로 옆 사람과 속삭이며 몇 시간을 기다렸다. 모두 레스토랑의 보복 해고를 증언하러 왔지만 실제로 불려나간 사람은 세 명에 불과했다. 그들은 파이어먼이 고용한 변호사들의 공격적인 질문에 당당하게 임했다. 파이어먼 측은 반대 증인이 없었다. 판사는 일시적 금지 명령을 내렸고 이 판결로 잠정적 정지 명령은 레스토랑 업계 전체에 영향을 미치게 되었다.

그런데 어쩌다 보니 파이어먼 시위와 센터의 최우선 사업을 연결할 수 있는 계기를 파이어먼 쪽에서 마련해 주는 일이 벌어졌다. 〈고용기회센터〉의 최우선 사업이란, 노동부가 뉴욕 시 레스토랑에 영업허가증을 갱신해 줄 때 고용주의 노동법 위반 전력을 심사에 주요 결정 요소로 포함하게 하는 법 개정 운동이었다. 〈고용기회센터〉는 당시 센터 내부에 레스토랑 소유자와 노동자들의 연합체를 만들었는데 이들이 "책임있는레스토랑법"의 초안을 마련했다. 노동법을 위반한 고용주가 비용 절감을 위해 추가로 부도덕한 수단을 사용하는 걸 막기 위해서였다. 이 법에 따르면 뉴욕 시 보건부는 노동법을 반복적으로 극심하게 위반한 식당에는 영업허가를 갱신해 주지 않아도 되는데, 문제는 그것이 보건부의 의무 사항으로 규정되지 않았다는 것이다. 파이어먼 그룹은 레스토랑 손님의 안전과 노동자 처우가 직접적으로 연관된 문제임을 드러냈다. 미등록 상태로 화장실 청소를 담당하던 직원들을 시위에 참여했다는 이유로 해고한 뒤 그 레스토랑 매니저들이 음식을 다루는 버서들에게 화장실 청소까지 시키려고 한 것이다. 파이어먼 그룹의 위생 문제는 여기서 그치지 않았다. 뉴욕 대학교의 한 교수는 학생들에게 위생법을 제일 많이 어긴 레스토랑들을 도표로 만들게 했는데, 〈고용기회센터〉는 그 도표와 노동법을 위반한 식당 목록을 비교했다. 사루와 맘두는 위생 관련 규정을 가장 많이 어긴 11개의 식당 중 1, 2위가 레드아이그릴과 셸리즈 뉴욕이라는 것을 알아차리고 정말 놀라지 않을 수 없었다. 일부러라도 이러기는 어려운 상황이었다.

파이어먼 측은 계속 저항했지만 시위는 멈추지 않고 오히려 규모가 커졌다. 2006년 6월 『뉴욕타임스』에 실린 기사 덕분에 시위는 엔진을 달았다. 트라토리아 델 아르테 직원들이 그해 8월 집단소송에 동참했고 가을에는 그 뒤를 이어 브루클린 다이너 직원들도 한 배에 올랐다. 2006년 말이 되자 소송에 이름을 올린 노동자가 250명에 이르렀으며 그중 약 서른 명은 헌신적으로 다른 사람들을 이끌었다. 노동자들은 〈고용평등기회위원회〉에 여러 건의 고발장을 제출했고 소송도 제기했다. 그리고 뉴욕 시 전역에서 2년 동안 꿋꿋하게 시위를 벌였다. 그 직후 파이어먼 측이 화해를 제안하기 시작했다. 노동자들은 잠시 시위를 멈추었다. 그러나 2007년 3월이 될 때까지도 레스토랑 측은 차별 대우 고발 건에 아무런 반응을 보이지 않았고 배상금을 내놓겠다는 등의 조치도 취하지 않았다. 노동자들은 시위를 재개했다. 사실 파이어먼 측은 그동안 한 발 물러서는 조치를 취하고 있었다. 전부는 아니었지만 일부 레스토랑에서 진행된 일이었다. 브루클린 다이너와 셸리즈 뉴욕에서는 매니저에게 팁을 주는 관행을 없앴고 직원들이 유니폼을 사 입던 관행도 없앴다. 또 "쇼업show up" 보수 조항을 신설해 사전 예고 없이 교대 근무 시간이 바뀌어 버린 직원에게 3시간에 해당하는 시급을 주게 했다. 다시 한 해가 지나가고 있었다.

그러나 마지막 순간이 다가오는 건 막을 수 없는 법이다. 2008년 봄, 〈고용기회센터〉와 파이어먼 그룹은 협상 타결을 향해 한 발씩 나아가고 있었다. 〈고용기회센터〉 역사상 가장 큰 규모의 타결이었다. 노동자들은 약 4백 만 달러를 받게 되었고 식당 홀과 주방 모두에서 여러 가지 변화를 이끌어 냈다.

## 홀과 주방 직원의 단결

파이어먼 건은 레스토랑에서 일하는 미국 태생 노동자들이 레스토랑 업계의 노동조건에 불만을 제기하며 처음으로 조직한 시위였다. 백인 직원도 대부분 노동자계급 출신이고 상당수는 이민자 조상을 두고 있었다. 그들은 주방 노동자들과 마찬가지로 고용주에게 노동 착취를 당했다. 주방과 홀에서 똑같은 문제가 벌어지는 경우도 흔했다. 그렇게 공통점이 많은데도 주방과 홀의 노동자들은 완전히 단절된 상태였다.

마시아는 주방 노동자들에게 다가갈 가능성이 제일 큰 사람이었지만 레스토랑의 작업 구조 때문에 그들을 만날 일이 없었다. 마시아는 자기 부모가 아주 힘들게 산 이민자란 것을 알고 있었다. 타 인종에 관대한 부모 밑에서 자랐고 주방 노동자 중에 친구도 있었다. 마시아의 외가는 19세기 말 동유럽에서 벌어진 대학살을 피해 미국에 왔다. 마시아의 증조할머니는 어렸을 때 가족들과 함께 벽장에 숨어 지내던 이야기를 자주 들려 주었다. 그때 증조할머니는 여섯 살이었는데, 혹시나 울음을 터뜨려 가족을 위험에 빠뜨릴까 봐 삼촌은 어린 조카의 목에 칼을 겨누고 여차하면 죽이려고 했다는 것이었다. 마시아의 친가와 외가의 조부모들은 미국에서 태어났지만 각각 1910년대와 1920년대에 우크라이나와 이탈리아로 건너가 살았고, 다시 미국으로 돌아와 결혼해 가족을 일구었다.

마시아는 캘리포니아 오렌지카운티에서 자랐다. 오렌지카운티에는 1980년대에도 미등록 멕시코인 이민자가 아주 많이 살고 있었고 마시아의 아버지가 경영하는 조경 회사에는 그런 사람들이 상당수 일하고 있었다. 마시아의 어머니는 라티노들과 잘 지내려고 열심히 노력했고 그들을 동등하게 대했으며 때로는 마시아도 맡겼다. 1994년 법률개정안 187호[*]을 둘러싼 논쟁이 벌어지자 마시아의 어머니는 라티노를 범죄자 취급하는 데 화가 나서 "아니, 그냥 저 사람들 가슴에 노란별[**]을 붙이지 그러나?" 하고 말했다.

사실 레드아이그릴에도 친한 버서와 러너 몇 명이 있었다. 맨 처음 마시아에게 언론을 전공해 보는 게 어떠냐고 제안한 것도 방글라데시 출신의 버서 친구였다. 둘은 종종 세상 돌아가는 얘기를 나눴다. 하지만 〈고용기회센터〉가 알려주기 전까지는 그들이 어떤 부당한 대우를 당하는지 전혀 몰랐다. 버서도 팁을 나눠 가지는 직책이다. 매니저가 팁의 일부를 가져가면 서버뿐만 아니라 버서의 몫도 줄어든다. 그러나 동료들에게 처음 편지를 보낼 때까지 제니퍼 마시아는 그런 일이 벌어지는 줄은 꿈에도 몰랐다. 주방에서 일하는 사람에게는 편지를 보내지 않았던 것이다.

마시아는 어느날 갑자기, 예전에는 까마득하게 모르던 어떤 사실을 깨닫게 됐다. 마시아는 그날을 영원히 잊지 못할 것이다. 어느 일요일, 마시아는 2교대 근무 사이에 레스토랑 근처 벤치에 앉아 있었다. 그때, 아파서 결근하면 봉급이 깎이고 레스토랑 측이 초과근무 수당을 안 주려고 실제 일한 시간을 정기적으로 줄인다며, 한 주방 노동자가 〈고용기회센터〉 직원에게 담담하게 얘기하는 것을 듣게 되었다.

마시아는 아무 말 없이 두 번째 근무를 하러 식당 뒤편으로 돌아갔다. 식당 옆문을 통해 들어가는데, 직원들이 주방 뒤 식당에서 집밥이라고들 부르는 음식을 먹고 있었다. 마시아가 처음 맞닥뜨린 사람 역시 시위에 참여한 웨이터였다. 웨이터가 인사를 하자 마시아는 그를 바라보며 말했다.

"내가 방금 들은 얘기 해 주면 너 못 믿을걸."

---

[*] Proposition 187. 1994년 캘리포니아 주가 미등록 체류자들의 자녀를 공립학교 교육 및 의료 혜택에서 제외한다는 취지로 주민 투표에 붙인 법률 개정안.
[**] 2차 대전 당시 독일 나치당은 유대인을 구별하기 위해 상의에 노란 색 '다윗의 별' 표지를 붙이게 했다.

마시아는 아까 그 주방 직원 이야기를 하다가 눈앞이 뿌옇게 흐려지고 목이 메여 버렸다. 이야기를 듣던 웨이터도 눈물을 흘렸다. 마시아는 충격을 받았다. 시선이 마주치는 순간 두 웨이터는 말하지 않아도 레스토랑 전체의 노동환경 문제가 그들 개인의 문제보다 훨씬 더 크다는 것, 주방 노동자들은 매년 5천 달러의 수입 손실을 넘어 생존 문제에 직면해 있다는 것을 알 수 있었다. 하지만 지켜보는 사람들 때문에 그들은 눈물을 삼켰고 다시 일하러 갔다.

마시아는 레스토랑 업계의 모순에 눈을 떴다. 웨이터들은 합법적으로 고용됐기 때문에 제 목소리를 낼 수 있지만 주방 노동자들은 법적 지위 때문에 그럴 수 없었다. 마시아는 이렇게 말한다.

"백인 노동자들은 주방 노동자들이 자기들을 물귀신처럼 끌어당긴다고 생각해요. 그런데 주방 노동자들은 웨이터들보다 모임에 더 많이 참여해요. 그러면 사람들도 알게 되는 거죠."

말할 수 있는 기회가 주어지면 밑바닥 사람들도 아주 큰 소리로, 그리고 아주 오래 말할 수 있는 법이다.

마흔여섯 살의 제프 배스킨은 트라토리아 델 아르테의 웨이터이다. 배스킨은 브루클린 카나시에서 태어났고 1971년에 가족들과 롱아일랜드 홀브룩으로 이사했다. 당시 홀브룩은 롱아일랜드 고속도로의 마지막 출구였으며 뉴욕 사람들은 거기를 '시골'이라고 불렀다. 연갈색 눈동자 때문에 약간 인상이 사나운 배스킨은 열세 살 때 두 구역에 걸친 신문 배달 일을 시작으로 평생 열심히 일하며 살았다. 열다섯 살 때는 어머니가 일하는 비닐 가방 공장에서 바닥 청소를 했고 일을 마치면 아이스크림을 파는 두 번째 일터로 달려갔다. 배스킨의 집안에서 대학에 간 사람은 배스킨이 처음이었다. 부모에게서 경제적인 도움을 받을 수 없었던 배스킨은 대출을 받아 학비를 내고 테이블세팅, 피자 배달, 바텐더 등을 하며 대학을 마쳤다.

배스킨은 자신을 '유대계 미국인'이 아니라 '미국 유대인'이라고 한다. 미국인 정체성이 우선이기도 하지만 이스라엘을 지지한다는 의사 표시를 할 수 있는 정체성도 필요하다고 생각하기 때문이다. 배스킨은 이스라엘에는 한 번도 간 적이 없다. 마시아처럼 그의 조상도 우크라이나에서 자행된 학살을 피해 미국에 왔다. 그는 자기 가족이 살아온 이야기를 뮤지컬 〈지붕 위의 바이올린〉*에 곧잘 비유한다.

"미국으로 가든가 술 취한 코색스**한테 맞아 죽든가 둘 중 하나였대요."

배스킨은 자기 조상들이 자신이 일하던 식당의 접시닦이와 그다지 다르지 않았을 거라고 생각한다. 일하는 방식은 달랐겠지만 접시닦이에 대한 기본 인식은 마찬가지였을 텐데, 영어도 모르고 장차 어떻게 될지도 모르면서 자식들을 잘살게 해 주겠다는 일념으로 새로운 나라로 갈 용기를 낸 조상들을 존경한다는 것이다. 가족들은 이야기하길 꺼리지만, 배스킨은 대공황 시절 식구를 먹여 살리기 위해 할아버지가 안 해본 일이 없을 거라고 거의 확신한다.

배스킨은 개방적인 이민법이 옳고 정당하다고 생각한다. 그게 바로 미국이라는 나라를 만든 첫 번째 조건이기 때문이다. 배스킨이 뉴욕에서 크리스마스에도 일하는 걸 좋아하는 이유는 그날 식당에 오는 손님들이 전부 무슬림 아니면 유대인이기 때문이다.

"무슬림 중에 저를 보고 어, 유대인이구만, 이라고 생각하는 사람은 단 한 명도 없었어요. 저 역시 어떤 사람을 보고 무슬림이네, 라고 생각하지 않고요. 그들은 저를 일단 크리스마스에도 일하는 동료라고 생각하고, 저도 그들을 보면 일단 동료라고 생각하거든요."

배스킨도 9.11 이후 호전적인 아랍인들이 입국할까 봐 겁에 질려서 이민을 갈까 고민하는 유대인들이 있다는 사실을 잘 안다. 하지만 배스킨 생각에는, 어떤 사람의 입국을 금지하려면 정부는 우선 그가 테러 집단에 속해 있는지부터 입증

---

* 20세기 초 당시 러시아 영토였던 우크라이나 지역에 사는 한 유대인 가족을 다룬 뮤지컬. 1964년 초연되었고 1971년에는 영화로도 나왔다.
** Cossacks, 15세기 말에서 20세기 초 사이 우크라이나와 러시아 남부를 거점으로 한 군사 집단 카자크 Kazak를 가리킨다.

할 수 있어야 한다. 그는 오사마 빈 라덴에게 친척이 수천 명이 된다는 점을 지적한다. 그 친척들 성이 빈 라덴이라고 전부 입국을 금지해야 하는가?

파이어먼 그룹의 백인 노동자들은 매우 글로벌한 가족사를 가진 노동계급 출신들이었다. 그러나 그들도 전국적으로 벌어진 이민법 논쟁을 지켜보면서 "루답스 저거, 시끄러운 입 좀 제발 다물지?" 하고 생각하는 것 이상으로 관심을 가져 보지 않았다. 이 미국인 노동자들은 자신들의 문제를 바라보는 관점이 너무나 협소하고 이민법이 자신들에게도 영향을 미친다는 사실을 전혀 깨닫지 못했다. 그런데 백인들과는 아무 상관없어 보이던 어떤 조직이, 직원과 회원 절대 다수가 유색인이고 절대 다수가 미국 시민이 아니고 절대 다수가 '불법 신분'인 조직이 바로 백인들을 도와줄 수 있다는 게 밝혀졌다. 〈고용기회센터〉는 레스토랑 업계의 인종적 위계에 맞서 싸우면서 그런 조직으로 성장했다. 그리고 인종 위계를 만든 것은 백인 노동자들이 아니라 '어떤 사람들'의 열악한 노동환경을 눈감아 준 거대한 체제라는 것도 잘 안다. 그리고 그 '어떤 사람들'은 결국에는 '모든 사람들'이 될 수밖에 없다. 이제 〈고용기회센터〉가 그들 머리 위로 드리워진 구조 쪽에 관심을 돌릴 때가 됐다.

### 뉴욕의 〈고용기회센터〉에서 전국의 〈고용기회센터〉로

사루가 조직을 전국 규모로 키워보자고 했을 때 맘두도 준비를 마친 상태였다. 〈고용기회센터〉는 잘 돌아가고 있었다. 새로 문을 연 식당의 평균 60퍼센트가 2년 안에 문을 닫는데 조합식 레스토랑 컬러즈는 2년째 성업 중이었다. 예전 협동조합 회원들이 결국 〈고용기회센터〉를 고소했고, 이 건을 포함해 몇 가지 소송에 걸려 있기는 했지만, 새롭고 낙관적인 전략도 생겼다. 센터는 백인 노동자와 유색인 노동자가 식당에 지원서를 낼 때 어떤 대우를 받는지 조사하는 대규모 연구 조사 프로젝트를 시작했다. 센터 직원도 7명의 상근 직원과 여러 명 인턴 직원으로 늘어났고 예산 규모도 커졌다. 제일 중요한 변화는 조직에 새로운 지도자 자리가 났다는 점이다. 2008년 초에 〈고용기회센터〉 이사회는 사루와 맘두같이 서로를 보완해 줄 수 있는 공동 이사 두 명을 선임했다. 레카 이니는 사루처럼 변호사이자 조직가이고 세쿠 시비는 맘두 같은 레스토랑 노동자였다.

맘두와 사루는 그때나 지금이나 계속 심한 말다툼으로 스트레스를 푸는데, 아예 관계의 일부분이 된 것 같았다. 둘은 매사에 의견이 충돌했고 그럴 때는 절대 점잔 빼지 않았다. 시위를 매일 하는 게 정말 필요한지, 센터 직원은 휴식 시간을 얼마나 가져야 하는지, 회의를 정시에 시작해야 하는지, 맘두는 컴비네이션 피디에이와 휴대전화를 쓰는데 왜 사루는 그걸 배우려고도 하지 않는지 등등을 놓고 입씨름을 했다. 센터 직원이나 인턴, 자원봉사자들은 거의 매번 회의 때마다 그들이 싸우는 모습을 지켜봐야 했다. 그러다가 결국 시비에게 좀 말리라고 말했다. 일중독자인 사루에게 맘두가 제발 사람 좀 가만 내버려 두면 소원이 없겠다고 한 적도 여러 번이었다. 사루에게 남자친구가 생기자 주말을 온전히 쉴 기회가 생긴 맘두는 정말로 기뻐했다. 사루는 맘두가 조직의 방침에 좀 더 큰 책임감을 느껴 주기를 바랐다. 맘두는 싸울 때마다 당장 때려치우겠다고 위협했다. 맘두의 아내 파티마는 그 두 사람이 서로 과격한 말을 주고받는 걸 보고 어느 날 너무 놀라서, "사루가 당신 상사였어요?" 하고 물었다.

"천만에!"

두 사람이 동시에 대답했다.

옆에서 지켜보는 사람은 괴롭겠지만 싸우면서 갈등을 해결했기에 둘은 멋진 팀을 이룰 수 있었다. 두 사람은 레스토랑 사장과 싸우기를 겁내지 않듯, 서로 싸우는 것도 겁내지 않았다. 그들은 갈등을 숨기는 게 좋지 않다고 생각했고 갈등이 생기면 직접, 그리고 즉각 해결하려고 했다. 두 사람은 일단 싸우고 난 뒤에는 뒤끝 없이 화해했는데, 이는 올바른 길을 가기로 한 레스토랑 소유주들과도 마찬가지였다. 둘은 성격은 달랐지만 고집이 센 점은 닮았다. 그렇게 다른 성격과 고집스러움이 난관에 부딪힐 때마다 계속 일할 수 있는 힘이 되었다. 싸우면서도 계속 같이 일할 수 있었기 때문에 둘 사이는 더욱 가까워졌다.

사루와 맘두는 파이어먼 시위가 절정으로 치닫던 2006년 여름, 3주간의 휴가를 받아 자신들이 해 온 일을 종합적으로 기록했다. 그때 〈고용기회센터〉를 전국 규모로 키워 보자는 아이디어가 떠올랐다. 조직을 확장하려는 데는 두 가지 중요한 이유가 있었다. 첫째, 〈고용기회센터〉를 만든 뒤, 전국의 노동자들이 전화를 걸어 왔고, 자기네 레스토랑 사장이 착취를 일삼는데 어찌 해야 좋을지 조언을 해 달라고 했다. 〈고용기회센터〉를 필요로 하는 사람이 너무나 많았던 것이다. 전국에서 그렇게 많은 사람들이 도움을 요청한 것은 바로 두 번째 이유와 연관된다. 즉, 국가가 만든 정책은 전국의 레스토랑에 영향을 미치지만 정작 레스토랑 노동자 자신은 그런 정책을 만들 능력이 없었다. 레스토랑 사장들에게는 〈전국레스토랑협회〉가 있다. 과거 맘두네 레스토랑 노동자들이 가입했던 호텔 레스토랑 종사자 조직은 국회에서 영향력이 있기는 해도 충분하지 않았다. 그러니 노조에 가입하지 못한 레스토랑 노동자 절대 다수에게는 더더욱 힘이 돼 주지 못했다. 노동자 대부분은 그들 대신 싸워 주고, 전국 규모로 노동자 동맹 조직을 지지해 줄 조직을 가지고 있지 않았다. 레스토랑 업계의 상황에 진정한 변화를 가져오려면 노동자들에게 연방 정부의 정책들, 특히 이민정책과 경제 관련 정책을 직접 다룰 힘이 있어야만 했다.

사루와 맘두는 조직 확장 위원회를 만들어 회원들과 새 조직의 얼개를 잡았다. 그들은 대여섯 개 도시에 〈고용기회센터〉를 만들고 기금 조성과 직원 교육 방안을 생각했다. 새 조직은 개별 고용주를 대상으로 시위를 벌이면서도 때로는 조직끼리 연합해 정부가 제대로 된 법을 만들 수 있도록 압력을 넣을 수 있었다. 운이 좋으면 여러 도시에 체인이 있는 전국 규모의 레스토랑을 겨냥해 공동 시위를 벌일 수도 있을 터였다. 사루와 맘두는 2007년 내내 미국 전역을 돌면서 미래의 파트너들을 만나고 다녔다. 그런 사람들 중에는 〈노동자정의연맹전선 Interfaith Coalition on Worker Justice〉에 소속된 사람들도 많았다. 샌프란시스코에서는 〈고용기회센터〉와 유사한 조직을 만날 수 있었다. 바로 〈청년노동자연합 Young Worker United〉으로, 노조에 가입하지 않았지만 사업장에서 일하는 사람들을 위한 조직이었다. 〈청년노동자연합〉에는 레스토랑 노동자 말고도 소매점 직원도 있었다. 그들은 전국적인 단체를 만드는 일에 참여한다는 생각에 활력을 얻은 듯했다.

사루와 맘두는 멕시코만 연안 지역*과 미시건에서 조직을 확장하기로 했다. 멕시코만 연안 지역 활동가들은 전에 사루와 맘두를 직접 찾아온 적도 있었다. 이 두 지역을 선정함으로써 〈고용기회센터〉는 백인 노동자와 이주 노동자뿐 아니라 미국 흑인들에게도 관심을 쏟을 수 있었다. 파이어먼 시위를 계기로 시작된 그들의 여정은 앞으로 계속 나아갔다. 뉴올리언스는 전통적으로 레스토랑이 엄청나게 많은 곳인데 그 중 프렌치쿼터**는 허리케인 카트리나의 타격을 상당히 잘 넘기고 재건 작업이 제일 먼저 이루어진 곳 가운데 하나였다. 〈핼리버튼〉 같은 회사는 허리케인이 들이닥쳤을 때 소개疏開된 뒤 다시 집으로 돌아가지 못한 흑인 노동자들 대신 계약 이주 노동자들을 데려왔다. 〈핼리버튼〉은 이라크에서 보안 업무 계약을 상당히 많이 따낸, 바로 그 회사다. 〈고용기회센터〉는 법적권리가 거의 없는 이주 노동자들을 착취하고 있는 실태를 지적하면서 저임금을 받고 일하는 미국인 노동자의 문제도 같이 제기할 수 있었다. 〈핼리버튼〉의 경우는 흑인 노동자들이 그랬다.

2007년 8월 조직 확장 위원회는 시카고에서 제1회 "레스토랑노동자전국대회"를 개최했다. 노동자들과 조직가들은 새로운 조직 설립을 계획하고 착수하기 위해 대회 전 주말에 시카고에 도착했다. 디트로이트의 노동자 센터에서는 다양한 인종의 이민자들과 디트로이트 시민들을 도우미로 보내 주었다. 샌프란시스코의 〈청년노동자연합〉도 여러 레스토랑 활동가들과 함께 도착했는데 대개가 스물다섯 살도 채 되지 않았다. 시카고 쪽 직원들이 이들을 맞아 주었다.

---

* the Gulf Coast, 멕시코 만 연안의 텍사스, 루이지애나, 미시시피, 앨라배마, 플로리다 주.
** French Quarter, 뉴올리언스에서 가장 오래된 도시. 식민지 시절 프랑스인들이 세웠으며 관광지로 유명하다.

그들은 모두 함께 모여 레스토랑 산업의 전국적인 그림을 그려 보았다. 각 집단마다 자기들 도시의 레스토랑 산업을 분석하고 노동자 수를 확인하고 그동안 상대했던 셀리 파이어먼이나 앨런 스틸먼 같은 업계의 작은 제국에 대해 설명했다. 뉴올리언스는 카트리나 이전에도 임금 강탈과 인종차별이 만연했던 곳인데, 이제는 걷잡을 수 없는 수준에 이르렀다. 샌프란시스코 〈청년노동자연합〉은 〈중국인진보협회Chinese Progressive Association〉가 차이나타운에 진짜 터전을 잡을 수 있도록 돕기로 했다.

"레스토랑 업계에서 세계화가 작동하는 방식이 바로 여기에 있네요."

조직 촉진에 재능이 있는 인도계 미국인 여성 소냐 메타의 말이었다.

"대기업 의류 회사가 해외로 공장을 이전하면, 거기서 일하던 노동자들이 한꺼번에 일자리를 잃고 몰려오는 곳이 바로 레스토랑이에요. 워낙 절박하니까 처음부터 레스토랑에서 일하던 사람들보다 훨씬 나쁜 조건을 제시해도 일을 하려고 들죠."

디트로이트에서는 레스토랑 노동자 조직과 함께 활력을 잃은 도시를 어떻게 되살릴지 궁리해야 했다. 한때 자동차 생산과 노동조합 활동의 중심지였던 디트로이트는 미국에서 인구가 가장 많이 줄어드는 상위 10개 도시 중 하나가 됐고 인구 감소와 함께 세금 수입과 소비도 줄고 있었다.

지역별 사례 발표가 끝난 뒤에는 새 조직의 목표를 무엇으로 규정할지를 놓고 토론을 이어갔다. 참가자들은 이런저런 가능성을 열어 놓고, 우선 당장의 현실에 매이지 않아도 되는 야심찬 꿈을 상상해 보기로 했다. 〈청년노동자연합〉은 샌프란시스코의 식당 노동자라면 누구나 알 만한 조직이 되어 못된 사장들이 자기들 이름을 두려워하길 바랐다. 〈청년노동자연합〉 측 노동자들은 특히 고립된 차이나타운에 노동자의 단합된 조직을 세우고 싶었다. 〈중국인진보협회〉는 회원들이 더 큰 범위의 운동에 참여해 자기중심적인 이해관계를 다시 생각해 보기를 바랐다.

"중국인들은 사람 수 자체가 워낙 많다보니 다른 민족은 필요 없다고 생각할 때가 있습니다."

뉴욕에서 온 사람들은 〈고용기회센터〉 회원 세 명을 뉴욕 시의회로 진출시키고 싶다는 꿈을 말했고, 직업 연수도 하고 모두가 인정해 주는 일자리 알선 제도도 만드는 게 꿈이라는 사람도 있었다.

시카고에서 온 사람들은 이런 말로 포부를 밝혔다.

"우리도 조합식 레스토랑을 만들고 싶어요."

그러자 시비와 맘두가 알 만하다는 듯 미소를 주고받았다.

"누구나 조합을 원하죠."

시비가 말했다.

"맞습니다. 하지만 조합이 도대체 어떤 건지 알고 있을까요?"

맘두가 이어 말했다. 맘두는 자기나 그들이나 아는 게 없을 거라고 생각했다. 만일 조합이 어떤 건지 그들이 안다면 그렇게 매력적으로 여겨지는 않았을 거라는 생각이 들었다.

마지막 순서는 미시건에서 온 사람들이었다. 그들이 지금을 2012년이라고 가정하고 "2007년이 바로 엊그제 같구먼"이라고 말하자 모두 웃음을 터뜨렸다. 모인 사람들은 적극적인 회원 2천 명을 확보할 계획과 지역별 전략을 짜고 레스토랑 업계에서 인종차별을 없앨 방안을 생각해 보기로 했다. 마지막으로 "우리도 할 수 있다"를 외쳤다. 각 도시의 상위 10개 레스토랑이 다른 곳보다 임금을 더 많이 쳐주면 다른 레스토랑도 그들을 따르게 될 것이다.

디트로이트 측의 한 참여자가 백인, 흑인, 이주 노동자를 모두 아우르는 조직을 만드는 프로젝트에 대해 생각해 보자고 했다. "복숭아"라는 별명으로 통하는 스물다섯 살의 아프리카계 무슬림 미국인 카마라 빌키스 무하마드는 뉴멕시코 주에서 태어났고 그 뒤로 죽 미시건에서 살았다. 히잡을 쓴다고 레스토랑에서 차별당한 경험이 있는 무하마드는 미국 태생 노동자와 이민자들 사이에 긴장감이 존재하는 건 맞는 얘기라고 인정했다. 무하마드는 고용주들이 흑인이나 백인 미국인 노동자 대신 이주 노동자를 받아들이는 이유를 지적했다. 이주민들은 가족이나 직장에 매우 충실하고 좁은 집에서도 불평 없이 지내며 형편없는 돈에 말도 안 되는 장시간 노동도 기꺼이 하려 들기 때문이라는 것이다. 무하마드는 디트로이트에 〈고용기회센터〉를 세우려면 먼저 미국 태생 노동자와 이주 노동자가 서로에 대해 배우고 태도를 바꿀 필요가 있다고 생각했다. 이는 꼭 필요한 일이었다. 미국 태생 노동자는 레스토랑 경기가 나쁜 것을 이민자 탓으로 돌려서는 안 되고, 이주 노동자는 고용주에게 더 많은 것을 요구하는 법을 배워야 한다. 무하마드가 말을 이었다.

"우리는 이민자들과 함께 뭉쳐야 합니다. 처음에는 힘들겠지만 일단 뭉치는 게 좋다는 걸 알고 나면, 그게 상식이 될 거예요. 만약 당신이 고용주고 이주 노동자에게도 백인이나 흑인과 똑같은 임금을 줘야 한다는 사실을 알게 되면 이주 노동자들을 하루에 열여덟 시간씩 일을 시킬 수도, 녹초가 되도록 부려 먹을 수도 없을 거예요."

무하마드는 노동자들의 단결에서 엄청난 잠재력을 보았다. 함께 변화를 이뤄 낼 수 있다면 경기 침체가 계속되고 있는 미시건도 충분히 살 만한 곳이 되지 않을까 생각했다.

"음식 산업은 멋진 구석이 있어요. 인간이 밥을 먹어야 살 수 있는 한, 미국에 레스토랑은 계속 필요하지 않겠어요?"

마침내 〈고용기회센터〉가 일어나 개별적인 지역 활동에서 출발해 더 큰 조직을 세운다는 게 무슨 뜻인지를 설명할 차례가 왔다. 전국 차원의 핵심 정책을 정하고 조직의 이름도 지어야 했다. 연방 차원의 입법 운동과 관련해서는 여러 가지 선택 사항을 놓고 토론했다. 이미 사람들은 연방 이민 개혁법이나 공공 의료 보험 제도 같은 사안을 놓고 싸우고 있었다. 규모가 큰 노동자 단체 하나는 노조 설립을 용이하게 해 줄 "노동자자유선택법안Employee Free Choice Act"을 추진하고 있었는데 노동자 센터들이 이를 지원해 주길 바랐다. 과연 새 조직이 노동부를 개혁해 노동자를 보호하게 만들 수 있을까? 연방 정부의 최저임금 제도를 걸고넘어질 필요가 있을까? 이런 생각들과 관련된 온갖 문제들이 제기됐다. 이민법 개혁이 조만간 국회를 통과할 것 같지는 않았고 의료보험 관련 투쟁에 개입한 조직은 하나도 없었으며 "노동자자유선택법안"은 어디로 갈지 알 수 없는 상황이었다. 〈청년노동자연맹〉은 유급 가족 휴가를 요구하고 있었다.

이 모든 난관 앞에서 낙담한 사람들 중에는 국가 정책에 신경 써야 할 이유를 찾지 못하겠다고 말하는 사람도 있었다. 그 즉시 여러 가지 반응이 나왔다. 더 많은 노동자들에게 영향을 끼치기를 바란다면 마땅히 그래야 한다는 것이다. 최저임금이나 이민법 개혁 같은 문제들은 그게 유일한 해결책이기 때문이다. 우선 최저임금의 경우, 판을 짜는 것은 연방법인데 만일 전국적으로 최저임금이 너무 낮게 설정되면 최저임금 제도를 채택한 주도 이 임금 기준을 따르게 된다. 이민법 개혁도 국회만이 이민법을 입법할 권한이 있다. 가장 큰 문제는 현재 레스토랑 노동자들에게는 힘센 레스토랑 업계에 대항해 전국 차원에서 저항할 수 있는 능력이 없다는 것이었다. 반면 〈전국레스토랑협회〉 회원은 30만 명에 이른다.

"전국 모든 도시에서 〈전국레스토랑협회〉가 가진 힘은 막강합니다."

맘두가 지적했다. 전국 레스토랑 업계와 관련된 모든 정보가 바로 그 협회에서 나온다.

국가 정책을 직접 건드려야 한다는 생각이 더 확실해지자 그들은 유급 병가, 최저임금제 개혁, 이민정책이라는 세 가지 쟁점을 정했다.

5년 전, 9.11 테러가 일어나고 겨우 6주 뒤에 사루와 맘두가 설정했던 전략이 조금도 변치 않고 다시 이 시점으로 되돌아온 셈이다. 그들은 레스토랑 노동자들을 단순히 노동자가 아니라 이민자이자 미래의 미국 시민이라는 프레임으로 바라봤다. 두 사람은 그저 노동자를 돕는 데 그치지 않고 이주 노동자의 목소리를 중심에 두는 정치 조직을 만들기로 했다. 당시 전국적으로 벌어지는 이민 논쟁과는 극적인 대조를 보인다. 사루와 맘두는 그들의 말처럼 이주 노동자를 중심에 두고 일을 시작했다. 그러다가 레스토랑 관련 일을 하는 모든 사람들, 미국 태생의 레스토랑 홀 노동자, 레스토랑 주인, 레스토랑 손님들까지 그들의 운동에 참여시켰다. 두 사람은 그저 레스토랑 업계를 비판하는 데 그치지 않고 어떻게 변할 수 있는지 보여 주는 새로운 모델도 만들어 냈다.

〈고용기회센터〉가 해 온 작업은 레스토랑 업계뿐 아니라 다른 업계에도 두 가지 중요한 교훈을 준다. 첫째, 누구 하나 배제되지 않고 모두가 참여하는 운동, 그러한 산업을 만들기 위해 가장 필요한 것은 인종차별에 맞서 싸우는 것이다. 배타적이지 않으며 분명한 태도로 인종 문제에 초점을 맞추면 유색인 이민자들은 자신들의 잠재력을 완전히 드러낼 수 있다. 일단 그렇게 되면 그들은 조직을 만드는 분위기를 조성할 수 있고 그런 분위기에서는 다른 이민자들도 똑같이 따라나설 수 있다. 둘째, 겁 없는 조직은 해당 지역에서 많은 성과를 이뤄 낼 수 있다. 그러나 더 중요한 것은 지역의 조건이 결국 국가 정책이나 세계 단위의 정책에 의해 결정된다는 것이다. 지역의 변화는 국가나 세계적 차원의 개입이 없으면 한계에 부딪힐 수밖에 없다. 지역 조직의 유일한 희망은 그들이 서로 연합하여 더 큰 조직을 만드는 데 있다.

전국대회의 최종 임무는 새 조직의 이름을 정하는 것이었다. 사루는 '전국'이란 말이 들어간 좀 규모가 큰 느낌의 이름을 제안했다. 맘두는 처음 〈고용기회센터〉를 만들 때, '조직'이라는 말을 쓰고 싶었지만 그 말은 빼는 게 좋다고 한 조언을 떠올렸다. 어쩌면 그때 생각으로 돌아갈 시점인지도 몰랐다. 그러나 결단은 집단 전체에 달려 있었다. 그들은 여러 가지 이름들을 떠올려 보았다.

그때 누가 "알오씨 연합ROC-United"이 어떠냐고 했다. 휴식 없이 3일 연속 회의를 하느라 녹초가 된 사람들은 이구동성으로 "찬성"을 외쳤다. "연합"이라는 말은 정말 완벽했다. 전국 규모라는 의미와 조직이라는 의미를 모두 담고 있는 말이었던 것이다. 절차에 따라 투표가 진행됐고 〈고용기회센터연합Restaurant Opportunity Center United〉은 이제 새 조직의 이름이 됐다.

모두가 〈고용기회센터〉 주제가를 부르고 단체 사진을 찍는 것으로 회의는 끝났다. 넘치는 아드레날린으로 분위기는 대단히 활력적이었다. 에스파냐어, 벵골어, 아랍어, 영어로 돌아가며 노래를 부르고 말레이시아어와 폴란드어로도 불렀다. 단체 사진을 찍을 때는 50명이 서로 꼭 붙어 포즈를 잡아야 했다. 세 살짜리

아이를 데려온 미시건 출신 부부가 제일 앞줄 중간에 자리 잡았다. 시비같이 키가 큰 사람들은 뒷줄에 섰다. 사진사는 줄을 맞추느라 바빴다. 시비와 맘두는 "치즈"보다 더 자연스럽게 미소를 지을 수 있는 방법을 찾아냈다.

"락 유 ROC-U!"

시비가 먼저 큰소리로 선창했다.

"락 유!"

맘두가 받아쳤다.

터져 나온 웃음소리에 편안해진 마음들이 묻어 있었다. 3일 연속 하루 12시간씩 회의를 하면서 이들은 엄청난 발걸음을 내디딘 셈이었다. 자신들의 바람을 표현하고 최소한 열두 가지에 이르는 난관들을 꼼꼼히 검토했다. 그 희망 사항 중 한 가지라도 얻어 내려 하다 보면 지금보다 더 많이 문제들이 튀어나올 수 있다. 그러나 지금 그들에게는 전보다 더 많은 사람들과 전보다 더 많은 도시들이 생겼고 모두 함께 애쓰고 배울 터였다. 서로서로 이끌며 승리를 향해 나아갈 힘이 거기 있었다.

세계화 시대
이주와
시민권 문제

2007년 여름, 맘두는 가족들과 함께 3주간 모로코로 휴가를 떠났다. 20년 전에 비해 모로코도 많이 변했다. 1999년에 즉위한 현재 국왕 모하메드 6세는 '불과 철의 시대'를 끝내고 과거보다 자유로운 정치 환경을 만들었으며 진보적인 법도 몇 가지 통과시켰다. 모하메드 6세는 정치범 수천 명을 사면했고 여성의 권리를 신장하는 새 법도 채택했으며 인권을 보호하고 가난을 퇴치하는 것이 국가의 최우선 정책이라고 선언했다.

그러나 맘두가 제 나라를 떠나게 만든 여러 상황 중 일부는 여전히 건재했다. 정부는 체포와 구타와 투옥의 형태로 공권력을 남용하고 있었고 인권 단체들은 이를 계속 기록으로 남겼다. 모하메드 6세는 외국 자본을 유치하기 위해 여전히 많은 영역들을 민영화하면서 신자유주의 경제정책을 멈추지 않고 추진해 갔다. 해외의 모로코인들이 가족들에게 큰돈을 송금하기 때문에 이제 이민은 모로코 경제를 움직이는 중요한 요소가 되었다. 취학률은 올랐지만 실업률은 여전히 하늘을 찔렀는데 특히 모로코 청년층의 실업률은 심각했다. 모로코 인구의 10퍼센트인 약 3백만 명은 국외에 거주했다. 맘두의 형제들처럼 대부분은 유럽연합 국가로 건너갔는데 이 나라들은 미국에 비하면 이민 귀착지로서의 역사가 매우 짧다.

유럽은 본질적으로 국경에 대해 열린 사고를 가진 지역들의 연합이기 때문에 자유로운 정책을 펼칠 거라고 일반적으로 생각한다. 유럽연합 헌법에는 모범으로 삼을 만한 낙관적인 요소가 있기는 하지만 유럽식 모델에도 미국처럼 세 가지 맹점이 있다. 첫째, 유럽연합 헌법은 불완전한 세계화에 대해서는 아무 언급이 없다. 둘째, 문화는 정적이고 정적이어야 한다는 믿음을 표출한다. 셋째, 이민자와 본국 태생 거주자를 적대 관계로 본다. 바로 이 세 가지 이유 때문에 유럽식 모델에는 심각한 결함이 있고 우리가 필요로 하는 공정한 체제를 절대 가져다 줄 수 없다.

유럽이 자화자찬하는 통합은 오늘날 아프리카, 터키, 동유럽이라는 타자를 배제하는 데서 그 속성이 드러난다. 사실 유럽은 이민 문제를 놓고 미국과 똑같은 방식으로 씨름하고 있다. 아니, 사실 전 세계가 똑같다고 해야 할 것이다. 나라마다 이민법이 달라 상충하기도 한다. 이탈리아 같은 나라는 이주민들이 편하게 생활하고 그들의 인권이 침해되는 것을 막기 위해 통합 정책을 펼친다. 반면 엄격한 이민 절차를 가지고 있어 입국은 허용하지만 시장의 노동 수요에도 못 미치는 적은 수의 이주민만 받아들이는 나라도 있다. 이런 나라에서 이민자들은 노동력 부족 문제를 해결해 주면서도 불확실한 지위를 가지게 된다. 이민자 대부분의 법적 지위는 기껏해야 임시 체류며 그것도 직장이 있어야 한다. 국경에서는 점점 더 폭력적인 감시가 이루어지고 매년 바다를 건너다 익사하는 이주민 수도 매우 많다. 허가를 받지 못한 이민자들은 범죄자 취급을 당하고 그들을 처벌하는 법은 날로 가혹해진다. 한쪽은 처벌, 한쪽은 환영이라는 상반된 태도 때문에 유럽인들과 이민자들은 이도저도 아닌 신세에 갇혀 과거로 되돌아가지도, 미래로 나아가지도 못한 채 발이 묶여 있다.

모로코도 이제는 이주 노동자를 내보내는 나라에서 이주민을 받아들이는 나라가 됐다. 모로코가 사하라 이남 아프리카인들의 관문이 되면서부터다. 사하라 이남 사람들은 걸어서 사막을 건너 모로코 북부 해안에 와 공기를 주입한 고무보트를 타고 남유럽까지 간다. 그동안 모하메드 6세는 모로코를 떠난 사람들을 고국으로 초청했지만 실제 돌아온 사람은 극소수였고 그렇게 온 사람들은 대개 떠나기 전에도 부유했던 사람들이었다. 그들이 돌아오면서 투자와 일자리는 늘었지만 모로코 자체는 변하지 않았다. 오히려 부자와 빈자, 왕가와 서민들 사이를 갈라놓는 낡은 위계적 사회구조만 더 강화됐을 뿐이다.

맘두는 자연스레 이러한 모로코 상황을 알게 됐다. 맘두는 여름휴가철이면 늘 가족들과 모로코로 갔다. 맘두는 모로코로 영구 귀국을 하면 정말 좋겠다는 생각을 했지만 가족들은 달랐다. 파티마도 아이들도 원하지 않았다. 맘두는 옛날 살던 곳을 찾아가 보았다. 아버지 가게가 있던 판잣집 동네에는 이제 쓰레기와 폐차된 버스가 버려져 있었고 한때는 하얗다가 이제는 시커메져 버린 벽이 고속도로와 판잣집 동네를 여전히 갈라놓고 있었다. 맘두는 가족들이 판잣집을 떠난 뒤 정착한 옛날 집에도 가 봤다. 그 집은 물레이 라차드란 지역에 있었고 자갈을 깐 좁은 골목에 지은 벽돌집이었다. 그들이 살 때는 2층집이었는데 지난 10년 사이 두 개 층이 더 올라갔다. 맘두는 조그만 현관을 통해 집으로 들어갔다. 1층에는 방이 두 개, 작은 욕실이 하나 있었다. 나머지 층도 똑같은 구조였지만 사람이 사는 공간은 모두 더해 봤자 채 80평도 안 됐다. 그때는 부모님과 형제들 그리고 모하메드 형의 부인 라치다까지 모두 한 층에서 살았다. 나머지 방 여섯 개는 10명에게 빌려 주었는데, 카사블랑카 북쪽에 있는 의류 공장 여자 노동자 열두 명에게 빌려 준 적도 있었다. 맘두는 형수와 다른 여자 두 명과 함께 앉아 민트차를 마시며 얘기를 나누다가 그들이 시골 출신이며 돈 벌 길이 있는지 알아보려고 카사블랑카에 왔다는 걸 알게 됐다. 벌이는 한 달에 2백 달러 정도로 얼마 되지 않지만 돌아갈 생각은 없다고 했다. 형수가 맘두에게 자신의 월급 명세서를 보여 주었다. 직장에서 실제 일한 것보다 돈을 적게 주기 때문에 형수의 연금도 줄어들 거라고 했다. 사장에게 이의를 제기하자 그는 화를 벌컥 내면서 일을 더했다는 증거를 내놓으면 돈을 주겠다고 했다. 근무 시간을 기록하는 사람은 물론 그 사장이었다.

카사블랑카에서 며칠을 보낸 맘두는 파티마와 아이들을 데리고 라바트에 잠깐 들리기로 했다. 해안을 따라 북쪽으로 한 시간 정도 올라가면 나오는 곳이다. 뉴욕에 있는 모로코인 친구가 그곳에 풀장이 딸린 현대식 집을 사 뒀는데 해변에서도 아주 가까우니 머물다 가라고 했기 때문이다. 이제 열두 살이 된 이만은 제법 키도 자랐고 호리호리했다. 맘두처럼 길고 곱슬곱슬한 속눈썹이 짙게 드리운 까만 눈동자의 소녀였다. 열 살배기 재키는 혼자서도 절대 입을 쉬지 않는 재담꾼이 되었다. 모하메드는 벌써 두 살이 됐고 둥근 뺨, 큰 눈, 곱슬머리 등, 맘두를 빼다 박았다. 맘두의 조카딸 부쉬라, 남자 조카 함자와 카말, 맘두 친구의 열 살짜리 딸, 시디 카셈에서 온 파티마의 숙모 등, 일행이 아주 많았다. 밤이 되면 가족들은 침실 두 개와 아래층 거실에 흩어져서 잤는데, 거실에서는 벽을 따라 늘어선 붙박이소파 위에 몸을 나란히 하고 잤다.

맘두는 라바트에서 친구들을 찾아갔다가 모로코의 계층 간 차이가 여전하다는 것을 절실히 깨달았다. 영구 귀국한 사람들은 처음부터 돈이 많은 사람들이었다. 어느 날 맘두네 가족은 맘두의 친구 알리 집을 방문했다.[1] 알리 아버지는 라바트의 야외 시장인 수크에 장사가 잘 되는 의류점을 갖고 있었다. 알리의 형제 한 명은 모로코에 남아 사업을 이었지만, 넓적하고 인상 좋은 얼굴에 영양 상태가 꽤 좋아 보이는 알리는 아버지의 기대를 저버리고 1980년대 말 관광 비자로 뉴욕에 가 버렸다. 알리는 모로코인 모임을 통해 맘두를 알게 됐고 맘두는 직장을 옮길 때마다 알리를 같이 데려갔다. 결혼해서 어린 딸을 두게 된 알리는 라바트로 돌아왔다. 그러나 외국에서 돌아온 여느 중류층 모로코 사람처럼 그도 예전 같지 않았다. 부인은 라바트에 사는 걸 아주 싫어했다. 알리의 부인은 프랑스에서 자랐기 때문에 거기서 살고 싶어했다. 알리는 모로코에 살면서 교통 사정이나 뇌물, 줄이라고는 설 줄 모르는 사람들 등, 예측하지 못한 일에 적응하느라 상당히 힘들었다. 알리는 예전 자기가 자랐던 부모 집에서 살지만 임대 수입을 올릴 생각으로 해변 근처 콘도미니엄 개발 부지도 미리 사 두었다.

두 가족은 민트차와 아몬드 쿠키를 나눠 먹었다. 그때 알리가 뉴욕에서 자신과 맘두 둘 다 알고 지내던 알제리 사람을 전날 우연히 만나 깜짝 놀랐다는 얘기를 해 줬다. 그 알제리 사람이 의류 사업을 한다고 해서 알리도 같이 해 볼 일이 없을까 했더니 그가 그날 오후 알리 부부를 카스바로 데려가 주겠다고 약속했다는 것이다.

그런데 알리는 자신과 그 알제리 친구 가족이 카스바로 갔을 때 경찰이 미행했다는 걸 그 다음 날 알게 됐다. 모로코 정부는 알제리가 서부 사하라의 〈폴리사리오전선〉이라는 단체를 지원하기 때문에 알제리 사람이라면 무조건 의심하고 봤다. 〈폴리사리오전선〉은 모로코 군대가 서부 사하라에 주둔하는 것에 저항하는 지역 토박이들의 저항 운동 단체다. 경찰은 집에 찾아와 알리의 어머니에게 그 알제리인에 대해 물었다고 했다.

"당신 아들에게 그 사람과 가까이 지내지 말라고 전하시오."

경찰의 경고였다. 맘두가 대학에 다닐 때 한번 지원해 보라는 말을 들었으나 거절했던 바로 그 경찰 말이다.

맘두 부부는 20년 동안 프랑스에서 살다 온 맘두의 다른 친구 집에도 저녁식사 초대를 받아 갔다. 역시 뉴욕에서 서로 아는 친구를 통해 소개받은 사이였다. 알리네도 집안이 부유하지만 그 친구 집은 훨씬 부자였다. 차를 몰고 가는 길에 주택들이 전부 어마어마했다. 맘두는 청바지에 평범한 셔츠 차림이었고 파티마는 흰색 실크 히잡을 둘렀다. 가장자리가 물방울무늬로 처리된 그 히잡은 전날 맘두가 골라 다려 놓은 것이었다. 소박하게 입는 평소 습관대로 파티마는 검은 바지와 흰색 긴 소매 블라우스를 입었다.

맘두와 파티마는 대리석 타일이 깔린 주택 입구를 가로질러 현관으로 걸어갔다. 집주인이 점잖게 문을 열어 주었다. 맘두의 친구도 말랐지만 부인은 남편보다 더 말랐다. 바깥주인은 청바지, 안주인은 주시꾸뛰르 ˙ 트레이닝복 차림이었다. 남편은 모로코 사람처럼 생겼지만 부인은 모로코 사람이면서도 어딘가 유럽인 같은 인상을 주었다. 콧대가 낮고 입술이 두툼했다. 집은 아주 커서 1층만 해도 2백 명은 거뜬히 들어갈 것 같았다. 저녁은 돌로 만든 벽난로 앞에서 먹었다. 두 부부는 유리로 상판을 얹은 커피 테이블을 사이에 두고 각각 러브시트 ˙˙ 에

---

˙ Juicy Couture. 현대적인 감각의 고급 의류 브랜드.

앉았다. 하녀 두 명이 저녁을 차렸는데 열두 명이 와서 먹어도 될 정도의 음식을 날라 왔다. 첫 번째 코스는 샐러드, 토마토, 오이, 새우, 꽃모양으로 멋을 낸 계란이었다. 두 번째 코스는 당면과 새우로 채운 생선 요리였다. 세 번째 코스는 모로코 전통 음식이면서 파티마가 제일 좋아하는 올리브를 곁들인 닭고기와 절인 레몬, 부드러운 모로코 빵이었다. 마지막으로는 푸딩이 나왔다. 안주인은 아주 조금만 먹었다. 둥근 크리스털 재떨이가 안주인 옆에 있었고 그녀는 담배 한 대를 피우더니 하녀를 불러 똑같은 모양의 새 재떨이를 가져오게 했다.

그들은 모로코 아랍어와 프랑스어를 자유자재로 번갈아 쓰면서 주로 문화를 주제로 이야기했다. 대단한 프랑스 애호가인 맘두 친구의 부인은 미국인들은 천박하고 촌스럽다고 했다. 하지만 대화는 결국 모로코의 정세로 돌아갔다. 안주인은 공장의 여직원들을 도대체 어떻게 다뤄야 할지 모르겠다. 게으르고 느려 터져 한시도 눈을 뗄 수가 없다고 불평했다. 그 집 안주인이 "우리 직원들은 어찌나 가난한지 노상 손을 벌려요" 하기에 맘두는 뉴욕의 레스토랑 노동자들이 얼마나 착취를 당하는지 설명해 줬다. 안주인은 맘두에게 외국인 손님이 찾아오면 모로코에서 제일 좋은 곳으로만 데려가야 된다고 했다.

"뭐 하러 나쁜 인상을 심어 줘요?"

맘두는 그건 공정하지 않다고 대답했다. 좋은 곳만 데려가면 외국인 손님은 모로코에 가난한 사람이 없다고 오해할 수 있기 때문이다. 세계 최빈국 중 하나인 모로코가 말이다. 그 부부는 모로코 개발 정책의 중대한 어떤 요소를 상징하는 사람들이다. 이민 간 모로코 사람을 다시 불러들이는 정책 말이다. 그러나 부유한 이민자들의 영구 귀국에 기대어 나라의 가난을 타개해 보려는 정책은 경제 정책으로는 상당히 부적당해 보인다. 적어도 그 부부만큼은 그런 정책에 별 관심이 없는 것 같았다.

3시간 뒤 마침내 저녁 식사가 끝나고 다시 차에 올라타기 전까지 파티마와 맘

---

■■ loveseat. 2인용 의자.

두는 내내 침묵을 지키면서, 자신들의 조상은 틀림없이 저 부부네 조상의 하인이었을 거라고 생각했다. 실제로 이민 가서 돈을 벌지 못했다면 모로코 상류층의 꽉 막힌 세계에는 발도 들여 놓지 못했을 것이다.

"아이고, 세상에나."

"하인들에, 저 온갖 격식이라니, 끔찍해. 너무 심해. 매정하고."

파티마가 대꾸했다.

"돌아와서 살겠다고 온 사람들은 저런 사람들뿐인가."

"영원히 저 집에서 못 나오는 줄 알았지 뭐야."

"아이스크림 좀 먹자."

두 사람은 시장 근처 노점에 차를 세웠다. 그렇게 잘 차린 음식을 먹었는데도 맘두는 뭔가 평범한 걸 먹고 싶었다. 초콜릿은 촛농 같고 바닐라 향도 나는지 안 나는지 모를 정도였지만 아이스크림 하나를 먹고 나니 비로소 기분이 좀 풀리는 것 같았다.

## 신자유주의 군주

1999년 즉위할 당시 모하메드 6세는 선왕과 자신을 차별화하느라 큰 어려움을 겪었다. 그러나 그의 통치는 혼란스러운 결과만 낳았다. 즉위 초기 연설에서 가난한 사람들을 위한 사회정책을 마련하고 양성평등을 포함해 선왕 대의 인권 문제를 바로잡는 데 초점을 맞추겠다고 선언하면서 모로코 언론과 국외 언론 모두 모하메드 6세를 "가난한 자들의 왕"이라고 불렀다. 몇몇 분야에서 발전을 이룬 것은 사실이지만 정작 정부는 아직까지 전면적인 사회변화를 주도하지 못하고 있다.

모하메드 6세도 선왕을 따라 신자유주의 경제정책을 펼치고 있다. 지난 몇 년 사이 모로코는 〈세계무역기구〉에 가입하고 유럽연합과 미국하고 자유무역 협정을 맺었으며 상업 법원도 여섯 곳 설치하고 세관 절차도 간소화했는데, 이 모든 것은 외국 투자자에게 모로코가 매력적인 시장으로 보이게 하려는 조치였다. 과거 국영기업들이 민영화되면서 외국인 투자가 극적으로 증가했고 1997년에는 12억 달러에 달했다. 이는 1996년의 네 배에 해당하는 수치였다. 국가가 〈마록 텔레콤〉 같은 대기업을 매각하기도 했지만 왕실 역시 새로이 민영화의 길을 걷는 모로코 경제의 최우선 투자자가 되었다. 사실 모로코 왕은 카사블랑카 증권 시장에 상장된 기업들의 총자본 가운데 30퍼센트 이상을 좌지우지한다. 왕실 소유 기업은 우유, 설탕, 식용유 같은 주요 생산품을 사실상 독점하고 있다.

모하메드 6세는 빈곤층을 위한 사회정책도 실시했다. 그중에는 지난 2년간 극심한 가뭄에 시달려야 했던 시골 주민들에게 공적 부조를 실시하는 내용도 포함돼 있었다. 그러나 빈곤을 나타내는 지수는 좀처럼 변하지 않았고 실업률은 여전히 매우 높았다. 모로코는 국민의 문맹률이 세계에서 가장 높은 나라 중 하나로, 읽는 법을 전혀 배우지 못한 국민이 절반가량이나 된다. 시골 마을의 80퍼센트가 포장도로, 수도 시설, 전기 없이 살아가고, 93퍼센트는 기본적인 보건 시설 없이 살고 있다. 〈세계은행〉과 모로코 경제학자들은 1990년대 말부터 빈곤율이 점점 올라가고 있다고 지적했는데, 1990년에서 1993년 사이 13.1퍼센트를 유지했던 것이 1998년 19퍼센트로 상승한 것이다.[2] 일상적이고 가혹한 노동 착취도 여전했다. 2006년에 모로코 노동부 장관이 발표한 보고서에 따르면 노동법을 제대로 준수하는 기업이 전체의 15퍼센트에 불과한 것으로 나타났다.

결과적으로 보면 모로코의 경제정책은 소수의 부자와 중산층의 격차만 넓혔다고 할 수 있다. 신자유주의 개혁 정책이 금융 서비스나 정보관리 같은 새로운 분야의 일자리를 창출하기는 했지만 신흥 중산층의 취업률을 끌어올릴 정도로 경제성장을 달성했다고는 볼 수 없었다. 이런 상황에서 먹고살기 위해 모로코를 떠나는 중산층은 점점 늘어났다. 모로코는 1980년대 초에 구조 조정을 실시하면서 평범한 모로코 사람들에게 최고의 수입원이 되어 주었던 공공 분야를 축소했다. 몇 년 동안 정부는 청년층에게 민간 부문에서 일자리를 찾으라고 경고했다. 그러나 민영화된 기업은 일자리를 충분히 창출하지 않았고 내놓는 일자리도 연줄이나 폐쇄적인 사회적 위계에 따라 분배됐다.

새로운 중산층은 일자리를 놓고 소수의 전통적인 부유층과 경쟁을 해야 했다. 25세에서 34세 사이 교육받은 청년층의 도시 실업률은 시장 개혁과 함께 극적으로 상승해 2000년이 되면 도시 경제활동 가능 인구의 30퍼센트에 달했고, 여기에는 10만 명의 대학 졸업자들도 포함됐다. 실업률이 그렇게 높으니 모로코 청년 대부분은 나라를 떠나는 것 말고는 다른 길이 없다고 생각했다. 모두들 그런 청년들의 선택을 이해했다. 그만큼 모로코의 경제정책은 진정한 개발 정책도 아니었고 포괄적인 정치 프로그램도 아니었다. 모로코 청년 대부분은 자신이 꿈꾸는 이주가 자신을 무국적자로 만들 것이라고는 짐작조차 하지 못했다. 모로코에서 등 떠밀려 나온 그들은 다른 나라에 가서도 진짜 시민이 될 수 없었다.

실업률은 사실 교육받은 계층에서 더 높았다. 2000년에는 25세에서 34세 사이 6년제 대학 학사 학위 이상 소지자의 46.3퍼센트가 실업 상태였다. 남성은 41.1퍼센트, 여성은 54.4퍼센트가 그랬다. 이에 반해 같은 연령대에서 6년제 대학 학사 학위가 없는 집단의 실업률은 17.8퍼센트였다. 『이코노미스트』는 교육을 받고도 직장을 잡지 못한 사람이 점점 늘어나면서 이들이 고무보트를 타고 지브롤터 해협을 건너가 스페인에서 농장 노동자로 일하고 있다고 보도했다. 사회학자 샤나 코헨Shana Cohen은 카사블랑카에서 청년들을 인터뷰했는데, 절대다수가 모로코를 빠져나갈 방법을 궁리 중인 것으로 드러났다. 코헨은 "열린 땅으로 이주하고 싶다는 이들의 환상은 폐쇄적인 이주 정책과 비자법 때문에 결국 깨지고 만다"고 말한다.[3] 적어도 현재 이민정책 아래서는 코헨의 지적이 맞다.

여성의 지위를 바꾸겠다는 왕의 야심도 복잡한 문제에 부딪혔다. 여성들이 처한 상황을 조사한 놀라운 보고서를 본 모하메드 6세는 국가가 재정을 대는 대규모의 전면 개혁안을 내놓았다. 거기에는 여성의 교육과 임산부의 건강을 개선하고, 정치 참여율과 고용률을 높이고, 일부다처제를 불법으로 규정하는 등, 인습적인 가족제도를 개선하는 안이 들어 있었다. 그러자 근본주의 종교인들 전체가 이에 반대했고 20만 명이 거리로 쏟아져 나와 시위를 했는데 이것은 독립 후 카사블랑카에서 벌어진 최대 규모의 시위였다. 왕은 재빨리 그 계획을 철회하고 2004년에는 좀 더 누그러진 안을 발표했다.[4]

모하메드 6세는 인권 문제에 가장 극적인 변화를 가져왔지만 다른 개혁 조치와 마찬가지로 일관성 없고 간헐적인 변화에 그쳤다. 왕은 사법부의 독립을 일부 보장했다. 언론도 과거에 비해 좀 더 폭넓은 자유를 누릴 수 있었고 정치범 수천 명을 사면했으며 추방됐던 유명인사 몇 명은 귀국도 허용했다. 학교에 인권 교육 프로그램을 도입해 〈모로코인권협회Moroccan Association for Human Rights〉에 운영을 맡겼다. 그러나 〈모로코인권협회〉의 전 회장인 아민 압델라미드는 왕과 총리가 속한 행정부, 그리고 사법부가 여전히 밀접히 연관돼 있다고 지적한다. 2003년 카사블랑카에서 테러 공격이 일어난 이후 경찰은 2천 명 이상을 체포했다. 그 가운데 1천 명 이상은 모로코에서 벌어진 최악의 사법 절차에 따라 유죄 판결을 받았다. 〈국제사면위원회〉와 〈휴먼라이츠워치Human Rights Watch〉가 발표한 보고서에는 이런 기록이 있다. 〈평등과화해위원회〉[*]가 과거 탄압당한 적이 있는 희생자들을 인터뷰하고 있는 사이 모로코 경찰은 라바트에 있는 왕궁에서 몇 킬로미터 떨어지지 않은 곳에 비밀 수용소를 지어 놓고 이슬람 테러범이라는 혐의를 뒤집어씌운 사람들을 고문하고 있었다는 것이다.[5]

모로코 최상류층의 비리도 전혀 줄어들지 않았다. 최근 벌어진 반부패 캠페인을 통해 은행과 사회보장 제도, 농민 대출 제도, 공공 주택 사업, 국책 계약, 공기업, 시의회, 그리고 굶주리는 아이들에게 학교급식을 제공하는 국제 원조 기금 등에 분식회계와 횡령이 만연해 있다는 사실이 드러났다. 다른 무엇보다도 새 헌법에 정교분리 원칙을 명시하기 위해 투쟁하고 있는 압델라미드는 이 점을 지적한다.

---

[*] The Equity and Reconciliation Commission, 2004년 모하메드 6세가 설립한 인권 기관.

"모로코에는 입법부도 있고 사법부도 있습니다. 그러나 이 모든 것을 통치하는 권력이 있다는 게 문제입니다. 좋은 왕이든 나쁜 왕이든 어쨌거나 왕 혼자 통치한다는 얘기입니다."

## 이탈리아의 클란데스티니

라바트에서 열흘을 묵은 뒤에 맘두는 가족을 데리고 카사블랑카로 돌아와 이탈리아에 사는 친척들과 재회했다. 여동생 사이다는 남편 마티와 세 아이 중두 아이를 데려왔는데, 락비라의 딸 네디아와 가족들이 키우는 작은 테리어 찰리까지 차에 태워 사흘을 운전해 도착했다. 맘두와 파티마가 집에 도착했을 때사이다는 이미 와 있었다. 파티마는 모하메드를 안은 채로 한 사람 한 사람과 포옹을 나누었다. 맘두 같은 곱슬머리에 부친의 마른 몸매를 물려받은 사이다는모하메드의 통통한 뺨을 꼬집어 주었다. 맘두와 마티는 악수를 하고 서로의등을 두드려 주었다. 락비라의 두 딸 중 이미 와 있던 부쉬라와 2년 전에 이탈리아로 건너간 네디아는 서로 꼭 부둥켜안았다. 락비라와 네디아 모녀는 소파에딱 붙어 앉았다. 맘두의 아버지 부차이브는 그 옆에 앉아 행복한 표정으로 그들을 바라보았다. 어린아이들은 어른들의 포옹 세례를 참고 견딘 뒤 잽싸게 바깥으로 달려 나가 서로서로 쫓아다니거나 개를 따라다니며 집 주위를 끝도 없이뱅뱅 돌았다. 디지털 카메라로 서로 사진을 찍으면서 잘 찍혔는지 조그만 화면으로 확인하느라 또 법석을 떨었다. 그 모든 소동이 다 끝난 뒤에 차와 쿠키를놓고 모두 자리를 잡았다. 죽은 형의 둘째 아들 함자가 모로코 방식대로 찻주전자를 높이 쳐들어 잔에 차를 따라 대접했다. 차를 반쯤 마셨을 즈음 맘두의 어머니 아이차가 위층으로 올라왔는데, 허리에 두 팔을 짚은 채 짓궂은 표정으로, "먹을 거 줄 때 아니면 나한테는 아무도 관심 없다는 거니, 뭐니?" 하는 것 같았다.

그날 밤 가족들은 새벽 한 시 반이 되어서야 저녁을 먹었다. 그들은 집에 있는커피 테이블을 모조리 가져와 두 개의 거실 사이에 붙여 놓고 옹기종기 모여 네디아가 가져온 다섯 종류의 파스타를 먹었다. 스무 명이 넘는 사람이 먹었는데도 아직 그만큼은 더 먹일 파스타가 남았다. 아이들은 한밤중까지 놀면서 노래를 부르고 게임을 했다. 시골에서 맘두네 부모가 그들 사촌과 그랬던 것처럼.

2주 뒤 맘두는 뉴욕으로 돌아갔고 사이다는 이탈리아로 돌아갔다. 그런데 돌아가는 사이다네는 수가 늘어 있었다. 이미 일자리를 알아 놓고 사이다가 스물일곱 살의 부쉬라와 열여덟 살의 함자를 데려간 것이다. 부쉬라는 노인들의 가사 도우미인 '바단테badante'로 일하면서 네이다와 같이 살고 함자는 건설 현장에서 일할 예정이었다.

사이다와 마아티는 인구 1만 2천 명의 도시 루파노에서 자리를 잘 잡고 살고 있었다. 루파노가 속한 풀리아 주는 부츠 모양의 이탈리아 지도에서 뒷굽 정도에 자리하고 있는 거대한 농업지대로, 아드리아 해까지는 15분 거리밖에 되지 않는다. 마아티는 건장하고 잘 생겼으며 담배를 많이 피웠다. 마아티는 1980년대 말 처음으로 프랑스에 갔는데 거기서는 니스에 사는 형과 파리에 있는 누나에게 신세를 졌다. 학교는 5학년까지밖에 다니지 못했지만 청소년기에 마아티는 이미 프로 축구 선수가 됐다. 그러나 비자를 받지 못했기 때문에 프랑스에서 몇 달간 뛰다가 다시 옮겨야 했다.

이민자의 권리를 옹호하는 변호사들은 빈국과 부국을 지역적으로 통합할 수 있는 모델로 유럽연합을 자주 언급한다. 유럽연합 회원국 국민이면 유럽연합 회원국 내에서는 자유로이 여행할 수 있게 한 "셍겐협정Schengen Agreement"은 열린 국경 정책의 이상적인 형태로 비친다. 표면적으로는 맞다. 유럽연합을 준비하던 시기, 특정 국가의 교육, 의료 서비스, 사회 기반 시설이 적절한 수준에 못 미치면 진정한 통합이 불가능하다는 것을 알았기 때문에 부국은 빈국에게 "사회 통합" 기금을 제공하기도 했다. 미국이 본토의 50개 주를 서류 없이 자유롭게 이동할 수 있게 한 것처럼 "셍겐협정"도 가입국 국민은 출입국 서류 확인 없이 유럽 전역을 이동할 수 있게 한다.

그러나 "셍겐협정"은 유럽 바깥에서 들어오는 이민은 엄격히 규제한다. 아프리카 이민에 대해서는 특히 엄격하다. 이탈리아, 에스파냐, 그리스는 해안선이 길고 미등록 이민자의 입국에 취약하다는 이유로 협정의 적용을 꺼린다. 유럽은 유럽인 이민자에게는 문을 열어 놓지만 과거 식민 지배를 받던 사람들에 의해 유럽이 일부 정치인의 수사처럼 "제3세계화"되는 것은 막으려고 한다.

이민자 대부분은 프랑스나 영국, 북유럽 국가들로 이주하다가 1970년대에 북유럽이 사실상 이민을 제한한 뒤로는 남유럽을 통해 입국하기 시작했다. 소위 지중해 이민 모델이다. 남유럽 국가들은 이민자들에게 매우 양면적인 태도를 보인다. 수백 년간 이민자를 내보낸 국가였던 에스파냐와 이탈리아는 이제 이민자들이 들어오려는 나라가 되었고 두 나라는 이런 변화에 직면해 씨름 중이다.

2006년, 이탈리아에 거주하는 이민자는 240만 명으로 집계됐다. 〈카리타스에우로파〉[*]에 따르면 이 중 절반에 해당하는 약 1백만 명은 이민 서류가 없다. 이민자 지위 때문에 발생하는 갈등이 너무나 커서 이탈리아 정부는 모순된 정책을 내놓기도 했다. 1986년 이탈리아는 불법 입국한 사람들을 합법화하고 이민자에게도 평등한 권리를 부여하는 첫 번째 법을 통과시켰다. 이 법은 주로 임시 노동력을 공급하는 데 초점을 맞췄다. 즉, 이민자들은 이탈리아에 와서 일하다가 다시 자기 나라로 돌아가는 사람을 뜻했다. 처음부터 영구 체류권이나 국적을 취득한 사람은 소수였다. 그러나 세월이 흐르면서 합법적인 지위를 얻을 수 있는 여지를 열어 주는 새 법들이 만들어졌다. 이탈리아 정부는 이민자들을 환영하고 그들이 이탈리아 문화에 잘 적응할 수 있도록 프로그램도 마련했다. 1998년 이탈리아는 이민자들에게 실질적인 권리를 부여하는 비교적 자유롭고 포괄적인 이민법을 통과시켰다. 그러나 이러한 조치에는 이민을 둘러싼 갈등이 반영되어 있다. 이탈리아에 진보적인 분위기가 일던 당시, 이주자들을 위해 만든 통합 센터 이름이 〈임시체류지원센터〉였던 것이다.

---

[*] Caritas-Europa. 1971년 '에우로카리타스'라는 이름으로 설립해 1992년 현재 이름으로 바꾼 가톨릭계 구호·개발·복지 기구.

그런데 1990년대 말이 되자 유럽 전역의 다른 우파 정당처럼 이탈리아 우파도 이민을 쟁점화했다. 국민전선*은 반이민적 수사를 쓰면서 이민자를 범죄자로 몰고 집단 수용소를 설치하고 그들을 추방하자고 주장했다. 국민전선은 클란데스티니**라는 말을 퍼뜨렸는데, 이 용어는 일단 미등록 이민자에서 시작해 결국에는 모든 이민자를 범죄자로 간주한다는 뜻이다. 보수주의인 실비오 베를루스코니 총리는 선거 기간 내내 국민전선과 의견을 같이 했고 2001년에는 "보시-피니법안"***의 통과를 지지했다. 국민전선과 그 밖의 이탈리아 정치 조직들은 선정적인 사건들을 계속 건드려 이민자들에게 지대한 영향을 끼쳤다. 2002년 이라크의 쿠르드족 난민들이 탄 보트가 시칠리아에 정박하자 반이민 단체는 국가 안보가 위기에 처했다며, 항해 중인 밀입국선을 공격해서라도 이민 자체를 막도록 경찰력을 크게 증대해야 한다고 선언했다.

"보시-피니법안"은 고용과 합법적 신분을 한데 묶음으로써 실직 상태의 이민자는 무조건 불법으로 규정한다. 한 장관은 그 법을 설명하면서 이렇게 말했다.

> "절대적으로 불확실한 시기에 우리나라 경제에 반드시 필요한 최소의 숫자, 최단 기간의 이민이 아니면 우리는 이민을 원하지 않습니다. 그래야 우리가 준비됐을 때 우리나라에서 그들을 내보내기가 쉬워질 겁니다."[6]

보수적인 법은 이민자들에게 '제도화된 비정규성'을 부여할 뿐 절대 안정적인 지위를 부여하지 않는다. 이민자들은 잠시 동안은 합법이지만 직장을 잃으면 당장 불법이 된다. 만일 지하경제에서 돈을 버느라 영주권 신청에 필요한 6년간의 노동을 입증할 수 없으면 역시 불법 신분이 된다. 특히 이탈리아에는 미등록

---

* the National Front, 이탈리아의 여러 네오파시스트 정당과 그들의 운동을 말한다.
** clandestini, 원래 뜻은 '은밀한', '꿍꿍이가 있는', 또는 그런 사람이란 뜻의 이탈리아어이지만, 보통 '유럽 지역 밖에서 온 외국인, 밀입국자'를 가리킨다.
*** the Bossi-Fini Act, 2002년 발의된 이민 규제 법안.

상태의 소규모 기업이 많아 대규모 지하경제를 형성하는데, 이는 전체 경제 규모의 28퍼센트를 차지하며 그 어떤 선진 자본주의 국가보다도 높은 수치다. 지하경제의 반 이상은 남부 지역에 있으며 이 지역은 실업과 가난이 만연한 곳이기도 하다.

학자인 키티 칼라비타Kitty Calavita는 이 일시적인 지위 때문에 불법 이민자는 물론 합법 이민자도 위협을 받는다고 말한다.

법적 주변성과 경제적 주변성은 맞물린 채 서로에게 영향을 미친다. 언제든 합법 지위를 빼앗길 수 있기 때문에 이민자는 고용주와 일대 일 대결에서 어떤 힘도 발휘할 수 없고 지하경제로 몰리게 되면 합법 신분을 얻을 가능성은 점점 더 멀어진다. 그리고 이 두 가지 문제는 하나의 뿌리에서 나온다. 이민자에게 주변부로 밀려난 타자라는 일시적인 지위를 주는 것 말이다.[7]

이 타자들은 꾸준히 범죄자 취급을 받고 인종차별을 당했다. 예를 들어 알바니아와 루마니아 사람들은 이탈리아 사람들과 피부색이 그렇게 다르지 않은데도 유색인종 취급을 받는다.

프랑스에서 합법적으로 머물 수 없게 된 마아티는 이탈리아로 갔다. 마아티는 1990년 레기오 칼라브리아에 정착해 임시 노동 허가를 받았다. 하지만 이탈리아 북부는 먹고살기 위해 약물을 팔고 자잘한 범죄를 저지르며 노숙하는 북아프리카 이민자들로 넘쳐났다. 그래서 마아티는 안전한 곳을 찾을 때까지 계속 옮겨 다니기로 했다. 그러다가 사이다를 통해 루파노라는 지역을 알게 됐다. 맘두 집안에서 알고 지내던 사람 하나가 서류 없이 이탈리아로 갔는데 그만 집에 가서 아들을 보고 싶은 마음이 너무나 간절해졌다는 것이다. 그래서 사이다는 마아티에게 그 사람 여권을 갖다 줄 수 있겠냐고 물어보게 됐다. 그 사람은 서류 없이는 이탈리아 국내를 여행하는 것도 위험하다고 생각했기 때문에 마아티에게 풀리아 주의 루파노까지 와 달라고 부탁했다. 막상 마아티가 루파노에 가 보니 거기는 프랑스나 이탈리아 북쪽 지방보다 외국인에게 훨씬 더 친절했다.

맘두가 처음 플로리다에 왔을 때처럼 마아티도 루파노가 금세 고향처럼 느껴졌다. 마아티는 축구를 시작했고 풀리아 전역의 주유소에 디젤 연료를 배달하는 일도 찾았다. 일자리를 얻은 덕분에 마아티의 신분 보증인도 자동으로 생겼다. 마아티는 사이다와 결혼하기 위해 잠시 모로코로 돌아왔다. 첫 아이가 한 살이 되자 마아티는 회사에 가족의 보증인이 돼 달라고 요청했다. 사이다는 1994년 이탈리아 말은 한 마디도 할 줄 모르는 상태에서 이탈리아에 왔다. 학교에 나가 이탈리아어를 배우기 시작한 사이다는 신문에서 이민자 통역사를 구하는 광고를 보고 지원했다. 사이다는 정부 지원 프로그램에 참여했고 공식 통역사 자격을 얻었다. 사이다는 풀리아 주의 동부 지방 전체를 담당하게 됐고 튀니지 출신의 한 여성은 서부 지방을 맡았다. 두 사람은 학교, 병원, 법정 등에서 이민자들에게 통역 서비스를 제공했다.

이탈리아 언론과 정치판에서 클란데스티니에게 너무 나쁜 이미지를 씌워 놓았기 때문에 사이다는 그 말을 써야 할 때면 거의 속삭이듯 발음했다. 사이다는 여권을 바다에 내던지고 아프리카에서 유럽까지 험난한 길을 용감하게 건너온 사람들을 위해 통역을 할 때가 있다. 그 숫자는 매년 스무 명은 족히 된다. 유럽에서는 "셍겐협정"이, 이탈리아에서는 헌법이, 해당 국가가 이민자의 출신국을 입증하지 못하면 추방할 수 없도록 규정하고 있기 때문에 많은 이민자들이 여권을 없애 버린다. 단속이 덜해  바닷길을 선택하지 않아도 되던 시절의 이민자들은 주로 여권을 태워 없앴다. 그래서 모로코에서는 '어디에 간다' 는 표현이 '태운다' 가 될 정도다. 그런데 요사이는 바다에 빠뜨리는 일이 더 많다.

사이다는 리비아에서 고무보트를 타고 이탈리아에 온 남자를 만난 적이 있었다. 그 남자는 같은 배에 스물두 명이 더 타고 있었다고 이야기해 줬다. 밀입국을 주선한 사람들은 배에 탄 사람들의 반지, 지갑, 시계, 현금같이 값나가는 것을 모두 수합하고, 여권은 바다에 던지라고 시켰다. 고무보트가 출발한 뒤 이주민 두 명이 싸움을 벌이자 배를 몰던 밀입국 주선자가 그 두 사람을 바다로 던져 버린 일도 있었다고 한다. 당국은 해안에서 감시하다가 그렇게 건너오는 이주민들을 체포해 임시 수용소에 60일 동안 수용한 뒤 즉각 이 나라를 떠나라는 명령을 내리고 풀어 준다. 그러나 남들처럼 이 남자도 이탈리아를 떠나지 않고 루파노로 와서 공사장에서 일하다가 사이다를 만났다. 사실 그런 사람들에게 일자리 찾아 주는 일은 사이다에게 전혀 어렵지 않았다. 그저 몇 가지만 물어보면 됐다. 이탈리아 정부가 이민 쿼터를 60만 명 상한으로 묶어 놓았지만 기업은 그 두 배를 원하기 때문에 놀라울 것도 없다.

대부분의 이민자 수용 센터는 상당히 인도주의적이지만 끔찍한 학대가 벌어지거나 조건이 열악한 곳도 많다. 언론인 파브리치오 가티는 시설을 직접 조사해 볼 생각으로 아랍인 신분으로 가장한 뒤 절벽에서 지중해로 뛰어들어 이민 당국이 자신을 '체포'하러 오기를 기다렸다. 가티는 람페두사의 수용소로 보내졌다. 그는 파리 2백 마리와 함께 매트 위에서 잠을 자고 변기 하나를 52명의 남자들과 같이 썼다. 문도 없고 화장지도 없고 전기도 없는 곳이었다. 그날 밤 새로운 이민자 무리가 도착했다. 침대가 넉넉하지 않아서 일부는 치가 떨리게 더러운 맨바닥에서 잤다. 나중에 알고 보니 바닥은 변기에서 흘러넘친 오물로 뒤덮여 있었다. 새로 온 사람들이 아무 것도 못 먹은 것을 알고 음식을 주라고 하자 경관 한 명이 음료수 캔 하나를 던져 주었다. 어떤 이민자가 소리쳤다.

"우리는 클란데스티니이기는 해도 동물은 아닙니다!"

이런 식의 이야기는 정말 심란할 정도로 흔하다.[8]

사이다와 마아티가 그런 꼴을 당하지 않고도 잘 정착한 것은 정말 운이 좋았다고 할 수 있다. 사이다는 이탈리아에서 제일 큰 노조 중 한 곳에서 활동했고 이민 부서의 비서직까지 승진했다. 이민자가 이탈리아 국민이 되는 것은 너무나 어렵지만 마아티는 결국 시민권을 따냈고 사이다는 신청 중이다. 이탈리아 국민이 되려면 이탈리아에서 10년 동안 일한 기록이 있어야 하는데, 그 사이에는 본국으로 휴가를 떠나서도 안 된다. 사이다 가족은 도시 중심가 근처에 방 셋, 욕실이 둘 딸린 2층짜리 집을 가족 사진과 페르시아 카펫으로 장식해 놓고 산다.

아이들은 모두 아랍어를 잘 하고 맏딸 나주아는 중학교에 들어가 영어도 금세 익혔지만 부모와 자녀끼리는 보통 이탈리아 말을 쓴다. 사이다는 모로코가 자기 나라라고 생각하지만 거기 돌아가 살 생각은 없다. 돈이 엄청나게 많은 게 아니면 모로코에서는 현재의 안락한 삶을 절대 누릴 수 없기 때문이다. 게다가 아이들을 위해서도 이탈리아가 더 낫다. 나주아는 이렇게 말한다.

"아메리칸 드림이 있는 것처럼, 우리에게도 이탈리안 드림이 있어요."

지난 5년 동안 사이다는 조카 세 명과 조카딸 두 명, 시조카 한 명에게 일자리를 주선해 주었다. 조카딸 네디아는 대부분의 이주 여성들처럼 집에서 노인을 돌보는 바단테로 2년 동안 일했다. 옛날 같으면 주로 환자 가족들이 감당해야 했던 일이었다. 네디아는 맡은 일을 잘 해내기 위해 말 그대로 하루 종일 동동거리며 일했다. 크게 보면 이들은, 이탈리아에서 출산율이 감소하면서 노인들이 보살핌을 받지 못하는 현실을 보완하고 있다. 네디아는 대단한 부자와 결혼한 85세 여성을 밤 시간에 돌본다. 저녁 7시 반 식사를 시작으로 10시에 약을 먹이고 밤새 여섯 차례는 일어나 환자를 화장실에 데려다 준다. 그러다가 다시 아침 7시에 약을 먹인 뒤 커피를 주고, 목욕, 마사지를 해 준다. 네디아가 모로코로 휴가를 떠난다고 하자 그 할머니는 울음을 터뜨렸다. 하지만 이런 일은 편한 축이었다. 이 할머니를 돌보기 전에는 하루 종일 밤낮으로 82세 노인을 돌봤는데 하루두 시간 정도 쉬면 다행이었다. 부쉬라가 오자 두 자매는 같이 살면서 돌봐 줄수 있는 집을 찾았다.

함자는 약물 파는 것만 아니면 가서 뭐든 하겠다는 심정으로 이탈리아에 왔다. 함자는 목수의 도제로 들어가 루파노에 있는 마아티와 사이다네 집에서 약간 떨어진 아파트에 다른 이민자 둘과 같이 살았다. 함자는 거의 매일 고모 집에서 저녁을 먹었다. 특히 치즈와 파스타를 꾸준히 먹다 보니 6개월 사이 삐쩍 말랐던 몸에 살도 붙었다. 함자는 새로운 삶을 즐기고 있지만 이제는 미국으로 가고 싶어한다. 마아티는 함자를 놀려 주었다.

"제발 이탈리아로 데려가 달라고 몇 달이나 이탈리아, 이탈리아 노래를 부르더니 이제는 하루 종일 미국 타령이구나."

마아티는 함자가 자기 인생이 얼마나 쉽게 풀렸는지 모른다고 생각한다.

## 유럽에서도 이민은 범죄다

루파노같이 작은 지역에서는 사람들이 서로를 아주 잘 알기 때문에 길에서 마
주치는 이민자를 무서워하지 않지만, 그곳을 제외한 이탈리아 전역에서는 이민
자를 범죄자로 낙인찍는 경향이 늘고 있다. 한 여론조사에서는 이탈리아 국민에
게 이민자들의 출신국을 나열한 다음 좋은 쪽에서 나쁜 쪽으로 순서를 매겨 보
라고 했다. 아랍인과 무슬림 그리고 요사이 증오 대상이 된 루마니아인이 최악으
로 나왔다. 그 다음으로는 러시아인, 북미 지역 사람, 유대인, 사하라 이남 아프리
카인, 아시아인, 동유럽인, 라틴아메리카인, 그 밖에 유럽 회원국 출신 순이었다.

이탈리아의 이민법 자체가 오직 이민자들만 범할 수 있는 새로운 유형의 범죄
를 만들어 냈다. 이민자는 갱신이 불가능한 임시 체류 지위만 얻을 수 있고 그
처리도 미뤄지기 일쑤다. 법 자체가 합법 지위조차 불안정하게 만들기 때문에
이민자들은 임시 상태가 계속돼도 스스로를 합법화하기 위해 쉬지 않고 일한다.

이론적으로는 고용주가 특정 이민자를 지정해 요청하면, 해당 이민자는 자국
의 이탈리아 영사관에 지원서를 낸 뒤, 허가가 떨어졌을 때에야 이탈리아로 올
수 있게 되어 있다.

볼로냐 대학교의 범죄학자 다리오 멜로시Dario Melossi는 이런 절차를 이상적
이라고 보는 것이 허구임은 누구나 다 안다고 말한다. 그런 과정을 거쳐 이탈리
아로 오는 사람은 소수이고 사이다의 조카들처럼 가족의 연줄을 타고 오는 사람
이 대부분이라는 것이다. 따라서 절대 다수는 불법으로 입국해 지하경제에서 일
한다. 그들은 뇌물까지 줘 가며 보증을 서 줄 고용주를 찾는데, 적당한 사람이
나타나면 합법 지위를 신청한다. 지금은 인터넷으로 신청할 수도 있지만 예전에

는 경찰서 앞에서 길게 줄을 서야 했다. 공식적인 신청 절차에 따르면 수천 킬로미터 떨어진 곳에 살고 있어야 하지만 수백 명 이민자들이 이틀씩 그런 줄에서 대기하는 실정이다. 한번 허가가 나면 1년에서 2년까지는 유효하겠지만 허가를 얻기까지 다섯 달이 걸릴 수도 있기 때문에 이민자들은 허가증을 손에 쥐자마자 다음 허가증을 받기 위해 그 모든 과정을 다시 밟는다.

그 기간 동안은 "경찰과 맞닥뜨리지 않는 게 중요"하다고 멜로시 교수는 말한다. 멜로시는 허가를 받지 못한 루마니아와 알바니아 사람들이 어찌어찌 보증인을 찾아 낸 뒤 본국으로 돌아가 영사관에서 적법한 절차대로 신청을 하려고 버스에 탔다가 그만 검문에 걸려 불법 신분이 발각된 이야기도 많이 들었다고 한다. 그럴 경우 보증인이 있다 해도 최소 5년 동안은 합법 입국이 불가능하다. 칼라비타는 이런 식으로 합법 지위를 찔끔찔끔 시혜하듯 허가하는 관행이 점차 증가하는 현상을 지적하면서 "이민자들의 불확정적인 신분과 필요해서 마지못해 청소부를 받아들이는 당국의 정책 때문에 (…) 이민자들은 불가피하게 불법으로 살아야 한다"[9]고 말한다. 물론 이런 현상은 미국 부시 대통령이 그랬던 것처럼 합법화를 초청 노동자 프로그램과 동일시한 결과다.

미국처럼 이탈리아에서도 크리미그레이션은 상당히 인종차별적으로 시행된다. 이민자와 범죄자를 동일시하는 시각은 특정 인종을 겨냥한 검문이나 경찰의 잔악한 대우에 이민자들을 취약하게 만든다. 미국에서나 이탈리아에서나 이민자들이 범죄를 더 많이 저지른다는 증거는 없다. 그러나 이탈리아 언론은 이미 이민자들에게 범죄자의 이미지를 덧씌웠다. 베를루스코니 총리는 2002년에 경범죄를 저지른 사람과 이민자를 검거하는 "하이임팩트 작전"을 연달아 펼쳤다. 베를루스코니의 연설을 부시 대통령의 '악의 축' 연두교서에 비유한 칼라비타는, 베를루스코니가 범죄를 저지른 이민자들을 "가만히 기다렸다가 시민권을 얻어 낸 뒤 선한 군대의 보호를 받으려는 악의 군대"[10]에 비유했다고 지적했다.

다리오 멜로시는 에밀리아 로마냐 지역의 합법 거주자를 대상으로 작년 한 해동안 경찰의 검문에 걸린 적이 있는지 조사했다. 처음에 그렇다고 답한 사람 중에는 이민자보다 이탈리아인들이 더 많았지만 운전 중이 아니라 길을 걷다가 걸린 적이 있냐고 재차 물었더니 중동 출신과 아프리카 출신의 이민자들이 훨씬 더 많았다. 또 이민자 남성은 이탈리아인 남성보다 열 배 더 많았다. 활동 구역을 갈라놓으면 이민자를 표적으로 삼기가 아주 쉽다. "보시-피니법"은 서류 없는 이민자에게 세를 내주는 것을 불법으로 규정하고 있어서 이민자들은 인종별로 특정 지역에 모여 살거나 환경이 매우 열악한 집에서 살 수밖에 없고 바로 그 이유 때문에 외국인 신분이 더 잘 드러난다. 이탈리아 이민자 중 30퍼센트만이 '정상적인' 주택에서 살고 있는데, '정상'이란 주소가 분명하고 안전하며 위생 규정을 어기지 않는 주택을 말한다. 가족 전체가 길가의 판잣집에서 사는 경우도 흔한데, 이들은 경찰 단속의 손쉬운 표적이 된다.

이탈리아 감옥은 이민자로 넘친다. 제대로 변호할 수 있는 기회조차 얻지 못하는 건 흔한 일이다. 1998년에는 수감자 가운데 49.2퍼센트가 이민자였고, 그중 90퍼센트가 서류 없는 사람들이었다. 이탈리아 북부 지방의 경우 총인구에서 이민자가 차지하는 비율은 기껏해야 13퍼센트인데, 교도소를 가보면 수감자의 70퍼센트에서 80퍼센트 정도는 이민자들이다.

사이다와 마아티는 전체적으로는 그렇게 나쁘지 않다고 본다. 이탈리아인과 이민자가 일단 서로를 알게 되면 아주 잘 지낸다는 것이다. 이탈리아인들은 그들 조상이 미국이나 유럽으로 이민을 갔을 때, 그곳에서 얼마나 지독한 대우를 받았는지 잘 기억하고 있다. 이탈리아 여러 지역에서는 다양한 통합 정책을 지원하기도 한다. 〈임시체류지원센터〉는 이탈리아어 강좌와 취업 지원 제도를 운영하고 있다. 사회운동 조직인 〈이탈리아문화부흥협회〉는 주택 보조와 이민자 가정의 자녀 교육 등에 도움을 제공한다. 사이다가 사는 루파노를 포함해 몇 개 지역에서는 이민자의 권리를 지지하는 투표를 한 적도 있었다. 2006년 로마노 프로디Romano Prodi의 중도우파 정부는 마침내 이탈리아에서 태어난 모든 이민자 가정 자녀에게 시민권을 주었다. 그때까지 이탈리아는 이탈리아인 부모에게서 태어난 아이에게만 이탈리아 국적을 주었기 때문에 뉴욕에 사는 3세대 이탈리아계 미국인도 죽을 때까지 이탈리아 국적을 보유하는 판에 이탈리아에서 태어나고도 부모가 이민자인 아이들은 이탈리아 국적을 받지 못하고 있었다.

그러나 이탈리아가 이민자를 범죄자로 모는 지금의 방식을 고집한다면 진정한 통합은 불가능하다. 현재 상황은 고용주와 국가에는 엄청난 융통성을 부여하지만 이민자의 자유로운 이동은 제한하고 있다. 칼라비타는 이탈리아의 처벌 위주 정책을 가리켜 '상징적인 법들'이라고 말하는데, 이것으로는 결코 이주민의 흐름을 끊을 수 없고, 이민자의 권리만 침해할 뿐이다. 2007년 유럽으로 들어오는 길에 사망한 것으로 추정되는 이민자만 8천8백 명에 이른다. 이조차도 이민권을 옹호하는 단체들이 추산한 실제 사망자 수에는 훨씬 못 미친다.[11] 칼라비타는 이민자들이 제대로 이탈리아에 통합되면 그들은 이탈리아 사람처럼 행동할 것이고, 그렇게 되면 이민자들이 가지고 있던 경제적 가치와 그 가치를 만들어 내는 특성이 사라질 거라고 말한다. 칼라비타는 학자인 마우리치오 암브로시니Maurizio Ambrosini의 말을 인용한다.

아주 엄격한 경제적 관점에서 최상의 이민자는 (…) 지금 막 도착한 데다 열심히 일할 자세가 된 사람이고, 의료보험이나 기타 사회 서비스를 요구하지 않는 사람이다.[12]

그러나 지금까지 살펴본 대로 초청 노동자들이 잠시 머물며 열악한 환경에서 돈을 좀 벌다가 결국에는 자기 나라로 돌아갈 거라는 이탈리아인들의 환상은 전혀 현실에 바탕한 것이 아니다. 이탈리아의 상황이 아무리 끔찍해도 적어도 살아남을 수는 있고 다른 곳으로 이동할 수도 있기 때문이다.

이민자들의 바람과 이민 유입국 사이의 이러한 갈등은 미국처럼 유럽 전역에 널리 퍼져 있다. 북유럽 국가는 1950년대부터 시작해 지금까지 초청 노동자 제도를 유지하고 있는데 이러한 갈등 때문에 시민권이 없는 인종적 소수자 집단이 생겼다. 문제는 이런 집단이 점점 증가하고 있으며, 그것도 극적이고 위험한 방식으로 증가하고 있다는 것이다. 프랑스의 북아프리카 이민자들은 몇 년 동안이나 인종별 검문과 경찰의 폭력, 사업장의 인종차별에 이의를 제기했다. 장 마리 르 펜Jean-Marie Le Pen이 이끄는 프랑스의 우익들은 이민자들을 표적 삼아 신랄한 말로 공격을 했다.[13] 2005년 프랑스에서는 파리의 빈민 구역 거주자들이 꼬박 3주 동안 폭동을 일으켰다. 북아프리카 출신 프랑스인 십 대 두 명이 경찰의 신분증 제시 요구에 변전소로 도망치다가 사망한 사건이 기폭제가 됐다. 프랑스 전역의 도시와 마을 274곳이 폭동의 영향을 받았고 1만 대 이상의 차량이 불탔으며 건물 약 3백여 채에서 폭탄이 터졌다.[14]

프랑스 정부는 빈민 구역과 갱단이 깊이 연루돼 있다는 분위기를 조장하면서 이민자들과 소수민족 집단을 일제 검문하는 것으로 반응했고, 물론 이민법도 더 엄격하게 제한했다. 분석가들은 가난한 사람들이 정치적으로 소외되고 경찰관과 빈민가 유색 인종 청년들 사이에 신뢰가 완전히 무너진 점 등과 같이, 훨씬 더 큰 문제들이 이번 소요 사태의 원인이라고 지적했다.[15]

그해 말 도미니크 드 빌팽Dominique de Villepin 총리는 "이민자 가족의 재결합"을 제한하고, 이민자들이 프랑스 국민과 결혼해 합법 지위를 얻는 것도 앞으로는 더 어려워질 거라고 발표했다. 뿐만 아니라 유럽연합 회원국 출신이 아니면 학생 신분으로 프랑스에 들어오는 일도 더 어려워질 거라고 선언했다. 결국 회원국 출신이 아닌 학생 90명 이상이 추방됐다.[16] 그러나 양면적인 정책도 계속됐다. 2008년에는 니콜라스 사르코지 대통령이 빈민 구역을 재건하고 그 지역에 4만 5천 개의 일자리를 창출할 안을 발표했다. 그러나 사르코지 대통령은 이미 몇 달 전에 다른 11개 유럽연합 회원국들이 시행하고 있는 DNA 테스트를 이민 신청자들에게 요구할 생각이라고 발표한 바 있다. DNA 테스트를 통해 프랑스에 들어오려는 아이가 정말로 이민자의 자녀가 맞는지를 판별할 생각이었다. 이에 반대하는 사람들은 DNA 테스트가 프랑스인과 이민자에게 이중 기준을 적용하고 있다고 지적했다. 프랑스인들은 부모자식 관계를 혈연뿐만 아니라 선택의 관계로도 본다. 그래서 만일 어떤 프랑스 사람이 어떤 아이를 자기 자식이라고 인정하면 그들은 바로 가족으로 인정받을 수 있다.

프랑스는 이민자들의 권리에 제약을 가해 이미 널리 퍼진 유럽연합 방식, 즉 비유럽인의 접근을 막는 것을 기본으로 하여 자국민의 정체성을 유지한다는 방침을 따른다. 사회학자 다리오 멜로시의 지적대로, "국경은 열렸지만 유럽보다 못 사는 나라 출신이거나 열린 국경이 정말 절실히 필요한 사람에게는 해당 사항이 아니다." 멜로시는 유럽연합이 수립되며 제기된 정체성 문제에 가장 잘 대처할 수 있는 사람들이 실은 제3세계 출신 이민자들이라는 점은 매우 역설적이라고 지적한다. 제3세계 이민자들은 자유로이 이동하고 "어느 특정 국가에 대한 충성심에 얽매여 있지도 않으며," 유럽을 하나의 통합된 정치체로 만드는 데 엄청난 장애물이었던 "전통과 유산이라는 무거운 짐의 방해를 받지도 않는다."[17]

　그러나 이런 지적은 오늘날 이민자를 바라보는 주류 시선과 거리가 멀다. 대신 유럽은 이민자의 접근을 막아 줄, 더 정확하게 말하자면 어쩌면 일단 그들이 들어오면 절대 이동하지 못하게 할, 더욱 엄격한 조치를 찾고 있다.

　유럽이 이렇게 돌아가고 있을 때 모로코는 청년들을 해외로 내보내 돈을 벌어오도록 부추기는 동시에 유럽으로 가려고 하는 사하라 이남 아프리카인들을 더욱 가혹하게 단속했다. 모로코 북쪽 국경에는 세우타와 멜리야라는 지역이 있는데 이곳은 현재 에스파냐가 점령하고 있다. 일단 세우타까지 오면 유럽연합의 기준에 따라 에스파냐는 아프리카인들을 추방할 수 없다. 그래서 둘레 8킬로미터의 세우타를 6미터 높이의 가시철조망 두 개로 둘러치고 모로코 순찰대가 경비를 선다.[18] 그래도 이 철조망을 넘어가려는 사하라 이남 아프리카인이 매년 수천 명에 달한다. 『뉴욕타임스』 보도를 보면 모로코 경찰이 사람들에게 발포해 다섯 명이 죽고 약 1백 명이 부상당한 일이 있었다. 두 명은 총에 맞았고 한 명은 과다 출혈로 죽었으며 다른 한 명은 공포에 질려 있었다고 한다. 몇 달 뒤인 2005년 9월과 10월에는 철조망을 넘으려고 했던 11명이 모두 사망했다. 에스파냐 정부는 철조망 담장을 두 배 높이는 것으로 대응했다.

휴가가 끝날 무렵 맘두는 형 모하메드의 무덤을 찾았다가 수백 킬로미터를 걸어서 사막을 건넌 것이 틀림없는 비쩍 마른 아프리카인 이민자들이 주차장에서 푼돈을 구걸하는 것을 보고 마음이 찢어졌다. 맘두는 이것이야말로 이주는 세계적 현상이며, 인간은 가난한 나라를 떠날 수밖에 없다는 사실을 보여 주는 뚜렷한 증거라고 생각했다. 모로코도 빈곤국이지만 모로코보다 훨씬 더 가난한 나라 사람들은 다른 곳으로 가는 것 말고는 살 방도를 찾지 못해 모로코로 온다. 모로코는 세계화 단계에 진입했지만 멕시코처럼 불완전한 방식으로 진입했다. 기업과 소수 특권층은 자본을 자유로이 옮기지만 노동자들은 정부와 민영기업의 틈바구니에서 힘을 기를 수 없다. 사실 노동자가 불평등한 지위에 묶여 있기 때문에 소수 특권층이 자유로이 이동할 수 있는 것이다.

맘두는 현재 삶에 만족하고 모로코를 떠난 것을 후회하지는 않지만 이민 그 자체가 진정한 민주주의가 수반된 훌륭한 경제 발전 계획을 대체할 수는 없다는 사실을 깨달았다. 모하메드 6세는 몇 가지 중요한 변화를 가져왔지만 정부는 모든 모로코 국민에게 완전한 시민권을 보장해 주지 못한다. 그러려면 소수 특권층이 권력이나 돈, 노동에 대한 통제권 같은 것을 포기해야 하기 때문이다.

그러나 가난한 나라는 홀로 변화를 일으킬 수 없다. 가난한 이민자들을 받아들인 부유한 국가들은 이민자의 노동을 취했다가 더 이상 필요하지 않으면 돌려보낼 목적으로 이민법을 만들었다. 미국처럼 유럽도 이민자가 유입될 수밖에 없는 조건 때문에 이주 현상이 일어났다는 사실과, 이민자들이 경제 안정과 성장에 큰 기여를 했다는 사실은 인정하지 않은 채 이민을 초래하는 조건만 만들어 놓고 손을 씻어 버렸다. 그래서 부유한 나라들은 이민자 처벌과 이민자 통합 사이에서 이랬다저랬다 갈팡질팡하는 것이다. 이러한 양상은 대체로 고용주들에게 더 많은 융통성을 주었고 규제론자들에게는 정치적 승리를 안겨 주었다. 그리하여 고용주들은 노동 비용을 계속 깎을 수 있었고, 규제론자들은 국가 안보와 국민 정체성을 수호하는 시늉을 할 수 있게 되었다.

명색이 '계몽된' 유럽에서, 거기에다 세계화 문턱까지 다다른 시대에 살면서도 이민자들은 인간으로서의 존엄을 포기한 채로 고국에도, 새 나라에도 소속되지 못하는 처지에 놓여 있다. 유럽연합은 우리가 하나의 세계에 살고 있으며 서로에게 책임이 있다는 원칙 아래 수립되었다. 이 원칙을 더 확대하면 지구 전체를 포용할 수도 있다. 그러면 이민정책은 〈모로코인권협회〉가 그들의 좌우명으로 선언한 다음 말처럼, 소수 특권층만 배불리는 세계화가 아니라 완전한 세계화의 한 요소가 될 수 있다.

"세계화는 상품만이 아니라 모든 것, 모든 사람을 위한 것이다."

10장

# '모두'는 '모두'라는 뜻

세계화 시대
이주와
시민권 문제

맘두에게 이민자는 다른 사람들과 다를 게 없었다. 이주는 인간 본능의 핵심 요소다. 인류는 지구를 차지한 이후로 노예 신분과 탄압, 가난과 굶주림에서 벗어나기 위해 끊임없이 길을 나섰다. 인류는 시골에서 도시로, 이 나라에서 저 나라로 이동했고 되돌아오기도 했다. 그렇게 이주해 온 사람들은 제 나라에서 특별히 게으르지도, 특별히 야심 없이 살지도 않았다. 만약 이주하지 않았다면 그들은 미국에서 만난 여느 미국인과 크게 다르지 않았을 것이다. 더 좋을 것도 더 나쁠 것도 없는 사람들이란 말이다. 종교가 있는 사람도 있고 없는 사람도 있었다. 아이가 있는 사람도, 독신인 사람도 있었다. 친절한 이도 있었고 비열한 이도 있었다. 대부분은 먹고살기 위해 그리고 더 나은 삶을 위해 자신에게 주어진 일을 이성과 도덕에 어긋나지 않는 선에서 주저 않고 해냈다. 그러므로 이민자들은 과일을 따고 그물을 끌어 올리고 세탁을 하기 위한 팔 한 쌍을 가진 존재 그 이상이다. 맘두는 어딘가에 사는 누군가를 부유하게 만들어 준 사람들은 바로 이민자들이며, 이민자도, 평범한 미국인도 그 부의 정당한 몫을 받지 못했다는 것을 노동자로서 그리고 조직가로서 알게 됐다.

　맘두가 겪은 모든 일을 따라가다 보면 맘두의 삶에 영향을 미친 중대한 현실들이 오늘날 이민정책 논쟁에서 간과되고 있다는 사실을 알 수 있다.

　첫째, 세계화는 완수되지 않았다. 신자유주의 경제가 전 세계로 확장되면서 기업은 힘과 유연성을 추가로 얻었다. 정부의 역할은 줄어들고 노동법을 시행할 힘도 약화된 반면, 기업 활동에는 규제가 풀리고 세금과 관세도 낮아진 덕분이다. 이민정책은 노동자의 이동성을 제한해 기업이 노동자보다 우위에 서게 했다. 미국에 오고 싶어하는 사람들은 많지만 그중 3분의 2만 합법적으로 들어올 수 있다. 제 나라의 궁핍한 삶보다 더 나은 삶을 원하는 사람들은 할 수 없이 서류를 갖추지 못한 채 이주에 나서야 한다. 이런 사람들이 매년 수만 명이다.

미국인들이 당연히 느낄 수밖에 없는 경제적 불안감의 상당 부분은 다음과 같은 경제 모델에서 연유한다. 공립학교는 기금 부족에 시달리고 건강보험은 너무 비싸다. 정부가 계속해서 부자들의 세금을 깎아 주면서 건강보험을 공적 책임이 아니라고 말하기 때문이다. 기업 엘리트들이 부와 권력을 축적하는 일이 공공선보다 중요한 세상이다. 그러나 미국인들은 신자유주의 정책을 바꿀 방법을 찾기보다 미등록 이민자들을 솎아 내는 일에만 집중한다.

둘째, 이민 규제론자들은 미국의 문화 정체성을 보존할 권리 운운하며 〔이민자에게 불리한〕 이민정책을 정당화한다. 신자유주의가 초래한 경제적 손실로 고통을 겪으면서, 그리고 9.11이라는 강도 높은 집단 트라우마에 동조하면서, 일부 미국인들은 '진짜 미국인'이라는 이미지를 고정시킨다. 자신은 안전하다고 느끼고 싶기 때문이다. 이민 규제론자들은 외국인을 심지어 동물에 비유하는 등, 이민자들을 인간으로 취급하지 않는 수사를 사용하고 그런 이미지를 유포했다. 규제론자들은 대테러 작전의 일환이라며 무슬림과 남아시아인과 아랍인들을 일제 검거했지만 테러와 관련 있다고 확인돼 체포 영장이 발부된 사례는 단 한 건도 없었다. 모든 멕시코인이 불법 이주자 취급을 받았고, 테러범과 소위 '불법 이주자'가 동일선상에 놓였다. 그리하여 이민법은 점점 형법과 하나로 통합되더니 결국 크리미그레이션이 되었다. 경제, 사회, 국가 안보 차원의 논의가 이민자들에게 적대적인 방향으로 확산되면서 제일 용감무쌍한 규제론자들은 허가 없이 입국한 사람은 물론 모든 이민자들을 공격하기 시작했다.

마지막으로, 크리미그레이션은 이민자와 미국 시민을 적대 관계로 설정한다.

이런 상황일수록 우리는 모두에게 혜택이 되고 효과적인 새 정책을 만들기 위해 힘을 모아야 한다. 이민자 처벌 정책은 부정적인 결과를 낳고 사회구조를 파괴하며 인종차별주의를 부추긴다. 또한 처벌 위주 정책은 이민자들이 경제와 정치, 문화에 기여하는 바를 과소평가한다. 이민자들은 노동과 납세와 소비를 통해 경제에 기여하고, 노동자 조직 활동을 통해 정치에도 기여하며, 고유 음식과 언어, 다양한 가족 모델을 보여 줌으로써 문화에도 이바지하고 있다. 이민자와 미국인이 서로의 이익을 강화하는 방식에 관심을 돌린다면 우리는 모든 사람의 삶을 개선할 수 있다.

미국인과 이민자가 만나 실제로 이야기를 나누다 보면 같은 이익을 상당히 많이 공유하고 있다는 사실을 금세 깨닫게 된다. 이를 뒷받침하는 증거들도 많다. 수많은 미국인들이, 어쩌면 대다수 미국인들이 일단 이민자와 만나 보면 둘 사이에 맺어진 진정한 관계를 알게 될 것이다.

따라서 미국인들은 우리는 누구이며, 무엇을 원하는지를 놓고 근본적인 선택을 해야 한다. 규제론자들이 닦아 놓은 길을 따라 걷는 것이 한 가지 선택이 될 수 있다. 미국인의 정체성은 절대 불변이라는 관념을 신봉할 수도 있다. 그리고 그렇게 규정한 정체성을 지키기 위해 흐릿한 향수 속에 살면서 타자를 차단해 버릴 수도 있다. 어려운 시절이 닥치면 내 앞가림이 제일 중요하니 만큼 피부색과 모국어를 기준으로 어느 편에 서야 할지 선택할 수도 있다. 이 길로 접어든 사람은 자기편이 누구인지 규정하고 타자를 뿌리째 뽑아내고 외부인이 우리 몫을 뺏어 가지 못하게 막는 데 남은 평생을 바칠 준비를 해야 한다. 결국 이런 식의 배제 정책은 일단 인종과 민족을 기준으로 삼고, 그 다음에는 가난, 직업, 성, 나이 등을 기준으로 삼을 것이다. 이렇게 예상하는 것은 그리 대단한 억지도 아니다. 어쩌면 이미 우리는 이런 길을 가고 있는지도 모른다.

다행히, 다른 길도 있다. 우리는 노동자와 기업가의 힘을 동등하게 하고, 사람들을 이주하게 만드는 조건을 바꾸기 위해 두 가지 전선으로 나아갈 수 있다. 첫째, 합법 이민을 확장하고 이주 노동자의 권리를 보호하는 새로운 이민법 체제가 필요하다. 새로운 이민법이 생기면 미등록 이민자뿐만 아니라 미국 노동자들도 즉각 혜택을 입는다. 엄청나게 공급되는 착취 가능한 노동력과 경쟁하지 않아도 되기 때문이다. 이런 이민정책은 국가 차원의 경제정책같이 큰 맥락에서 만들어져야 한다. 그 예로는 노동 착취와 차별 대우로부터 노동자를 보호하고, 공공 부문에 일자리를 많이 창출하고, 적절한 사회적 안전망을 제공하고, 누구나 접근할 수 있고 이용할 수 있는 직업 훈련과 교육의 기회를 개발하는 것 등을 들 수 있다. 이런 체제로도 혜택을 못 보는 사람이 있을 것이다. 이를 위한 기금은 세금으로 충당해야 할 테니, 부자들은 결국 뭔가를 내놔야 할 것이다.

　다른 길을 선택하려면 우리는 지금, 여기서 살아가는 사람들에게 덧씌워진 불법이라는 오명을 벗겨 내야 한다. 그래야 그들도 미국 사회에 통합될 수 있다. 그때야 비로소 전 세계 보통 사람들의 삶을 개선시켜 줄 세계화 정책을 다함께 만들 수 있을 것이다. 사실 최소한의 변화만 있어도 현재 미등록인 사람들을 합법화할 수 있다. 우리는 즉각 그 변화를 밀어 붙여야 한다. 불법이라는 수사는 기술적으로는 맞는 말이지만 우리가 그 말을 차별적으로 적용한다는 게 문제다. 사실 그 말은 미등록인 아일랜드 사람에게는 적용되지 않는다. 누군가에게 '불법' 딱지를 붙이는 것은 미국의 근본 가치인 공정함에도 위배되며 사람을 인간으로 대우하지 않는 처사이자 진정한 해결책을 찾을 수 있는 우리의 능력을 가로막는 일이다. 어떤 사람이 이민법이 아닌 다른 어떤 법을 어겼다고 하자. 그래도 우리는 그 사람 존재 자체에 불법이라는 오명을 씌우지는 않는다. 미국 사회를 통합하고 싶으면 이민법을 어긴 사람들이 대가를 치른 뒤 다시 일어설 수 있는 길을 열어 주어야 한다. 철학자이자 정치인이었던 프랜시스 베이컨은 말했다. "화해는 사면을 통해야 제대로 달성할 수 있는 것으로, 이미 지나간 것을 마침내 완전히 잊는다는 뜻이다." 이 말은 "화해reconciliation"라는 말을 처음 쓴 사례 중 하나다. 이민법의 경우에는 아무런 대가도 치르지 않고 반드시 전면적인 사면을 해야 할 필요는 없다. 벌금을 내고 규정을 지킬 것을 요구하는 등, 잘못된 것을 바로잡는 합리적인 방법이 있으니 말이다.

이와 동시에 전 세계의 부를 나누고 정치적 권리를 동등하게 만들 방법도 찾아야 한다. 전 지구적인 평등이 달성될 때까지 사람들은 공공 보건이나 교육제도가 미비한 나라에서 더 잘 갖춰진 나라로, 임금도 낮고 노조도 없는 나라에서 적절한 임금과 노조가 있는 나라로 계속 이주할 것이다. 또한 정치적 탄압을 피해 인권을 존중하는 나라로 가려고 할 것이다. 초국가적 복지 체계와 글로벌한 노동권을 구축할 수 있는 방법을 둘러싸고 창의적인 생각들이 많이 오가고 있다. 유럽연합도 그런 창의성을 일부 발휘한 결과며, 전 세계의 경제학자들과 정치 이론가들도 희망적인 제안을 내놓고 있다.

힘의 평등과 글로벌한 기회의 평등이라는 이 두 전선을 향해 동시에 나아가는 일이 매우 중요하다. 현재 고통을 겪는 이민자들과 미국인들에게 즉각 안정을 되찾아 주어야 한다. 그들은 새로운 세계화가 자리 잡을 때까지 기다릴 수 없다. 우리의 세계화 프로젝트를 완수하기 위해 지금 움직이지 않으면 앞으로 20년 동안은 계속 자멸적인 논쟁의 구렁텅이에서 헤어나지 못할 것이다. '단속 대 사면' 논쟁에만 갇혀 있다 보면, 이민자 사회 전체는 범죄자 취급을 받을 것이고 이주민을 엄청난 위험에 빠뜨리면서 우리는 아무 실효 없는 단속에 돈과 에너지만 소모하게 될 것이다. 단속을 하면 허가를 받았든 받지 않았든, 한동안 이주가 줄긴 하겠지만 곧 다시 상승할 것이다. 1920년대 수준으로 합법 이민자 수를 줄이자는 가혹한 주장도 나온다. 그러나 이러한 정책은 지금껏 그래 왔듯, 미등록 이민만 더욱 부추기는 결과를 낳을 것이다.

현재 방식을 고수하는 것은 사회적으로도 경제적으로도 엄청난 비용이 든다. 크리미그레이션 정책을 고수하면, 손님을 환영하고 가족을 지향한다는 전통적인 미국의 이미지가 치명적 손상을 입을 테고, 이는 미국의 사회조직에도 지대한 영향을 미칠 것이다. 논리적으로는 현재 미국에 거주하는 미등록 이민자 1천 2백만 명을 쫓아내고 앞으로 누구도 입국하지 못하게 막을 수 있다. 그러나 이를 위해 치러야 할 사회·경제적인 비용은 합법화를 택했을 때 드는 비용보다 훨씬 더 크다. 테러 걱정을 하지 않아도 된다면 어떤 비용이든 대겠다는 사람도 있겠지만, 그런 정책이 정말 미국인을 지켜 주리라는 보장은 어디에도 없다.

이민 논쟁은 연방 정부 차원에서만 일어나지 않는다. 사회 분위기와 법 감정이 점점 가혹하게 변하자 2003년에서 2007년 사이 미국의 몇몇 주와 40곳 이상의 도시와 마을에서 국회가 행동에 나서지 않으니 직접 국경 수비에 나설 수밖에 없다면서 미등록 이민자를 내쫓을 정책을 채택했다. 가장 최근에 알려진 바로는 100개 이상의 도시와 마을이 비슷한 안을 놓고 논쟁 중이라고 한다.

미등록자에게 공공복지나 운전면허증을 불허하는 데 중점을 두는 주도 여러 곳이다. 콜로라도 주와 조지아 주를 비롯한 다른 네 개 주들은 미등록 이민자들이 공공서비스를 받을 수 없게 하는 법을 통과시켰다. 연방법에는 이미 그런 금지 조항이 들어 있지만 지역에 따라 몇 가지 금지 조항이 더 추가됐다. 성인을 위한 읽기 - 쓰기 강좌나 노인을 위한 가사 보조 제도가 거기에 들어간다. 노스캐롤라이나 주는 미등록 이민자 자녀의 커뮤니티 칼리지 입학을 불허하는 안을 놓고 논쟁 중이며, 애리조나 주와 오클라호마 주는 미등록 이민자에게 아이를 낳아도 출생증명서를 발급해 주지 않는 안을 고려하고 있다. 미등록 이민자에게 운전면허증을 발급하는 주도 차츰 줄어들고 있다. 2007년 기준으로 7개 주만이 면허증을 발급해 주는 실정이다.

각 지역의 조례는 미등록 이민자에게 집을 세놓거나 그들을 고용한 사람까지 처벌하는 게 일반적이다. 또 경찰관이나 사회복지사는 미등록자라는 의심이 들면 반드시 이민 서류를 확인해야 하는데 이는 분명 인종별 불심검문을 조장하는 조치다. 이민자면 무조건 범죄자로 취급하는 경우도 있다. 코네티컷 주 하트포드 시는 현행범의 경우 이민 서류가 없다는 의심이 들면 무조건 체포하도록 했다. 이외에도 일용직 노동자들이 길거리나 주차장에서 일거리를 찾아 서 있는 것을 금지한 도시도 수없이 많다. 어느 지역 의회는 미국식 생활방식을 보존한다는 명목으로 미등록자는 물론 모든 이민자들에게 영어만 사용하도록 했다.

처벌 위주의 지역별 조례를 주장하는 사람들은 반이민이나 인종주의라는 비난을 받으면 아니라며 큰소리친다. 그러나 그들이 사용하는 수사와 그들이 내세우는 해결책이 표적으로 삼는 대상을 보면 반이민주의나 인종주의 말고는 달리 정확하게 표현할 말이 없다. 앨릭스 코틀로위츠Alex Kotlowitz는 『뉴욕타임스』에 그런 사례 하나를 보도했다. 일리노이 주 카펜터스빌 의회 선거에 나선 후보자 한 명이 다음과 같은 문구를 적은 안내문을 배포한 뒤 당선됐다는 것이다.

"불법 외국인은 식품 지원 제도로 식품을 사고 4만 달러짜리 차를 몰고 벌써 휑하니 가 버렸는데, 당신은 아직도 계산대에 붙들려 있는 게 이제 신물 나지 않습니까?"[1]

의회가 구성되자 제일 먼저 영어 전용 조례안이 발의됐다. 지역 의회 의원들은 영어를 할 줄 모르고 끔찍한 범죄나 저지른다는 식의 그럴 듯한 비난을 이민자들에게 퍼부었다. 그러고서는 멕시코인들은 근본적으로 자신들과 다르다고 했다. 자신들은 "이 나라를 위대하게 만든" 초기 이민자들의 후손이라는 것이다. 그들의 말장난은 금세 인종차별적 발언으로 이어졌다. 멕시코계 미국인 2세인 애덤 루이스는 카펜터스빌 의회 회의에서 만난 남자에게서 이런 소리를 들었다.
"이 회의는 백인만 참석하는 회의인데요."[2]
이민자들은 서류가 있든 없든 이제 이곳을 떠나려고 한다. 그들이 갈 곳은 아직 많기 때문이다. 카펜터스빌 동부의 부동산 중개업자들은 코틀로위츠에게, 팔려고 내놓은 집이 작년에 비해 두 배가 늘었다고 했다.
"본인이나 가족이 불법이어서, 아니면 그냥 이곳 분위기가 하도 안 좋아서 뜨고 싶다는 사람도 있습니다."
의회가 내놓은 안 때문에 사람들이 분열되자 한 아이 엄마는 자녀들이 위험한 꼴을 당할까 겁이 나서 공립학교에서 가톨릭계 학교로 전학을 시켰다고 한다. 어떤 남성은 아예 자기 소유의 집을 팔려고 내놓았다. 백인 토착주의자들이 라티노 인구가 줄어든다고 자축하는 도시들도 있다. 상업 지구 전체가 문을 닫은 도시도 있다. 이민자들은 떠날 때 그냥 떠나지 않는다. 그들이 벌이던 사업과 소비세와 재산세로 내던 돈, 그리고 노동력까지 다 가지고 떠난다. 연방 학교 운영

기금은 학생 수에 따라 배정되니까, 아이를 사립학교로 전학시키면 그 아이가 다니던 공립학교는 돈을 잃는 셈이다.

미국의 단속 체제는 인종주의를 제도화한다. 사업장을 급습해 체포한 미등록 이민자 수는 2002년에서 2006년 사이 5백 명에서 3천6백 명으로 일곱 배나 증가했다. 그렇게 급습하는 이유는 범죄를 예방하기 위해서라고 하지만 범죄와 이민은 아무런 상관이 없다. 그 실효성이 의심스러운 대목이다. 콜로라도 주 그릴리에서는 연방 요원들이 스위프트 정육 공장을 급습했다. 신분증 도난 사건과 관련해 수색한다고 했지만, 거기서 체포된 사람들 중 가짜 사회보장 카드를 가진 사람들은 25퍼센트에도 미치지 못했다.

보통 사람들은 이런 수색에 숨은 인종차별적 성격을 제대로 파악하지 못한다. 콜로라도의 한 활동가는 그릴리 주재 『가디언』 특파원 게리 영Gary Younge에게 이렇게 말했다.

"그들은 노동자들을 수갑에 채워 데려갔어요. 그러면서, 왜 사장은 안 잡아가는 거예요? 애스펜이나 베일에 있는 고급 스키 휴양지는 왜 급습하지 않죠? 라스베이거스는요? 그런 데는 미등록 노동자가 없으면 영업이 안 돼요. 만약 거기를 급습하면 부자들이 난리겠죠."[3]

미등록자들을 대규모로 고용하는 호텔과 레스토랑에서 수색이 이루어진 적은 거의 없다.

지하 세계로 내몰수록 이민자들은 그만큼 범죄에 취약해지고 법을 집행하는 과정에서도 이민자들의 협력을 얻기 힘들어진다. 세실리아 무뇨스는 가짜 검문에 걸려 할 수 없이 돈을 주고 풀려난 이민자들의 사례를 정기적으로 보고받는다. 남부 캘리포니아에서 부부 한 쌍이 라티노 소년을 잡아서 수색한다며 옷을 뒤지고는 돈을 몽땅 뺏은 사건이 있었다. 부부는 결국 체포되었는데 당시 그들은 카운티 부보안관 제복차림이었다.[4] 경찰관 두 명이 우연히 그 장면을 목격하고 부부의 차를 뒤쫓았다. 부부는 이런 식으로 스무 명이 넘는 이민자들의 돈을 털었는데 돈을 뺏긴 이민자들 중에 신고한 사람은 아무도 없었다.

『워싱턴포스트』는 이민정책을 강화하는 "리얼아이디법"을 채택하지 않으려는 도시들이 있다고 보도했다. "리얼아이디법" 때문에 미등록 이민자들이 범죄를 당해도 신고를 하지 않는다는 게 그 이유였다. 미등록 이민자를 가족으로 둔 '등록' 이민자들도 같은 이유에서 신고를 꺼렸다. 한 과테말라 출신 미등록 이민자는 텍사스 주에서 여러 차례 강도를 당했지만 텍사스 주에서는 경찰이 이민법을 적용하기 때문에 한 번도 그곳 경찰에 신고한 적이 없다고 했다. 그렇지만 뉴저지 주 하이츠타운에서 강도를 당했을 때는 즉각 경찰에 신고할 수 있었다.[5]

이민은 국가 안보와 아무런 상관이 없지만 대중매체는 이 두 가지를 늘 연결 짓는다. 맘두의 동료 하나가 이민과 국가 안보를 하나로 묶는 것이 얼마나 비합리적인지 잘 보여 주는 이야기를 한 적이 있다. 〈북서부지역사회조직연맹〉 회장인 리앤 홀은 〈아이다호지역행동네트워크〉 회원들을 방문하기 위해 아이다호 북부 전역을 여행했다. 2006년 홀이 회원들을 만나기 위해 캐나다 국경과 아주 가까운 위피라는 곳에 도착했을 때였다. 위피는 서서히 쇠퇴하고 있는 지역이었고 인구도 383명밖에 안 되었다. 하지만 이웃끼리 결속력도 높고 매우 우호적인 곳이었다. 홀은 그곳에서 합법화를 포함하는 이민법 개혁을 위한 싸움에 동참할 회원들을 모집할 생각이었다.

홀이 도착하고 보니 그 지역 사람들은 전부 그날 터진 엄청난 뉴스 얘기만 했다. 몇 주에 걸쳐 그곳 목재소에 총을 난사한 백인 우월주의자를 연방수사관들이 여러 달 수색한 끝에 마침내 체포한 것이다. 사람들은 홀에게 그동안 있었던 이야기를 해 주었다. 그 테러범은 빨간색 야구 모자를 쓴 채 오토바이를 몰고 다녔는데 쓰레기통을 뒤져 먹을 것을 해결했다고 한다. 또 남의 집에 몰래 들어가서는 샤워도 하고 커피까지 훔쳐 먹었다는 것이다. 그 남자는 백인 우월주의자의 근거지인 〈올모스트헤븐Almost Heaven〉 출신으로 알려졌는데 그곳에서 보그라이츠* 중령에게 군사 훈련과 야외 생존 요령을 배웠다고 한다. 백인이며,

현실적인 문제를 어려움 없이 툭툭 잘 꺼내는 홀은 회원들과 함께한 점심식사 자리에서 이민법 개혁 문제를 끄집어냈다. 홀은, "괜찮아요, 어떤 생각인지 편하게 얘기해 주세요"라며 이민법에 대한 회원들의 의견을 구했다. 잠시 주저하더니 결국 한 회원이 자기는 테러를 걱정한다고 말했다.

"그런데 이 동네에 올 여름 내내 테러범 한 명이 살고 있었다면서요. 그 사람 이민자인가요?"

홀이 물어보았다.

"아니요."

"이곳에 이민자들이 많이 삽니까?"

숲 건너편에는 토마토 따는 외국인 노동자들이 많은데 농장 주인이 임금을 제대로 쳐 주지 않는다고 했다.

"그 노동자들이 무섭습니까?"

무안한 듯, "아니요"라는 대답이 나왔다.

자기 집 근처에 무장한 백인 우월주의자가 살고 있다는 사실보다, 멕시코인 가족들이 고작 비트 밭과 낙농장, 정육 공장에서 일하려고 죽음의 사막을 건너온다는 사실에 더 겁을 내는 것은 참으로 부조리한 일이다. 그런데도 그 지역 사람들은 더는 그 문제를 건드리고 싶어하지 않았다. 회원들이 〈루 답스 쇼〉를 너무 많이 본 것 같다고 홀이 농담을 하자 모두 웃었다. 그 뒤 그들은 이런 이민자들이 처할 수밖에 없는 곤경에 대해 토론했다.

백인 미국인만 진짜 미국인이라는 관념을 자꾸 강화하면 공포와 사회적 고립 감만 생길 뿐이다. 그리고 이 공포와 고립감은 우리의 국민 정체성에 누구도 예상하지 못한 큰 해를 입힐 수 있다. 이민자 가족들이 두려움에 떨다 숨어 버리면 그들의 자녀는 막대한 심리적 상처를 입는다. 〈어번인스티튜트Urban Institute〉

---

* Bo Gritz, 미 육군 특수부대 장교 출신으로 베트남전 참전 군인이다.

가 야만적인 불시 단속 세 건을 조사한 결과 9백 명의 미등록 이민자들이 5백 명의 자녀를 미국에 남겨 둔 채 추방된 사실이 드러났다. 그 아이들 대부분은 다섯 살 미만이었다. 한 유치원 교사는 세 살짜리 어린 아이들이 아이 물건을 몽땅 챙겨 넣은 배낭과 함께 유치원에 맡겨진다고 말한다. 가족들이 급하게 몸을 숨겨야 할 때를 대비해서다.[6] 오직 백인만 미국인이라는 주장이 점점 거세지자 이민 2세대 중에는 미국에 대한 충성심을 보류하겠다는 젊은이들도 생겨났다. 티 아부 엘 하지T. Abu El Haj는 보스턴 지역 공립학교의 팔레스타인계 미국인 십 대들을 대상으로 조사를 했는데, 아이들은 여러 차례 테러범 취급을 받다 보니 비록 미국에서 태어나 중동에는 한 번도 가본 적이 없지만 자신이 미국인이 아니라 팔레스타인 사람처럼 느껴진다고 답했다. 9학년 학생 한 명은 한 번은 교장실로 불려갔는데 교사 한 명이 "투어리스트"라고 한다는 것이 무심결에 "테러리스트"라고 하더라고 했다.[7]

이런 난관에도 이민자 사회는, 특히 이민 2세대 사회는 자신이 속한 더 큰 공동체의 일원이 되기 위해 최선을 다한다. 여러 연구 결과를 살펴보면 수천 명이 꽤 끈기 있게 기다려 ESL 수업을 듣는다고 한다. 성인을 대상으로 하는 교육 부분에서 ESL 강좌가 차지하는 비중은 점점 더 빠르게 늘고 있다. 〈전국라티노선출공무원협회〉는 22개 도시와 16개 주에서 실시하는 184개의 ESL 강좌를 조사해, 절반 이상의 강좌에 대기자가 있고 개중에는 3년씩 기다려야 하는 강좌도 있다는 것을 알아냈다.[8] 자기 수준에 맞는 자리가 생길 때까지 수준에 맞지 않는 강좌를 배정받는 경우도 있으며, 중급반과 고급반에 특히 대기자가 많았다. 이민자들은 2007년에 벌금이 세 배나 올랐는데도 시민권을 취득하기 위해 줄을 선다. 그리고 아직도 전산 시스템 없이 일하는 이민 당국에는 1백만 명 이상의 대기자 명단이 쌓여 있다. 미네소타 주의 무슬림 여학생 280명은 〈걸스카우트〉에 가입했다. 한 여학생이 말했다.

"제가 〈걸스카우트〉 단원이라고 하면 사람들은 '그러니, 우리 딸도 〈걸스카우트〉인데' 라고들 하죠. 그러고는 다른 별에서 온 사람이라고 생각하지 않는 거예요. 그걸 알고 나면 기차에서 제 옆자리에 앉는 게 좀 더 편해지나 봐요."⁹⁾

『필라델피아인콰이어러』의 아프리카계 미국인 칼럼니스트 아네트 존-홀 Anette John-Hall은 영어밖에 할 줄 모르는 미국 사람들이 자기 단골 네일숍 직원들에게 영어만 쓰게 해, "활기가 넘쳐 누구나 편안하게 올 수 있었던 곳"의 분위기가 망가진 사건을 떠올렸다. 존-홀은 동네 편의점에서 일어난 사건도 들려 주었다. 한번은 그 편의점에 라티노 청년들이 들어왔다고 한다. 마치 그들이 "오사마 빈 라덴의 재림"이라도 되는 양 다른 손님들이 적대적인 시선을 던지자 그 청년들은 조용히 편의점 직원에게 말 한 마디 꺼내지 않고 커피를 사서 최대한 빨리 그곳을 빠져나갔다는 것이다. 미국인들이 바라는 게 이런 것인가?¹⁰⁾

아이다호 주 북부에 사는 홀의 회원들처럼 미국에 사는 사람 대부분은 인종차별주의를 지지하지 않는다. 그러나 더 나은 삶을 살고 싶은데 선택은 제한돼 있기 때문에 다른 걸 택하지 못하는 것 같다. 오랜 역사를 가진 미국인 공동체가 재정 위기에 처하고 경기 퇴조로 실업과 불완전 고용 상태가 증가하고, 또 의료 보조금은 줄어드는데 주택 비용은 하늘 높은 줄 모르고 치솟는 상황이기 때문에 해결책을 찾고자 하는 것은 이해할 수 있다. 주로 아프리카계, 라티노, 그리고 토착 미국인Native Americans인 저임금 노동자들에게 5퍼센트의 임금 하락은 포기하기 힘든 돈과 기회의 상실을 의미한다. 이러한 임금 하락은 이주 노동자, 특히 미등록 노동자를 착취한 결과 나타난 현상이다. 물론 문제는 책임질 사람이 누구며 해결책은 무엇이냐는 것이다. 자본의 용이한 이동은 허용하면서도 노동자의 이동은 규제하는 기업과 정부 관료들보다는 이민자들이 더 쉬운 표적이다. 기업과 정부는 건강보험이나 학교 같은 공공서비스 부문에 정부 지출을 제한하는 정책을 결정하는 당사자들이기도 하다. 그들이 25만 달러 이상을 버는 사람들에게서 세금을 조금만 더 걷어도 이라크 전쟁을 끝낼 수 있는 막대한 재원을 마련할 수 있을 것이다.

## 밑바닥 끌어올리기

이 책은 레스토랑 산업이라는 렌즈를 통해 기업 세계화가 작동하는 방식을 보여 주고 대안을 찾기 위한 원칙을 제시하고자 했다. 레스토랑에는 기업 세계화와 〈국제통화기금〉 또는 〈세계은행〉의 구조 조정 프로그램으로 제 나라에서 밀려난 노동자들이 가득하다. 언뜻 보면 납득이 안 될 수도 있지만, 산업과 지역사회를 개선하려면 위계의 가장 밑바닥에 있는 사람들을 주변으로 밀어내는 게 아니라 오히려 그들을 안으로 끌어들이는 게 핵심이다. 이는 맘두가 지나온 삶의 궤적에서도 드러나는 사실이다. 현재 레스토랑 산업은 신자유주의를 반영해 업주에게는 유동성을 부여하고 노동자는 가둬 놓는다. 그러나 개혁 성향의 레스토랑 업주들은 지역 경제가 어떻게 합리적인 임금을 지급할 수 있는지, 그리고 어떻게 모두를 위한 기회를 신장시킬 수 있는지를 보여 주었다.

레스토랑 산업에서 오가는 돈의 액수는 엄청나지만 수익은 모두에게 고루 분배되지 않는다. 생산성은 향상되고 전체 산업 규모도 성장하는데 노동자의 임금은 늘 제자리다. 경찰이 레스토랑을 수색하는 일은 거의 없기 때문에 수많은, 어쩌면 대부분의 업주들이 법을 어긴다. 새로운 일을 하려는 기업은 어디서든 자본을 구할 수 있다. 반대로 노동자들은 대안을 만들어 낼 자본력이 없다. 고용주들은 레스토랑에서 제일 좋은 자리에 백인들을 배치하는 인종적 위계를 만들어 냄으로써 유색인 노동자를 차별한다. 그리고 바로 이 위계가, 특히 소수 특권층 사이에서 미국이 백인들의 나라라는 이미지를 유지하는 단초가 됐다. 레스토랑 손님들은 고급 레스토랑에서 항상 그런 위계가 지켜지기를 기대하며 한 번도 의문을 제기하지 않았다. 레스토랑 산업에 관련된 모든 사람들은 고의는 아니라 할지라도 그런 환경을 만드는 데 일조하고 있다. 그러나 현재 체제를 받아들임으로써 치러야 할 사회적·경제적 비용이 얼마인지는 인식하지도 못한다.

아무리 세계화 시대라고 해도 세계 경제는 실제로는 지역에 기초한다. 경제성장의 핵심 원천 가운데 하나인 레스토랑도 아웃소싱이 불가능하다는 점에서 좋은 일자리를 창출하는 산업임에 분명하다. 그렇기 때문에 레스토랑은 충분한 임금과 승진할 수 있는 기회를 마련해 지역사회에 새로운 경제구조를 구축하는 법을 제시해 줄 수 있다. 레스토랑 산업은 성장 중이다. 〈미국레스토랑협회〉에 의하면 레스토랑 산업은 미국의 민간 부문에서 가장 규모가 큰 산업이다.[11] 노동부는 2002년에서 2004년 사이 뉴욕에서 가장 많은 일자리를 창출한 산업 중 하나로 레스토랑 산업을 꼽았다.[12] 레스토랑 업계의 성장세는 다른 주에서는 더 두드러진다. 2004년에서 2014년 사이 레스토랑 일자리는 애리조나 주에서 25퍼센트, 조지아 주에서 25퍼센트, 네바다 주에서 23퍼센트, 캘리포니아 주에서 15퍼센트 성장할 것으로 예측됐다. 이런 성장세는 대규모 레스토랑 체인 때문이고, 이런 체인들은 조그마한 구멍가게 수준이 아니라 얼마든지 노동법을 준수할 수 있는 자본력이 든든한 대기업들이다. 만일 그들이 노동법을 준수하지 않으면 소규모 레스토랑 주인들은 그들과 경쟁하느라 고생을 좀 해야 할 것이다.

지금과 같은 방식이 계속되리라는 법은 없다. 노동법을 준수하고 노동조합을 만들 권리를 보장하는 레스토랑도 있으며 직원에게 건강보험을 반드시 제공하고 직업 훈련과 승진 제도를 시행하며 그 지역에서 난 식재료를 구입해 2차적인 일자리를 창출하는 데 도움을 주는 레스토랑도 있다. 이런 사항을 모두 지키면서도 썩 괜찮은 이윤을 낸다는 점이 더 중요하다. 그런 레스토랑 업주들은 고용자로서 자신의 유연성에도 한계가 있다는 점을 인정하고 저임금에 최대 이윤이라는 옹졸한 목적이 아니라 레스토랑에 몸담고 있는 모두가 가장 높은 수익을 올릴 수 있도록 신경을 쓴다. 여기서 더 나아가 레스토랑은 문화 교류의 중요한 장이기도 하다. 미국 시민들은 레스토랑에서 서로 어울리면서 자기 나라와 세계에 가장 쉽게 다가갈 수 있다. 레스토랑 안에서 인종 위계를 없애면 우리는 레스토랑 바깥에서도 더 평등한 문화를 만들 수 있다.

모든 레스토랑이 이런 길을 가다 보면 식대가 올라 손님들이 오지 않을 거라는 주장도 있다. 그러나 노동법을 지키고 노동자를 착취하지 않고도 소규모 레스토랑이 살아남을 수 있도록 도시가 할 수 있는 일들이 있다. 예를 들어 레스토랑 임대료에 세금 우대 혜택을 줄 수도 있다. 다국적기업들은 도시, 주, 해당 국가에서 늘 세금 우대 혜택을 받는다. 그 밖에도 공공 의료보험이나 다른 보험료를 조정해 고용주가 부담해야 하는 경비를 줄여 줄 수도 있다. 이런 제도를 시행하려면 돈이 많이 들 것 같지만 다른 분야에서 아끼면 된다. 보험이 없는 노동자라 할지라도 다치거나 아프면 응급의료 혜택을 받을 수 있는 것과 마찬가지로 말이다. 지금 당장 이런 비용들에 신경을 쓰는 사람들은 없는 것 같다. 이런 비용들은 눈에 보이지 않는다. 평범한 사람들이 볼 수 있는 유일한 비용은 메뉴판에 적힌 식대뿐인데, 사실 그 식대는 음식에 들어가는 진짜 비용을 은폐하고 있다.

그렇다면 이민정책은 노동자 조직을 보호하고 노동자들에게 최소한의 노동 기준보다 더 나은 조건을 제공하는 방향으로 나아가야 한다. 자국민이나 이주민 모두를 위해서 말이다. 바로 이런 맥락에서 쉴라 잭슨 리 의원은 새로운 이민법안을 마련했다. 이 법안은 영주권 발급 수를 늘리고 초청 노동자 제도를 폐지하고 미등록 이민자들이 시민권을 얻을 수 있게 하며 노동조합을 조직할 권리도 보장받을 수 있는 내용을 담고 있었다. 법안에는 새로운 직업 훈련 프로그램도 포함됐는데, 대상은 실직 상태거나 불완전 고용 상태에 있는 미국인 노동자들로, 이들 대부분은 흑인이거나 시골 출신이거나 젊은 사람들이다.

잭슨 리 의원의 법안은 국회에서 공청회를 열 기회조차 얻지 못했고 미국인을 위한 직업 훈련 프로그램도 언론의 관심을 거의 받지 못했다. 그렇지만 이처럼 독창적으로 생각할 줄 아는 공직자가 있다는 사실만큼은 고무적이다. 진정한 해결책을 찾는 사람들이라면 리 의원 같은 공직자를 지지해야 한다.

이런 원칙에 따라 나온 아이디어는 그 외에도 많다. 세실리아 무뇨스는 기업이 계속해서 초청 노동자 제도를 고집한다면 이민자들이 직접 자기 비자를 관리할 수 있어야 하고, 이민자들에게 미국에 머물면서 영주권을 신청할 수 있는 선택권을 줘야 한다고 했다. 『교외의 노동 착취 현장Suburban Sweatshops』의 저자이자 "워크플레이스 프로젝트"를 만든 제니퍼 고든은 '노조 기반 이민'을 제안하는데, 이 제도가 시행되면 노동자들은 진정으로 초국적인 노조에 가입할 수 있게 된다. 그렇다고 노동자들이 기업만큼 이동의 자유를 누릴 수 있는 건 아니지만 이주 노동자와 고용주 관계를 동등하게 만드는 출발점은 될 것이다. 우리가 할 수 있는 가장 작은 일이 바로 합법화다. 결국 그렇게 될 것이다. 현실과 기업 정책이 모두 합법화를 요구하고 있기 때문이다. 그러나 우리는 좀 더 큰 맥락에서 관대한 합법화를 위해 싸울 필요도 있다. 그렇지 않으면 합법화의 혜택은 금세 시들해질 것이다.

마크 크리코리언은 미국 경제가 지난 세기와는 사정이 너무나 다르기 때문에 합법화 요구는 말도 안 된다고 생각한다. 크리코리언에 따르면 초기 이민자들은 개혁과 성장이 최고조에 달하던 시기, 주로 중공업 경제로 흘러들어 갔다. 그러나 오늘날의 미국처럼 서비스에 기초한 경제는 20세기 같은 성장은 보장하지 않는다는 것이다. 사실 중공업 분야 일자리도 노동조합을 조직한 이민자와 미국인 노동자들이 기업과 정치권에 압력을 넣기 전까지는 끔찍한 상황이었다. 크리코리언은 바로 이 점을 놓치고 있다. 크리코리언은 서비스 직종에 대해서는 최저임금 이상을 지불할 수 없다고 했지만 실제 웨이터로 일해 본 맘두의 경험만 봐도 크리코리언의 가정이 틀렸음을 알 수 있다. 크리코리언은 엘리트들이 일어나서 미국인 노동자와 미국의 국민 정체성을 수호해야 한다고도 주장한다.

그러나 현재 미국에서 일하는 사람들을 포함해 전 세계 사람들을 벼랑 끝으로 몰고 있는 경제 세계화는 바로 그런 소수 특권층이 야기한 것이다. 기업 세계화는 맘두 같은 사람을 이민에 나서게 만들어 미국으로 끌어들였다. 이런 상황에서 이민을 규제하면 미국 노동자들이 바라는 더 나은 노동환경도 만들어 낼 수 없다. 전 지구적 경제를 제대로 파악해야만 이러한 문제들을 올바르게 해결할 길이 열릴 것이다. 전 지구적 경제를 파악하는 첫 번째 출발점은 바로 국경을 넘는 이민자들의 이동을 촉진하는 게 무엇인지 아는 데서부터 시작한다.

"북미자유무역협정"은 현재의 자유무역 협정이 근본적으로 실패할 수밖에 없다는 사실을 보여 주는 안타까운 증거다. 캐나다와 미국과 멕시코의 정치 지도자들은 정파를 초월해 공모하여 멕시코 경제를 완전히 파괴할 수 있는 상황을 만들어 냈다. 그 결과 그들이 한 약속과는 정반대로 멕시코 노동자 수백만 명이 먹고살기 위해 제 나라 안에서 떠돌거나 미국으로 건너가게 됐다. 동시에 미국에서는 75만 개의 일자리가 사라졌다. 경제학자 제프 폭스Jeff Faux는 『전 지구적 계급 전쟁Global Class War』에서 다음과 같이 썼다.

> 조시 부시가 만들어 낸다던 일자리 수는 순 엉터리였다. 수출로 생긴 일자리 수는 더하고 수입으로 줄어든 일자리 수는 빼지 않았기 때문에 그런 수치가 나왔다. 이것은 저축액은 더하고 자기가 쓴 수표 금액은 빼지 않은 채 수표책을 결산한 꼴이다.[13]

그리하여 "북미자유무역협정"은 미국인 사이에서도 불평등을 확장시켰다.

지난 10년 사이 서류 없이 미국에 온 이주자 대다수는 멕시코인이다. 이들 멕시코 이주자들은 주로 농부, 교사, 노동자로, "북미자유무역협정"에 찬성하기는커녕 그것에 강력하게 저항했던 사람들이다. 1994년 2월 1일 그들이 멕시코시티에서 일으킨 시위는 1930년대 이후 농촌 지역에서 일어난 정부 상대 시위로는 가장 큰 규모였다.[14] 노동조합과 환경보호주의자들도 비슷한 시위를 일으키자 세 나라 정부는 자국 국민들에게는 보호책을 마련해 두었다고 하고, 상대국 정부에는 자본이 자유로이 기능을 발휘할 것이며 추가 협정은 불만에 찬 사람들을 달래기 위한 것으로, 아무 실효도 없으니 걱정하지 말라고 했다. 폭스는 협정이 통과되고 채 5년도 지나지 않아 이미 "〈이스트먼코닥〉이 생산 공장을 멕시코로 옮겨 1,145명의 일자리가 사라졌다"고 썼다.

> 〈제네럴일렉트릭〉은 최소 5,524개의 일자리를 이전했다. 미국 측에서 "북미자유무역협정" 로비의 선봉에 선 〈앨라이드시그널〉의 최고 경영자는 1,633개의 일자리를 멕시코로 보냈다. 〈존슨앤존슨〉은 미국인 410명을 고용할 수 있는 일자리를 멕시코로 보냈고, 〈킴벌리클라크〉도 1,327개의 일자리를 멕시코로 보냈다.[15]

오늘날 일반적으로 통용되는 세계화 담론의 상당 부분은 사실상 신자유주의를 뜻하거나 기업 규제 완화를 뜻할 뿐이다. "북미자유무역협정" 같은 협약은 19세기와 20세기에 노동자들을 힘들게 했던 기업 이전을 비슷한 방식으로 되풀이한다. 이제는 전 세계가 기업 이전의 대상이라는 점이 달라졌을 뿐이다. 신자유주의 경제를 지지하는 사람들은 기업에 그런 자유를 주는 것에 반대하는 미국인들과 다른 나라 사람들을 소심하다고 질타한다.

토머스 프리드먼Thomas Friedman 같은 사람은 『세계는 평평하다』*에서, 이런 식의 세계화는 모두에게 이익이라고 말한다. 그러면서 미국인들이 이러한 세계화를 싫어하는 이유는 인도인 사업가가 미국인 사업가와 경쟁할 수 있도록 경기장을 평평하게 만들어 주기 때문이라는 논리를 편다. 프리드먼은 이러한 세계화는 아무리 '공정' 해도 부유한 나라의 저임금 노동자에게는 고통을 안겨 준다고 본다. 부유한 나라와 가난한 나라 노동자들의 임금이 같아지기 때문에 경제의 밑바닥에서 이미 저임금밖에 받지 못하는 미국 노동자들이 도태될 수밖에 없다는 것이다. 프리드먼은 이런 노동자들은 능력을 키워 전 지구적 하이테크 경제에서 경쟁해야 하고 고용 사슬의 상층부로 올라갈 준비를 해야 하며 전문적 능력을 키우고 단단히 터전을 잡고 어디에나 적응을 잘 함으로써 기업들이 그들을 밀어내고 그들의 일자리를 아웃소싱하지 않게 해야 한다며, 비꼬는 기색이라고는 조금도 없이 진지하게 말한다. 프리드먼은 이런 말도 한다.

내 사전에서 '언터처블' 이란 절대로 자기 일자리를 아웃소싱 당하지 않는 사람이란 뜻이다.[16]

프리드먼은 잘못한 게 없는데도 공장 이전으로 일자리를 잃는 노동자들이 있

---

■ 『세계는 평평하다The World is Flat』, 김상철 · 이윤섭 옮김, 창해, 2005.

다는 사실은 인정한다. 그러므로 의료보험이나 실업, 또는 불완전 고용에 대비해 보조금을 마련해서 노동자들을 보호할 강력한 안전망을 갖춰야 한다고 본다. 그런데 프리드먼은 사람들이 일하지 않으려고도 할 수 있다며 복지 제도에는 절대 반대하면서 모순되게도 정부가 실직한 노동자에게 임금 보험*을 제공하는 데는 찬성한다. 프리드먼은 실직한 노동자가 이처럼 노동을 장려하는 복지 제도의 혜택을 받고도 일자리를 찾지 못할 경우, 그 다음에는 어떤 일이 벌어질지에 대해서는 아무 말도 하지 않는다. 최근 미국에서는 복지 혜택이 점점 줄고 있으며 실행 가능한 공공 의료법도 통과시키지 못했다. 이런 상황을 감안했을 때, 프리드먼이 말한 안전망이 나타날 때까지 얼마나 더 오래 기다려야 하는지 알 수 없다. 물론 사회적 책임을 의식하는 기업들은 점차 늘고 있다. 그러나 지금까지 뉴욕 시의 레스토랑 산업을 검토하며 본 것처럼 그런 기업들이 전체에서 차지하는 비중은 매우 작다. 법이나 노동자들의 압력이 없어도 대부분의 고용주가 "북미자유무역협정"에 가입한 나라들이 정한 최저임금보다 훨씬 높은, 먹고살 만한 임금을 노동자들에게 주리라는 기대는 그저 바람일 뿐이다. 현실에서는 여전히 고용주들이 모든 권력을 쥐고 있다. 미국 노동자들도 전 지구적 조립 라인에 참여해야 한다는 프리드먼의 주장은 완전히 엉터리다.

기업이 착하게 행동할 거라고 믿는 것은, 직종마다 임금이 다른 것은 너무나 당연하다는 믿음 때문이다. 레스토랑 산업은 아웃소싱이 안 되는 산업이다. 뉴욕 시립대학교 부설 킹스버러 커뮤니티 칼리지의 호텔관광학과 부교수인 조너선 도이치Jonathan Deutsch는, 레스토랑은 사실 서비스 산업이 아니라고 한다. 오히려 레스토랑 산업은 노동자들이 상품을 만들고 고객에게 전달하는 경공업에 가깝다는 것이다. 그러나 레스토랑 직종은 상당히 평가절하돼 있다. 웨이터, 버서, 러너, 접시닦이, 견습 요리사 같은 레스토랑 노동자들이라고 해서 저축하

---

* wage insurance, 실직한 노동자가 재취업을 했을 때, 전 직장에서보다 더 낮은 임금을 받을 경우 임금 손실분을 일정 기간 보조해 주는 제도.

고 주택을 구입하고 대학 등록금을 댈 만큼의 생활 임금을 벌지 말라는 법은 없다. 그러나 대부분의 레스토랑 노동자가 그렇게 벌지 못하는 유일한 이유는 고용주 절대 다수가 그만큼 임금을 지불하지 않기 때문이고 정부가 고용주에게 강제하지 않기 때문이다. 이주 노동자들이 다른 노동자와 늘 경쟁할 수 있는 이유는 이민정책 때문이기도 하지만 더 근본적인 이유는 미국인 고용주들이 진정한 자유 시장의 법칙을 따르지 않기 때문이다. 애덤 스미스는 말했다.

노동자가 어떤 직종에 아무 매력을 느끼지 못한다면, (…) 임금을 올려라.

미국 노동자들에게 제3세계 노동자들과 연대하라고, 그러면 멕시코인 임금이 올라가 미국인들이 더 높은 실업수당을 받을 수 있을 거라고 말하는 것은 정직하고 성실한 노동을 높이 사는 이른바 미국적인 가치에 어떤 울림도 주지 못할 것이다. 따라서 진정한 세계화를 이루려면 경제적·사회적·정치적 통합을 이룰 수 있는 수단을 노동자들에게 최대한 허용하고 전 세계 노동자들에게 자유로운 이동을 보장해야 한다. 노동자를 하나의 완전한 인간으로 존중하는 체제라면 노동자들은 가족도 만들 수 있고 투표도 할 것이며 주택과 건강보험도 마련할 것이다. 또 여기 계속 눌러 살 건지 제 나라로 돌아갈 건지, 아니면 아예 다른 나라로 갈 건지 결정할 수도 있다. 노동자들은 노동조합이나 다른 형태의 조직에 가입할 수 있어야 한다. 그것이 노동자들이 자신의 조건을 개선할 수 있는 가장 효과적인 방법이기 때문이다.

이민은 원래 가치중립적이다. 다른 곳에 가고 싶어하다가 결국 가는 사람도 있고, 가고 싶지 않아도 가야 하는 사람이 있으며, 아무리 형편이 좋지 않아도 절대 떠나지 않을 사람이 있다. 모든 사람들이 무조건 자기 나라에서 살아야 한다거나 반대로 무조건 제 나라를 떠나야 한다고 볼 필요는 없다. 일단 이주를 간편하게 한다면 사람들 사이의 유대가 유지되어, 궁극적으로는 이주민들을 그들의 본국으로 이끌 것이다. 미국 역사의 한 장에 등장했던 이주자들 수백만 명은 이 길을 따라 제 나라로 돌아갔다. 그러나 이들을 강제 귀국시킨다면 억울함만 생길 뿐이다. 이민 서류가 없어서 그 사이 고국 땅 한 번 밟지 못한 사람들은 대개 매우 부정적인 경험을 안고 돌아간다.

우리는 다른 종류의 세계화를 만들어야 한다. 이것이 포괄적인 해답이다. 이 책에서도 우리가 배워야 할 수많은 아이디어와 실험들을 만날 수 있었다. 우리는 지역에 토대를 둔 협정을 만드는 것에서부터 출발할 수 있다. 기업의 이익과 무역만 증진하는 게 아니라 거버넌스와 공공복지까지 다룰 수 있는 그런 협정 말이다. 여기서 핵심은 각 국가가 동등한 사회적 · 정치적 조건에 이르도록 노력하는 가운데 노동자의 이동을 간편하게 하는 것이다.

유럽연합은 좋은 모델 몇 가지를 제시해 주기도 하고 우리가 피해야 할 문제들이 무엇인지를 보여 주기도 한다. 단일 통화 체제를 도입하는 것은 중요한 문제다. 그렇게 되면 어디를 가든 숙식과 이동에 똑같은 돈을 내면 된다. 이는 각국의 통화를 안정화할 수 있는 방법이기도 하다. 유럽연합에서는 부유한 나라들이 가난한 나라와 사회 통합 기금을 공유하기 시작했다. 가난한 나라들은 부패와 재정 낭비를 막을 것을 약속한 뒤, 그 기금을 사용해 자국의 사회 기반 시설을 건설하고 공공 의료와 교육제도를 개선했다. 마지막으로 유럽연합은 지역 정부를 세울 계획을 마련했다. 따라서 모든 유럽 시민들은 민주적인 참여를 통해 유럽연합의 선택에 영향을 미칠 수 있다. 사실 일부 경제학자들은 기업은 가만히 있고 노동자들이 이동해야 한다고 생각한다. 유럽의 예를 들어 독일 기업이 독일에 남아 있으면서 인구가 많은 나라 노동자들을 인구가 적은 독일로 끌어들이지 않았느냐고 말한다. 노동자들이 언제, 어디로든 갈 수 있다는 걸 알기 때문에 유럽의 임금은 계속 높게 유지됐고 사람들은 상승한 임금으로 음식을 사고 주택을 구입했다. 유럽에서 들끓는 외국인 혐오 문제만 잠시 제쳐두면, 이 체제는 유럽인 노동자들과 소비자 모두에게 이득이 됐다. 게다가 기업도 그렇게 손해를 본 게 아니었다.

유럽연합의 가장 큰 문제이자 앞으로 세계화가 반드시 해결해야 할 문제는 유럽이 세계에서 가장 가난한 사람들의 접근을 계속해서 막는 것이다. 합법 이민을 확대하는 정책은 사람들을 허가 없이 이주하게 만드는 상황 자체를 없애는 한 가지 방법이다. 그러나 이주를 용이하게 하는 것을 넘어서는 또 다른 방법이 있다. 바로 개발도상국가의 환경을 개선하는 것이다. 영국 경제학자 로빈 블랙번Robin Blackburn은 전 지구적 무역에서 세금을 적절히 거둬들여 전 지구적 차원의 연금 기금을 만들자고 제안한다. 이는 부유한 나라에 살든 가난한 나라에 살든 상관없이 전 세계 빈곤 노인을 위한 기금으로 쓸 수 있을 것이다.[17]

우리는 캐나다, 미국, 멕시코, 삼국이 참여하는 북미 지역 노동조합을 만드는 데서 출발할 수도 있다. 카리브해 연안 국가들도 최대한 빨리 여기에 포함시켜야 한다. 경제학자이자 〈경제정책연구소Economic Policy Institute〉 설립자인 제프 폭스는 바로 이런 연합 체제 설립을 위한 실질적인 제안서를 이미 만들었다. 유럽연합처럼 이 지역 연합체가 생기면 사회 통합 기금이 부유한 나라에서 가난한 나라로 흘러들어 갈 것이고, 초국적인 건강 복지 제도를 갖게 될 것이며, 경제적·사회적·정치적 탄압에서 보호해 줄 지역적 권리장전을 채택할 수도 있다. 마지막으로, 초국적 시민권 제도가 생긴다면 사람들은 회원 국가 어디서라도 모국의 시민권과 거주국의 시민권을 모두 보유할 수 있게 될 것이다.

이런 체제가 마련되면 이민자는 물론이고 미국인들도 어마어마한 혜택을 입는다. 노동자의 권리장전을 만들면 노동자들은 현실적으로 생활이 가능한 임금을 보장받는다. 물론 각 국가가 인간답게 살 수 있는 기본적인 생활수준을 고려해 저마다 임금 수준을 결정하겠지만 권리장전이 있으면 시민들이 각국의 고용주와 정부가 올바르게 법을 준수하고 집행하고 있는지 감시할 수 있다. 또 그러한 임금 수준은 지금의 최저임금과는 비교도 안 되게 높을 것이다. 사회 통합 기금이라고 하면 미국이 멕시코에 주는 기부금처럼 들릴 수도 있지만, 멕시코 경제를 현대화화고 평등한 수준으로 끌어올리기 위해서는 반드시 필요하다. 유럽의 부유한 나라들은 그런 기금이 없으면 가난한 나라의 국민들이 더 나은 삶을 찾아 어디로든 갈 수밖에 없으며, 그러면서 부유한 나라의 임금 수준을 저하시키는 인위적인 노동 잉여가 발생할 거라는 사실을 잘 알고 있다. 멕시코는 사회 통합 기금을 받는 대가로 부패를 추방하고 인적자원을 민주적으로 활용하는 데 동의하면 된다. 멕시코 정부는 자국민이 자녀의 대학 등록금을 벌기 위해 미국으로 가는 것을 손 놓고 보기만 할 게 아니라 국민 모두에게 고등교육을 제공하는 데 사회 통합 기금을 투자하면 된다.

삼국 간의 건강, 교육, 기업 제도는 모두의 인적 개발을 도모하려는 기획을 보장해 줄 자원이 되고 미국과 캐나다는 이런 제도를 통해 적절한 교육과 주택, 건강보험에 대한 요구가 늘어나면서 초래된 재정 압박을 해결할 수 있을 것이다. 자유 시장이라는 '자연' 상태 때문에 그 같은 자원은 희소할 수밖에 없다고 전제할 필요는 없다. 지역 단위로 이런 책임을 이행하면 가장 세금을 적게 내는 정책을 찾아 바닥을 향해 달리는 기업과 최선이자 최고의 대우를 받기 위해 위를 향해 달리는 노동자들의 경주를 모두 막을 수 있을 것이다.

오늘날 양극화된 정치적 환경을 감안하면 이런 아이디어들은 하나같이 실현 불가능해 보인다. 미등록자들에게 법적 지위를 주자는 말만 꺼내도 그들의 범죄 행위를 눈감아 주려는 게 아니냐는 비난을 듣는 상황이니 말이다. 규제론자들에게 이민을 줄이는 게 아니라 늘려야 한다거나 나라를 떼어 놓는 게 아니라 전보다 더 밀접하게 연계시켜야 한다는 생각을 말하면 그들은 '북아메리카연합 음모론'이나 '미국 정복설' 등 온갖 설들을 풀어 놓을 것이다. 그러나 이런 아이디어들은 최고의 전망을 보장한다. 그것은 이주자들을 위한 전망일 뿐 아니라 규제론자들이 그토록 소중하게 생각하는 미국인들을 위한 전망이기도 하다.

낡은 것은 이주가 아니라 우리가 국민국가를 인식하는 방식이다. 다른 나라와 전혀 상관없이 독자적인 결정을 내리고 자기 입맛에 맞을 때만 시혜적으로 시민권을 주는 것이 국민국가라는 생각은 겨우 몇 백 년 역사밖에 안 된다. 기업들이 국민국가의 경계를 넘어서듯 사람에게도 그렇게 할 수 있는 동등한 힘을 달라고 압박하면 새로운 체제가 생겨날 수밖에 없다. 오늘날 이런 생각들은 정치의 주변에 머물고 있지만 우리가 주류로 만들 수 있다. 정말 많은 사람들이 이러한 논쟁의 한가운데서 그냥 조용히 앉아 있다. 자기와 상관없는 문제라고 생각하기 때문이다. 언론과 공직자들이 지금까지 뭔가 진짜 괜찮은 해결책을 제시한 적이 있었다면 그것은 우리가 더 나은 선택지를 내놓을 것을 요구했기 때문이고 우리 발등에 떨어진 문제를 해결해 줄 것을 요구했기 때문이다.

미국 문화와 미국인 자체는 지금까지 늘 변화했으며 이미 몇 차례 큰 규모의 변형을 거쳤다. 이 사실만 제대로 인식한다면 우리는 우리가 바라는 방향으로 더 쉽게 움직일 수 있다. 우리는 절대 특별하지 않다. 문화적 변화는 사실 인간의 본성에 해당한다. 그 변화 과정이 워낙 여러 세대에 걸쳐 일어나 무관심한 사람들에게 잘 보이지 않았을 뿐이다. 그리고 미국인의 정체성에서 가장 훌륭한 것들은 개혁성, 적응력, 호기심, 형식에 구애되지 않는 정신 같은 것들이다. 이러한 집단적 특징 덕분에 미국인은 새로운 경험을 좇아 전 세계를 돌아다녔고 우리의 공동체를 계속 확장할 수 있었다. 미국 문화는 특히 가난한 이민자들의 이주와 통합에 지대한 영향을 받았다. 부유한 이민자들은 떼돈을 벌어 자국으로 돌아갔지만 가난한 이민자들은 미국에 그냥 눌러 앉았던 것이다. 미국 문화의 정수라고 할 수 있는 햄버거와 미국식 영어에도 여러 세대에 걸친 이민자, 토착 미국인, 아프리카 노예 후손들의 숨결이 담겨 있다. 우리의 정체성이란 늘 변하며, 단순히 주변에서 일어나는 일들의 우연한 결과물이 아니라 우리 스스로가 사건에 반응하며 형성해 가는 것이라는 관점을 가질 때, 미국인들은 변화하는 자아의 불확실성을 대면할 수 있게 될 것이다. 그로써 편협하고 배타적인 가치들을 버리는 와중에도 미국인의 삶에서 가장 가치 있는 것들은 보존할 수 있을 것이다.


미국인이라는 것, 미국인이 된다는 것


우리가 이 세상에 태어난 것은 우연이었다. 마찬가지로 어디서 살거나 어디를 떠나는 일도 예상하기 힘든 우연의 영향을 받는다. 물론, 우리는 우리가 결정한 일이라고 생각하고 싶어한다. 모로코나 멕시코가 아니라 미국을 선택한 것도, 눌러 살기보다 떠나기로 한 것도, 우리 자신이라고 생각한다. 그러나 우리를 극단적인 상황으로 밀어내고 끌어당긴 것은 우리의 통제를 넘어서는 어떤 힘이다. 그 힘은 우리의 선택을 제약하기도 하고 우리에게 기회를 주기도 한다. 맘두는 미국인이 될 거라는 생각은 한 번도 안 해 봤지만 현재 그는 미국인이다. 맘두는 세금을 내고 스파게티와 미트볼을 먹는다. 아이들을 공원에 데려간다. 집도 샀다. 투표도 하고 영어로 말한다. 사실, 아주 정확하게 말한다.

맘두는 정치 활동에 나서고 자신이 속한 공동체의 상황을 개선하는 일에 동참하기로 했다. 모로코인들로 구성됐던 공동체는 다른 이민자들을 받아들이기 시작하면서 점차 커졌고 미국에서 태어난 사람들까지 아우르게 됐다. 이제는 미국 역사의 일부가 된, 수백만 명의 이민자들과 미국 내 이주민, 그리고 그들의 후손이 닦아 놓은 길을 맘두도 따라 걸어왔다.

이들 미국인들은 인간답게 살기 위해, 자본에 맞서 권리를 쟁취하기 위해 치열하게 투쟁했다. 그런 선조들이 없었다면 우리는 현재 같은 사회적 이동은 기대할 수도 없었을 테고, 하루 8시간 노동이나 차별 대우받지 않을 권리, 보통선거권 같은 것도 누리지 못하고 살았을 것이다.

우리는 맘두의 이야기를 통해 미국인으로 산다는 것이 위대한 사랑과 비판 정신을 동시에 느끼는, 매우 복잡한 것임을 알 수 있다. 미국인이 미국인다워지는 가장 근본적인 방법은 체제를 바꾸는 것이다. 미국의 초기 이민자 세대는 공격받고 추방당하고 감옥에 갇히고 때로는 물론, 불법이라는 낙인도 찍혔다. 이는 소수 특권층이 이민자를 통제하는 방식이었다. 그러나 사회에서 가장 빈번하게 내쳐지면서도 어떤 사람들은 그 모든 영광과 결함을 동시에 보듬으며 미국이 자기 나라라고 굳게 믿었다. 미국은 낯선 사람이 왔다고 문에 자물쇠를 채우는 부동의 요새가 아니며 앞으로도 그래서는 안 된다.

우리는 모두 우연히 미국인이 되었다. 때로 그 우연은 우리를 행복하게 해 줄 수 있다. 뜻밖에 미국에 올 기회를 잡았거나, 미국에서 태어나는 특권을 누리게 된 행운처럼 말이다. 그리고 그 우연이 비극이고 폭력인 사람들도 있을 것이다. 그러므로 '날 때부터 미국인'이라는 것이 존재한다고 생각하고 만든 정책은 그저 헛될 뿐이다. 그런 정책은 기껏해야 우리에게 무언가를 통제할 수 있다는 잘못된 관념만 심어 준다. 인간적인 이민정책과 새로운 형태의 세계화를 끌어안으면, 우리는 우리가 어디에 있든, 정말로 그곳에서 살기를 원하기 때문에 있는 거라고 생각할 수 있다. 그리고 그곳에 사는 사람들은 진실로 그곳의 사회적, 시민적, 그리고 정치적인 조직의 일부가 되기를 원하는 사람들이며 필요에 따라 그 사회에 순응하거나 사회를 개선하면서 살 사람들이라는 것을 확신할 수 있다. 다시 말해, 완전하게 연결된 세계의 시민이 되면 절망에서 태어난 우연한 존재가 아니라 원해서 선택한 존재가 될 수 있다는 뜻이다.

## 감사의 글

책을 낼 때 많은 분들이 도와주셨다. 그중에서도 편집자 요한나 본델링을 가장 먼저 언급하고 싶다. 본델링은 출판 역사상 가장 똑똑하고 인내심이 강하며 명쾌하게 사고할 줄 아는 편집자일 것이다. 〈베렛-쾰러 출판사〉는 같이 일하기에 더할 나위 없이 멋진 상대였다. 교열을 맡아 준 스티븐 하이어트는 자신의 담당 업무를 넘어 도움을 아끼지 않았다.

### 링쿠 센

〈응용연구센터Applied Research Center〉 직원과 이사회는 재정적이고 정신적이며 지적인 면에서 많은 도움을 주었다. 센터 의장이기도 한 수전 콜슨의 일관된 조언에 특히 감사드린다. 타누 야쿠피티아주, 마리사 구티에레스-비카리오, 로다 린턴, 세스 웨슬러같이 뛰어난 사람들에게 자료 조사를 부탁할 수 있었던 것은 행운이었다. 비서인 미건 이젠이 없었으면 어떤 일도 하지 못했을 것이다. 이 책을 쓰는 동안 부이사장인 소니아 페냐가 내 일을 많이 거들어 주었다. 〈뉴욕레스토랑고용기회센터〉의 직원과 이사회도 자료 조사 기간 내내 엄청난 도움을 주었다.

초고를 읽고 많은 사람이 조언을 아끼지 않았다. 프랜시스 캘포투라, 트램 응우옌, 엘렌 브라보, 온네샤 로이초두리, 롭 엘먼, 엘리자베스 헥, 데이비드 컨즈의 조언에 감사드린다. 게리 델가도, 로다 린턴, 킴 펠너는 이론과 실제 벌어진 이야기가 자연스럽게 연결되도록 도와주었다. 많은 사람들이 새로운 아이디어와 새로운 자료를 건네줬고 제대로 생각하는 방법을 가르쳐 주었다. 데이비드

베이컨, 비벌리 벨, 재러드 번스틴, 디팍 바가바, 드베라 콘, 킴 펠너, 마이클 파인버그, 마조리 파인, 리처드 힐리, 칼라 잭슨-브루어, 키티 캘러비타, 비제이 프라샤드, 마크 란다초, 아티 샤하니, 래리 솔로몬, 로저 밴, 톰 질너에게 감사드린다. 책에 다 실을 수 없을 정도로 많은 분들이 인터뷰를 통해 깨달음을 주셨다. 라울 엘티도어, 홀리오 안수레스, 라파엘 두란, 캐롤라인 키팅, 아딜 엘 마오라키, 대니엘라 파비, 루이스 피글리아, 제니커 프리들랜더, 빌 그랜필드, 에드거 구티에레스, 앤터닌 린더, 제프 맨스필드, 채드 파슨즈, 루이지 페론, 아만다 림, 빅터 로자스, 앤드루 스미스, 톰 스나이더, 저스틴 스워츠, 샤다 영에게도 감사드린다.

책은 글로벌한데 나는 두 개 언어밖에 할 줄 모른다. 도나 에르난데스는 에스파냐어 인터뷰를 번역해 주었고 프란체스카 마소는 이탈리아어 문서를 번역해 주었다. 이탈리아 풀리아에서는 애너 카푸토, 스텔라 가에스타노, 카렌 휴, 나주아 하메드-알라가, 레지오 에밀리아에서는 캐스린 웹이 통역해 주었다. 〈이탈리아문화부흥협회〉가 얼마나 놀라운 곳인지를 꼭 알려 주고 싶다. 그리고 그들의 환대와 도움에 깊이 감사드린다. 마지막으로 모로코에서는 사히드 베날리가 통역을 해 주었는데 그는 모로코의 정치사를 엄청나게 자세히 알려 주었고 통찰력까지 보여 주었다.

캘리포니아의 포인트라이스에 있는 메사 휴양원 덕에 나는 조직 활동이라는 치열한 삶에서 잠시 벗어나 조용하고 아름다운 장소에서 글을 쓸 수 있었다. 이 책은 내가 컬럼비아 대학교 언론대학원에 재학 중일 때 시작했다. 헬렌 베네딕트, 데이비드 블럼, 스티븐 프라이드, 엘리자베스 커데스키, 데일 마하리지 교수가 이 책의 조사와 집필에 많은 영향을 미쳤다. 크리스토퍼 콜빈 교수의 "문화, 트라우마, 아이러니"를 수강하다가 트라우마와 민족 정체성이라는 아이디어를 떠올렸다. 소잉카 라힘, 유코 우치카와, 나탈리 카바사칼리안, 시마 아그나니, 타냐 그루팟, 로리 비야로사는 사랑과 우정을 베풀어 주었고 먹을 건 더 자주 베풀어 주었다. 바라티 센과 차이티 센은 내가 이 땅에 두 발 딛고 버티도록 도와 주었다.

끝없이 이어지는 인터뷰에 응해 준 사루 자야라만과 세실리아 무뇨스에게 깊은 감사를 전한다. 마지막으로 페칵 맘두, 그가 없었다면 이 책은 아주 다른 책이 되었을 것이다.

페칵 맘두

〈뉴욕레스토랑고용기회센터〉의 직원과 이사회, 회원들의 노고와 지도력에 감사드린다. 사루 자야라만은 내 인생에서 다시 만날 수 없는 최고의 정치 파트너이며 친구다. 링쿠 센과 함께 일한 것도 정말 영광이었다. 미건 이젠의 도움에도 크게 감사드린다. 아내 파티마 맘두와 아이들 이만, 재커리아, 모하메드 맘두, 그리고 어머니 아이차 맘두가 보내 준 사랑과 지지에도 감사를 전한다.

# 그들이 해냈다면, 우리도 할 수 있다!

"돈데 보이Donde Voy"라는 노래가 있다. '내 가는 곳', '나는 어디로 가나'라는 뜻인데 아래는 노랫말이다.

이른 새벽, 달려간다

물들어 가는 하늘 아래

태양이여 날 가려 주오

이민국이 쫓아오지 못하게

가슴이 이리도 아픈 것은

사랑이 그리워 찢어졌기 때문

그대의 두 팔이 그리워,

그대의 입맞춤과 열정을 기다려요

어디로 가나, 나는 어디로 가나

희망이 내 종착역

나 홀로 나 홀로

사막을 건너는 나는 도망자

하루 또 하루, 한 주 두 주, 한 달 두 달

그렇게 그대에게서 멀어지네

돈을 벌어 금방 부칠게요

그대가 내 곁에 있으면 얼마나 좋을까

하루 종일 일만 하네

잊을 수 없는 그대 웃음소리

그대의 사랑이 없다면 사는 게 아니야

도망자로 사는 것도 마찬가지


어디로 가나, 나는 어디로 가나

희망이 내 종착역

나 홀로 나 홀로

사막을 건너는 나는 도망자


　　존 바에즈 풍의 멕시코계 미국인 가수 티쉬 이노호사Tish Hinojosa가 1989년 발표한 이 곡은 아름다운 멜로디와 이노호사의 가창력 덕에 한국에서도 널리 사랑받았다. 하지만 멕시코인 밀입국자의 고달픈 현실을 노래한 곡이라는 사실은 잘 알려지지 않은 것 같다.

　　내용을 알고 나니 따라 부르기 힘들고 어떤 대목에서는 들을 때마다 코끝이 찡해진다. 밀입국은 보편적인 경험이라 할 수 없지만, '살기 위해' 죽을 수도 있는 길에 나서는 심정이나 사랑하는 이를 그리워하는 마음은 보편적인 정서기 때문일 것이다. 그런데 왜 그들은 쓰러지면 시신도 찾기 힘들다는 미국-멕시코 국경 지대 사막을 기어이 걸어서라도 넘어 미국에 가려고 하는가. 설사 입국하더라도 '외부인'으로 사는 것은 또 다른 고통일 뿐만 아니라 심각한 위험에 노출

되는 일일 텐데 말이다.

그런 일이 작년에 일어났다. 2011년 7월 23일 노르웨이 오슬로에서는 극우 기독교 근본주의자가 정부 청사를 폭파하고 인근 섬에서 열린 행사에 참여한 청소년을 포함해 77명을 사살하는 유례없이 끔찍한 테러가 발생했다. 17년 전인 1995년 미국 오클라호마 주 정부 청사를 폭파해 유아와 어린이 포함 168명을 죽게 한, 역시 극우 성향의 티머시 맥베이를 단박 떠올리는 사건이었다. 그런 일을 저지른 사람은 공통점이 있다. 종교관이 근본주의적이고 군복과 총기를 애호하며 인간관계가 단절돼 있고 국가나 사회에 적대적인 백인 남성. 무엇보다 가장 중요한 공통점은 병적인 인종차별주의와 외국인 혐오증이 있다는 점이다.

오슬로 테러가 충격적인 건 북유럽 국가의 이민자 대우가 비교적 합리적이고 인간적일 거라고 막연히 기대했기 때문이다. 노르웨이 테러 속보는 이 책의 1차 번역이 거의 마무리되던 즈음, 정확히는 9장을 옮기던 중에 들려 왔다. 9장은 공교롭게도 유럽연합 회원국의 이민자 처우를 다루는 장이다. 책에서는 미국이나 유럽연합국이나 이민자 처우와 이민 관련 법 집행이 비인간적이며 비합리적이라는 점에서는 매한가지라고 했는데, 2005년 프랑스 사태도 알고는 있었지만 나는 그래도 미국보다는 유럽이 나을 거라 생각했다. 그런데 그런 일이 벌어졌고 저자들이 제대로 보고 있었음을 확인할 수 있었다.

『국경의 로큰롤』은 세계무역센터 최상층의 고급 레스토랑 〈윈도즈온더월드〉의 웨이터였던 모로코인 이민자 폐칵 맘두와 콜롬비아계 미국인 변호사 세실리아 무뇨스가 중심인물인 일종의 르포르타주다. 9.11 테러 이후, 레스토랑 업계와 미국 이민법은 이주 노동자들에 대한 비인간적 대우와 차별을 더 조장했고 맘두와 무뇨스는 이에 저항했다. 그 치열했던 여정을 인도계 미국인인 링쿠 센이 기록했다. 맘두의 동료이자 인도계 미국인 사루 자야라만, 맘두 그리고 무뇨스는 9.11 테러 이전에는 아무 관계가 없는 사람들이었다. 하지만 셋 다 비백인 이민 1세대거나 2세대이고 '세계화'가 개인에게 가한 엄청난 변화를 목격하고 직접 경험한 공통점이 있다.

맘두는 세계화가 낳은 이민 당사자다. 독립 후 세계화를 적극 수용한 모로코의 개발 정책 때문에 맘두는 정든 집에서 쫓겨 나다시피해 사우디아라비아를 거쳐 미국에 입국했다. 맘두는 학력이나 능력을 인정받지 못하는 이민자들이 쉽게 접근할 수 있는 레스토랑 일자리부터 시작했다. 실제 미국은 이민자의 노동력으로 굴러간다고 해도 과언이 아니다. 특히 단순 판매직이나 테이크아웃 식당 같은 서비스업에서는 미숙련 이주 노동자를 쉽게 볼 수 있다. 영어가 아주 서툰 데도 계산대나 진열대 일을 맡기는 걸 보면, 노동력 부족이 심각하다고 짐작할 수 있다. 외국인 노동자들이 대체로 제조업이나 농·어업에 종사하는 한국과는 대조적이지만 한국도 언제까지 이런 구조로 갈지는 알 수 없다. 편의점 판매직이나 건물 청소 일이 지금처럼 저임금 구조로 유지돼 한국 사람들이 너도나도 기피한다면 머지않아 이런 직종에서 외국인을 흔하게 접할 날이 올 것이다.

성실하고 운도 따라 자리를 잘 잡은 편이었지만 9.11 테러로 맘두의 삶은 송두리째 바뀐다. 그러나 맘두가 동료들과 해낸 일은 믿기 힘들 정도이다. 그들은 레스토랑 노동자의 조직을 만들어 (특히 미등록인) 이주 노동자가 일터에서 당하는 인종차별과 노동 착취에 적극 대응해 실질적이고 상징적인 성과를 거둔다. 조합식 레스토랑 설립과 운영도 빼놓으면 안 된다. 미국인에게 '협동조합' 레스토랑은 '사상'의 의심마저 살 수 있을 정도로 생소한데, 그래서 이들의 성공은 더욱 귀하다고 할 수 있다.

무뇨스는 이민법 개정에 오래 헌신했지만 9.11 테러로 그동안의 노력이 수포로 돌아갔음을 깨닫는다. 이 책 말미의 결과만 보면 전망이 밝지도 않다. 그러나 미등록 이민자에게 합법 신분을 줄 방도를 궁리하고, 이주 노동자를 인간으로 대할 것을 호소한 것은 참으로 대단한 일이다. 무뇨스는 이민법을 개정할 때 가장 중요한 요소는, 이주 노동자를 '노동력'이나 기계, 불법체류자나 범법자가 아니라 한 명의 '인간'으로 보는 거라고 생각했다. 그건 맘두와 사루도 마찬가지였으며, 그래서 그들의 노고와 성과가 더욱 빛난다고 할 수 있다.

이 책과 나의 인연은 '영미 문화와 사회'라는 수업을 진행하다가 '이주'라는 주제를 다루면서 시작됐다. 주요 인물들이 난관을 헤쳐나간 방식과 세계관이 참신하고 감동적이며 큰 가르침이 되어 한국어판으로 내면 좋겠다고 생각했다. 하지만 출간 제안은 몇 차례나 거절당했다. 시장성이 없다는 이유는 안타깝기는 해도 이해가 됐지만, '한국 상황과 무관하다'는 건 받아들이기 어려웠다. 정말 그럴까?

작년 9월 어느 날 라디오에서 '외국인 노동자 쿼터제'를 놓고 찬반 논쟁을 벌이는 것을 우연히 들었다. '노동력 부족 해소'대 '불법체류 우려'라는 두 가지 틀을 설정하고 양 측이 설전을 벌였다. 진부한 방식으로 지루하게 되풀이되는 논쟁이 좀 답답했는데, 한국의 연간 외국인 노동자 쿼터가 4만 명이라는 대목에서 귀가 번쩍했다. 이 책에서 이탈리아의 이주 노동자 쿼터가 60만 명이라고 했기 때문에, 두 숫자를 비교하지 않을 수 없었다. 이탈리아 인구는 2010년 기준으로 약 5천8백만 명이다. 이탈리아의 산업 규모가 어느 정도이고 일자리 구조가 어떻기에 한국보다 인구가 약 1천만 명밖에 많지 않으면서 외국인 노동자는 15배나 더 필요한 걸까?

그런 의문이 든 것은 한국도 장차 그 만큼의 외국인 노동자가 필요할 수 있다는 생각이 들었기 때문이다. 이 글을 쓰기 바로 며칠 전에도 농장주나 선주들이 외국인 노동자를 구하려고 밤을 새워 대기한다는 뉴스를 들었다. 농어촌에 할당된 외국인 노동자 수는 4천 명을 약간 넘는 선이라고 했다. 상황이 이런데 한국과 무관한 문제라고 할 수 있겠는가. 출신국 경제 수준만으로 (특히 비백인) 외국인을 얕잡아 보는 현재의 지배적인 분위기도 걱정스럽기는 마찬가지다.

한국은 오랫동안 정주형定住形 문화권에 속해 있었다. 타문화와 접촉한 경험이 다른 어떤 문화권보다 적어서 기본적으로 외국인이 낯설고 그래서 외국인을 대할 때 서툴거나 예민하다. 나는 그것이 외국인 혐오나 외국인 공포증 정도는 아니라고 본다. 그러나 중요한 것은 한국이 더 이상 정주형 삶의 방식을 고수하지 않는다는 점이다. 그렇게 살 수 없고 살아서도 안 된다. 다른 한편으로 한국은 타자를 접하고 체험하고 타협해 본 경험이 여전히 매우 부족하고, '혈통'에 기초한 민족주의는 너무 강하다. 2007년 버지니아 공대 총기 난사 사건 당시, 범인이 '한국인'이어서 부끄럽다, 미국 국민에게 사죄해야 한다는 둥 소동이 있었던 게 기억난다. 그가 한국계 '미국인'이었는데도 말이다.

부끄러워할 건 그게 아니다. 총인구의 고작 2퍼센트 남짓인 외국인도 포용하지 못하는 우리의 편협함을 부끄러워해야 한다. 『국경의 로큰롤』은 이민자를 자동적으로 노동하는 기계나 범죄자로 보는 '프레임'에 내포된 비합리적이고 비인간적인 태도를 통렬하게 지적한다. 앞서 말한 라디오 프로그램을 들으며 안타까웠던 것도, 토론에 참여한 관계자나 의견을 낸 청취자가 외국인 노동자를 노동하는 기계 아니면 잠재적 범죄자로 설정하고 있기 때문이었다.

성빅토르의 위고는 자신을 '외부인'으로 볼 수 있어야 완전한 인간이라고 했다. 어디서나 자신을 객관화해 성찰할 수 있다면 그 사람은 상당한 경지에 오른, 깨달은 인간이란 뜻이다. 중세를 산 사람 같지 않게 놀랍게도 오늘날 세계화 시대에 갖춰야 할 정체성을 제시하고 있다. 우리는 이제 언제 어디서든 외부인이 될 수 있는 세상에 살고 있으므로 위고의 말은 더욱 울림이 크다.

2012년은 한-미 FTA가 발효된 해이자 유엔이 지정한 '국제 협동조합의 해'라는 점에서 이 책이 주는 시사점이 적지 않다. 맘두 같은 이주 노동자를 양산한 것이 FTA 같은 신자유주의 경제고 그 체제에서 한 번 추락한 뒤 영원히 밑바닥에서 올라오지 못하는 이들도 많기 때문이다. 하지만 맘두와 동료들은 그에 굴

하지 않고 노조를 조직하고 컬러즈라는 협동조합 방식의 레스토랑을 설립해 성공적으로 운영하고 있다. 그들이 해냈다면 다른 곳에서도 가능하지 않겠는가. 한국과 미국을 단순 비교할 수는 없지만 이민 제도와 관련해 미국이 저지른 실수나 개선을 통해. 그리고 맘두나 무뇨스 같은 '미국인들'의 도전을 통해 우리도 많은 것을 배울 수 있다.

맘두와 사루와 무뇨스는 남이 씌운, 그들이 원하지도 만들지도 않은 이미지를 곱다시 수용하지 않았다. 걷어 내기 위해 행동했고 부딪혔고 설득했다. 그 길에서 유일하고 절대적인 정체성은 거부하고, 서로 보완해 주는 여러 정체성을 자기 것으로 받아들였다. 그리하여 독립적이고 자율적이며 우호적인 미국인이라는, 미국이 가장 자랑하는 가치를 토박이 미국인보다 더 훌륭하게 드높일 수 있었다.


2012년 봄

배미영

# 맘두의 이야기에 귀 기울일 당신에게

이란주(《아시아인권문화연대》 활동가)

'이주 노동자'에게 선물할 인디언식 이름을 지어 보라고 한다면, 저는 주저 없이 '할 말 많은 눈동자'라는 이름을 내놓을 것입니다. 더 나은 미래를 향한 갈 망으로 국경을 넘어 차별과 굴욕을 헤치며 살아가고 있는 이주 노동자는, 한 사 람 한 사람이 살아있는 역사요 사연 덩어리입니다. 자신의 삶에 대해, 떠나온 사 회와 부딪쳐 살아남아야 하는 사회에 대해 하고픈 말도 많습니다. 그러나 익숙 하지 않은 언어와 문화가, 이방인의 사연 따위는 아랑곳하지 않는 유입국의 냉 랭한 태도가 이주 노동자의 입을 야무지게 꿰매 버려 아무 말도 할 수 없게 만들 고야 맙니다. 이주 노동자의 눈동자에는, 그래서 꺼내 놓지 못한 말이 가득 차 아우성치고 있습니다.

『국경의 로큰롤』에는 그 아우성이 비로소 말이 되어 담겨 있습니다. 말로 표 현되지 못했던 이주 노동자의 역사와 사연, 행복한 삶과 평등한 권리를 향한 노 력이 맘두를 비롯한 이주 노동자의 입을 통해 흘러나옵니다. 때론 나직하게, 때 론 분노에 잠겨, 때론 열정을 담은 채 태평양을 건너 온 목소리가 이제 당신에게 날아들 것입니다. 반겨 맞아 주시기 바랍니다.

그들의 목소리를 더 가까이서 듣고 싶다면, 당신은 언제든 또 다른 맘두와 동료들을 만날 수 있습니다. 우리 사회에도 140만 명이 넘는 외국인이 살고 있고, 그중 절반도 넘는 이들이 이주 노동자라는 이름을 가지고 있으니까요. 우리 사회에는 1980년대 말부터 이주 노동자들이 늘기 시작했습니다. 실업과 가난에 떠밀리고 일자리에 이끌려온 사람들입니다. 처음에는 모든 이주 노동자들이 미등록 상태였으나, 정부가 그 수를 파악하고 관리하고자 몇 차례 '무늬만 합법화'(등록을 유도하여 짧은 체류 비자를 준 것이므로 온전한 합법화와는 거리가 멉니다)를 실시하면서 일시적인 체류 자격을 얻기도 했습니다. 물론 그 기간이 끝나면 다시 미등록 상태가 되거나 출신국으로 돌아가야 했지요. 1990년대 중반에는 자본과 정부가 본격적으로 '외국 인력' 확보에 나서면서 '외국인산업기술연수제도'가 운영됩니다. 이는 『국경의 로큰롤』에 소개된 '초청 노동자 제도'와 비슷한 것으로, 정해진 계약 기간 동안만 이주 노동자를 고용하는 제도입니다.

아! 정말 연수 제도에 대해 말하려니 제 속에서 다시금 천불이 납니다. 이 제도는 이주 노동자를 저임금에 강도 높은 노동으로 몰아넣어 정말 '노예'처럼 부리고자 하는 것이었습니다. 그러다 보니 이주 노동자는 정해진 사업장에서 벗어나려고 몸부림쳤고, 고용주들은 이주 노동자를 강제로 붙들어 두기 위해 매질하고, 여권을 빼앗고, 임금을 강제로 적립했습니다. 제도 운영 초기에는 건강보험과 산재보험 적용도 받지 못해 이주 노동자가 병들거나 일하다 다치면, 덜컥 겁을 먹은 고용주가 사람을 내다 버리기도 했습니다. 이주 노동자들의 눈물과 투쟁 속에 이 제도는 2006년 말까지 운영됩니다.

2004년부터는 또 다른 '초청 노동자 제도'인 고용허가제가 운영되기 시작합니다. 연수 제도의 문제점을 다소 보완했다지만 여전히 부끄러운 점이 많은 제도인데, 가장 근본적인 문제는 이 또한 여전히 '초청 노동자 제도'라는 점입니다.『국경의 로큰롤』은 이 제도에 대해 이렇게 말합니다.

2001년 9월 11일 이전까지는 미등록 이민자를 합법화하는 방안을 논의했는데 2년 반이 지나자 고작 초청 노동자 제도를 꺼내 들었다. 초청 노동자 제도란 기업이 갱신할 수 있는 3년짜리 비자로 이민자의 신분을 보증하는 제도를 말한다. 이 제도하에서 이민자는 영주권을 신청할 수 없고, 실제 임금이 최저임금보다 더 높아도 고용주는 이민자에게 최저임금 이상을 줄 필요도 없다. 이미 미국에 와 살고 있는 사람에게 합법 이민자와 같은 권리와 특권을 주어 시민권을 획득할 수 있게 하는 영주권 제도와 달리, 초청 노동자 제도는 고용주에게 계속 비자를 갱신받아야 하는 제도다. 이처럼 임시 거주만 허용하게 되면 이주민들은 결국 사회의 최하층 신분에서 영원히 벗어날 수 없을 것이다. 이뿐만 아니라 어쩌다가 직장을 잃으면 그 순간 초청 노동자는 또다시 불법 신세가 되어 버린다.

한국의 고용허가제 노동자가 처한 처지도 똑같습니다. 고용주에게 잘 보여야 계약을 유지할 수 있고, 사회의 최하층 신분에서 영원히 벗어날 수 없고, 어쩌다 직장을 잃으면 불법 신세가 되기 일쑤입니다. 〈국제사면위원회〉는 2009년 고용허가제 노동자의 실태를 조사하여 「일회용 노동자: 한국의 이주 노동자 인권상황」이라는 보고서를 내기도 했습니다. 우리 사회에 비정규직 노동자 문제가 하도 심각하니, 당신의 마음은 '일회용 노동자'라는 아픈 말에도 이미 무뎌졌을지 모릅니다. 그러나 사람이 기계가 아닌 이상, 사회가 사람의 노동력만 쏙 빼가고 그 사람의 삶은 내동댕이치는 일은 분명 없어져야 합니다. 이주 노동자든 비정규 노동자든 다른 누구든, 그런 대우를 받아서는 안 됩니다.

　이주 노동자들의 분노가 차고 넘쳐 터지는 경우도 많았습니다. 1994년 미등록 노동자의 산재보험 확보 투쟁, 1995년 연수생들의 노동자성 인정과 최저임금, 건강보험, 산재보험 확보 투쟁, 2007년까지 10년 넘게 이어진 연수 제도 철폐 투쟁, 미등록 노동자 출국 시 부과되던 벌금에 맞선 투쟁 등이 줄기차게 전개되었으며 큰 성과를 얻기도 했습니다.

　그런가하면 여전히 힘겨운 과정을 밟아 나가고 있는 사안도 많습니다. 미등록 노동자 합법화 운동은 가장 오랜 주제임에도 아직 이렇다 할 성과를 얻지 못하고 있습니다. 2005년 결성된 〈이주노동자 노동조합〉은 미등록 노동자를 조합원으로 두고 있다는 이유로 8년째 합법 여부를 다투고 있습니다. 1심에서는 불인정, 2심에서는 인정, 대법원의 대답은 5년째 기다리는 중입니다. 2011년 9월에는 이주 노동자 권리 운동이 찬 물을 뒤집어쓰기도 했습니다. 고용허가제 노동자들이, "고용허가제법"이 이주 노동자의 '행복 추구권, 직업의 자유와 근로의 권리' 등 기본권을 침해하고 있으니 위헌임을 밝혀 달라고 헌법 소원 심판을 청구했다가 기각당한 것입니다.

　고용허가제 노동자는 원칙적으로 회사를 옮길 수 없습니다. 회사가 해고하거나, 계약 연장을 거절하거나, 문을 닫거나 폭행과 임금 체불 등이 발생한 경우에만 3번까지만 회사를 옮길 수 있습니다. 헌법 소원을 청구했던 이들도 그런 사유로 일자리를 3번 바꿨는데, 마지막 회사에서도 해고를 당하게 되었습니다. 법대로 한다면 이들은 무조건 본국으로 돌아가야 합니다. 노동자들은 적어도 3년은 보장한다고 해서 한국까지 왔는데, 그 기간을 채우지도 못 한 채 쫓겨 가게 되었으니 억울하기 짝이 없었습니다. 그래서 "고용허가제법"이 위헌임을 밝혀 법을 개정하고자 했던 것입니다. 이에 대해 헌법재판소는, 기본권을 '인간의 권리'에 속하는 것과 '국민의 권리'에 속하는 것으로 나눠 따져야 한다며 장황한 논리를 펴더니, 결국 이주노동자에게 그 정도 보장했으면 훌륭하다며 청구를 기각했습니다. 헌법재판관 중 소수는 적법한 절차를 거쳐 일하고 있는 고용허가제 노동자는 당연히 기본권의 주체로 인정해야 한다는 의견과 이 법의 시행령이 위헌이라는 입장을 내놓았으나 결정에 영향을 미치지는 못했습니다.

이처럼 한국 정부는 노동력 부족을 해소하기 위해 이주 노동자를 받아들이면서도, 이주 노동자의 권리를 최대한 억압해서 내국인 노동자의 고용 기회와 근로조건을 확보하겠다는 이중적이고 뻔뻔한 태도를 취하고 있습니다. 게다가 공정과 평등의 상징이어야 할 헌법재판소까지 정부의 손을 들어 주며 '그 정도 차별은 괜찮다'고 합니다. 참으로 믿을 수 없는 일입니다. 이러한 제도적 차별은 그 자체로도 큰 문제지만, 우리 시민의 차별 의식을 무서운 힘으로 견인한다는 점이 더 큰 문제입니다. 이 차별적 판결에 힘입어 고용허가제가 그대로 유지되고 있으니, 우리 시민은 앞으로 더 차별에 익숙해질 것이고 이주자에 대해 배타적인 의식을 더 키워가게 될 것입니다.

'이주자＝범죄자' 라는 단단한 공식

그 탓인지 최근에는 이주자를 적대적으로 생각하는 이들이 부쩍 늘고 있어 걱정입니다. 그들은 어떤 특정 부류에 속한 것이 아니라 사회 전반에 광범위하게 퍼져 있으며, 기회가 있을 때마다 인종이나 국적을 이유로 차별하는 발언을 쏟아 내며 이주자를 공격하곤 합니다. 대부분 자신을 숨긴 채 인터넷을 중심으로 활동하지만, 개중에는 공개적인 자리에서 혐오가 담긴 발언을 하는 이도 있고, 또 여럿이 모여 공개 집회를 여는 이들도 있습니다. 한 지방 공무원은 모든 발언이 기록되는 시의회 회의 자리에서 "불법 체류자는 대한민국을 폭발시킬 시한폭탄"이라는 요지의 글을 읽기도 했습니다. 외국인 주민을 지원하고자 제정하는 조례에 미등록자를 배제하자는 내용을 담기 위한 몸부림이었습니다. 그 지독한 혐오감과 증오의 근원에는 대체 무엇이 있을까요? 왜 그들은 이주 노동자를 몰아내고자 노력하는 것이며, 미등록 노동자를 영구적인 비시민 계층으로 만들어 사회에서 격리시키고자 이리도 애쓰는 것일까요? 그런 사람들에게 미등록 노동자는 테러범이 아니라 단지 노동자이며, 그 노동력은 우리 사회에도 큰 도움이 될 뿐더러, 사실은 우리 사회가 그 노동력을 적절히 이용하고 있는 거라고 아무리 말해도 소용없습니다. 그런 논리가 잘 먹히지 않을 거란 사실을 알면서도 반복할 수밖에 없는 우리의 처지에 한숨이 나올 때도 있습니다. 이에 대해 『국경의 로큰롤』은 이런 이야기를 합니다.

가장 흔히 쓰인 대항 프레임은 이민자의 이미지를 테러범이 아니라 노동자로 설정한 것이지만, 이 이미지 역시 이민자를 경제적이고 정치적이며 사회적인 역량을 지닌 완전한 인간으로 보지 않는 문제점이 있다. 규제론자들은 논쟁 때마다 이민자와 미국인의 이익이 상충한다고 주장했다. 이민자들의 활동이 더 성숙하고 성장해야만 이민 논쟁의 폭을 넓혀 허가 없이 이민하는 근본 이유를 직접 건드리고 좀 더 개방적인 제도를 쟁취하기 위해 싸울 수 있는 희망을 갖게 될 것이다. (…) 영구적인 비시민 계층, 다시 말해 권리가 없기 때문에 일터와 학교와 정부에는 존재하지 않는 유령으로 다루어질 수밖에 없는 사람들이 양산된다고 해서 고달픈 미국인들에게 무슨 도움이 되는 것도 아니다.

『국경의 로큰롤』의 저자는 이주자 또한 행복을 꿈꾸며 더 나은 미래를 위해 노력하고 있는 정치·사회·경제·문화적인 힘을 가진 '사람'이라는 점을 인정해야 한다고 말하며 우리에게 근본적인 성찰을 요구합니다. 그리고 이주 노동자와 내국인 노동자의 이해가 대립하는 게 아니라 서로 연결되어 있다는 사실을 자각해야 한다고 말하죠. 실제로 이주 노동자에 대한 처우가 낮아질수록 내국인 노동자들의 노동 환경도 악화됩니다. 이러한 사실을 마음에 담고 이주자를 바라본다면, 인권과 사회적 부를 이주자들과 동등하게 나누어야 나의 인권과 부를 지키고 평화도 얻게 되리라는 진실 또한 볼 수 있을 것입니다.

물론 이주자를 받아들인 역사가 짧은 우리 사회에 이주로 이루어진 미국 사회의 상황과 해법을 무턱대고 들이대는 것은 무리일 수 있습니다. 그러나 원칙을 중심에 두고 고민한다면 상황이 좀 달라도 비슷한 해법에 접근하게 됩니다. 본문에 소개된 2006년 '공정하고 정당한 이민법 개혁 국민 선언문'에 담긴 내용은 그래서 더 반갑습니다. "먼저 미등록 이민자들이 올바르고 간단한 절차를 거쳐 합법 신분을 가질 수 있어야 하고, 초청 노동자 제도는 폐지하고, 국경 요새화에 쓸데없이 돈을 낭비하지 말고, 이민자에게 공정한 법 집행을 보장하고, 모든 노동자들의 노동권을 보호하고 강화하는 조치를 통해 궁극적으로는 합법 이민을 늘려야 한다"는 주장은 우리 사회에서 진보적 이주 정책을 고민하는 이들 또한 늘 입에 달고 사는 말이거든요.


같은 방향을 바라보며 고군분투하고 있는 태평양 너머 친구들에게 진한 연대의 인사를 보내며 우리도 다시 힘을 내야겠습니다. 2004년 이후로는 거의 소강상태에 있는 '미등록 노동자 합법화 투쟁'을 다시 살리기 위해서, 미등록 노동자도 노동조합을 통해 힘을 모을 수 있도록 하기 위해서, 고용 허가제라는 '합헌' 제도를 통해 자행되는 차별에 예민하게 대응하며 궁극적으로 초청 노동자 제도를 폐지하기 위해서, 이주자를 향한 혐오감과 증오라는 중병을 앓고 있는 이웃을 구하기 위해서 말입니다.

이 책을 손에 들고 맘두와 사루, 무뇨스, 센의 이야기에 귀 기울일 당신께 시 한편을 권합니다.

사람이 온다는 건
사실은 어마어마한 일이다
그는
그의 과거와
현재와
그리고
그의 미래와 함께 오기 때문이다
한 사람의 일생이 오기 때문이다
부서지기 쉬운
그래서 부서지기도 했을
마음이 오는 것이다
그 갈피를
아마 바람은 더듬어 볼 수 있을 마음
내 마음이 그런 바람을 흉내 낼 수 있다면
필경 환대가 될 것이다.

– 정현종, "방문객"

# 참고 문헌

여는 글 세계화 시대의 문턱과 시민권 문제

1. J. DeParle, "Migrant Money Flow: A $300 Billion Current," *New York Times*, November 18, 2006;
Dilip Ratha and Zhimei Xu, *Migration and Remittances Factbook 2008* (Washington, D.C.: World
Bank, 2008). Available at www.worldbank.org/prospects/ migrationandremittances.
2. Jeffrey S. Passel, "The Size and Characteristics of the Unauthorized Migrant Population in the
U.S. Estimates Based on the March 2005 Current Population Survey" (Washington, D.C.: Pew
Hispanic Center, 2006).
3. Migration Policy Institute Staff, "The U.S.-Mexico Border" (Washington, D.C.: Migration Policy
Institute, June 1, 2006). Available at www.migrationinformation.org/Feature/display. cfm?id=407,
citing U.S. Customs and Border Protection Public Affairs Office data.
4. Jeff Faux, *The Global Class War : How America's Bipartisan Elite Lost Our Future—and What It
Will Take to Win It Back* (Hoboken, N.J. : Wiley, 2006).


1장 고향을 떠나다

1. Jim Paul, "Riots in Morocco," *MERIP Reports* 99 (September 1981), pp. 30-31. 다음을 참고하시오.
http : // links.jstor.org/sici?sici=0047-7265(198109)99%3C30%3ARIM%3E2.0.CO%3B2-G; John Walton
and David Seddon, *Free Markets and Food Riots : The Politics of Global Adjustment* (Cambridge, Mass. :
Blackwell, 1994).
2. Edward Cody, "Disastrous Drought Increasing Tension in Volatile Morocco," *Washington Post*,
November 12, 1981.
3. "IMF Austerity Measures Cause Food Riot in Morocco," *Multinational Monitor* 2, no. 8 (August
1981). 다음을 참고하시오. http://multinationalmonitor.org/hyper/issues/1981/08/imf. html.
4. C. R. Pennell, *Morocco since 1830 : A History* (London: Hurst, 2001), p. 370.
5. John Mariani, *America Eats Out* (New York: Morrow, 1991).
6. Peter Rachleff, L. S. Chumley, Jim Seymour, and Jack Sheridan, Starving Amidst Too Much : &
*Other IWW Writings on the Food Industry* (Chicago: Charles H. Kerr, 2005).
7. Roger Waldinger, *Still the Promised City? African-Americans and New Immigrants in
Postindustrial New York* (Cambridge, Mass. : Harvard University Press, 1999).
8. Howard G. Goldberg, "Windows of the World: The Wine Community's True North," *Wine
News Magazine* (October/November 2001). 다음을 참고하시오. www.thewinenews.com/
octnov01/ comment.html.

2장 9.11 이후, 우리와 그들

1. Barbara Misztal, "The Sacralization of Memory," *European Journal of Social Theory* 7, no. 1 (2004), pp. 67-84.

2. "닫혀 있거나 얼어붙은 기억에서부터 언제든 수정할 수 있고 타 집단과도 공유할 수 있는 기억에 이르기까지, 기억의 연속체라는 게 있다고 해 보자. 이 경우 닫혀 있거나 얼어붙은 기억은 집단의 정체성과 이해에 따라 개인에 대한 공정한 대우를 좌지우지한다. 그 개인이 집단에 속해 있건 속해 있지 않건 마찬가지다."(Misztal, "Sacralization," p. 78).

3. 〈회계정책연구소〉는 다음과 같이 추산한다. 9.11 공격으로 뉴욕 시는 1십만 5천 개의 일자리를 잃었고 임금 손실액은 93억 달러에 달했다. 사업장이 문을 닫거나 다른 도시로 빠져 나갔기 때문인데, 이런 일의 대부분은 로어맨해튼에서 일어났다. 일자리 감소는 주로 저임금 산업 분야에서 발생했다. 레스토랑 산업에서만 대략 일자리 1만 3천 개가 사라진 것으로 나타났고, 전체 일자리 감소분의 약 60퍼센트가 한 시간에 11달러도 벌지 못하는 노동자들에게서 나왔다. 일자리를 잃지 않은 사람이라고 하더라도 근로 시간 단축과 임금 삭감을 피할 수 없었다. 실업자의 절반이 레스토랑, 소매점, 항공 여행사, 호텔, 건물 관리 분야에서 나왔는데 모두 전형적인 저임금 산업에 속하는 대표적인 다섯 개 산업이다. 2001년이 저물 때까지 여행 산업에서만 전국적으로 일자리 23만 7천 개가 사라졌다.(David Dyssegaard Kallick, Matthew Mitchell, and James Parrott, "Revitalize New York by Putting People to Work," Labor Community Advocacy Network and the Fiscal Policy Institute, March 13, 2003. 다음을 확인하시오. www.fiscalpolicy.org/research_NYC.html).

4. Ann Coulter, "This Is War: We Should Invade Their Countries," September 13, 2001. *National Review Online.* 다음을 확인하시오. www.nationalreview.com/coulter/coulter.shtml.

5. Jennifer Van Hook, Frank D. Bean, and Jeffrey Passel. "Unauthorized Migrants Living in the United States: A Mid-Decade Portrait." Migration Information Source (MIS), Migration Policy Institute (MPI). 1 September 2005. 다음을 참고하시오. www.migrationinformation.org/ feature/ print.cfm?ID=329.

6. Francine J. Lipman, "Taxing Undocumented Immigrants: Separate, Unequal and Without Representation," Tax Lawyer (Spring 2006). 사회과학네트워크(SSRN)를 참고하시오. http://ssrn.com/abstract=881584.

7. Saba Waheed, Wendy Bach, Laine Romero-Alston, Ray Brescia, and Andrew Kashyap, "Ripple Effect: The Crisis in NYC's Low-Income Communities after September 11th"(New York: Urban Justice Center, September 2002).

8. David Barstow and Diana B. Henriques, "A Nation Challenged : The Families; Gifts to Rescuers Divide Survivors," *New York Times*, December 2, 2001.

9. Daniel Wise, "In 14 Test Cases, Sept. 11 Fund Master Gives 'Fair Compensation' to Families," *New York Times*, October 1, 2002.

10. Frank Keating, "Dishwasher or Stockbroker, a Life's a Life," *Washington Post*, January 20, 2002, p. B7.

11. Nicole Wallace, "Online Giving Soars as Donors Turn to the Internet Following Attacks."

*Chronicle of Philanthropy*, October 4, 2001. 다음을 참고하시오.
www.philanthropy.com/free/articles/v13/i24/24002201.htm.

12. Mireya Navarro, "For Illegal Workers' Kin, No Paper Trail and Less 9/11 Aid," *New York Times*, May 6, 2002.

13. Steven Greenhouse, "A Husband Lost, and a Daughter Out of Reach," *New York Times*, December 2, 2001.

14. 구티에레스를 포함한 몇 명은 신변보호를 위해 가명을 썼다.


3장 우리는 범죄자가 아니다

1. "Rethinking Mexican Immigration," *New York Times*, July 23, 2001, p. 16.

2. 1853년 뉴욕에서 발행된 『이브닝 불러틴*Evening Bulletin*』에는 "가축우리" 같은 집의 생활 여건을 이렇게 보도했다. "벽은 연기와 오물로 때가 절어 있었고, 유리창의 유리는 깨져 있었다. 깨진 틈으로 차가운 바람이 그대로 흘러들어 왔고, 상상하기 힘들 정도로 모든 것이 끔찍하게 불편했다. 그런데도 이렇게 지저분한 아파트에는 지하층과 꼭대기 층을 포함해 구석구석 사람들이 모여 살았다. 수십 명의 흑인과 백인, 남자와 여자가 **마구 잡이로 뒤엉켜 있었다**. 그들은 맨바닥에 웅크려 앉아 있거나 누워서, 얼어 죽지 않으려고 어쩌다 주은 걸레조각 같은 천으로 몸을 덮고 있었다.(강조는 센과 맘두); Noel Ignatiev, *How the Irish Became White* (New York: Routledge, 1995), pp. 40-41.

3. 역사학자 존 히검John Higham은 "그동안 잘 대해 주다가 1880년대 초 이탈리아, 오스트리아-헝가리, 발칸 지역, 러시아에서 온 가난한 농부와 게토 출신 사람들, 이른바 '새 이민자들'이 급격히 증가하자 호감은 곧 공포로 변했다"고 한다. 이탈리아인들이 중국인만큼 나쁘다고 보는 사람들도 있었다. 중국인들은 미국에서 입국 자체가 법으로 금지되어 있었다. John Higham, "Origins of Immigration Restriction, 1882-1897: A Social Analysis," *Mississippi Valley Historical Review* 39, no. 1 (June 1952), pp. 77-88.

4. 1875년 미국 의회의 결정에 따라 아시아 이민자들은 [미국에서 합법적으로 살고자 한다면] 거주 허가증을 갖춰야 했다. 또 '쿨리들[coolies-아시아 출신 하층 노동자를 지칭하는 표현]'을 고용하는 것은 중죄라고 선언했다. 1913년 "캘리포니아 토지법"은 이민자는 '시민권 취득이 불가'하고 땅을 소유할 수 없다고 공표했다. 물론 당시 캘리포니아 이민자는 중국인과 일본인이었다. 하지만 이 법도 아무런 위협이 되지 못한다고 생각한 토착주의자들은 폭력을 조장했다. 1980년대에 들어와 소설가 피어튼 두너Pierton Dooner는 『공화국의 마지막*The Last Days of the Republic*』에서 북미 지역을 정복하고 미국 제국을 영원히 파괴해 버린 중국인들을 더 많이 살해하지 않는다고 샌프란시스코 지역 백인들을 비난했다.

5. Mae M. Ngai, "The Strange Career of the Illegal Alien: Immigration Restriction and Deportation Policy in the United States, 1921-1965," *Law and History Review* 21, no. 1 (2003), p. 100. 다음을 참고하시오. www.historycooperative.org/journals/lhr/21.1/ngai.html.

6. 1929년 의회는 "등록법"을 통과시키고 "단지 기술적인 변칙으로 미국에 들어왔을 뿐 정

직하고 법을 준수하는 외국인(들)"은 1921년 이후 미국 밖으로 나가지 않았음을 증명하고 20달러의 벌금을 낸 뒤 선량한 사람임을 입증하면 지위를 바꿀 수 있게 허용했다. 이민 당국은 "공공의 짐이 될 수 있는" 이민자의 입국을 금지하는 규정을 완화했는데 그 결과 유럽인과 캐나다인이 큰 혜택을 입었다. 이 때문에 유럽인과 캐나다인의 등록 거부비율은 1924년 2천여 명에 육박하던 것이 1932년에는 5백 명 이하로 떨어졌다. 역사학자 마이 은가이는 "법이 멕시코인보다 유럽인에게 반드시 호의적이었던 것은 아니었다. 그러나 1930년에서 1940년 사이, 뒤늦게 입국 신고를 한 이민자 11만 5천 명 중 80퍼센트는 유럽인이나 캐나다 인이었다"고 지적한다. 한 경제학자는 자격 있는 멕시코인은 아주 많았지만, 그 법을 알거나 이해하거나 벌금을 낼 수 있는 사람은 거의 없었다고 봤다. 다음으로, 이민 당국은 '사전 조사' 정책을 채택해 당국의 허가를 받지 못한 이민자는 캐나다로 보내서 캐나다 기관의 조사를 받고 난 뒤 합법적으로 재입국 허가를 받을 수 있게 했다. 캐나다 국경을 지정했기 때문에 멕시코 사람은 이런 정책을 거의 활용할 수 없었다. 마지막으로, 이민귀화국은 1940년 이후 법무부 장관에게 추방 명령을 중단해 줄 것을 요청했다. 은가이의 분석 결과 1943년 법무부의 '389사례'를 보면 추방령 중지 건의 절대 다수가 독일인과 이탈리아인이었고 멕시코인은 8퍼센트에 불과했다.

7. 1931년에서 1934년 사이 5십단 명 이상이 추방되었고 1953년과 1955년 동안에는 1백만 명 이상이 추방되었다. Rodolfo F. Acuna, *Anything But Mexican: Chicanos in Contemporary Los Angeles* (London: Verso, 1996), pp. 112-13.

8. '브라세로 프로그램'에서 제외된 텍사스에서는 1944년에서 1954년까지의 10년을 "獨백의 10년"이라고 부른다. Fred L. Koestler, "Handbook of Texas Online: Operation Wetback," Texas State Historical Association Online, 다음을 참고하시오. www. tshaonline.org/handbook/online/articles/OO/pqol.html

9. "Rethinking Mexican Immigration," *New York Times*, July 23, 2001. p. A16.

10. Christine Haughney, "Bush Packs Immigration Initiative for New York Visit," *Washington Post*, July 11, 2001, p. A20.

11. Eric Schmitt, "Bush Says Plan for Immigrants Could Expand," *New York Times*, July 27, 2001.

12. George Kouros and Anne Seymour, "Forging a New U.S.-Mexico Migration Relationship," International Relations Center, September 2001. http://americas.irc-online. org/briefs/2001/bl81 .html.

13. Mike Allen, "Bush's Mexican Guest Worker Plan to Push English," *Washington Post*, September 1, 2001.

14. Patty Reinert, "Ties That Bind: Bush Won't Focus on Immigration in Visit with Fox," *Houston Chronicle*, September 2, 2001.

15. Juliet P. Stumpf, "The Crimmigration Crisis: Immigrants, Crime, and Sovereign Power," *American University Law Review* 56, no. 367 (2006). 사회과학네트워크(SSRN)를 참고하시오. http://ssrn.com/ abstract=935547.

16. 미등록 노동자의 노동력을 사용하는 것은 너무나 흔한 일이다. 사회 구성원이면 누구나 얼마쯤은 거기에 관련되어 있을 정도다. 대다수 관료들도 예외는 아니다. 미등록자를 가사 노동자로 고용하거나 미등록자를 고용한 회사와 거래하고 있기 때문이다. 클린턴

정부의 최초 법무부장관 후보였던 조 베어드Zoe Baird를 포함해, 매사추세츠 주 주지사 미트 롬니Mitt Romney, 뉴욕 시 경찰 국장 버니 커릭Bernie Kerik, 캘리포니아 주 하원 의원 낸시 펠로시Nancy Pelosi, 부통령 딕 체이니Dick Cheney, 위스콘신 주 공화당 의원 제임스 센센브레너James Sensenbrenner 등이 이에 해당된다.

17. 1990년 캘리포니아의 〈샤인빌딩 메인터넌스〉에 소속된 이주 노동자 관리인들은 강한 의지를 가지고 노조를 결성하려고 했다. 회사는 노동자들에게 합법 지위를 입증해 줄 새 서류를 내놓으라고 했다. 노동자들이 그걸 제출하지 못하자 운동은 중단되었다. 노조 활동을 방해하지 못하도록 정한 법 조항을 위반하지 않으면서 이민 서류를 확인하겠다고 하는 것만으로도 노조를 조직하려는 노동자들을 쫓아낼 수 있었던 것이다. David Bacon, "Organizing Silicon Valley's High-Tech Workers." http://dbacon.igc.org/Unions/04hitec5.htm.

18. 2001년 말, 의회의 초당적 조사 기구인 회계 감사원은 예산을 늘리고 국경 담장을 증축했음에도 국경을 넘는 사람의 수는 줄지 않았다고 보고했다. 오히려 이런 조치들 때문에 국경을 넘는 사람들은 더 외진 곳으로 몰려갔고 결국 5년 사이 1,013명을 죽음으로 내몰았다. 대부분 열사병과 탈수가 원인이었다. Robert Collier, "Democrats, GOP in Tug-of-War for Immigration Overhaul," *San Francisco Chronicle*, August 3, 2001, p. A6.

19. 1994년 캘리포니아 주는 "법률개정안 187호"를 투표로 통과시켰다. 그 결과 미등록 이민자는 보건 의료 보조금이나 주택, 교육에 관련된 모든 공공서비스를 받지 못하게 됐다. 결국 법원에서 이 조치가 헌법에 위배된다고 판결했지만 이후 이와 유사한 가혹한 정책을 수립하고 실행하게 하는 계기를 마련해 준 셈이다.

20. 1988년 통과된 이민 관련 법령은 대부분 입국을 금지하거나 추방할 수 있는 범죄 유형을 확대하는 데 초점을 맞췄다. 같은 해, "가중 중범죄"라는 조항이 만들어져 법률상 [이민자들을] 추방에 이르게 하는 범죄의 범위가 광범위하게 확장됐다. 여기에는 살인, 마약 밀매, 무기 밀매 등이 포함된다. 1990년대 중반, 의회는 절도, 빈집털이, 사기, 매춘, 도박, 외국인 밀입국, 공문서 사기, 공무 집행 방해, 위증이나 뇌물 공여, 서류나 화폐 위조, 자동차 밀매, 보석 기간 중 잠적 등과 같이 폭력이 수반되지 않은 범죄도 추방 목록에 추가했다.

21. "형법상 유죄 판결에 따르는 것보다 현실적으로 그리고 절차상으로 집행하기 더 용이한 것이 추방 명령이다. 연방 관리들은 시민권 보유 여부와 출신 민족에 따라 마음대로 주도권을 휘두를 수 있다. 이것은 형법 체계 안에서는 불가능한 일이다." Stumpf, "Crimmigration Crisis," p. 18.

22. 이 부분은 마크 크리코리언과 2007년 9월 26일과 11월 19일 두 차례 가졌던 인터뷰 내용을 참고하시오.

23. Dena Bunis, "Attack May Alter Debate over Immigration Policies," *Arkansas Democrat-Gazette*, September 17, 2001.

24. Hope Yen, "Customs Agent: Red Flags over 9/11 Hijacker's Visa," Associated Press, January 27, 2004. 다음을 참고하시오.
www.cnn.com/2004/US/01/26/911.commission.ap/index.html.

25. Mark Memmott, Richard Benedetto, and Patrick O'Driscoll, "Poll Finds United Nation: Emotional Survey Shows Support for Long, Costly War, Wariness about Arabs," *USA Today*,

September 17, 2001, p. A4.

26. Judy Woodruff, with guests Pat Buchanan and Cecilia Muñoz, *CNN Live Today*, October 23, 2001, Transcript #102311CN.V75.

27. Jane Guskin and David L. Wilson, *The Politics of Immigration : Questions and Answers* (New York : Monthly Review Press, 2007), p. 91.

## 4장 이주 노동자를 위한 조직

1. Steven Greenhouse, *New York Times*, June 4, 2002, "Windows on the World Workers Say Their Boss Didn't Do Enough." 다음을 참고하시오. http://query.nytimes.com/gst/fullpage.html?res=9D07E2DA1 03AF937A35755C0A9649C8B63.

2. *New York* magazine website, "Best of New York, 2002." http://nymag.com/urban/guides/bestofny/nightlife/02/sportsbar.htm.

3. Anthony DePalma, "15 Years on the Bottom Rung," *New York Times*, May 26, 2005. 다음을 참고하시오. www.nytimes.com/2005/OS/26/national/class/MEXICANS-FINAL.html?_ r= 1 &oref=slogin.

4. 같은 곳.

5. Restaurant Opportunities Center of New York (ROC-NY) and the New York City Restaurant Industry Coalition, "Behind the Kitchen Door : Pervasive Inequality in New York City's Thriving Restaurant Industry," January 25. 2005. Historical Employment and Wages New York State and Counties, 1975-2000 (SIC-based data) 다음을 참조하시오.
www.labor. state.ny.us/workforceindustrydata/employ/historical_qcew.shtm.

## 5장 조합식 레스토랑, 그 험난한 꿈

1. The 9-11 Black Hole: LMDC's Secret Ways Keep Little Guys from Getting Rebuilding Bucks," *New York Daily News*, July 6, 2004. 다음을 참조하시오.
www.nydailynews.com/archives/opinions/2004/07/06/2004-07-06_the_9-1 l_black_hole_lmdc_s」.html.

## 6장 전국의 레스토랑이 우리의 상대!

1. Robert Courtney Smith, *Mexican New York: Transnational Lives of New Immigrants* (Berkeley : University of California Press, 2006), p. 19.

2. "NRN Taps Smith & Wollensky Chief Stillman as 2002 Pioneer Award Winner," *Nation's Restaurant News*, April 22, 2002. 다음을 참고하시오. http://findartides.eom/p/articles/mi_m3190/is _16_36/ai_85017793.

3. Theresa Agovino, "Traveling Epicure Embarks on Bistro," *Crain's New York Business*, April 24,

1989, pp. 3, 49.

4. Seth Wessler interview with Alexis Juárez Cao Romero, sociologist at Benemérita Universidad Autónoma de Puebla, February 15, 2008.

5. Thomas J. Kelly, "Neoliberal Reforms and Rural Poverty," in "Mexico in the 1990s: Economic Crisis, Social Polarization, and Class Struggle, Part 1," special issue, *Latin American Perspectives* 28, no. 3 (May 2001), pp. 84-103.

6. Adriana Sletza Ortega Ramirez, *Migracion Indocumentada Desde Puebla* (Undocumented Migration from Puebla), El Colegio de Michoacán, A.C, 2007. 다음을 참고하시오.
   www.colmich. edu.mx/eventos/2007/diplomadoMigratorios/presentaciones/presenta07.pdf.

7. Michael D. Bordo and Harold James, *The International Monetary Fund: Its Present Role in Historical Perspective* (Cambridge, Mass. National Bureau of Economic Research, Working Paper No. 7724, November 1999).

8. Santiago Levy and Sweder van Wijnbergen, "Maize and the Free Trade Agreement between Mexico and the United States," *World Bank Economic Review* 6, no. 3 (1992).

9. Thomas Kelly, "Neoliberal Reforms and Rural Poverty" *Latin American Perspectives* 28, no.3 (May 2001), p. 92.

10. Seth Wessler interview with Professor Jonathan Fox, Dept. of Latin American and Latino Studies, University of California, Santa Cruz, February 15, 2008.

11. Jeff Faux, *Global Class Wars: How Americas Bipartisan Elite Lost Our Future*—and What It Will *Take to Win it Back* (New York: Wiley, 2006), p. 133.

12. 같은 책, p. 13.

13. 같은 책, p. 139.

14. 같은 책, p. 137.

15. *Supreme Court of the State of New York, County of New York. Alan Stillman and La Cite Associates plaintiffs against Saru Jayaraman, Fekkak Mamdouh, Veronica Giminez, Utjok Zaidan, Rosa Fana, Restaurant Opportunities Center of New York, and other unidentified individuals.* Index No. 6000606/04. Filed June 30, 2004.

16. "Special Report 2002: Top 100 Independent Restaurants," *Restaurants and Institutions*, April 1, 2002, p. 4.

17. Restaurant Opportunities Center of New York and the New York City Restaurant Industry Coalition, *Behind the Kitchen Door: Pervasive Inequality in New York City's Thriving Restaurant Industry*, January 25, 2005.

18. 같은 곳, p. 15.

7장 이민법 논쟁의 프레임 싸움

1. George W. Bush, "State of the Union Address," January 20, 2004. 다음을 참고하시오.
   www.whitehouse. gov/ news/releases/2004/01/20040120-7.html.

2. Mark Krikorian, "Fool Me Twice, Shame on Me: The McCain/Kennedy Amnesty," *National Review Online*, May 13, 2005. 다음을 참고하시오. www.nationalreview.com/comment/krikorian200505130942.asp.

3. 같은 곳.

4. Eunice Moscoso, "Immigrant Advocates Denounce GOP Bill as Extreme," *Atlanta Journal-Constitution*, December 15, 2005.

5. Josephine Hearn, "CHC 'Livid' at DCCC on Border Bill," *The Hill*, December 20, 2005.

6. Laura Figueroa, Michael Barber, and Richard Dymond, "Rallies Draw Mixed Reaction," *Bradenton* (Florida) *Herald*, May 3, 2006.

7. Knight-Ridder/Tribune News Service, "Editorials on Immigrants' March," May 2, 2006.

8. Charlie Norwood, U.S. Representative, Ninth District, Georgia, "La Raza Mounts Drive to Suppress US Law Enforcement"(보도 자료), September 20, 2006.

9. National Council of La Raza, "The Truth about NCLR: NCLR Answers Critics" (Open Letter to the Public). National Council of La Raza: Viewpoints. 다음을 참고하시오. www.nclr.org/content/viewpoints/detail/42500/.

10. 토론 종결 투표를 거쳤다고 해서 법안의 상원 통과가 보장되는 것은 아니다. 토론을 종결하고 상원 투표 절차에 들어가기로 정하는 것뿐이다.

11. Janet Murguia. "NCLR President and CEO Janet Murguia's Remarks at the 2007 NCLR Annual Conference." National Council of La Raza: Viewpoints. 다음을 참고하시오. http://nclr.org/content/viewpoints/detail/47528/.

12. Stephen Dinan, "Hispanic Group Aims to Stop 'Wave of Hate,' *Washington Times*, July 22, 2007. 다음을 참고하시오. www.washingtontimes.com/article/20070722/NATION/107220053/1001.

13. Mark Krikorian, "Legal Good/Illegal Bad? Let's Call the Whole Thing Off," *National Review Online*, June 1, 2007. 다음을 참고하시오. www.cis.org/articles/2007/mskoped060107.html.

14. Gary Younge, "Comment and Debate: The US Is Clamping Down on Illegal Migrants, But It Relies on Their Labour," *The Guardian* (London), June 11, 2007.

15. Justin Akers Chacon and Mike Davis, *No One Is Illegal: Fighting Violence and State Repression on the US-Mexico Border* (Chicago: Haymarket Books, 2006).

8장 이주는 사회현상이다

1. Tom Elliott, "Food Fight: Angry Campaign to End Capitalism in NYC Eateries," *New York Post*, February 4, 2006.

9장 새로운 세계화를 꿈꾸며

1. 신변보호를 위해 모로코에 있는 맘두의 친구들에 대한 몇몇 정보는 사실과 다를 수 있다.
2. World Bank Country Assistance Evaluation, May 14, 2001.
3. Shana Cohen, "Alienation and Globalization in Morocco: Addressing the Social and Political Impact of Market Integration," *Comparative Studies in Society and History* 45, no. 1 (2003), pp. 168-89. Published online by Cambridge University Press. 다음을 참고하시오. http://journals. cambridge.org/action/displayAbstract?fromPage=online&aid=141377.
4. Nicholas Marmie, "Hundreds of Thousands Hold Demonstrations over the Status of Women in Morocco," *Smart Marriages*, March 12, 2000.
5. "Reform, Republics and Monarchies." Bitterlemons-International.org: Middle East Roundtable 3, no. 9 (March 10, 2005) 다음을 참고하시오. www.bitterlemons-international.org/previous, php ? opt= 1 &id=75.
6. Kitty Calavita, *Immigrants at the Margins: Law, Race, and Exclusion in Southern Europe* (New York: Cambridge University Press, 2005), p. 36.
7. 같은 책, p. 73.
8. Fabrizio Gatti, "Lo, Clandestino a Lampedusa," *L'espresso*. 다음을 참고하시오. http://espresso. repubblica.it/dettaglio-archivio/1129502.
9. Calavita, *Immigrants at the Margins*, p. 45.
10. 같은 책, 같은 곳.
11. "Death by Policy: The Fatal Realities of 'Fortress Europe' —More Than 8800 Deaths" (Amsterdam: United for Intercultural Action, n.d.). European network against nationalism, racism, fascism, and in support of migrants and refugees. 다음을 참고하시오. www. unitedagainstracism.org/pages/campfatalrealities.htm.
12. 프랑스에 거주하던 아랍인들은 1980년대 내내 수십 건의 혐오 범죄와 인종주의자들이 저지른 살인의 희생양이 됐다.
13. Emma Charlton, "France Tightens Transport Security on Riot Anniversary," Agence France Presse, October 27, 2006.
14. "A French Perspective on the Riots," *Washington Times*, November 18, 2005.
15. Calavita, *Immigrants at the Margins*, p. 65.
16. John Litchfield, "France Toughens Immigration Controls after Riots, *The Independent* (London), November 30, 2005.
17. Dario Melossi, "Security, Social Control, Democracy and Migration within the 'Constitution', of the EU," *European Law Journal* 11, no. 1 (January 2005), pp. 5-21.
18. "Grenzzaun am Haus," photo account of MoritzSiebert, May 13, 2006. 다음을 참고하시오. www. flickr.com/photos/su_mo/145614781/in/set-72057594134561901/.

10장 '모두'는 '모두'라는 뜻

1. Alex Kotlowitz, "Our Town," *New York Times Magazine*, August 5, 2007. 다음을 참고하시오. www. nytimes.com/2007/08/05/magazine/05Immigration-t.html?pagewanted=print.

2. 같은 곳.

3. Gary Younge, "The U.S. Is Clamping Down on Illegal Immigrants, But It Relies on Their Labour," *The Guardian* (London), June 11, 2007.

4. "LA Cops: Posers Shook Down Immigrants," Associated Press, November 8, 2007.

5. Anthony Faiola, "Looking the Other Way on Immigrants: Some Cities Buck Federal Policies," *Washington Post*, April 10, 2007, p. A01.

6. Randy Capps, Rosa Maria Castañeda, Ajay Chaudry, and Robert Santos, "Paying the Price: The Impact of Immigration Raids on America's Children" (Washington, D.C.: National Council of La Raza, 2007).

7. T. Abu El-Haj, "'I Was Born Here, But My Home, It's Not Here': Educating for Democratic Citizenship in an Era of Transnational Migration and Global Conflict," *Harvard Educational Review* 77, no. 3 (Fall 2007); Research Library, p. 285.

8. James Thomas Tucker, *The ESL Logjam: Waiting Times for Adult ESL Classes and the Impact on English Learners* (Los Angeles: National Association of Latino Elected Officials, September 2006). 다음을 참고하시오. http://www.naleo.org/prl00606.html.

9. Neil MacFarquhar, "To Muslim Girls, Scouts Offer a Chance to Fit In," *New York Times*, November 28, 2007, pp. A1, A22.

10. Annette John-Hall, "Loud and Clear: The Language of Intolerance," *Philadelphia Inquirer*, September 13, 2006, p. E01.

11. National Industry Fact Sheet, National Restaurant Association, 다음을 참고하시오. http://www.restaurant.org/research/ind_glance.cfm.

12. Fiscal Policy Institute, "An Economic Update," January 21, 2004 (New York: Fiscal Policy Institute); 다음을 참고하시오. www.fiscalpolicy.org/jan21economicupdate~jobquality.pdf.

13. Faux, *Global Class War*, p. 130.

14. 같은 책, p. 129.

15. 같은 책, p. 130.

16. Thomas L. Friedman, *The World Is Flat: A Brief History of the Twenty-First Century* (New York: Farrar, Straus, 2005), p. 238.

17. Robin Blackburn, *Age Shock: How Finance Is Failing Us* (London: Verso, 2007).

# 찾아보기